普通高等教育新形态教材

# 统计学

宫春子　刘振东　主　编

刘　宝　刘卫东　副主编

TONGJIXUE

清华大学出版社

北京

## 内 容 简 介

本书包括总论、统计数据收集、统计数据整理与显示、总量指标与相对指标、数据分布特征指标、抽样推断、相关与回归分析、时间序列分析、统计指数共 9 章。各章均配有学习目标、教学引例、同步思考、本章小结、思考与练习等内容，同时配有即测即练、拓展阅读、视频等线上学习资源；此外，还配有习题参考答案、电子课件、教学大纲、模拟试卷及答案、课程思政元素表等教学资源包，任课教师可免费索取，方便教学。

本书主要适合作为应用型本科非统计专业统计学课程教材。

**图书在版编目（CIP）数据**

统计学 / 宫春子，刘振东主编. -- 北京 ：清华大学出版社，2024. 10（2025.8重印）. --（普通高等教育新形态教材）.--ISBN 978-7-302-67504-4

Ⅰ．C8

中国国家版本馆 CIP 数据核字第 2024GH7126 号

责任编辑：张　伟
封面设计：汉风唐韵
责任校对：王荣静
责任印制：刘　菲

出版发行：清华大学出版社
　　　　网　　　址：https：//www.tup.com.cn，https：//www.wqxuetang.com
　　　　地　　　址：北京清华大学学研大厦 A 座　　　邮　　　编：100084
　　　　社 总 机：010-83470000　　　　邮　　　购：010-62786544
　　　　投稿与读者服务：010-62776969，c-service@tup.tsinghua.edu.cn
　　　　质量反馈：010-62772015，zhiliang@tup.tsinghua.edu.cn
　　　　课件下载：https：//www.tup.com.cn，010-83470332
印 装 者：北京同文印刷有限责任公司
经　　销：全国新华书店
开　　本：185mm×260mm　　印　　张：18.75　　　　　字　　数：459 千字
版　　次：2024 年 10 月第 1 版　　　　　　　　　　印　　次：2025 年 8 月第 2 次印刷
定　　价：55.00 元

产品编号：107581-01

# 前 言

统计学是现代经济学与管理学的重要基础。

近年来,随着社会经济的发展和科学技术的进步,统计方法在科学研究、宏观经济分析、金融保险、生产经营管理等经济分析和经营决策中应用越来越广泛。特别是伴随着数字化时代的到来,不仅人们通过对各种数据的采集、存储、处理和分析,可以获得更多有价值的信息,而且在统计学的广泛应用中,统计学理论、统计方法以及统计学课程教与学也获得进一步发展。因此,为了适应和满足统计实践的新要求,根据应用型本科院校非统计专业统计学课程教学目标需求,我们根据多年教学实践经验,并吸收统计学科比较成熟的研究成果,编写了这本力图有所创新的统计学教材,以期能更好地满足应用型本科非统计专业统计学课程的教学需要。

本书有以下四大特点。

一是科学性。根据应用型本科非统计专业统计学课程的教学目标设计了教材内容体系。全书从统计数据出发,以统计数据的收集、整理、分析和推断为核心,包括总论、统计数据收集、统计数据整理与显示、总量指标与相对指标、数据分布特征指标、抽样推断、相关与回归分析、时间序列分析、统计指数共九章,既系统阐释了传统的统计学基本理论与分析方法,弘扬了统计经典,又补充了一些在实际工作中广泛运用的理论和方法。

二是实用性。在教材的写法上,力求突出"便于师生教学互动,提高学生学习兴趣和学习效率"的宗旨,把理论体系的严密性和教学上的简明通俗、由浅入深有机统一起来,在内容编排、概念阐释、图表配备、例题选择等方面符合课程教学的要求。此外,各章均配有学习目标、教学引例、同步思考、本章小结、思考与练习,方便教与学。

三是简洁性。在教材的编写过程中,我们力求突出"少而精"和"学以致用"的原则。以简洁的文字并佐以图表说明统计学的数量分析方法;以丰富的范例帮助学生理解和掌握统计学的基本概念、基本分析方法;将统计学的数量分析方法融会贯通,将理论思考与实证分析连为一体,贴近实践,注重运用,力求做到简明、通俗、易懂。

四是融合了新形态元素和课程思政元素。教材在各章均以二维码形式链接了辅助教学内容,包括即测即练、视频等,丰富了教学形式和教学内容。

本书共9章,标有 * 的章节可以选修(或不讲授)。宫春子编写了第1章、第2章、第8章;刘宝编写了第3章、第4章;刘振东编写了第5章、第6章;刘卫东编写了第7章、第9章;最后,由宫春子教授对全书进行了总纂和定稿。

在教材编写和出版过程中,我们得到了许多专家和学者的大力支持,也参考了一些同类教材和资料,在此一并致以最诚挚的谢意!

　　虽然我们为提高教材质量做了许多努力,但由于作者学识有限,加之时间仓促,书中难免有疏漏之处,恳请专家、读者多提宝贵意见,以期今后我们进一步修改和完善。

作　者

2024 年 3 月

# 目 录

**第1章　总论** ························································· 1

1.1　统计与统计学的产生和发展 ······························· 2

1.2　统计学的研究对象和分科 ································· 6

1.3　统计数据类型与统计研究方法 ······························· 12

1.4　统计学中的基本概念 ········································· 17

1.5　Excel在统计数据处理中的功能概述 ························· 22

本章小结 ··························································· 25

思考与练习 ························································· 25

即测即练 ··························································· 26

**第2章　统计数据收集** ········································· 27

2.1　统计数据收集的意义和方法 ······························· 28

2.2　统计调查种类和组织形式 ································· 32

2.3　统计调查方案设计 ········································· 39

2.4　统计调查问卷设计 ········································· 42

2.5　Excel在统计数据收集中的应用 ······························· 50

本章小结 ··························································· 51

思考与练习 ························································· 52

即测即练 ··························································· 53

**第3章　统计数据整理与显示** ································· 54

3.1　统计数据整理概述 ········································· 54

3.2　统计分组 ····················································· 59

3.3　分布数列 ····················································· 67

3.4　统计表与统计图 ············································· 73

3.5　Excel在统计整理与显示中的应用 ····························· 82

本章小结 ··························································· 86

思考与练习 ························································· 87

即测即练 ··························································· 89

**第 4 章　总量指标与相对指标** ·················· 90

4.1　总量指标 ··················· 90

4.2　相对指标 ··················· 95

4.3　总量指标与相对指标的运用原则 ··················· 102

4.4　Excel 在总量指标和相对指标计算中的应用 ··················· 105

本章小结 ··················· 109

思考与练习 ··················· 110

即测即练 ··················· 112

**第 5 章　数据分布特征指标** ·················· 113

5.1　数据分布的集中趋势 ··················· 113

5.2　数据分布的离中程度 ··················· 132

5.3　数据分布的偏态与峰度 ··················· 141

5.4　Excel 在数据描述中的应用 ··················· 144

本章小结 ··················· 147

思考与练习 ··················· 148

即测即练 ··················· 150

**第 6 章　抽样推断** ·················· 151

6.1　抽样推断概述 ··················· 151

6.2　抽样误差 ··················· 159

6.3　参数估计 ··················· 165

6.4　样本容量的确定 ··················· 168

6.5　假设检验* ··················· 171

6.6　Excel 在抽样推断中的应用 ··················· 178

本章小结 ··················· 182

思考与练习 ··················· 183

即测即练 ··················· 185

**第 7 章　相关与回归分析** ·················· 186

7.1　相关分析 ··················· 186

7.2　回归分析的基本问题 ··················· 195

7.3　一元线性回归分析 ··················· 197

7.4　多元线性回归方程及非线性回归方程的建立* ··················· 203

7.5　Excel 在相关与回归分析中的应用 ··················· 206

本章小结 ··················· 212

思考与练习 ··················· 212

即测即练 ··················· 215

**第 8 章　时间序列分析** ·········· 216

8.1　时间序列分析概述 ·········· 216

8.2　时间序列的水平分析 ·········· 222

8.3　时间序列的速度分析 ·········· 228

8.4　时间序列趋势测定与预测 ·········· 234

8.5　时间序列的季节变动测定* ·········· 240

8.6　Excel 在时间序列分析中的应用 ·········· 245

本章小结 ·········· 247

思考与练习 ·········· 247

即测即练 ·········· 250

**第 9 章　统计指数** ·········· 251

9.1　统计指数的基本问题 ·········· 251

9.2　综合指数 ·········· 254

9.3　平均指数 ·········· 259

9.4　指数体系及因素分析 ·········· 262

9.5　几种常用的经济指数* ·········· 271

9.6　Excel 在统计指数中的应用 ·········· 277

本章小结 ·········· 280

思考与练习 ·········· 281

即测即练 ·········· 283

**参考文献** ·········· 284

**附录 A　标准正态分布概率表** ·········· 285

**附录 B　*t* 分布表** ·········· 287

**附录 C　Excel 统计函数** ·········· 289

# 第 1 章

# 总　论

**【学习目标】**

(1) 了解统计学的产生和发展过程、统计学科的种类；

(2) 明晰统计工作过程，明晰统计学的研究对象和研究方法；

(3) 掌握统计及统计学的含义、特点及作用；

(4) 熟练掌握统计学中常用的统计总体、总体单位、标志、指标、变量、变量值等基本概念；

(5) 明晰统计总体与总体单位、品质标志与数量标志、连续变量与离散变量、标志与指标的区别与联系；

(6) 了解统计的工作过程和统计学的应用领域；

(7) 掌握 Excel 加载"数据分析"工具库的方法。

**【教学引例】学统计，耳聪目明**

2024 年 1 月 17 日，国家统计局发布了《2023 年居民收入和消费支出情况》：2023 年，全国居民人均可支配收入 39 218 元，比上年名义增长 6.3%，扣除价格因素，实际增长 6.1%。分城乡看，城镇居民人均可支配收入 51 821 元，增长(以下如无特别说明，均为同比名义增长)5.1%，扣除价格因素，实际增长 4.8%；农村居民人均可支配收入 21 691 元，增长 7.7%，扣除价格因素，实际增长 7.6%。2023 年，全国居民人均可支配收入中位数是 33 036 元。

2023 年，全国居民人均食品烟酒消费支出 7 983 元，增长 6.7%，占人均消费支出的比重为 29.8%；人均衣着消费支出 1 479 元，增长 8.4%，占人均消费支出的比重为 5.5%；人均居住消费支出 6 095 元，增长 3.6%，占人均消费支出的比重为 22.7%；人均生活用品及服务消费支出 1 526 元，增长 6.6%，占人均消费支出的比重为 5.7%；人均交通通信消费支出 3 652 元，增长 14.3%，占人均消费支出的比重为 13.6%；人均教育文化娱乐消费支出 2 904 元，增长 17.6%，占人均消费支出的比重为 10.8%；人均医疗保健消费支出 2 460 元，增长 16.0%，占人均消费支出的比重为 9.2%；人均其他用品及服务消费支出 697 元，增长 17.1%，占人均消费支出的比重为 2.6%。

资料来源：2023 年居民收入和消费支出情况[EB/OL]. (2024-01-17). https://www.stats.gov.cn/sj/zxfb/202401/t20240116_1946622.html.

# 1.1 统计与统计学的产生和发展

人们在日常工作、生活、学习中,经常会接触到各类统计数据、统计图表,也常常要收集、处理、分析和使用各类统计数据,特别是在数字化时代,统计更是渗透于人类社会经济生活的方方面面,渗入人们日常和经济生活的每个角落。

## 1.1.1 统计的含义

人们一提到"统计",首先想到的就是具体的统计工作。的确,统计工作是统计,但不是统计的全部。实际上,"统计"一词已被人们赋予了多种含义,在不同场合、不同的语言环境中有不同的解释。但普遍认为统计包含三层含义,即统计工作、统计资料和统计学。

统计工作,也即统计实践,它是对社会经济现象数量方面进行收集、整理、分析和提供数字资料工作的总称。例如,银行的统计科,每月要编制项目报表,这个过程就是统计工作;在我国,各级统计部门从事的统计数据收集、整理和分析工作也是统计工作。比如,负责全国人口、经济、社会等方面的统计调查。再比如,每 10 年进行一次的人口普查,人口普查时要经过方案设计、入户登记、数据汇总、分析总结和资料公布等一系列统计工作,并统计国家或地区的人口总量,同时也分类统计男性人口、女性人口,老年人口、中青年人口、儿童人口等数量,从而为国家或地区制定与人口相关的各项方针政策提供依据。又如,处理大量的经济数据,如国内生产总值(GDP)、月度居民消费价格指数(consumer price index,CPI)等,这些数据直接影响到国家的宏观经济政策,也是衡量通货膨胀的重要指标。此外,还要进行社会调查,如就业率、教育水平等,为制定政策提供参考依据。统计工作,也简称统计。

统计资料(统计信息),也即统计数据,它是统计工作的成果,是统计工作过程中所取得的各项数字资料和与之相关的其他实际资料的总称。

例如,2023 年,我国国内生产总值超过 126 万亿元,比上年增长 5.2%。四个季度 GDP 同比分别增长 4.5%、6.3%、4.9%、5.2%,呈现前低、中高、后稳态势。[①] 这些由文字和数字共同组成的数字化的信息就是统计资料,是统计提供数据信息的基本表现形式,是统计工作的直接成果。

统计资料,包括原始资料和经过整理、分析形成的统计分析报告等次级资料。原始资料,如企业各车间的统计台账、人口普查时初次登记的资料等。而统计公报、全国房地产市场调查分析报告等现实和历史资料则是次级资料。统计资料的表现形式有统计表、统计图、统计分析报告、统计公报和统计年鉴等。统计资料,也可简称统计。

统计学,也即统计理论,是一门关于数据收集、整理、分析、解释和推断的科学。统计学是随着统计活动的不断发展和统计实践经验的日益丰富应运而生的。关于统计学的定义,已出版的国内外统计学教科书上有多种表述。

(1)国家统计局(2022.11.29):统计学是关于数据的一门学问。所有收集而来的数据

---

① 2023 年国民经济回升向好 高质量发展扎实推进[EB/OL].(2024-01-17).https://www.stats.gov.cn/sj/zxfb/202401/t20240117_1946624.html.

都需要经过整理、分析才能得出结论,这就是统计学利用数据解决实际问题的全过程。……统计学,是一门找出统计规律的学问。

(2)《大不列颠百科全书》:统计学是收集、分析、表述和解释数据的科学。

(3)戴维·R.安德森(David R. Anderson)等(2006.1.商务与经济统计.北京,机械工业出版社):统计学是收集、分析、表述和解释数据的艺术和科学。

(4)吴喜之(2004.统计学:从数据到结论.北京,中国统计出版社):统计学是用以收集数据、分析数据和由数据得出结论的一组概念、原则和方法。

(5)道格拉斯·A.林德(Douglas A. Lind)等(2005.9.商务与经济统计技术.易丹辉等译.北京,中国人民大学出版社):统计学是对数据收集、组织、展示、分析和解释,从而帮助作出更为有效的科学的决策。

(6)曾五一、肖红叶(2006.统计学导论.北京,科学出版社):统计学是有关如何测定、收集、整理、归纳、分析反映客观现象总体数量的数据,以便给出正确认识的方法论科学。

(7)贾俊平(2006.9.统计学.北京,中国人民大学出版社):统计学是收集、处理、分析、解释数据并从数据中得出结论的科学。

(8)向蓉美(2017.1.统计学导论.成都,西南财经大学出版社):统计学,是一门收集数据、表现数据、分析数据、解释数据,从而认识现象数量规律、帮助人们更有效地进行决策的方法论科学。

(9)李金昌、苏为华(2019.统计学.北京,机械工业出版社):统计学是关于如何收集、整理和分析统计数据的科学。

综上几种关于统计学的定义,本书将统计学定义概括为:统计学是一门关于如何收集数据、整理数据、分析数据,并进行描述、推断和预测,从而正确认识现象总体数量方面的科学。当然,统计学也可以简称统计。

总之,统计是人们认识客观世界总体数量变动关系和变动规律活动的总称,是人们认识客观世界的一种有力工具。统计三种含义之间既有联系也有区别。统计资料是统计工作的成果;统计学是统计工作和统计资料的理论概括,而统计学形成的理论又指导统计工作有效进行,即统计工作一方面受统计理论的指导,另一方面又检验统计理论是否正确,并推动和促进统计理论向前发展;统计学与统计资料存在密切关系,统计学阐述的统计方法来源于对统计数据的研究,离开了统计数据,统计学就失去了存在的意义。统计学与统计工作、统计资料之间的关系表明:统计理论来源于统计实践,反过来又为统计实践服务,统计理论与统计实践是辩证统一的关系。

## 1.1.2　统计实践的产生与发展

统计,作为人类的一项社会实践活动,统计学,作为人们通过对事物的数量特征进行收集、整理、分析和推断预测,进而认识事物总体规律的一门科学,是随着人类的生产实践活动的产生和发展而产生和发展起来的。

统计实践萌芽于奴隶社会,当时的统治阶级为了治理国家,常常要进行征税、征兵、征劳役等统治活动,需要了解社会的基本情况,这就产生了统计。我国在原始社会末期,在奴隶制形成的过程中就已经出现了统计的萌芽。在距今 4 000 多年前的夏朝,中国被分为九州,人口 1 355 万,这是我国最早的土地与人口调查的资料。到了西周已建立统计报告制度;日成、月要和岁会,这项制度经春秋战国,至秦统一中国,形成了比较完善的"上计"报告制度,同时也逐渐形成了"举事必成,不知计数不可"和"强国知十三数"的统计思想。到了封建社会,统计不仅略具规模,而且已居当时世界先进水平。秦始皇最早建立了全国规模的人口调查登记制度,东汉进行了全国性土地测量,唐代有了计口授田制度,宋、明有田亩鱼鳞册,等等。

在西方,统计也有很长的历史。埃及在公元前 27 世纪进行过全国人口和财产调查。16 世纪初,伦敦出现"死亡公报",公布死亡人数,其记录的人数,从开始的瘟疫死亡,扩充为受洗礼死亡,到世纪末的疾病死亡。17 世纪以来,资本主义国家由于工、商、农、贸、交通的发展,统计实践从国家管理领域扩展到社会经济活动的许多领域。18 世纪起,各资本主义国家都先后设立了专业的统计机关,收集各方面的统计资料,定期或不定期地举行人口、工业、农业、贸易、交通等项调查,出版统计刊物,建立国际统计组织,召开国际统计会议。19 世纪中叶后,随着数学特别是古典概率的引入,统计活动有了飞跃发展。

20 世纪 30 年代,各国普遍采用了随机抽样的方法。20 世纪 40 年代,电子计算机的应用,不仅提高了统计数据处理的效率和准确性,也为数据的积累、存储、更新、检索、加工及其一体化的自动化创造了物质技术基础。20 世纪 50 年代,以国民经济为整体的统计研究方法(国民经济账户体系及投入产出法)的推广应用,大大提高了世界各国对统计的认识和应用能力。

## 1.1.3　西方统计思想的形成与发展

封建社会生产的落后,限制了统计实践活动和统计理论的发展。资本主义经济的发展,特别是现代化大生产,促进了统计活动和统计科学的发展。统计学作为一门科学,其形成大体分为古典统计学时期、近代统计学时期和现代统计学时期。

### 1. 古典统计学时期

17 世纪中叶至 18 世纪是统计学形成初期,当时有政治算术学派、国势学派两大学派。其中,政治算术学派有统计学之实无统计学之名,国势学派有统计学之名无统计学之实。

政治算术学派的创始人是英国人威廉・配第(William Petty)(1623—1687)。配第首先提出了用数量方法科学地研究社会经济现象——政治算术,他的名著《政治算术》(1690)中的政治算术就是指数字和统计学方法。在序言中,配第明确指出:"我进行了这项工作,所使用的方法在目前还不常见。因为与只使用比较初级和最高级的词语以及单纯做思维的论证相反,我采用了这样的方法:用数字、重量和尺度等词汇来表示展望和论旨,都是真实的,即使不真实,也不会有明显的错误……"他在研究社会经济现象的规律时还应用推算法、分组法,编制原始数据的图表,计算一系列的总量指标、相对指标和平均指标,配第是最早估算国民收入的人。但是配第始终没有用"统计学"三个字。所以,政治算术学派有统计学之实,但无统计学之名。

国势学派的创始人是德国人赫尔曼・康令(Hermann Conring)(1606—1681)。康令开始定期地、系统地用对比的方法,讲述国家比较方面的知识,不仅讲述事实,而且试图探讨事实的因果关系,他把这门课程称为"欧洲最近国势学",于是"国势学"由此产生。因为当时康令的学说在学术界影响很大,德国大学的许多教授都称赞并追随康令的学术思想,并把这门课程定名为"统计学",开始有了"统计学"这个名称。但是国势学派只是对各国情况做一般性的比较记载,如"某国人口众多""土地辽阔"之类,而没有进行数量研究和描述。所以,国势学派有统计学之名,但无统计学之实。

### 2. 近代统计学时期

18 世纪末至 19 世纪末是近代统计学时期,在这个时期,各种学派的学术观点已经形成,并且形成了两个主要学派,即数理统计学派和社会统计学派。

(1) 数理统计学派。18 世纪,概率理论日渐成熟,为统计学的发展奠定了基础。19 世纪中叶,概率论被引进统计学,从而形成了数理统计学派。数理统计学派的奠基人是比利时的阿道夫·凯特勒(Adolphe Quetelet)(1796—1874)。凯特勒在他的《社会物理学》中将古典概率论引入统计学,使统计学进入一个新的发展阶段。凯特勒认为概率论是适于政治及道德科学中以观察与计数为基础的方法,依此方法对自然现象和社会现象的规律进行观察,并认为要促进科学的发展,就必须更多地应用数学。总之,凯特勒把概率论引入统计学,为数理统计学的形成与发展奠定了基础。

(2) 社会统计学派。社会统计学派产生于 19 世纪后半叶,创始人是德国的经济学家、统计学家卡尔·古斯塔夫·阿道夫克尼斯(Karl Gustav Adolf Knies)(1821—1898),以及恩斯特·恩格尔(Ernst Engel)、格奥尔·冯·迈尔(Georg von Mayr)等。他们融合了国势学派与政治算术学派的观点,在学科性质上认为:统计学是一门社会科学,是研究社会现象变动原因和规律性的实质性科学,以此与数理统计学派通用方法相对立。社会统计学派在统计对象上认为,统计学是研究总体的,而不是研究个别现象的,并且认为由于社会现象的复杂性和整体性,必须对总体进行大量观察和分析,研究其内在联系才能解释现象内在规律性,这是社会统计学派的实质性科学的显著特点。

数理统计学派与社会统计学派并存,争论了百年之久。在早期,由于数理统计学派尚未充分发展,社会统计学派在欧洲占有优势地位,对世界各国都有很大的影响。随着数理统计理论的不断发展,其应用领域也不断扩大,数理统计学派开始在国际统计学界占据优势地位,但总的来说,二者出现了融合趋势。

### 3. 现代统计学时期

20 世纪至今为现代统计学时期,其标志是推断统计学的问世。1907 年,英国人威廉·西利·戈塞特(William Sealy Gosset)(1876—1937)提出了小样本 $t$ 统计量理论,丰富了抽样分布理论,为统计推断奠定了基础。英国科学家弗朗西斯·高尔顿(Francis Galton)提出了相关与回归思想,并给出了计算相关系数的明确公式。英国统计学者卡尔·皮尔逊(Karl Pearson)发展了拟合优度检验,还给出了卡方统计量及其极限分布理论。波兰学者耶日·内曼(Jerzy Neyman)(1894—1981)创立了区间估计理论,并与皮尔逊一同发展了假设理论,等等。

20 世纪 50 年代以来,统计理论、方法和应用进入一个全面发展的新阶段。一方面,统计学受计算机科学、信息论、混沌理论、人工智能等现代科学技术的影响,新的研究领域层出不穷,如多元统计分析、现代时间序列分析、贝叶斯统计、非参数统计、线性统计模型、探索性数据分析、数据挖掘等;另一方面,统计方法的应用领域不断扩展,几乎所有的科学研究都离不开统计方法。无论是自然科学、工程技术、农学、医学、军事科学还是社会科学都离不开数据,要对数据进行研究和分析就必然用到统计方法,现在连纯文科领域的法律、历史、语言、新闻等都越来越重视对统计数据的分析,国外的人文与社会学科普遍开设统计学的课程,因而可以说统计学与数学、哲学一样成为所有学科的基础。

总之,统计学大致经过三个发展阶段后,理论得到不断丰富和完善。目前,统计学越来越多地吸收数学方法,也越来越多地向其他学科领域渗透,形成各种以统计学为基础的边缘学科。随着统计学应用日益广泛和深入,特别是借助计算机等,统计学的功效越来越广泛,作用越来越强劲。

### 1.1.4　我国统计发展简史

新中国成立前,我国统计工作十分落后,统计学基本上照抄照搬西方统计理论,传播的主要是数理统计学派的观点。

新中国成立后,我国在学习苏联统计工作经验的同时,引进了苏联的统计学,即社会经济统计学。数理统计遭到批判和抛弃。1978年,党的十一届三中全会后,学术界百花齐放、百家争鸣。数理统计又重新受到人们的关注和重视,统计学者突破了狭隘观念的桎梏,认为:社会经济统计学、数理统计学和自然科技方面的统计学都是独立的统计学科,三者可以同时存在、互相借鉴、共同发展,形成了大统计观念。1996年10月,我国确立了统计学科体系的基本框架,肯定了统计学是包括社会经济统计学和数理统计学在内的一般方法论性质的科学,这为我国统计学的发展奠定了坚实的基础。

总之,随着大统计体系的建立,统计学作为一门独立的学科,其运用已经渗透到自然科学和社会科学的各个领域,统计科学工作者在总结我国统计实践经验的同时,不断吸收世界各国统计科学发展的成果,使我国现阶段统计学发展有三个明显的趋势:一是统计学依赖和吸收数学理论更多;二是以统计学为基础的边缘学科不断形成;三是与计算机技术相结合,借助大数据平台,统计学应用范围更广,统计学作用更强大。

**【同步思考1-1】**

1. 什么是统计?统计三种含义之间有什么关系?

2. 在统计学发展史上主要有哪几种学派?其主要代表人物是谁?

3. 现代统计学与近代统计学最主要的区别有哪些?我国现阶段统计学发展的主要特点是什么?

## 1.2　统计学的研究对象和分科

### 1.2.1　统计学的研究对象及其特点

#### 1. 统计学的研究对象

统计学的研究对象是指统计研究所要认识的客体,只有明确了统计的研究对象,才能根据统计研究对象的特点和性质,采用相应科学的研究方法,以达到认识对象客体规律性的目的。由统计学的发展史可知,统计学是从研究社会经济现象的数量开始的,随着统计方法的不断完善,统计学得以不断发展。因此,统计学的研究对象是大量现象总体的数量方面。而社会经济统计学是在质与量的密切联系中,研究大量的社会经济现象总体的数量方面,即研究社会经济现象总体的数量特征和数量关系。

统计学在研究社会经济现象时,从定性研究开始,然后再进行定量分析,最后达到认识社会现象的本质、特征或规律,这就是质—量—质的统计研究过程和方法。

**2. 统计学研究对象的特点**

统计学研究对象的特点,最集中体现在总体性和数量性两个方面,而具体性、社会性和广泛性也是统计学研究有别于其他学科研究的特点,如图 1-1 所示。

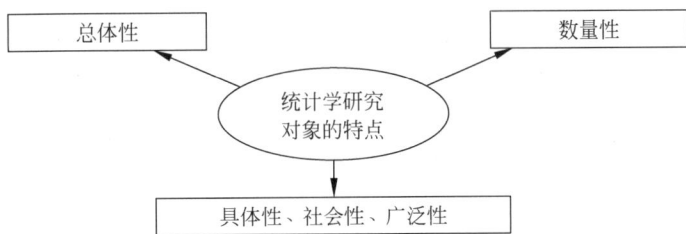

图 1-1  统计学研究对象的特点

（1）总体性。统计工作研究的是总体的数量特征而非个体数量表现。因此,只有把大量的个体数量资料经过汇总、综合,才能表现出总体数量特征。从总体上研究现象的数量方面,是统计学的重要特点。社会经济现象是各种社会规律交错作用的结果,呈现出一种复杂多变的情景。统计对社会经济现象总体数量方面的调查研究,是从个体到总体,即必须对足够大量的个体(这些个体都表现为一定的差别、差异)进行登记、整理和综合,使它过渡到总体的数量方面,从而把握社会现象的总规模、总水平及其总发展变化趋势。例如,我国每10 年进行一次的人口普查,要从登记每一个人的具体情况入手,但调查目的却不是要了解每个人的具体生活状况,而是要查清我国在人口数量、地区分布、构成和素质方面的变化,为科学制定国民经济和社会发展战略与规划,安排人民的物质、文化生活等提供可靠的资料。总之,统计研究最终要得到反映总体数量的指标,但统计工作是从研究个体开始的。只有从个体开始,才能对总体进行分析研究。

（2）数量性。统计学的研究对象是大量的社会经济现象的总体数量方面,包括社会经济现象数量方面的规模、水平、结构、速度、平均水平、平均发展速度以及数量关系、数量界限等。例如,某地区 2024 年上半年规模以上工业企业中,国有控股企业实现利润总额 38.4 亿元,同比下降 2.1%;股份制企业实现利润总额 510.5 亿元,同比增长 1.6%。所有这些指标都是从数量方面反映现象发展变化情况。统计的这一数量性特点将统计学与其他实质性社会科学,如历史学、哲学等学科区分开来,也将统计调查研究活动与那些以非数量性为主的调查研究活动,如社会、法律、考古等区分开来。

统计学研究的是大量的社会经济现象总体数量方面,但应该注意到统计的定量研究是建立在定性研究基础上的。例如,要想知道国内生产总值是多少,必须知道什么是国内生产总值,国内生产总值与国民生产总值有什么区别,国内生产总值与社会总产值有何区别,等等。因此,统计不是单纯地研究社会经济现象的数量方面,而是在质与量的密切联系中研究现象的数量方面。定性研究是基础,定量研究是目标。质—量—质,是一个完整的统计研究过程。

(3) 具体性。统计工作研究的总体数量是一个有具体时间、具体地点、具体条件限定的数量。如果单说"39 218 元",这个数字没有任何意义,但如果说 2023 年,全国居民人均可支配收入 39 218 元,比上年增长 6.3%,扣除价格因素,实际增长 6.1%①,这就是统计中所说的具体数量。因此,具体性是指在时间、地点、空间三方面都有明确的规定。

应该指出,虽然统计工作研究具体的数量,但为了进行复杂的定量分析,需要借助抽象的数学模型和数理统计方法,还要求遵循数学规则。因此,统计工作具体的数量研究需要密切联系抽象的数学方法,以抽象方法为手段,以具体数量为目的,体现统计工作中具体和抽象的辩证关系。

(4) 社会性。统计学的研究对象是人类社会活动的过程和结果。人类的社会活动都是人们有意识、有目的的活动,各种活动都贯穿人与人之间的关系,除了随机现象之外,还存在着许多确定性的因素。由于统计工作存在明显的社会性,各国政府都很重视统计工作的开展。因此,特别强调要克服统计工作中的主观随意性,抑制任意夸大或缩小统计数字,歪曲反映实际的现象出现。要强化统计法治建设,建立健全数据追溯和问责机制,确保数据可核查、可追溯、可问责。

《中华人民共和国统计法》(以下简称《统计法》)于 1983 年 12 月 8 日通过,1996 年 5 月 15 日修正,2009 年 6 月 27 日进行了再修订。统计立法的目的,就是科学、有效地组织统计工作,保障统计资料的真实性、准确性、完整性和及时性。

(5) 广泛性。统计学研究的是所有社会经济现象的数量方面。统计学既研究生产关系,又研究生产关系与生产力之间的关系;既研究经济基础,又研究经济基础与上层建筑之间的关系。同时,统计学还研究生产、流通、分配、使用等社会再生产的全过程以及社会、政治、经济、文化、教育等全部社会经济现象的数量方面。特别是随着互联网云技术、云服务和云应用在数据处理中的广泛应用,统计学在实践中的应用越来越普遍、越来越广泛。

## 1.2.2 统计学的分科

统计学是从研究社会经济现象开始,逐渐趋于成熟,并成为一门研究客观事物总体数量方面的方法论科学。这里所指的方法论包括:指导统计活动的原理和原则,统计核算和分析方法。这些方法是在统计实践中产生的,再经过理论概括,反过来又用于指导统计实践,为统计工作服务。由于统计学的研究对象既存在于自然领域,也存在于社会领域,因此,统计学是一门具有跨学科性质、有较高概括能力和较大适用范围的一般方法论学科。

按照统计方法的类型,统计学可分为描述统计学和推断统计学;按照统计研究方法和应用程度,统计学可分为理论统计学和应用统计学。

**1. 描述统计学和推断统计学**

(1) 描述统计学,是研究如何取得反映客观现象的数据,并通过图表形式对所收集的数据进行加工处理和显示,进而概括并分析得出反映客观事物的规律性数量特征的科学。它包括统计数据的收集方法、数据的加工处理方法、数据的显示方法、数据分布特征的概括与

---

① 2023 年国民经济回升向好 高质量发展扎实推进[EB/OL]. (2024-01-17). https://www.stats.gov.cn/sj/zxfb/202401/t20240117_1946624.html.

分析方法等。例如,2023 年末全国人口 140 967 万,比上年末减少 208 万。从性别构成看,男性人口 72 032 万,女性人口 68 935 万;从年龄构成看,16～59 岁的劳动年龄人口 86 481 万,占全国人口比重为 61.3%;60 岁及以上人口 29 697 万,占全国人口 21.1%,其中 65 岁及以上人口 21 676 万,占全国人口 15.4%。[①] 通过这些数字资料可以看出我国人口规模及内部构成情况。

(2) 推断统计学,是研究如何根据样本数据去推断总体数量特征的方法,它是在对样本数据进行描述的基础上,对统计总体的未知数量特征作出以概率形式表述的推断。例如,对一批出口草莓罐头进行产品质量检验,不能每一瓶都检验,只能抽取一部分进行检验,只要抽样合理,就可以根据抽检结果来估计和推断全部出口产品的质量。由于数据来源于概率抽样,因此,推断统计学的各种推算方法和推断结果的合理性与可靠程度都是以概率论为基础的。描述统计学与推断统计学之间的关系如图 1-2 所示。

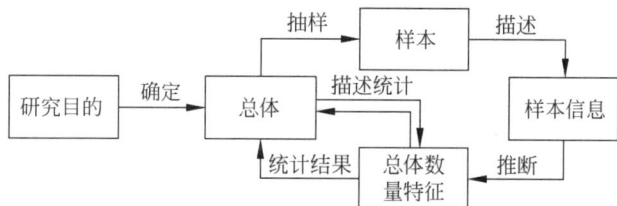

图 1-2　描述统计学与推断统计学之间的关系

描述统计学和推断统计学是统计方法的两个组成部分。描述统计学是整个统计学的基础,推断统计学是现代统计学的主要内容,并且它在现代统计学中的地位和作用越来越重要,已经成为统计学的核心内容。这是因为,在对现实问题的研究中,当总体不是很大时,我们采取全面调查来收集、整理和分析数据资料,而当总体很大时,通常要采用抽样调查来取得样本数据资料。但这并不等于描述统计学不重要,因为如果没有描述统计学收集可靠的统计数据并提供有效的样本信息,即使再科学的统计推断方法,也难以得出符合实际的结论。总之,从描述统计学发展到推断统计学,既是统计学发展的巨大成就,也是统计学走向成熟的重要标志。

**2. 理论统计学和应用统计学**

在统计学科的发展中,理论统计学和应用统计学是相互促进、共同提高的。

(1) 理论统计学,是论述统计学的基本理论、原理和统计方法的一门方法论科学。它广泛采用数理统计方法,集社会经济统计方法与数理统计方法之大成,既适用于社会经济现象的数量观察和研究,也适用于自然现象的数量观测和推断。理论统计学是统计学科的基础,理论统计学的特点是计量不计质,它具有通用方法论的理学性质。

(2) 应用统计学,是指研究如何应用统计方法去解决实际问题的科学。由于在自然科学及社会科学研究领域中,都需要通过数据分析来解决实际问题,因而,统计方法的应用几乎扩展到了所有的科学研究领域,如生物统计学、医学统计学、农业统计学、工业统计学、经济统计学和社会统计学等。需要指出,所有这些应用统计学的不同分支,都主要应用描述统

---

① 　2023 年国民经济回升向好 高质量发展扎实推进[EB/OL].(2024-01-17).https://www.stats.gov.cn/sj/zxfb/ 202401/t20240117_1946624.html.

计和推断统计的方法。

总之,作为应用统计工作者,不但要熟练掌握和应用各种统计方法,而且必须具备所研究和应用领域的专业知识,即专业知识和统计方法是做好统计应用的两项基本功。例如,要做好经济统计工作,其基本条件是具备经济理论和统计方法的知识和能力,此外,还需具备计算机操作能力、写作能力和其他能力,即统计应用人才是一名复合型人才,这也是人文、社科、理、工、农、医各院校开设统计学课程的原因所在。统计学的分科如图 1-3 所示。

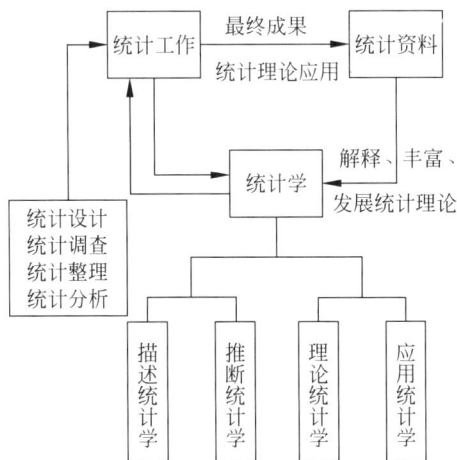

图 1-3　统计学的分科

### 1.2.3　统计的职能和统计学的作用

#### 1. 统计的职能

在统计发展中,虽然其职能发生了很大变化,但反映国情国力、为国家管理提供基础信息的职能却始终没变,并且得到不断强化。

统计的职能,可以概括为三大方面,即信息职能、咨询职能和监督职能。

(1)信息职能,是指根据科学的统计指标体系和统计调查方法,系统地收集、整理、传递、存储和提供大量以数量描述为基本特征的统计信息的职能。统计信息,是覆盖面最广、综合性最强的信息,因而是经济社会信息的主体,是党和政府以及社会各界了解情况、研究问题、进行科学决策和管理的重要依据。

(2)咨询职能,是指统计机构和统计人员利用已经掌握的丰富统计信息,运用先进的技术手段和科学方法,深入开展综合分析和专题研究,通过去粗取精、去伪存真、由表及里、由此及彼的加工过程,透过表层数量关系,探求事物发展的内在联系和规律性,为党和国家提供各种咨询建议和对策方案,对科学决策和管理发挥参谋和助手作用的职能。

(3)监督职能,是指根据统计调查和分析,及时、准确地从总体上反映经济、社会和科技的运行状态,并对其实行全面、系统的定量检查、监测和预警,以促使国民经济按照客观规律的要求,持续、稳定、协调地发展的职能。党的十九大报告从提高党的执政能力和领导水平、健全党和国家监督体系的角度,作出"完善统计体制"的重大部署,进一步强化了统计监督职能。统计部门作为我国重要的国民经济和社会发展评价和监督部门,将通过科学健全的统计调查制度、监测制度和考核评价指标体系,为考核评估监督各地区、各部门国民经济和社会发展主要任务完成情况以及国家重大政策措施落实情况提供相关统计数据、监测数据和评价依据。

例如,2023 年末全国全年出生人口 902 万人,出生率为 6.39‰;死亡人口 1 110 万人,死亡率为 7.87‰;自然增长率为－1.48‰。而 2013 年末全国全年出生人口 1 640 万人,出生率为 12.08‰;死亡人口 972 万人,死亡率为 7.16‰;自然增长率为 4.92‰。[①] 由数据可见,2023 年与 2013 年比,无论是新生人口总数还是人口出生率都有较大程度的减少和下降,人口数据信息,客观上要求国家相关部门及时出台相关鼓励生育的政策与措施,实现人口的良性发展。当然也可以在政策和措施实施后,通过实施前后的数据对比,评价政策和措施的实施效果。

统计信息职能、统计咨询职能、统计监督职能之间的关系如图 1-4 所示。

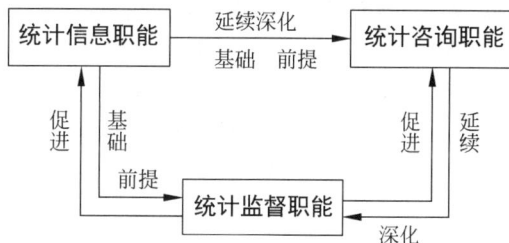

图 1-4　统计信息职能、统计咨询职能、统计监督职能之间的关系

**2. 统计学的作用**

统计学是一门应用性很强的学科。随着社会的发展,统计学的应用领域越来越广,并在认识事物、指导生产、经济管理和科学研究等方面都发挥出越来越重要的作用。

(1) 统计学为人们认识自然和社会提供了可行的方法和途径。人们要认识自然、认识社会,离不开各种各样的数据资料,并对这些资料进行分析研究,这就要用到统计理论和统计方法。例如,季节变动会对人们的日常生活和经济生活产生影响。微观经济领域的专家需要使用统计方法为决策者提供生产、消费和定价方面预测;宏观经济领域的专家可以利用统计方法描述居民家庭收入分布状况,对经济变量(如通货膨胀率、失业率、居民家庭平均收入水平等指标)的未来水平进行分析和预测,还可以对变量(如可支配收入与消费)之间的关系进行研究。统计是人们认识自然和社会的手段,统计学为人们利用数据进行认识和分析提供了理论和方法。

(2) 统计学对指导生产活动过程具有重要作用。生产的任务是要以尽量少的投入,产出数量多、质量好的产品。而影响产品数量和质量的因素很多,也有主次之分。如果我们对各种因素进行试验和观察,了解和分析各因素的影响方式和影响程度,找出最佳因素组合,就能少投入、多产出。此外,在各种情报信息、商品信息中,用统计方法对这些信息进行分析,能帮助企业对事物进行定量、定性分析,从而作出正确的决策。例如,企业市场营销部门运用网上零售统计信息,以及第三方支付数据信息,了解顾客对某一种商品喜爱的比例,以及他们为什么喜欢该种商品,用何种广告能让更多人知道、喜欢、购买该种商品等,从而增强

---

① 根据 2014 年、2024 年国家统计局(https://www.stats.gov.cn)国民经济与社会发展统计公报数据整理。

企业竞争力、提高企业的经济效益。

（3）统计学为经济管理提供了科学方法。统计数据是管理的重要基础。例如，生产定额的制定，既要使人们有可能完成，又要出效率，那么利用先进算术平均数不失为一种好方法。又如，可以通过抽样调查和样本分析等方法，对潜在风险进行预警和监测，及时采取相应的措施应对。当然，在宏观上，还可以通过对经济运行数据的实时监测和分析，及时发现经济发展中的问题，为政策制定者提供预警信息。这种预警机制有助于政府及时采取措施，防范和化解经济风险。也可以在政策实施后，通过对政策实施前后的数据进行对比分析，为政策效果评估提供科学依据。这不仅有助于政策的完善和优化，还能提高政策制定的针对性和有效性。

（4）统计学为科学研究提供了有力手段。科学研究的任务是揭示客观事物的规律，而科学研究的方法大多是先根据若干观察或实验资料提出某种假设或猜想，然后再通过各种途径进行观察或实验加以验证，统计理论和方法就是这种科学研究的通用方法。统计学理论和方法，一方面有助于集中并提取观察实验中最本质的东西，从而有助于提供较正确的假说或猜想；另一方面，它又能指导研究人员如何去安排进一步的观察和实验，以判定提出的猜想或假说是否正确。例如，在医学界，人们利用统计方法来研究疾病的成因或影响因素，判断药物或医疗方案是否正确；在生物学界，人们用统计方法来研究基因分离定律、基因自由组合定律、基因稳定性定律等基因规律；在心理学界，人们用统计方法分析特定刺激的心理效应；在经济学界，人们用统计方法来研究经济运行状况及宏观决策、微观决策的正确与否，以及政策、决策的监督执行和调整。可以说，几乎所有的科学研究领域都离不开统计学。

总之，统计无时不有，统计无处不在。在市场调研与消费者行为分析、预测与决策分析、风险评估与控制、经济政策的评估和决策支持、效率评估和质量控制以及评估和监测经济政策效果等方面都大有用武之地。只要科学、准确、充分地应用统计，统计就能发挥出强大的作用。

【同步思考 1-2】

1. 怎样理解统计研究对象的数量性？统计的数量性与数学的数量有什么不同？总体数量特征与个体数量特征之间有什么关系？

视频 1  统计工作
利国利民

2. 统计学是如何分科的？描述统计学与推断统计学、应用统计学之间有什么关系？

3. 统计学有什么作用？怎样理解"统计无时不有，统计无处不在"？

# 1.3  统计数据类型与统计研究方法

## 1.3.1  统计数据类型

在信息时代，统计数据无处不在。从不同角度，统计数据有不同的分类方法。

**1. 按照数据计量尺度不同，分为分类数据、顺序数据和数值型数据**

（1）分类数据。分类数据是指只能归于某一类别的非数字型数据，表现为类别，用文字表述事物分类结果。例如,学生按专业分为统计学、会计学、金融学等,人口按性别分为男、女两类。但这种分类,也可以用数字代号来表示,以便统计整理。例如,用"1"代表统计学,用"2"代表会计学,用"3"代表金融学等;用"0"代表男性,用"1"代表女性。这时的数字只是代表不同类别的一个代码,没有任何程度上的大小之分,也没有数学运算意义。

(2) 顺序数据。顺序数据是指只能归于某一有序类别的非数字型数据,表现为有顺序的类别,用文字来表述。例如,产品质量分优、良、合格、不合格;教师职称分初级、中级、高级;学生对食堂服务满意度分满意、一般、不满意;等等。

在顺序数据中,虽然结果也表现为类别,但各类别之间却可以比较顺序。它具有">"或"<"的数学特性。同样,顺序数据也可以用数字代码来表示,但其数字代码体现一种顺序或程度上的不同和数量上的差别。

(3) 数值型数据。数值型数据是指按数字尺度测量的观察值,是使用自然或度量衡单位对事物进行计量的结果,其结果表现为具体的数值,通常又分为定距数据和定比数据。

定距数据,是一种不仅能反映事物所属的类别和顺序,还能反映事物类别或顺序之间数量差距的数据,表现结果为数值。例如,两名学生统计学考试成绩分别为 90 分和 52 分,不仅说明前者成绩高于后者,还说明两者差 38 分。

定比数据,又称比率尺度或比较水平,也称比例尺度或等比尺度,是一种除了上述三种尺度的全部性质之外,测量不同变量(社会现象)之间的比例或比率关系的方法。它是在定距尺度基础上,确定相应的比较基数,然后对两种相关数进行对比而形成的相对数(或平均数),用来反映现象的结构、比重、速度、密度等数量关系。例如,将一个企业职工的工资总额与该企业的职工人数对比,计算出平均工资,并以平均工资反映该企业职工的平均收入情况。定比数据的主要数学特征是"×"或"÷"。定比数据在统计对比分析中应用十分广泛。

**2. 按照来源不同,分为观测数据、实验数据与大数据**

(1) 观测数据。观测数据是通过统计调查或观测的方式而获取的反映研究现象客观存在的数量特征的数据,这类数据是在没有人为控制的条件下获得的。有关社会经济现象的统计数据几乎都是观测数据,比如前面提到的各种统计数据。

(2) 实验数据。实验数据是在人为控制的条件下,通过实验的方式获得的关于实验对象的数据。自然科学研究中的数据大都属于实验数据,如生物实验数据、产品性能实验数据、药物疗效实验数据等。随着实验方法在经济等领域的应用,逐步形成了实验经济等学科,在经济等领域出现了许多实验数据。

(3) 大数据。大数据是基于现代信息技术而产生的数字化信息,其本意是那些体量巨大、类型多、结构复杂、增速快,以至于依赖现有的主流软、硬件工具无法及时加以消化处理的数据,它通常具有体量巨大、形式多样、快速增加和蕴含信息价值四大特点。

**3. 按照加工程度不同,分为原始数据与次级数据**

(1) 原始数据。原始数据是指直接向调查对象收集的、尚待加工整理、只反映个体特征的数据,或通过实验采集的原始记录数据。原始数据是统计数据收集的主体。

(2) 次级数据。次级数据也称加工数据或二手数据、三手数据甚至更多手数据,是指经过加工整理、能反映总体数量特征的各种非原始数据。次级数据又包括直接根据原始数据整理而来的汇总数据,以及根据各种已有数据推算而来的推算数据。如果次级数据满足有关分析和研究需要,就没必要去收集原始数据,以免造成财物及时间的浪费。

### 4. 按照时间或空间状态不同,分为时序数据和截面数据

(1) 时序数据。时序数据是时间序列数据的简称,是对同一现象在不同时间上收集到的数据(空间状态相同,时间状态不同),描述的是现象某一方面(或某几方面)的数量特征随时间变化的情况。例如,把 2000 年以来我国国内生产总值数据按时间先后顺序加以排列,就形成了国内生产总值的时序数据。

(2) 截面数据。截面数据是指对同类现象在相同或近似时间上收集到的数据(空间状态不同,时间状态相同),描述的是在相同时间状态下同类现象数量特征在不同空间状态下的差异情况。例如,2023 年我国各省、区、市的地区生产总值数据,就是截面数据。

有时,时序数据与截面数据可以结合起来,成为平行数据(时间状态、空间状态都不同),如列出 2000—2023 年各省、区、市的地区生产总值数据,就是平行数据。

统计数据的分类方法,如图 1-5 所示。

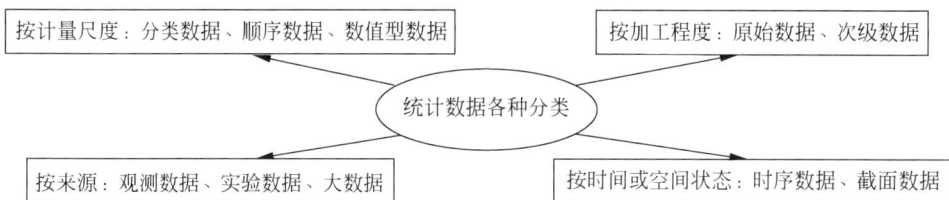

| 按计量尺度:分类数据、顺序数据、数值型数据 | | 按加工程度:原始数据、次级数据 |
|---|---|---|
| | 统计数据各种分类 | |
| 按来源:观测数据、实验数据、大数据 | | 按时间或空间状态:时序数据、截面数据 |

图 1-5 统计数据的分类方法

## 1.3.2 统计数据研究过程

统计工作是一种对社会经济现象总体数量进行调查研究的活动,它是对事物的表面、本质及其规律性的认识活动。这一活动是由浅入深的过程,通常这个过程可以概括为统计设计、统计调查、统计整理、统计分析四个阶段。

### 1. 统计设计

统计设计是统计工作的第一个阶段,它根据统计研究对象的性质和研究目的,对统计工作的各个环节和各个方面进行统筹安排。统计设计的结果表现为各种统计设计方案,如统计指标与统计指标体系、分类目录、统计报表制度、调查方案、汇总或整理方案等。

统计设计包括对统计活动全过程设计和单项统计设计两个方面。对统计活动全过程设计是指针对一项统计研究任务,对收集、整理、分析数据的工作全过程所做的设计。单项统计设计是指对收集、整理、分析数据的某一个环节所做的进一步的设计。对统计活动各个方面的设计,主要指的是统计研究对象的各个组成部分,它们是统计工作横的方面。例如,工业企业统计,包括:工业企业经营的内部条件和外部条件;人力、物资、资金等生产要素;生产、供应、销售等生产经营环节。再如,整个社会经济统计,包括:人口、环境、资源等社会发展的环境条件;物质资料的生产、分配、流通、消费的扩大再生产过程;政治、文化、教育、科学、卫生、体育等社会活动;人民的物质和文化生活状况;国际以及其他各国的经济和社会状况。对统计各个环节的设计,主要是指统计工作实际进行时的各个阶段,它们是统计工作

纵的方面。这些阶段包括：统计资料的收集；统计资料的汇总整理；统计分析；统计资料的提供、保存、公布；等等。

### 2. 统计调查

统计调查也称数据收集,它是统计工作过程的第二个阶段。统计调查的方式方法主要有统计报表制度、普查、抽样调查、重点调查、典型调查等。这一阶段是统计实践活动的开始,属于表层和感性认识阶段。但因为统计是要用数字说话的,而统计数字来源于统计调查,所以,"没有调查就没有发言权"。统计调查属于定量认识阶段,它的工作质量如何,直接关系和影响到以后各阶段的工作质量。

### 3. 统计整理

统计整理,是按照一定的目的和要求,对统计调查收集到的大量的零乱的资料进行科学的加工和分类,使之系统化、条理化,成为能够说明总体特征的综合资料。统计调查阶段收集的资料既丰富也零乱,既大量也粗糙。因此,需要统计整理去粗取精、去伪存真。这一阶段是对事物由表层认识到深层认识的连接点,对统计分析的质量有举足轻重的作用,是一个承上启下的中间环节。

### 4. 统计分析

统计分析,是在统计整理的基础上,对统计资料进行多种多样的定量分析和定性分析或评价、论证,由表及里、由浅入深、由此及彼,得出科学的结论,达到对事物本质和规律的认识。这一阶段是认识活动上升为深层次和理性认识的研究阶段。

通过统计整理和统计分析,可以得到许多有用的统计资料。统计资料的提供并不意味着统计研究的终结。统计的目的在于认识客观世界的规律。对于已经公布的统计资料需要加以积累,同时还可以进行加工,结合相关的实质性学科的理论知识去分析和利用,从而更好地将统计数据和统计方法应用于相关领域中,使统计更好地发挥信息、咨询、监督的职能。

总之,统计工作的四个阶段是一个统一体,无论哪个环节出了偏差,都会背离统计认识活动的规律,从而歪曲反映事物。统计调查出现偏差,会直接影响统计整理的质量和统计分析结果的正确性;统计分析出现偏差,会造成统计调查和统计整理两个阶段前功尽弃。统计工作各个阶段的工作质量和效果是密切相关的,因此,要注意它们之间的衔接和协调。

需要指出,也有学者认为统计工作过程除了以上四个阶段以外,还包括统计预测和决策阶段、统计资料提供和保管阶段。应该说这两个方面工作的确都是统计工作的重要内容,因为整个统计工作决不能仅仅满足对统计数字的简单加工和初步分析,统计工作的一个重要内容是利用过去和现在的资料对现象的长期趋势做判断和预测,并以此作为国家或企业决策的依据。因此,统计信息的披露与保管都是统计工作不可或缺的组成部分。

## 1.3.3　统计数据研究方法

统计学的基本研究方法有大量观察法、统计分组法、综合指标法、归纳推断法,如图 1-6 所示。

```
┌─────────────────────┐                    ┌─────────────┐
│ 最基本：大量观察法    │                    │ 统计分组法   │
└─────────────────────┘   ┌──────────────┐  └─────────────┘
              │ 统计学的基本研究方法 │   ┌─────────────┐
              └──────────────┘  │ 综合指标法   │
                                 └─────────────┘
                                    ┌─────────────┐
                                    │ 归纳推断法   │
                                    └─────────────┘
```

图 1-6    统计学的基本研究方法

### 1. 大量观察法

大量观察法,是指为了对现象整体的数量规律有所了解,必须对所要研究现象的全部或足够多的个体进行调查的方法。只有通过大量观察法才能消除偶然的、次要的因素影响,以反映主要的、共同起作用的因素所呈现的规律,形成对现象总体数量规律的认识。例如,一个袋子里有编号为 1、2、3 三个球,如果我们只拿出来少数几次,可能拿到哪一个号码会多一些,但只要我们拿出来的次数足够多,那么拿到 1 号、2 号、3 号的概率会大体相同,即基本上为 1/3。又如,我们掷硬币和掷骰子,每掷一次出现哪一面或哪个点是不确定的,但当我们掷 N 次硬币或骰子时,就会发现掷硬币出现正面和反面的可能性几乎各为 50%,掷骰子出现 1、2、3、4、5、6 点的可能性几乎各为 1/6。

大量观察法实际上不是一种具体方法,而是一种统计思想,它强调观察的个体要充分多,只有这样才能将现象的个别偶然差异充分抵消,从而准确地揭示出所研究现象的数量特征和规律。否则,就可能以偏概全,得出片面的或错误的结论。

### 2. 统计分组法

统计分组法,是根据统计研究的目的和任务,按照一定的标志将总体划分成不同的类型或组的一种统计研究方法。通过统计分组,突出组与组之间的差异、抽象组内各单位的差异,以便划分现象的类型,反映总体的内部结构和现象之间的相互关系,从而达到正确运用指标来表明事物本质与规律性的目的。统计分组法主要适用于统计整理工作阶段,但在统计调查、统计分析等阶段,也都有独特意义。因此,统计分组法既是统计调查研究中的一种基本方法,也是统计整理和统计分析阶段的重要方法,它贯穿于统计研究和统计工作的全过程。

### 3. 综合指标法

综合指标法,是指运用各种经过科学分类汇总的综合指标和分析方法,研究和说明现象与本质的综合数量特征的方法。常用的综合指标主要有总量指标、相对指标、平均指标等。常用的统计分析方法有时间序列分析、统计指数分析、相关与回归分析等,通过各种分析方法,得出反映现象总体在一定时间、地点、条件下的规模、水平、对比关系、集中趋势、差异程度、依存关系、发展趋势和变化规律。综合指标法主要应用于统计分析工作阶段。

### 4. 归纳推断法

归纳推断法,也称统计推断法,它是以一定的置信标准,根据样本数据来推断总体数量特征的一种方法。在统计研究中,我们所观察的单位常常是部分单位或少数单位,而要判断总体对象却是大量的。这就需要根据样本资料,对全部总体数量的特征作出具有一定置信度的判断。例如,我们调查万分之一的城市居民户的收入水平,推断出城市全部居民户的收入水平;调查 1%农田的收获量,推断出上万亩农田的收获量等。随着市场调查在市场经济中发挥越来越重要的作用,归纳推断法也越来越被广泛重视,并成为统计研究的基本方法。

**【同步思考 1-3】**

1. 统计数据有哪几种分类方法? 按数据计量尺度和数据时空不同,其各是怎样分类的?

2. 统计工作分为哪几个阶段?

3. 大量观察法是统计分析的基本方法。统计研究的过程中为什么要对研究事物的全部或足够多单位进行观察?

拓展阅读 1　统计的作用

# 1.4　统计学中的基本概念

统计是关于数据的科学,统计要研究社会经济现象总体的数量特征,那么,统计总体就是统计学的基本范畴,而统计总体又是由总体单位构成的,总体单位又通过许多标志来表现它的特征,其中数量标志可汇总成统计指标,各种相关联的指标构成指标体系(当总体很大时,有时又用少数单位的数量特征来推断和反映总体的特征)。因此,统计总体、总体单位、样本总体、标志、总体指标、样本指标、指标体系等就是统计学的基本范畴。弄清这些基本范畴,有助于把握统计的基本内涵。

## 1.4.1　统计总体、样本总体、总体单位

### 1. 统计总体

统计总体简称总体,它是根据一定目的确定的所要研究事物的全体。它是由客观存在的、具有某种共同性质的许多个别事物构成的整体。例如,我们要研究全国城镇居民的收支情况,就以全国城镇居民作为一个总体。有了这个总体,我们就可以研究全国城镇居民的各种数量特征,如人均可支配收入、人均消费等指标。

统计总体的范围随着统计研究目的的不同可大可小,如上例中统计总体可以是某市所有的城镇居民家庭,也可以是某区或全省乃至全国所有的城镇居民家庭。

统计总体必须同时具有同质性、大量性和变异性三个特点。

(1) 同质性。同质性是形成统计总体的一个必要条件,作为总体的一个重要特征。同质性是指构成统计总体的每一个单位在某一方面必须具有共同的属性。它是根据统计研究目的而确定的。研究目的不同,所确定的总体也不同,其同质性的意义也随之变化。例如,研究城镇居民户的生活状况,所有城镇居民户构成了统计总体,农民户就不在统计范围之列,所有的城镇居民户在这一点上都是同质的,无论是收入低还是收入高。如果研究的是城镇居民贫困户的生活状况,那么,贫困线下的城镇居民户就构成了统计总体,贫困线下的城镇居民户在这一点上都是同质的,而贫困线上的城镇居民户就是非同质的了。

(2) 大量性。大量性是指总体中应包括足够多的个别事物,每一个个别事物常常可能受偶然因素的影响,表现出各种各样的差异。因此,少数个别事物的特征往往不能说明总体的特征,只有研究多数单位形成的总体,才能使偶然因素的作用相互抵消,从而显示出事物

的本质特征。

（3）变异性。变异性是指构成总体的每一个个别单位，在某一方面性质是相同的，但在其他方面必定有差异。例如，同是某股份制企业的职工，也有工种、工资、工龄、文化程度等方面的差异。统计研究实质上就是研究总体各单位某种品质或数量变异的程度、趋势等，从而寻找出规律。

### 2. 样本总体

样本总体简称样本，它是根据一定的研究目的和研究任务，在全部研究总体中随机抽取少数单位组成的小总体，并通过研究小总体的数量特征，来推断大总体的可能数量变化规律。例如，我们要研究全国城镇居民的收支情况，可以在全国城镇居民的总体中，随机抽取1万个或10万个居民，组成小总体，然后通过研究这个小总体居民的收支情况，来推断和了解全部总体的数量特征；再如，要了解某批5 000台电视机质量情况，可以随机抽取500台组成一个样本总体，通过对500台电视机质量检查，如画面清晰度、分辨率、外观、发热、使用时长等指标，来推断和了解全部5 000台电视机的质量情况。

### 3. 总体单位

总体单位，简称单位，也称个体，它是构成统计总体的每一个个别事物，是各项统计特征的承担者。比如，上例中的每一台电视机。根据统计研究目的不同，总体单位可以是人或物，可以是企业单位或地区、部门，也可以是时间、质量或长度等。有时总体单位以自然计量单位表示，如设备以"台"表示，产品以"件"表示等。有时总体单位以物理计量单位表示，如时间用"小时""分""秒"表示，质量用"吨""千克""克"表示，长度用"米""厘米""毫米"表示，面积用"平方千米""平方米"表示，等等。例如，某市每一个股份制企业就是全市股份企业总数这个统计总体的总体单位；每一个工业企业的每一台设备则是该市工业企业设备总量这个总体的一个基本单位，即总体单位。

总体和总体单位的概念是相对而言的，随着研究目的不同，总体范围可相互变化。同一个研究对象，在一种情况下是总体，在另一种情况下可能就变成总体单位了。例如，要研究全国人口情况，全国为总体，每一个人是总体单位；而要研究全国各省份的人口情况，全国为总体，各省份为总体单位；同样，要研究某省各县人口状况，则该省变成总体，而各县又成了总体单位。

统计总体、样本总体、总体单位之间的关系如图1-7所示。

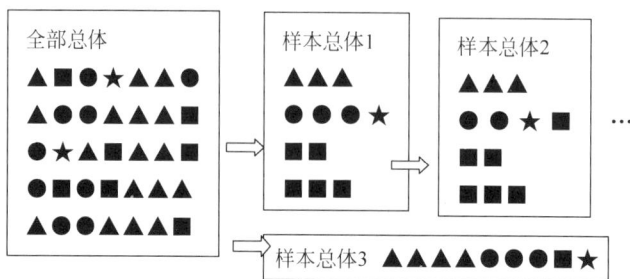

图1-7  统计总体、样本总体、总体单位之间的关系

需要指出的是,当一个总体所包含的单位数是无限的,无法一一计数,称为无限总体。例如,连续大量生产的某种小件产品中,总产量是无限的;当总体单位数是有限的,是可以一一计数的,称为有限总体。例如,我国人口总数约 14 亿,但总归是可数的,是有限的,可以计数。区分无限总体和有限总体是确定科学的调查研究方法的前提条件。通常,对于无限总体,无法进行全面调查,只能进行非全面调查,也即对样本总体进行调查;对于有限总体,既可进行全面调查,也可进行非全面调查。

## 1.4.2　标志和变量

### 1. 标志

标志也称标识,是说明总体单位属性或特征的名称。每个总体单位从不同的角度和要求观察,可以有多个属性特征。标志依附于总体单位,总体单位是标志的直接承担者。例如,上例中的每一台电视机的质量情况。每个工人都具有性别、工种、文化程度、技术等级、年龄、工龄、工资等属性和特征,这些就是工人作为总体单位的标志。标志的具体表现是在标志名称之后所表明的属性或数值。统计研究是从登记标志状况开始的,并通过对标志的特征进行综合反映出总体的数量特征。

标志有不同的种类。按说明现象的性质不同,标志可分为品质标志和数量标志。品质标志表明单位属性方面的特征,品质标志的表现只能用文字来描述。例如,某工人的性别是"男",民族是"汉族",则"性别"和"民族"是品质标志的名称,而"男"和"汉族"是品质标志属性的具体表现。数量标志是表明总体单位数量方面特征的,用各种不同的数值表示。例如,职工的"年龄"是数量标志名称,其标志具体表现,如"38 岁""42 岁"为标志值;职工的"薪资"是数量标志名称,其标志具体表现,如"6 100 元""8 160 元"为标志值。

标志按变异情况可分为不变标志和可变标志。当一个标志在各个单位中的具体表现都相同时,这个标志称为不变标志;当一个标志在各个单位中的具体表现不完全相同时,如"性别",有的人表现为"男",有的人表现为"女",再如"薪资",有的表现为"6 100 元""8 160 元",也有的表现为"11 200 元"或"4 150 元"等,那么,这个标志称为可变标志。在划分统计总体时,可以选定某一标志的具体表现,把它固定下来,把所有具备这种标志的表现结合在一起,形成一个统计总体。所谓统计总体的同质性,实际上就是统计总体中的各个单位都具有某一共同的标志表现。

无论是品质标志还是数量标志,当它们在总体各单位中表现不完全相同时,就称为变异。变异性是统计总体必须同时具备的三个特点之一,也是统计研究的前提。

### 2. 变量和变量值

变量是统计中常用的重要概念。变量是对可变化的量而言的。统计中的变量是指可变的数量标志。变量的数值表现就是变量值或标志值。例如,工人的身高和年龄不会每个人都相同,那么,"年龄"和"身高"是数量标志的名称,也即变量,而"年龄"和"身高"数量标志的具体表现数值,如 38 岁、42 岁以及 6 100 元或 8 160 元等是数量标志值,也称变量值。

按变量值是否具有连续性,变量又分为连续变量和离散变量两种。连续变量的数值是连续的,相邻两值之间可做无限分割、无限取值,既可用整数表示,也可用小数表示。如以质量、长度、面积等物理单位计量的都是连续变量。连续变量的数值要用测量或计算的方法取得。离散变量是指相邻两值只能以整数位断开、只能以整数表示的变量。如人数、企业数、设备台数等都只能按整数计算,有了小数则令人不可思议。离散变量的数值只能用计数的方法取得。

### 1.4.3 统计指标和指标体系

**1. 统计指标**

统计指标简称指标,是反映社会经济现象总体某一综合数量特征的范畴,由指标名称和指标数值两部分构成。指标名称反映现象所属的范畴,也即指标概念;指标数值反映现象在具体时间条件下达到的规模、水平及比例关系。例如,2023 年,初步核算,全年国内生产总值 1 260 582 亿元,按不变价格计算,比上年增长 5.2%。全年全国居民人均可支配收入 39 218 元,比上年名义增长 6.3%,扣除价格因素,实际增长 6.1%。[①]

统计指标一般具有三个特点:①数量性,即统计指标都是用数字表示的。②综合性,即统计指标是总体单位同质数量综合的结果。③具体性,即统计指标是现象在不同时间、地点、条件下的具体反映。如上例中的全国居民人均可支配收入 39 218 元,"39 218 元"体现了数量性,也体现了综合性,即 2023 年全国居民人均可支配收入不断增长,经济发展水平和居民生活水平在提高。统计指标可以按其不同的研究目的进行分类。

统计指标按其反映时间特点不同,可分为时点指标和时期指标。时点指标是反映现象在某一时点上的数值表现,如人口数、黄金储备量等;时期指标是反映现象在某一时期内的数量表现,如产值、产量等。有关这两类指标的特点和计算,将在总量指标、时间序列分析中做详细论述。

统计指标按其反映总体特征不同,可分为数量指标和质量指标。数量指标是指反映总体规模大小、水平高低的指标,一般以绝对数表示,如人口总数、企业总数、职工总数、工资总额、国内生产总值、商品流转额、商品进出口总额等;质量指标是指反映总体的强度、密度、效果等的指标,一般用相对数和平均数表示,如劳动生产率、职工平均工资、人口密度、工人出勤率、流动比率、速动比率等。有关数量指标和质量指标的特点及计算,将在总量指标与相对指标一章中详细论述。

统计指标按其作用和表现形式不同,可分为总量指标、相对指标和平均指标。总量指标是反映现象总体规模、水平的指标,如工资总额、产品产量、销售额、利税总额等。相对指标是两个有联系的总量指标进行对比的结果,用来说明现象总体的结构、发展程度、比例、强度、密度等,如产品的优质品率、平均增长率、人口密度等。平均指标是按总体内各单位某一数量标志值计算的反映总体一般水平的指标,如平均工资、工人劳动生产率等。

**2. 标志与统计指标的关系**

标志与统计指标之间既有联系又有区别(图 1-8)。

二者的区别主要表现为:①指标是说明总体特征的,而标志是说明总体单位特征的。②指标都是用数字表示的,而标志既可用数字表示,也可用文字表示。

---

① 中华人民共和国 2023 年国民经济和社会发展统计公报[EB/OL].(2024-02-29).https://www.stats.gov.cn/sj/zxfb/202402/t20240228_1947915.html.

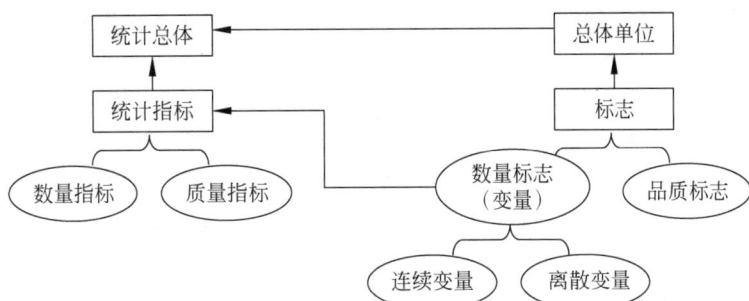

图 1-8　标志与统计指标之间的关系

二者的联系主要表现为：①指标数值都是由总体单位的数量标志值汇总而来的。②指标与数量标志存在一定的变换关系，随着研究目的的变化，总体和总体单位发生了变化，指标和标志也会发生相应的变化。例如，如果所要研究的是全国工业企业情况，则各企业的职工人数、固定资产、工业增加值等都是总体单位（即各个企业）的标志，而如果研究目的变成研究某一企业的职工状况，则该企业变成一个总体，企业职工人数变成了统计指标，每个职工的文化程度、技术等级、性别、年龄等就成为标志。

### 3．样本指标与总体指标

（1）样本指标。样本指标，也称统计量，是根据样本总体计算出来的数据，如样本均值、方差或标准差、是非比率等。样本是从总体中抽取的部分单位构成的整体，是实际进行调查登记的对象，因此，样本单位的数据是可计量、可测算、可知的，统计量也是可知的。

由于样本来源于总体，因此样本统计量必然在一定程度上可以用来推断有关的总体参数。比如，可用样本均值去估计总体均值、用样本方差或标准差估计总体方差或标准差、用样本是非比率去估计总体是非比率等。

（2）总体指标。总体指标，也称参数，是反映总体某种特征的量。参数是根据总体所有数据计算出来的，如总体均值、方差或标准差、是非比率等。当总体是有限总体、总体规模不是特别大时可以直接计算。但由于实际工作中，常常不可能收集齐总体所有数据，所以总体指标的真实数值往往是未知的，就需要利用样本数据去估计或推断总体数据。

在用样本统计量去估计或推断总体参数时，往往需要通过一定的函数关系式对样本统计量进行再加工，这就形成了构造统计量。常用的构造统计量有 $Z$ 统计量、$t$ 统计量、$\chi^2$ 统计量、$F$ 统计量等。我们将在第 6 章"抽样推断"中再详细阐述和计算。

### 4．统计指标体系

一个统计指标只能反映特定现象的一个侧面或一个侧面的某一特征，但任何客观现象都具有多个相互联系、彼此制约的方面和特征。比如，对一个企业的综合评价，包括财务指标、市场指标、创新指标、风险指标等。我们如果要全面、深入地反映客观事物，就必须将各种相互联系的指标构成一个整体，用以反映所研究对象各方面的相互依存和制约关系，反映总体的全貌。因此，统计指标体系就是指由一系列相互联系、相互制约的统计指标构成的整体。在社会经济生活中，统计指标体系中各个指标之间的联系表现为两种形式。

（1）统计指标之间存在的客观联系是通过严密的数学公式表现的，比如：

$$农作物收获量＝播种面积×单位面积产量$$

国民总收入＝国内生产总值＋来自国外的净要素收入

期末库存量＝期初库存量＋本期购进量－本期销售量

资产＝负债＋所有者权益

（2）各统计指标之间存在着相互补充的关系。例如,考核工业企业的九项指标：产量、品种、质量、原材料、燃料、动力消耗、成本、利润、流动资金占用。再如,为了反映工业企业生产经营的全貌,需要设立产量、产值、品种、质量、职工人数、劳动生产率、工资总额、原材料、设备、财务成本等多项指标组成工业企业统计指标体系。以上两例中,多个指标所构成的指标体系就属于这种情况。

在设立统计指标体系用以全面、综合反映现象的状态时,应该遵循客观性、科学性、可行性、预见性原则。指标体系的建立不但要遵循指标之间内在的客观联系,还要考虑获取资料是否可能以及指标体系的设置是否可行;不但要考虑指标体系是否能反映实际问题,还要使新设立的指标体系具有一定的超前意识,从而更好地适应不断变化的需要。

**【同步思考 1-4】**

1. 标志是说明总体单位特征的名称。其中,品质标志不能用数值表示,数量标志只能用数值表示。那么,文化程度是品质标志还是数量标志？试以一个班同学为例,分别列三个不变标志和可变标志的例子。

2. 统计指标是反映现象总体数量特征的概念及数值。统计指标由指标名称、指标数值、空间范围、时间范围、计量单位、计算方法六要素构成。那么,人口出生率 6.39‰,这个指标完整吗？还缺少哪几个要素？应该怎样明确？

3. 统计总体、样本总体、总体单位之间有什么关系？标志与统计指标之间又有什么联系与区别？试各举一例说明。

# 1.5  Excel 在统计数据处理中的功能概述

作为美国微软公司推出的 Office 套装办公软件的主要成员,Excel 是运行在 Windows 环境下的电子表格系统。Excel 因具有电子表格管理、数据清单管理、统计图表处理以及数据分析与决策功能,在统计应用中有着举足轻重的地位,得到了广泛的应用。本书以 Excel 2019 为工具进行统计分析。

## 1.5.1  Excel 数据分析工具的加载及其使用

作为 Office 电子表格文件处理工具的 Excel,不仅具有进行相关电子表格处理的功能,而且带有一个可以用来进行统计数据处理分析的宏程序库——"分析工具库"。通常计算机安装了 Office 后,其 Excel 电子表格系统并不能直接使用"分析工具库"来进行统计数据的处理分析,需要加载宏,启动"数据分析"宏"分析工具库"系统后,才能运行统计数据的数理分析工具。

打开 Excel 2019 电子表格系统后,如果在"数据"选项卡中没有"分析"组,则说明 Excel

系统尚未加载分析工具宏程序,必须在 Excel 中加载并启动"分析工具库"宏程序。

打开 Excel 2019 后,依次单击"文件"选项卡、"选项"和"加载项"类别。在"管理"框中,单击"Excel 加载项",然后单击"转到"。此时将显示"加载项"对话框。在"加载项"框中,勾选"分析工具库"复选框,然后单击"确定"(图 1-9)。

完成了 Excel 数据分析程序宏的加载后,单击"数据"选项卡"分析"组中的"数据分析"命令,即会弹出 Excel 的统计分析工具对话框(图 1-10),如果选中其中的某一个统计分析工具,并单击"确定"按钮,就会弹出该分析工具的运行对话框,然后通过运行对话框的对话,可以进入该统计分析工具宏程序的运行过程。在整个分析工具宏程序库中设有各种数据处理分析的工具宏程序,包括用于描述统计分析的描述统计和直方图分析工具宏等,也包括可以进行推断统计分析的方差分析、相关和回归分析、统计推断和检验以及时间序列指数平滑法等分析工具宏,具体的统计分析工具所包含的内容见表 1-1。

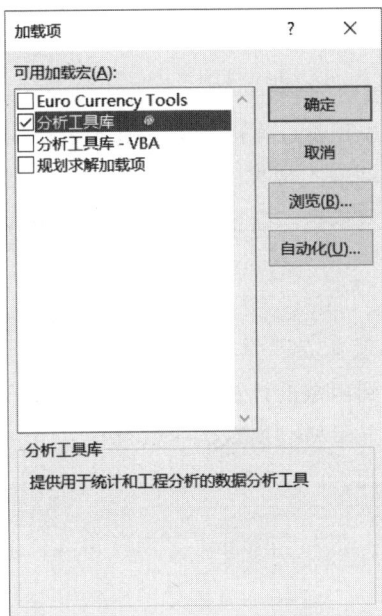

图 1-9　加载分析工具库

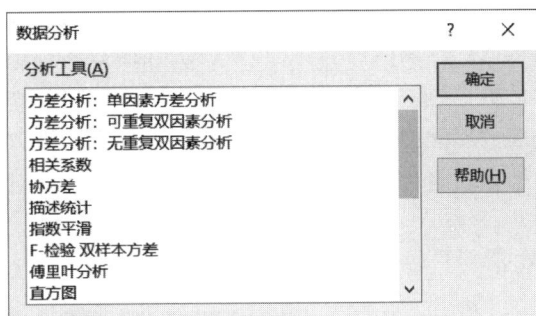

图 1-10　数据分析工具

表 1-1　Excel 统计分析工具

| 序　号 | 分 析 工 具 | 类　别 |
|---|---|---|
| 1 | 方差分析:单因素方差分析 | 方差分析 |
| 2 | 方差分析:可重复双因素方差分析 | |
| 3 | 方差分析:无重复双因素方差分析 | |
| 4 | 相关系数 | 相关与回归 |
| 5 | 协方差 | |
| 6 | 回归 | |
| 7 | 直方图 | 数据整理 |
| 8 | 移动平均 | 时间序列预测 |
| 9 | 傅里叶分析 | |
| 10 | 指数平滑 | |

续表

| 序 号 | 分 析 工 具 | 类 别 |
|---|---|---|
| 11 | 抽样 | 抽样设计 |
| 12 | 随机数发生器 | |
| 13 | 排位与百分比排位 | 参数估计 |
| 14 | 描述统计 | |
| 15 | $F$-检验：双样本方差 | 假设检验 |
| 16 | $t$-检验：平均值的成对二样本分析 | |
| 17 | $t$-检验：双样本等方差假设 | |
| 18 | $t$-检验：双样本异方差假设 | |
| 19 | $Z$-检验：双样本平均差检验 | |

## 1.5.2 Excel 统计函数及其使用

Excel 具有大量的内置函数,如财务函数、日期和时间函数、数学和三角函数以及统计函数。其中统计函数的功能简介,请参见附录 C。通常在应用 Excel 进行数据处理分析时,应尽量使用这些内置函数,其一方面可以减少因计算公式的输入带来的麻烦;另一方面,还可以根据处理分析的需要,在电子表格上编辑出由多种内置函数组合而成的复杂运算公式,以适应某些多步骤运算过程的特殊处理分析需要。

在 Excel 运行过程中调用统计函数主要采用两种方法:其一,在工作表的单元格中直接输入统计函数的名称(必须在统计函数名称前加"＝"),就会立即弹出该函数的初始输入对话框,只要在有关的参数选项内填入确定的参数就能得到函数的计算结果值。其二,在工作表的单元格内输入"＝"后,查找工作表左上方的"名称"显示格内出现的函数选择表,选择某个函数名称,同样会得到该函数的初始输入对话框(图 1-11)。

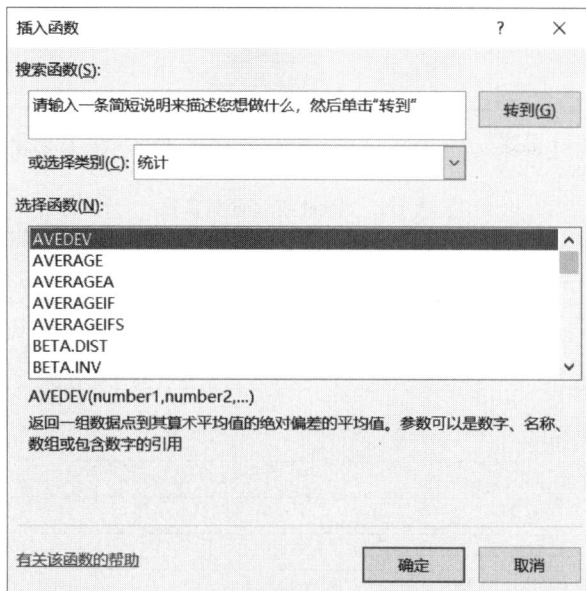

图 1-11 插入函数对话框

# 本 章 小 结

统计学是一门关于如何收集数据、整理数据、分析数据,并进行描述、推断和预测,从而正确认识现象总体数量方面的科学。

(1) 统计包括统计工作、统计资料、统计学三层含义,三层含义之间既有联系也有区别。统计资料是统计工作的成果;统计理论来源于统计实践,反过来又为统计实践服务,统计理论与统计实践是辩证统一的关系。

(2) 统计学发展史上的主要学派有政治算术学派、国势学派、社会统计学派和数理统计学派。

(3) 统计研究具有总体性、数量性两大突出特点,此外,也有具体性、社会性和广泛性的特点。统计总体具有同质性、大量性和变异性三大特点。统计指标具有数量性、综合性、具体性三个特点。

(4) 统计研究的基本方法有大量观察法、统计分组法、综合指标法、归纳推断法。其中大量观察法是普遍遵循的方法,但不是一种具体的方法,而是一种统计思想。

(5) 统计的基本概念有:统计总体、样本总体、总体单位、标志、变异、统计指标、样本指标、总体指标、统计指标体系等。标志按说明现象性质不同,分为品质标志和数量标志;按变异情况分为不变标志和可变标志。按变量值是否具有连续性,变量可分为连续变量和离散变量。

(6) 标志与统计指标之间既有联系又有区别;统计总体、样本总体、总体单位既有联系又有区别;样本指标与总体指标之间既有联系又有区别。

(7) 利用 Excel 的数据分析工具和函数,可以提高处理统计数据的效率。

# 思 考 与 练 习

● **知识题**

(1) 什么是统计?简述统计工作、统计资料、统计学三者之间的关系。

(2) 什么是总体?什么是总体单位?总体与个体有什么关系?

(3) 什么是标志?什么是统计指标?二者有什么联系与区别?

(4) 统计研究常用的方法有哪几种?为什么要用大量观察法?

(5) 统计的基本职能是什么?简述统计信息职能、咨询职能和监督职能三者之间的关系。

● **实务题**

为了研究某学校教职工的工资情况,根据此目的,明确下列概念。

(1) 总体是(　　)。

　　A. 该学校　　　　　　　　　B. 该学校全部教职工

　　C. 该学校教职工的工资　　　D. 该学校教职工人数

(2) 总体单位是(　　)。

　　A. 该学校　　　　　　　　　B. 该学校全部教职工

  C. 每一个教职工      D. 该学校教职工工资的总额

（3）标志是（  ）。

  A. 该学校的教职工人数    B. 学校的工资金额

  C. 每个教职工的工资     D. 每个教职工的平均工资

（4）指标是（  ）。

  A. 该学校的教职工人数    B. 该学校教职工的平均工资

  C. 该学校的教职工的工资金额  D. 每个教职工的工资额

●实训题

**实训一**

（1）实训目的：通过本题练习,熟悉各种统计基本概念。

（2）实训资料：某企业为了解组装车间职工的人数、日产量和各组总日产量的关系,调查了 2024 年 3 月该企业职工人数和产量情况,经过分组、汇总和计算,得到表 1-2。

表 1-2 某企业组装车间职工人数及产量资料

| 按日产量分组/件 | 工人数/人 | 每组日产量/件 |
| --- | --- | --- |
| 15～25 | 4 | 80 |
| 25～35 | 25 | 750 |
| 35～45 | 15 | 600 |
| 45 以上 | 6 | 300 |
| 合计 | 50 | 1 730 |

  （3）实训要求：在上述资料中,总体是什么? 总体单位是什么? 什么是总体单位的数量标志? 什么是总体单位的品质标志? 本例中反映总体数量特征的指标有哪几个?

**实训二**

（1）实训目的：通过本题练习,加深对总体、总体单位、品质标志、数量标志、数量指标、质量指标的认识。

（2）实训资料和实训要求：调查某数码商场销售的全部手机情况,试指出总体、总体单位是什么,试列举出若干品质标志、数量标志、数量指标、质量指标。

———————— 即 测 即 练 ————————

# 第 2 章

# 统计数据收集

## 【学习目标】

（1）了解统计数据收集的意义；

（2）了解和区分统计数据收集的各种方式以及适合的应用条件；

（3）熟练掌握统计数据收集的各种方法；

（4）熟练掌握统计调查方案的编制内容；

（5）熟练掌握统计调查问卷的设计方法；

（6）掌握使用 Excel 收集静态网页统计表数据的方法。

## 【教学引例】我国历次人口普查数据，彰显了人口发展规律

新中国成立 70 多年来，总人口由 1949 年的 5.4 亿发展到 2020 年的 14 亿多，年均增长率约为 1.4%。新中国成立以来，我国的人口发展大致分为四个阶段：高速增长阶段（1949—1970 年）；有调控增长阶段（1971—1980 年）；增速回升阶段（1981—1990 年）；平稳增长阶段（1991—2020 年）。1991—2020 年，我国人口年均增长 927 万，进入 21 世纪以来年均增长 729.75 万，但自 2022 年起，我国步入"人口深度老龄化"社会，人口也进入负增长时代，以 1953—2020 年我国第一次至第七次人口普查数据为证（表 2-1）。

表 2-1　1953—2020 年我国人口普查部分数据

| 年份 | 人口总数 /万人 | 男性人口 /万人 | 女性人口 /万人 | 男女 性别比 | 文盲率 /% | 各年龄段人口占比/% | | | |
| --- | --- | --- | --- | --- | --- | --- | --- | --- | --- |
| | | | | | | 0～14 岁 | 15～ 59 岁 | 60 岁及 以上 | 其中,65 岁 |
| 1953 | 58 260 | 30 190 | 28 070 | 107.56 | — | 36.28 | 56.40 | 7.32 | 4.41 |
| 1964 | 69 458 | 35 652 | 33 806 | 105.46 | 33.58 | 40.69 | 53.18 | 6.13 | 3.56 |
| 1982 | 100 818 | 51 944 | 48 874 | 106.30 | 22.81 | 33.59 | 58.79 | 7.62 | 4.91 |
| 1990 | 113 368 | 68 495 | 54 873 | 106.60 | 15.85 | 27.69 | 63.74 | 8.57 | 5.57 |
| 2000 | 126 583 | 65 355 | 61 228 | 106.74 | 6.72 | 22.89 | 66.78 | 10.33 | 6.96 |
| 2010 | 133 972 | 68 685 | 65 287 | 105.20 | 4.08 | 16.60 | 70.14 | 13.26 | 8.87 |
| 2020 | 141 178 | 72 334 | 68 844 | 105.07 | 2.67 | 17.95 | 63.35 | 18.70 | 13.50 |

资料来源：国家统计局（https://www.stats.gov.cn）历次人口普查数据整理。

# 2.1 统计数据收集的意义和方法

数据,是对客观事物的记录和标识。在大数据时代,数据如同血脉,流淌在各个领域。统计数据,是统计工作活动过程中所取得的反映国民经济和社会现象的数字资料以及与之相联系的其他资料的总称。因为统计数据主要是通过统计调查取得的,所以,统计调查的含义和要求,统计调查的方式方法,统计调查方案的编制内容,统计调查问卷的设计等,就是统计数据收集的主要问题。

## 2.1.1 统计调查的意义

### 1. 统计调查的概念和作用

统计数据收集,亦称统计调查,它是根据统计研究的目的和要求,采用科学的调查方法,有计划、有组织地向客观实际收集各项统计数据资料的工作过程。统计调查既是收集统计数据资料获得感性认识的重要阶段,也是进行统计整理、统计分析的基础环节,是统计整理和统计分析的前提。统计调查的工作质量,直接决定统计分析和统计研究的工作质量。

统计调查与一般调查的主要区别在于:调查范围大;收集资料以数字资料为主;调查数据可用于统计推断和统计估计。

统计调查所涉及的资料有两种:一种是直接向调查对象收集未加工整理的、反映调查对象个体的、尚待汇总整理、需要由个体过渡到总体的统计资料,称为原始资料,也称初级资料;另一种是已经加工、整理过的次级资料,也称第二手资料。统计调查一般指的是对原始资料的收集,并对其进行加工、整理、汇总,使其成为从个体特征过渡到总体特征的资料,当然,有时也包括对次级资料的收集。

### 2. 统计调查的基本要求

为保证统计工作的有效,在进行统计调查时,必须坚持实事求是的原则,同时要深入实际,全面了解情况,以取得准确、及时、完整的统计调查数据。也有的认为统计调查的要求是:真实、准确、完整和及时。因为真实是前提、是基本,所以,统计调查的要求可以概括为:准确、及时、全面。

(1) 准确。所谓准确,就是指调查数据要客观地反映现象的实际情况。这就要求被调查者依照《统计法》及相关规定,实事求是报送统计资料,不允许虚报、瞒报、拒报和伪造篡改。同时,统计机构和统计人员也要依法独立行使统计调查、统计报告、统计监督的职权,确保党和国家掌握国民经济和社会发展的真实情况,充分发挥统计的服务和监督职能。

(2) 及时。所谓及时,就是指各报告单位要及时完成各项调查的上报任务,从时间上满足各部门对统计资料的要求。

(3) 全面。所谓全面,就是指资料要完整。它包括两方面含义:一方面,是调查单位的完整性;另一方面,是调查项目的完整性。调查单位的完整性,是指按规定需要报送统计资料的单位,都必须准确、及时地上报统计资料,不能有遗漏和重复;调查项目的完整性,是指每个调查单位都必须按照统计调查的内容,一项不漏地报送统计资料。只有这样,才能使资料全面、准确地反映现象的实际情况。

## 2.1.2　统计调查数据收集方法

### 1. 原始数据收集方法

原始数据收集方法,主要是调查者与被调查者直接或间接接触以获取数据的一种方法。其包括直接观察法、采访法、问卷调查法、报告法、电话调查、网上调查和实验法等。

(1) 直接观察法。直接观察法,也称现场调查法,它是指调查人员根据一定的调查目的、提纲或观察表,用自己的感官和辅助工具去直接观察被调查对象,从而获得数据的方法。科学的观察具有目的性和计划性、系统性和可重复性。观察一般利用眼睛、耳朵等感觉器官去感知观察对象。由于人的感觉器官具有一定的局限性,观察者往往要借助各种现代化的仪器和手段,如照相机、录音机、摄像机等来辅助观察。比如,我国的 CPI 调查,采用定人、定点、定时的方法直接调查,对价格变动频繁的商品遵循逢 5、逢 10 的采价原则进行市场调查。通常是调查人员通过手持数据采集器,在保证价格准确的前提下,经国家统计局审定,各地可利用被调查单位的电子数据进行辅助采价,也可从互联网采集特定商品和服务的价格,以减少数据采集环节的人为干扰。

(2) 采访法。采访法,也称派员调查,是调查者与被调查者通过面对面交谈得到所需数据的调查方法。采访法分为标准式访问和非标准式访问两种。标准式访问又称结构访问,是按照调查人员事先设计好的,有固定格式的标准化问卷或表格,有顺序地依次提问,并由受访者作出回答。其优点是能够对调查过程加以控制,从而获得比较可靠的调查结果。非标准式访问又称非结构式访问,事先不制作统一的问卷或表格,没有统一的提问顺序,调查人员只是给一个题目或提纲,由调查人员和受访者自由交谈,从中获得所需资料。

(3) 问卷调查法。问卷调查法,也称问卷法,是以书面提出问题的方式收集资料的一种研究方法。调查人员将所要调查的问题编制成问题表格,以邮寄、当面作答或者追踪访问方式填答,从而了解被调查者对某一现象或问题的看法和意见,所以其又称问题表格法。问卷法的运用,关键在于编制问卷、选择被调查者和结果分析。

(4) 报告法。报告法指被调查者按隶属关系,依据各种原始记录和核算资料,逐级向上提供统计资料的方法。定期统计报表和一些一次性调查表多使用这种方法。如果报告系统健全,原始记录和核算数据完整,采用报告法可以取得比较精确的资料。

(5) 电话调查。电话调查是调查人员利用电话与受访者进行沟通,从而获得调查数据的一种调查方法。电话调查可以按照事先设计好的调查问卷进行调查,也可以针对某一专门问题进行电话采访。电话调查的问题要明确,问题数量不宜过多。比如,国外总统选举时,对候选人当选概率调查,常采用电话调查的方式进行。

电话调查的特点:第一,电话调查时效高、费用低;第二,电话调查的受访者须有电话且有电话沟通能力;第三,电话调查的调查时间不能过长;第四,电话调查无法出示调查说明、照片、图表等背景资料。

(6) 网上调查。网上调查,是指通过互联网所进行的统计调查,它具有其他统计调查方式方法不具有的优势,如组织方便,费用低廉,可全天候运作,消除了时间、空间的限制,缩短调查时间等。

网上调查起源于 20 世纪 90 年代,起步虽晚,但发展迅速。有些调查还只能借助网络进行。随着大数据时代的到来,网上调查的应用也越来越广泛。

网上调查有优点也有不足。网上调查的优点:一是组织简单,执行便利,辐射范围广;二是速度快,信息反馈及时;三是匿名性很好,所以对于一些不愿在公开场合讨论的敏感性问题,在网上可以畅所欲言;四是费用低,简单易行,不受时间和空间的限制,不需要任何复杂的设备。网上调查的不足:一是只能进行定量调查,无法进行定性调查;二是网络的安全性还有待加强,真实性存疑(比如有时会有"水军"等),有时受试者会不愿意合作;三是网民的代表性存在不准确性,无法深入调查;四是受访对象难以限制,针对性不强。

(7) 实验法。实验法是调查者通过有意识地改变或控制某些输入变量,观察输出变量的变化,从而达到认识事物本质的一种调查方法。实验法不仅是一种收集数据的方式,还是一种重要的研究方式。在实验中,往往需要将研究对象分为两组:一个是实验组,另一个是对照组,对实验组的输入变量加以控制或改变,而对对照组则不加控制,根据两组的输出结果,可以看到输入变量对输出变量的影响,从而判定结果的差异。

### 2. 次级数据收集方法

次级数据,也称二次数据,是指由其他人收集和整理得到的统计数据,也称间接来源数据。

(1) 内部次级数据。内部次级数据,是指来自组织(企业或公司)内部的数据。内部次级数据的来源有四种:一是业务数据,如销售合同、订货单、发货单等销售单据;二是财务数据,如会计记录、财务报表、审计报告等;三是统计数据,如生产、销售、库存等统计报表以及统计分析报告;四是其他数据,如企业规划、调研报告、评估报告、客户资料等。

(2) 外部次级数据。外部次级数据,是指从组织外部获得的次级数据。外部次级数据的来源主要有以下几个方面。

一是年鉴类。其包括:《中国统计年鉴》,由国家统计局编辑,是一部全面反映我国国民经济和社会发展情况的资料性书籍。《国际统计年鉴》,是一部综合性国际经济、社会统计资料,收录了世界多达 160 个国家和地区的统计资料,对其中的 40 多个主要国家和地区的经济和社会发展状况以及世界主要企业的基本情况等通常有详细介绍。地方统计年鉴,由各省、自治区和直辖市以及经济特区的统计局编纂,能比较详细地反映各省、自治区和直辖市以及经济特区的社会、经济和科技等发展变化情况。《中国县(市)社会经济统计年鉴》,由国家统计局农村社会经济调查总队(现为国家统计局农村社会经济调查司)编纂,主要内容有区域分析统计图、各县(市)经济主要指标、分区域社会发展基本情况、按主要经济指标分组的社会经济基本情况。《中国人口统计年鉴》,是人口状况资料性年刊,有各省、自治区和直辖市大量的人口数据以及世界各国的人口数据,等等。

二是期刊类。各种年鉴所提供的资料虽然详细、全面、系统,但时效性较差。期刊反映我国经济社会动态数据时效性更好一些,比如《中国经济数据分析》,由国家信息中心经济预测部编写。该期刊提供了当季(或月)我国的 GDP 增长率,工业生产指数,企业效益指标,固定资产投资、外贸出口和市场销售的规模和速度指标,居民消费水平等数据。再如《经济预测分析》,由国家信息中心编写,它提供了有关国民经济运行状况的时效性较强的数据资料。等等。

总之,图书和期刊等出版物文献数量多、内容系统,便于查找,但由于多为已经加工过的次级资料,有时很容易受到原文作者主观因素的影响。

三是专门市场调研公司出售的高度专业化数据。市场调研公司通常提供电视收视率、零售销售额、产品或服务的分销渠道、行业或产品研究、民意调查、生活方式调查、顾客满意度调查、广告媒体效果调查等数据。

四是数据库数据。数据库是指按照一定要求收集且具有内在相关性的数据集合体。数据库可以分为内部数据库和外部数据库,内部数据库主要是进、销、存数据和财务数据,外部数据库范围广,如政府统计部门的网站、行业或贸易组织的网站等。政府和社会团体的档案包括文件、统计材料、会议记录、大事记等。这类材料比较原始,真实可靠,研究价值很大。但得到这些材料不太容易,有些还不能公开引用。

在计算机与网络技术飞速发展的当今,互联网成为获取统计数据的重要途径。目前可获取反映中国经济社会状况的统计数据的网站主要为国家统计局官网,可以查到统计公报、统计数据、统计分析、统计法规、统计管理和数据直报等。在该网站上也可搜寻有关统计年鉴的数据资料。此外,国务院发展研究中心官网、中国经济信息网等,都可以查到丰富的数据信息。

当然,利用次级数据资料应注意以下问题:一是要结合研究和分析问题的目的,有针对性地获取资料。二是要评估次级数据资料的可用价值。有些历史资料虽然保管完好,但与已经发生变化的现实相去甚远,可能不适合用来说明和论证新问题。次级数据资料大多经过了加工整理,原始的背景资料可能没法找到。资料保存不完整,或者由于其他原因导致数据缺过多等情况,都会降低次级数据资料的使用价值。三是要注意指标的含义、口径、统计方法等是否具有可比性。随着社会经济的发展和社会管理的需要增加,统计制度也会发生相应的改变,反映在统计指标上,可能统计指标的名称没变,但它的社会经济含义已发生变化,与此相关也有统计范围、统计方法前后不一致的现象,因此,在使用不同时期的统计资料的时候,要考虑对资料进行必要的调整,以保证资料间的可比性。四是要注意弥补缺失资料。凡是不完整的历史资料,应根据需要和可能,设法进行适当的补充。五是要进行质量检查。要对次级资料逐项进行甄别,对存在问题的数据进行剔除或纠正。六是在引用次级数据时,一定要注明数据的来源,以尊重他人的劳动成果。

总之,统计数据信息资料繁杂,统计调查收集信息数据的方式方法也有不同。概括起来,统计调查数据收集方法如图 2-1 所示。

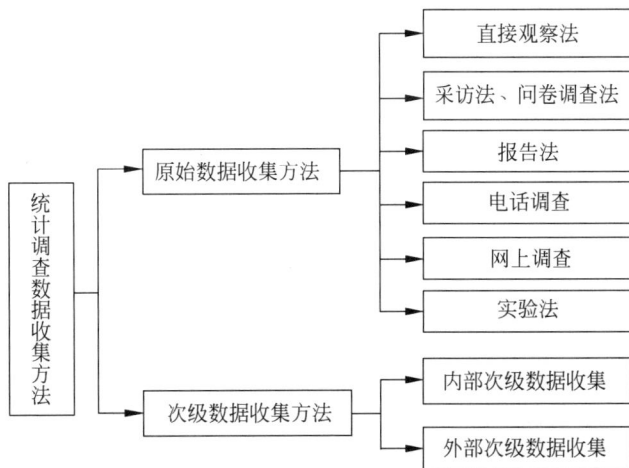

图 2-1　统计数据收集方法

拓展阅读 2　中国
红十字会统计调查
制度

**【同步思考 2-1】**

1. 原始数据的收集方法有哪几种?

2. 举例说明什么是次级数据。应用次级数据时应注意哪些问题?

# 2.2　统计调查种类和组织形式

## 2.2.1　统计调查种类

社会经济现象是错综复杂的,统计数据收集的目的多种多样。从不同的角度,统计数据收集有不同的分类方式。

**1. 按调查对象包括的范围不同分为全面调查和非全面调查**

(1) 全面调查。全面调查是指对调查对象中的所有调查单位全部进行调查,无一遗漏。全面调查包括普查和全面统计报表。

(2) 非全面调查。非全面调查是指只对调查对象中的一部分单位进行调查。非全面调查包括重点调查、抽样调查和典型调查。

全面调查的资料比较详细、完整,但却需要大量的人力、物力和财力,而且有些情况下,无法进行全面调查,或没有必要进行全面调查。在这种情况下,就需要进行非全面调查。非全面调查可以节省人力、物力和财力,同时也可以解决有些现象无法进行全面调查或没有必要进行全面调查的问题。例如,要对某大学新生性别比进行调查,可以进行全面调查,即对所有新生进行调查;也可以进行非全面调查,即只对其中的一个(或几个)学院或一个(或几个)专业的新生进行调查。

**2. 按调查登记的时间是否连续分为经常性调查和一次性调查**

(1) 经常性调查。经常性调查是指随着调查对象的不断变化而不断进行调查登记的调查方式。例如,某企业针对销售收入的调查、针对销售成本的调查等,就是每天或每月都进行的。

(2) 一次性调查。一次性调查是间隔很长一段时间(通常为一年以上)对调查现象进行调查登记的调查方式,如人口普查、经济普查等。通常,我国的人口普查每 10 年进行一次,经济普查每 5 年进行一次。

**3. 按调查的组织形式可分为定期统计报表和专门调查**

统计调查的组织形式是指收集数据信息资源的方式方法。

(1) 定期统计报表。定期统计报表是按国家统一规定的表式和内容,定期地向各级领导机构报送统计资料的一种形式。

(2) 专门调查。专门调查是为某一专题研究而组织的专项调查,专门调查包括普查、重点调查、典型调查和抽样调查。

在统计实践中,通常是按调查的组织形式,将统计调查分为定期统计报表和专门调查两种,并将全面调查、非全面调查,一次性调查和经常性调查融合在不同的调查方式中。

## 2.2.2　统计调查形式

我国统计数据收集方法体系是：以周期性普查为基础，以经常性抽样调查为主体，同时辅之以全面统计报表、重点调查等方法，并充分利用行政记录等资料。统计调查数据收集按组织形式主要分为五种：普查、抽样调查、重点调查、典型调查、统计报表。

**1. 普查**

1）普查的含义和特点

普查，是指根据统计研究特定目的和任务而专门组织的一次性、大规模的全面调查，主要用于收集某些不能或不适宜用定期全面调查报表收集的信息资料，调查对象通常属于一定时点的社会经济现象总量。目前，我国所进行的普查主要有人口普查、农业普查、经济普查等。

2）普查的组织原则

普查是一次性的全面调查，涉及面广，工作量大，需要动员大量人力、物力和财力。根据普查工作的特点，在组织普查时，必须遵守以下几个基本原则：一是必须规定统一的时点，即统计资料所属的标准时间，其目的就是尽量避免重复和遗漏；二是在普查范围内的各调查单位应同时进行登记，方法、步调要保持一致，并力求在尽可能短的时间内完成，以保证资料的准确性和时效性；三是普查项目统一规定后，不得任意改变或增减，以便综合汇总。在时间上，性质相同的普查，各次调查项目要尽可能保持相对稳定，以便对历次调查数据进行比较和分析。例如，第七次全国人口普查的标准时点为：2020 年 11 月 1 日零时。2020 年 11 月 1 日零时以后出生的人不登记；2020 年 11 月 1 日零时以后死亡的人仍要登记。2020 年 11 月 1 日零时以后发生迁移的人，仍在原住地登记。

普查和统计报表虽然都是全面调查，但两者有区别。统计报表属于经常性调查，报表的内容主要是经常调查的项目；普查属于一次性调查，主要用于调查有关国情国力的重要资料在一定时点状态下的数量。有些社会现象不可能也不需要进行经常调查，但又需要掌握比较全面的统计资料，就要进行普查。普查比一般调查规模要大，而且调查内容详细，可以得到完整的统计资料，而统计报表则不可能像普查那样掌握如此详尽的全面资料。

3）普查的组织形式

普查的组织形式有两种：一种是专门建立普查机构，配备专门人员，对调查单位进行调查，如人口普查；另一种是利用调查单位的原始记录和核算资料，结合清库盘点，由原有的调查机构、单位自行填报调查表格的形式。

目前我国普查主要包括：人口普查逢"0"年进行，每 10 年进行一次；农业普查逢"6"年进行，每 10 年进行一次；经济普查逢"3、8"年进行，每 5 年进行一次。

我国的人口普查分别于 1953 年、1964 年、1982 年、1990 年、2000 年、2010 年、2020 年进行，共进行过七次。通过人口普查，摸清了我国人口总数及内部结构等情况。我国 2020 年人口普查表如表 2-2 所示。

表 2-2 人口普查表

本户：_____省_____市_____县_____乡_____村组

住址：_____自治区_____市_____街道_____居委会_____居民小组（街巷_____号）

| 姓名 | 与户主关系 | 性别 | 年龄 | 民族 | 常住人口登记状况 | 文化程度 | 行业 | 职业 | 不在业人口状况 | 婚姻状况 | 生育和存活子女总数 | 上年生育状况 |
|---|---|---|---|---|---|---|---|---|---|---|---|---|
| 1 | 2 | 3 | 4 | 5 | 6 | 7 | 8 | 9 | 10 | 11 | 12 | 13 |
| | | | | | | | | | | | | |

以我国 2023 年 12 月 31 日为时点、2024 年 1 月 1 日开始的第五次全国经济普查为例，这次经济普查，是对国民经济进行的一次"全面体检"和"集中盘点"。此次普查全面调查我国第二产业和第三产业的发展规模、布局和效益，摸清各类单位的基本情况，首次统筹开展投入产出调查，掌握国民经济行业间经济联系，客观反映推动高质量发展、构建新发展格局、建设现代化经济体系、深化供给侧结构性改革以及创新驱动发展、区域协调发展、生态文明建设、高水平对外开放、公共服务体系建设等方面的新进展。通过普查获取的翔实资料，将为推动我国实施"十四五"规划、研究制定"十五五"规划、全面建设社会主义现代化国家提供数据支撑，也将为企业和个人提供生产经营、投资决策等参考依据，为社会公众了解经济社会发展情况提供信息服务。

依据不同普查对象，普查登记表分为五类：一套表单位普查登记表、非一套表单位普查登记表、个体经营户抽样调查登记表、部门普查登记表、投入产出调查表。从普查数据的收集看：一套表单位在数据采集处理系统中填报普查表；非一套表单位由普查员使用手持电子终端入户调查或由普查对象以自主填报的方式报送普查表；个体经营户样本单位由普查员使用手持电子终端入户调查；投入产出调查单位将填写完成的投入产出调查电子统计台账导入数据采集处理系统。

视频 2 全方位开放新格局逐步形成

总之，普查是一次规模浩大的系统工程。普查的主要特点：一是普查比任何其他调查方式、方法所取得的资料更全面、更系统、更准确、更可靠，这也是普查的优点；二是普查主要调查在特定时点上的社会经济现象总体的数量，有时也可以是反映一定时期的现象；三是普查需要动用大量的人力、物力、财力，需要较长的时间，组织工作较为繁重，这也是普查的不足。

**2．抽样调查**

1）抽样调查的含义和特点

抽样调查是一种非全面调查，它是按照随机原则，从被调查对象中选取一部分单位组成样本，对样本进行调查，并根据样本的资料，去推断总体数量特征的调查方式。

抽样调查方法作为调查的主要形式，有三个特点：第一，样本的抽取是按随机原则确定的；第二，抽样调查的目的是利用样本指标去推断总体参数；第三，用样本指标推断总体参数时，具有一定的概率保证，抽样误差不超过一定的范围。

2）抽样调查的组织形式

抽样调查根据调查对象特点，可以对总体采取简单随机抽样、类型抽样、整群抽样、机械抽样以及多阶段抽样的方式抽样样本。

抽样调查在统计调查体系中应用很广。关于抽样调查的具体理论和方法,将在第 6 章 "抽样推断"中详细讨论。

### 3. 重点调查

1) 重点调查的含义和作用

重点调查是为了解社会现象的基本情况而组织的,对重点单位进行的一种非全面调查。它从所要调查的全部单位中选择一部分重点单位进行调查,借以从数量上说明总体的基本情况。所谓重点单位,就是指这些单位在全部总体中虽然数目不多、占比不大,但其标志值却占总量的绝大比重。通过对这部分重点单位的调查,就可以从数量上说明总体在该标志总量方面的基本情况。

如果重点调查的重点单位是客观存在的,则调查单位易于确定,它的选择很少受主观因素的影响。重点调查由于调查单位较少,调查的项目和指标可以多一些,了解的情况也可以细一些。重点调查适用于存在重点单位,并且调查任务只要求掌握总体基本情况的调查。例如,通过调查首钢、包钢、攀钢、武钢等大型钢铁生产基地,就可以了解我国钢铁生产的基本情况,而不必对所有钢铁企业进行调查。

2) 重点单位的选择

进行重点调查,关键问题是要选择好重点单位。选择重点单位,主要考虑三个因素:一是重点单位的多少要根据调查任务来确定。通常,选择的单位应尽可能少些,但其标志值在总体中所占的比重应尽可能大些。其基本标准是所选出的重点单位的标志值必须反映所研究总体的基本情况。二是要针对不同问题、不同时间来确定重点单位。在某一时期、某一任务下其是重点单位,在另一时期、另一任务下其可能不是重点单位。三是选中的单位应是管理健全、统计基础工作较好的单位。

### 4. 典型调查

1) 典型调查的含义和特点

典型调查是根据调查的目的和任务,在对调查对象进行初步分析研究的基础上,有意识地选取具有代表性或有典型意义的单位,进行深入的调查研究,反映被研究对象的特征和发展变化。典型调查可以对问题进行深入、细致的分析,可以了解事物发生发展的全过程及同各方面的联系,特别是有利于研究新情况、新问题。典型调查还可以补充全面调查和其他非全面调查的不足。典型调查有两个特点:第一,典型调查是对有意识地选择的调查单位进行的调查,因此,容易受人的主观意志的影响;第二,典型调查可以估计总体,但是不能对其估计结果作出具有一定概率把握程度的推断。

2) 典型单位的选择

选择典型单位,通常是根据调查的目的,参照调查对象和典型单位有关资料和情况来进行。选择典型单位时,要反对主观片面,确保选中的单位具有充分的代表性和典型意义。例如:为了研究改革的典型,就要选择有创新实践的事物作为典型;为了总结先进经验,就应选择先进作为典型;为了总结教训,就应选择后进作为典型;为了研究总体的一般情况或一般规律,就要选择一般作为典型。

### 5. 统计报表

**1) 统计报表的含义**

统计报表,也称定期统计报表,是一种全面调查,也是我国收集统计数据资料的一种重要组织形式。统计报表,是以一定的原始记录为基础,按照统一的表式、统一的指标、统一的报送时间和报送程序,自上而下统一布置、自下而上逐级填报的一种调查方式。我国现阶段的统计报表大多采取网上直报方式报送。

**2) 统计报表的特点**

一是统计报表要求各单位填报时必须依据原始记录,因此,只要各基层单位认真执行,建立健全原始记录,统计资料的来源和准确性就有了可靠的基础;二是调查内容、表式、时间都是统一规定的,保证了统计资料的统一性和及时性;三是各单位在规定期限内填报,保证了统计资料的全面性和连续性;四是统计报表有助于完善资料的积累工作,利于历史比较;五是定期统计报表是逐级汇总上报,可以满足各级政府部门掌握有关统计资料的需要。当然,由于经济利益的多元化,可能会出现某些单位为了本单位利益而虚报或瞒报现象,从而影响统计资料的质量。

**3) 统计报表的种类**

(1) 按照统计报表内容的实施范围不同,其分为国家统计报表、部门统计报表和地方统计报表。国家统计报表在全国范围内实施,包括有关社会经济状况的基本项目。部门统计报表在各自部门范围内实施,包括各部门本身所需要的专业统计资料。地方统计报表是在各地区范围内实施的。无论是部门统计报表还是地方统计报表,均是国家统计报表的补充。

(2) 按照统计报表填报的周期不同,其分为定期报表和年报两类。定期报表包括日报、旬报、月报、季报和半年报等。通常报告周期的长短与其指标的繁简有密切关系。报告周期较短的报表,指标少,内容简明;报告周期较长的报表,指标可以多一些;年报指标通常多一些、详尽一些。在及时性方面,报告周期短的报表要求强一些,年报相对可以宽松一点。在准确性、全面性和系统性方面,报告周期短的要求低一些,而年报则必须严格要求。

(3) 按照统计报表填报单位不同,其分为基层报表和综合报表。基层单位(如企业等)填报的统计报表,反映了基层单位的各项活动情况,称为基层报表;由各级主管部门根据基层或下一级提供的报表而填报的统计报表,则称综合报表。

**4) 统计报表制度**

统计报表制度的内容包括报表目录、表式、报表说明、填报范围、指标解释、分类目标、其他有关事项的规定。

报表目录,是由应报送的统计报表名称、填报单位、调查对象的统计范围,以及报送程序等说明的一览表;表式,是由国家统计部门根据研究的任务与目的而专门设计制定的统计报表表格,用于收集统计资料,它是统计报表制度的主体;报表说明,是对统计报表的统计范围、指标等作出的规定;填报范围,是指统计报表的范围,规定每种统计报表的报告单位和填报单位,各级统计部门与主管部门的范围等;指标解释,是对列入统计报表中的口径、计算方法以及其他有关问题进行具体说明;分类目标,是有关统计报表主栏中应进行填报的有关项目的分类;其他有关事项的规定,是除了上述各项规定以外的一些注意事项,如报送日期、报送方式、报送份数、报送程序等。

　　此外,实际工作中,常常还以统计推算方式作为统计资料的一种辅助调查形式。统计推算是以已掌握的各种统计数据为基础,根据事物之间的内在联系和发展规律,对被研究现象数量特征作出估算和测算的一种间接统计调查方式。统计推算具有较强的假定性,推算的过程实际上也是统计分析过程。统计推算的方法主要有前提推算法、进度推算法、比例推算法、因素推算法、平衡推算法、插值推算法和回归推算法等,我们将在统计分析各章中详细阐述各种推算方法。

　　总之,由于统计调查内容的复杂性,针对不同的调查对象和不同的调查目的,统计调查有不同的方式。概括起来,统计调查形式如图 2-2 所示。

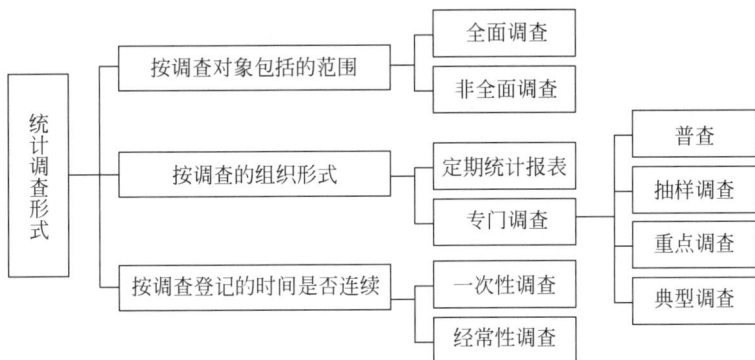

图 2-2　统计调查形式

## 2.2.3　大数据方式

　　随着人工智能、大数据等技术的不断发展,统计数据收集、处理和分析的模式也在不断发生变化,有的适合用传统的数据收集模式,有的必须适应智能化统计新模式,才能提高统计工作的效率和准确性。大数据时代是一个大规模生产、分享和应用数据的时代。比如,利用机器学习和数据挖掘技术,对海量数据进行深度的分析,从而更敏锐地发现经济规律和社会发展变化规律。

　　大数据是一种新技术、新资源,它影响和改变人们的生产生活、社会治理的思维方式,大数据引领新一轮科技革命的浪潮正在向各区域、各领域快速渗透,数字竞争力已经成为国家综合竞争力的重要内容。大数据时代,人们的指尖每敲击一下键盘,就自动上传为互联网海量数据的一部分;媒体的每一条新闻,都成为时代数据的一部分。用信息刻录时代,为社会留痕,也续存梦想。大数据不仅规模巨大,而且是实时性数据,变化快、品种多而且非结构化。大数据时代与大数据的区别是:大数据是指数据量巨大或结构形式多样的数据集合。统计研究对象发生变化,研究方法和研究工具也随之发生变化。随着互联网、移动互联网、物联网等的进步,数据收集、传输方式发生变化,数据资料量的增长达到了大数据规模,那么,广泛地、经常地使用大数据进行分析就构成了大数据时代。

　　大数据时代使大数据方式正在成为数据收集的重要方式。

　　大数据方式,是指利用各种大数据资源采集、选用所需数据的方式。例如,在网络平台中采用搜索方式选取信息、利用爬虫技术收集数据等,这两种方式,也可以称为"无中生有"

数据收集方式。当然,大数据方式在一定意义上更是"优中选优"的数据收集方式。例如,假如关注股票,又关注整个家用电器股票,那么,可以看每一只股票的涨跌,也可以先将 42 只家电股票分成几组:老牌龙头公司,如美的集团、格力电器和 TCL 集团等;成长性公司,如苏泊尔集团、石头科技等。然后,观察每组股票的涨跌数据、每只股票的涨跌数据,初步断定:石头科技股票或美的股票等是家电类板块走势最强的股票。因此,有针对性地跟踪和观察它的长期涨跌数据。这种方式在一定意义上可以称为"优中选优"方式。

从数据产生的途径和渠道上看,大数据可以分为社交网络数据、人机交换数据和机器感应数据。社交网络数据,是在社交网络平台上人与人交流所产生的数据,如邮件、短信、微信、各种专门交友平台数据等。人机交换数据,是指人与电脑、手机或其他机器设备交流所产生的数据,包括各种搜索数据、推送数据、记录数据等。机器感应数据,是指利用机器设备自动记录的各种数据,如监控记录数据、车载记录数据、自动化仪器记录数据等。

从数据的功能上看,大数据可以分为交易型数据、流程型数据和交互型数据。交易型数据,是指在各种交易活动中产生的数据,如网络交易数据、超市购物记录数据等。流程型数据,是指系统内管理流程中所产生的数据,如一个单位内部的信息推送、文件传输所产生的数据。交互型数据,是指在人与人、人与物、物与物的交流交互过程中产生的数据。

需要特别指出:网络大数据在大数据中占有特殊的地位。网络数据按类型又可分为自媒体数据、官媒体数据和日志数据。而要实现大数据与政府统计深度融合,一是整合传统统计数据资源。整合各类普查、常规调查和专项调查等数据,打破专业壁垒和"信息孤岛",实现数据共享和深度开发。二是汇聚外部大数据资源。按照统计业务需求及未来发展,对部门数据、互联网数据等大数据进行收集、挖掘与分析,为政府统计提供及时有益的补充和验证,丰富数据产品,拓展服务范围。三是改革完善统计业务流程。通过云计算带来的技术革新,改变传统统计工作的方式方法,逐步实现统计设计、数据收集、整理、存储、分析、发布等统计生产流程再造,进一步提高统计工作的质量、效率、水平。四是强化大数据应用创新。加快推动统计数据采集方式向充分利用电子化行政记录、企业生产经营记录和大数据转变,完善数据解读机制和方法,提升统计数据传播力。五是推动数据共享,让更多的人使用更多的数据,及时分享成果,让数据发挥更大作用。

总之,随着信息化程度的不断提高和数据储存能力的不断提升,加快推动统计数据采集方式向充分利用电子化行政记录、企业生产经营记录和大数据转变,扩大大数据在统计数据评估中的应用,加强大数据分析监测,利用大数据技术及时跟踪了解社会统计需求,监测网络舆情,改进数据发布内容和方式,完善数据解读机制和方法,提升统计数据传播力,大数据将越来越成为统计数据的重要来源,大数据方式也将成为统计数据收集的重要方式。

**【同步思考 2-2】**

1. 统计数据收集的资料只能是原始资料吗?如果不是,还有哪种资料?举例说明。

2. 什么是一次性调查?它是只调查一次以后就不再进行调查了吗?为什么要进行一次性调查?哪些调查适宜采用一次性调查?

3. 统计专门调查方法有哪几种?抽样调查和重点调查各自应用条件有什么区别?

# 2.3 统计调查方案设计

统计数据收集是一项复杂的、严谨的工作,它必须有计划、有组织地进行,这就需要在收集数据之前,制订一个周密的方案以保证整个数据收集工作顺利完成。

统计调查方案,是一份工作计划书,它是指导整个统计调查过程的一个纲领性文献。一个完整的调查方案通常包括确定调查目的,确定调查对象、调查单位和填报单位,确定调查项目和调查表,确定调查时间和调查期限,确定调查的组织方式和技术方法,确定调查的组织工作计划等方面的内容。

## 2.3.1 确定调查目的

调查目的,是本次调查所要实现的目标,是调查的意义和任务。调查目的决定了调查的对象、调查的内容和采用的调查方法等。因此,如果调查目的不明确,就无法确定向谁调查、调查什么、用什么方法进行调查。制订一个调查方案,首先要明确调查目的。例如,对农村经济状况进行调查,既可以从农业生产方面来研究,也可以从农民的消费方面来考虑,还可以从农产品生产成本等方面来考虑。因此,调查目的应尽可能规定具体明确、突出中心,否则,调查来的资料可能并不是需要的,而需要了解的情况又得不到充分的反映。比如,第五次全国经济普查(普查时点是 2023 年 12 月 31 日,普查于 2024 年 1 月 1 日开始)的目的是:全面调查我国第二产业和第三产业的发展规模、布局和效益,摸清各类单位的基本情况,掌握国民经济行业间经济联系,客观反映推动高质量发展、构建新发展格局等方面的新进展,为加强宏观经济治理、制定中长期发展规划、全面建设社会主义现代化国家,提供科学准确的统计信息支持。

## 2.3.2 确定调查对象、调查单位和填报单位

有了明确规定的调查目的,就可以确定调查对象。调查对象定义了数据收集的目标群体,它是由许多性质相同的调查单位组成的整体。调查单位是构成调查对象的每一个单位,它是调查标志的承担者。填报单位是负责上报调查数据的单位。调查单位和填报单位有时候一致,有时候不一致。例如,要想了解某市工业企业的经济效益,则该市的工业企业为调查对象,而每个工业企业就是调查单位,填报单位也是每一个工业企业。如果了解一个市的汽车状况,那么以汽车为调查单位,而拥有汽车的单位或个人则是填报单位。

明确调查对象和调查单位,其目的是确定向谁进行调查的问题,只有正确地确定调查对象,才能划清所要研究的总体界限,这对保证调查数据的准确性和有用性十分重要。在第五次全国经济普查中,调查对象和调查单位是:各行政区域内从事经济社会活动的全部法人单位、产业活动单位以及从事第二、三产业活动的个体经营户。比如,其中对企业法人的认定方式为:首先,看证照。普查员根据被调查对象的营业执照认定,即根据市场监管部门登记注册情况认定。经各级市场监管部门登记注册,领取"企业法人营业执照""个人独资企业营业执照""合伙企业营业执照""外商投资合伙企业营业执照"或新版"营业执照"的前述企

业。其次,看名称。企业法人名称中一般不含"分公司""分厂""分部""分店"和"项目"等字样,带有上述字样的单位一般是分支机构,不作为法人单位,但符合特殊规定的企业法人除外。再次,要区分母公司与子公司、总公司与分公司。母公司和子公司:母公司是指持有其他公司一定比例以上股份而能够对其他公司进行控制的公司,是独立法人;子公司是指被母公司控股的公司,子公司在法律和经济上都是独立的,子公司是企业法人。总公司和分公司:总公司是指全资设立具有不定数量、不具法人资格分支营业机构的公司;分公司是指附属于总公司,不能独立承担民事责任的分支机构,分公司不是企业法人。最后,企业集团不能作为一个法人。企业集团是指以资本为主要联结纽带、以集团章程为共同行为规范的母公司、子公司、参股公司及其他成员企业或机构共同组成的具有一定规模的企业法人联合体。企业集团中的各个子单位要根据单位划分规定分别确定为法人单位。再比如,对个体经营户的认定的要点为:一是按照《中华人民共和国市场主体登记管理条例》《促进个体工商户发展条例》等法律、行政法规规定,依法在经营主体登记机关登记注册、开展经营活动的个人和家庭。其具体是指公民在法律允许范围内,依法经核准登记,从事工业、建筑业、交通运输业、批发零售业、住宿餐饮业和其他服务业等活动的个体劳动者和家庭。二是未在经营主体登记机关登记注册,但是有相对固定场所、一年内实际从事第二产业、第三产业个体经营活动累计 3 个月以上的个人和家庭,不包括以辅助劳力或者利用农闲时间进行兼营性工业、商业及其他活动的农民和农民家庭。

### 2.3.3　确定调查项目和调查表

#### 1. 调查项目

调查项目,是指需要向调查单位了解的内容,也就是能说明调查单位特征的有关标志。它是由调查目的和调查任务以及调查对象的性质和特点决定的。调查项目是由品质标志和数量标志所构成的标志体系。通俗地说,调查项目是一份在调查过程中应该获得答案的各种问题的清单。

调查项目的确定,要以调查目的和任务为依据,同时也要考虑到调查对象的特点。在拟定调查项目时,要注意以下四个问题:第一,调查提纲中的项目应该按照需要与可能的原则来规定。有的项目虽然需要,但实际无法取得,就不应该设置此调查项目,列入的项目应是既需要又能取得的项目。第二,列入调查提纲中的项目只限于调查目的所必需的项目,可有可无或备而不用的项目则坚决舍弃。第三,项目的提法应十分明确,每一个项目都应该有确切的含义和统一的解释,以免调查人员或被调查者按自己的不同理解进行回答,使调查结果没有统一的答案,理解一致,才能保证资料的可靠性。第四,各个调查项目之间尽可能做到相互联系、衔接,以便从整体上了解现象的相互联系,便于有关项目互相核对,检查资料的正确性,提高调查质量。

#### 2. 调查表

调查表,是将调查项目按照一定的顺序排列起来所形成的表格。调查项目一般都是用调查表来反映的。使用调查表可以为下一阶段的统计整理提供极大方便。

调查表一般有单一表和一览表两种。单一表是每个调查单位填写一份,可以容纳较多的项目;一览表是把许多单位情况列在一张表上,以便对比计算和核对,在调查项目不多时较简便,但在调查项目较多的情况下,一览表不太适用。

为了填写调查表,必须附有简明扼要的填表说明和项目解释。填表说明用来提示填表时应注意的事项,项目解释则是为了说明调查表中某些标志的含义,包括范围、计算方法等。填表说明和项目解释必须根据国家制定的统一标准,以保证统计调查中采用的指标含义、计算方法、分类目录和统计编码等方面的标准化,这是填报人员必须遵守的准则。

## 2.3.4　确定调查时间和调查期限

统计调查应规定调查时间和调查期限。调查时间是调查数据所属的时间,如果调查的是时期现象,则调查时间就是资料所反映的起讫时间;如果调查的是时点现象,则调查时间就是统一的标准时间。

调查期限是指调查工作的起止时间,包括收集资料和报送资料的整个工作所需要的时间。根据统计调查及时性要求,按规定的时间开始调查和结束调查。

调查时间和调查期限是不一致的,有时调查时间比调查期限长,有时调查时间比调查期限短。例如,在 2024 年 1 月调查一个企业 2020 年至 2023 年所上缴的利税总额,这项调查数据所属时间为 2020 年 1 月 1 日至 2023 年 12 月 31 日;调查期限为 2024 年 1 月,即从 2024 年 1 月 1 日至 2024 年 1 月 31 日。

## 2.3.5　确定调查的组织方式和技术方法

调查的组织方式主要包括统计报表、普查、抽样调查、重点调查、典型调查,在确定调查方案时,也要对其加以规定,当然,在一次调查中,也可以同时采用多种调查的形式。调查的技术方法是指收集资料的具体方法,包括询问法、报告法、实验法、文献调查法和网上调查等。我们在确定调查方案时,要对其加以规定,当然,在一次调查中,也可以同时采用多种技术方法。

不仅要确定调查的方式方法,还要确定调查数据的汇总处理方法。在社会经济调查中,为了提高调查的时效性、准确性,大多采用了分级汇总与超级汇总相结合的方式。一方面,这可以加快数据汇总的速度,满足各级部门的需要;另一方面,这避免了统计调查原始数据的信息在逐级汇总过程中的损失、衰减和干扰,使其得到有效的利用,各级汇总的数据还具有相互验证的作用。同时,还要制定调查数据的处理方法,需要细致制定各项调查指标的计算口径和计算方法,统一规定调查数据处理必须提供的基本调查指标,以保证调查数据在时间和空间上的可行性。在进行抽样调查时,还要对样本容量计算、抽样估计量推断和抽样误差计算的具体方法给予统一规定。调查数据的处理工作一般都是用计算机进行的,通常大型的调查可以通过编制专用的调查数据汇总和数据处理软件来保证这一工作的质量和效率。

此外,还要确定调查误差的控制方法。不同的统计调查方法,对于调查中可能出现的误差,应该相应采取不同的调查误差控制方法,以提高统计调查数据的质量。对于全面调查,一般可以用抽样数据来控制调查中出现的登记性误差。对于抽样误差,则通过科学地确定必需的样本容量等方法来实现有效控制。

### 2.3.6 确定调查的组织工作计划

在调查方案中,还需要研究确定调查的组织工作计划,使调查工作的进行在组织、措施上得到保证。

组织工作计划包括明确调查机构、调查地点等问题,此外,在调查的组织工作中,对于调查前的准备工作,包括宣传教育、调查人员培训、文件印刷、调查数据报送办法、调查经费的预算和开支办法提供或公布调查结果的时间等,都应该做具体规定。

对于大规模的统计调查,所制订的调查方案往往需要做试点调查,通过试点调查,检验调查方案是否切实可行,以便加以修改和补充。还要积累实施调查方案的经验,提高调查人员的业务技能,圆满完成调查任务。

**【同步思考 2-3】**

1. 为什么在第七次人口普查中,将调查的时间确定为 2020 年 11 月 1 日 0 时? 这意味着半夜进行入户调查吗?

2. 怎样理解调查单位和填报单位的关系? 试举例加以说明。

3. 调查时间和调查期限一样吗? 普查、抽样调查、重点调查、典型调查各自适合在什么情况下应用?

# 2.4 统计调查问卷设计

## 2.4.1 统计调查问卷的概念与结构

#### 1. 调查问卷的概念

调查问卷,是依据统计研究的目的和要求,按照一定的理论假设设计出来的由一系列问题、项目、备选答案及说明所组成的,向被调查者收集资料的一种工具。

通过调查问卷收集来的统计数据,可以将调查内容标准化和系统化,便于调查登记和汇总整理。

问卷按是否由被调查者自己填写,可分为自填式问卷和代填式问卷两种。自填式问卷由被调查者自己填答,代填式问卷是由调查人员根据被调查者的口头回答来填写的。这两种问卷的适用对象通常不同,因而问卷的具体形式、设计要求和填写说明等方面也有不同。

#### 2. 调查问卷的结构

调查问卷一般由引言、被调查者的基本情况、问题和答案、结语以及编码五个部分组成。

(1) 引言。引言一般是问卷的开头,或作为问卷的说明信,用以表明调查的目的与意义、调查组织者的身份和调查的主要内容等,力求引起调查者的重视与兴趣,取得其支持与合作。说明词要态度诚恳、口吻亲切,并要对调查者表示真诚的感谢。有时还要向被调查者说明问卷填写的方法和要求以及需要注意的有关事项。

例如,某市"3·15"消费者权益日的调查问卷引言如下。

广大市民:您好! 2024 年"3·15"国际消费者权益日到了,为了了解市民在消费方面情况,我们进行了此次线上问卷调查,感谢您能抽出几分钟时间回答我们的问卷。此次线上问卷调查只是为了对所收集到的信息进行数据分析,请您放心填写。谢谢您的合作!

(2) 被调查者的基本情况。被调查者的基本情况,用以了解个人或企事业单位的有关基本特征,如个人的性别、年龄、文化程度、职业等,企事业单位的行业类别、经济类型、单位规模、所在地区等。有的统计调查问卷还要求填写被调查者的姓名、地址、联系电话等。如果被调查者是单位,还需填写单位名称、地址、负责人、主管部门、职工人数和固定资产等情况。掌握这些基本情况,目的是便于进行各种构成分析。但这些内容哪些应被列入统计调查问卷,需要根据调查目的和要求而定。

(3) 问题和答案。问题和答案是调查问卷的主要组成部分,包括所要了解的各个问题和相对应的备选答案。这一部分内容设计得如何,直接关系到本次问卷调查能否取得有价值的资料。

(4) 结语。结语设在统计调查问卷的最后,通常可以是简短的几句话,对被调查者的合作表示真诚的感谢;也可以顺便征询一下被调查者对统计调查问卷设计和调查本身有何感受等;更经常的内容还包括调查员的姓名、访谈时间等,也有的问卷没有结语。

(5) 编码。编码是指对统计调查问卷中的问题与答案用数字所表示的代码。它是实现计算机数据处理的中介和桥梁。编码既可以在设计统计调查问卷时就编好,称前编码,也可以在调查完成后再进行编制,叫后编码。在实际调查中,研究者大多采用前编码,因此,前编码也成为统计调查问卷的一部分。例如,调查的第一个问题编码为 001,调查的第二个问题编码为 002;第一个问题的备选答案用 A、B、C、D 表示,或用(1)、(2)、(3)、(4)表示。这样便于调查结束后计算机的汇总整理。

## 2.4.2　统计调查问卷设计的总原则

无论是选择问卷的类型,还是设计问卷中的问题及其排列顺序,问题的答案格式等方面都必须遵守问卷设计的基本原则。由于问卷设计的主要目的是为研究课题和假设收集相应的、精确的资料,因此问卷必须测量出假设并使研究对象适切地回答问题。我们可用一个词来归纳问卷设计的总原则,即适切性。其具体表现如下。

### 1. 调查问卷必须适切于研究目的和假设

所设计的调查问卷无论是要对被调查者做描述,还是做诊断,抑或是选拔和预测,在设计问卷前都应明确。调查问卷设计一方面必须保证对研究课题的有效性,即调查问卷必须收集到课题研究所必需的资料;另一方面也要保证研究对象理解调查研究的科学价值,从而真实地反映自己的意见。对于理论假设要转换成可操作的术语或概念,还要进一步分析,找出其中所包含的各项变量,最后确定采用什么指标来反映变量,即进行题目的适切编制。

### 2. 调查问卷必须适切于研究对象

调查问卷问题的数量、排列顺序、措辞和答案格式的选择要适合受测者的年龄、智力水平、社会经济和文化背景以及阅读水平。此外,其也要适合受测者在回答时的心理情况,以便激发受测者的回答兴趣,提升受测者参与调查研究的热情。

### 2.4.3　统计调查问卷的类型

根据不同的研究目的,统计调查问卷可以设计成开放式问卷、封闭式问卷和混合式问卷三种类型。

#### 1. 开放式问卷

开放式问卷,是由一系列无限定答案、可自由回答的开放式问题组成的问卷,一般把包含"为什么""怎样""如何""什么"等字眼的问题称为开放式问题。

开放式问卷的优点:一是可用于回答各种类型的问题,特别是用于那些答案很多,或答案比较复杂,或尚未弄清各种可能答案的问题;二是有利于受测者发挥主动性和自我表现,充分自由地表达自己的意见;三是有助于研究者从中得到各种合适的答案,甚至能有意料之外的发现。

开放式问卷的缺点:一是资料的标准化程度低,难以进行量化分析;二是只适用于有较高文化素养和有相当文字表达能力的被调查者;三是拒答率高。

#### 2. 封闭式问卷

封闭式问卷是指由一系列具有选择项的问题组成的问卷,一般把这些配有答案供选择的问题称为封闭式问题。

封闭式问卷的优点:一是有利于受测者节约填答时间,保证问卷有较高的回收率和有效率;二是易于进行整理、比较和统计分析;三是有利于询问一些敏感性问题,因为对这类问题,受测者一般都不愿写出自己的看法,但对已有答案在不填写姓名的情况下却有可能愿意进行真实的选择;四是适用于样本多且受测者文化程度相对低一些情况下的研究。

封闭式问卷的缺点:一是设计较困难,很难把答案设计周全;二是填答方式较机械,无弹性,难以发挥受测者的主观能动性;三是有可能会导致受测者猜答问题或随便选答问题,从而降低回答的真实性和可靠性;四是受测者在填答中还会经常出现数字、号码等圈错、填错以及漏答等情况。

#### 3. 混合式问卷

为了克服开放式问卷和封闭式问卷各自的缺点,吸取和发挥它们各自的优点,采用由封闭式问题和开放式问题组成的混合式问卷较好。通常,开放式问题应置于最后,且不宜过多。在设计封闭式问题前,最好采用开放式问题进行预测,以使答案设计周全一些。

### 2.4.4　调查问卷问题的设计

调查问卷中的问题,也称调查问卷的题目,题目的设计与选择、题目的表述与排列次序等,是调查问卷设计成败的关键问题。

#### 1. 问题设计的类型

问题设计通常可分为开放式问题的设计和封闭式问题的设计两大类。

1)开放式问题的设计

开放式问题,是指没有向被调查者提供备选答案的问题,这类问题使被调查者可以自由地、不受限制地使用自己的评议或提供精确的数字来回答问题。

开放式问题的形式主要有以下两种。

（1）填空题。这种问题的答案没有事先给定，而是给出空格，让被调查者根据自己的实际情况填写。

例如：您喜欢的洗发水是：

您的年龄是：

请问您公司每月的销售额是：

（2）自由回答题。自由回答题是由调查人员提出问题，不给出备选答案，由被调查者自由地表达回答的问题。这是开放式问题最为常见的形式，故开放式问题又称为自由型问题。

例如：您对攀比购买心理行为怎样看？

您购买某某品牌小轿车的主要原因是什么？

开放式问题的优点：被调查者有机会进行自我表达或详细描述，有利于发挥被调查者主动性和想象力，因此，开放式问题所得的资料往往比较主动、具体、信息量大，如潜在答案很多、答案比较复杂、尚未弄清各种可能答案的问题，尤其是想了解客户的真实呼声，探求其建设性的意见和建议时，可采用开放式问题；也适用于指标的变化范围很大，又想弄清准确的数据时。需要指出的是，一项调查中不能过多使用开放式问题，如果开放式问题过多，被调查者通常不愿意合作。

2）封闭式问题的设计

封闭式问题，是指调查者事先已经设计好了各种可能答案，被调查者只能从备选答案中选择一个或几个现成的答案的问题。这种表达方法常见的有二项选择法、多项选择法、排序法、评定法等。

（1）二项选择法。它是封闭式问题最简单的一种，指提出来的问题只有两个备选答案供被调查者选择。备选答案通常用"是"与"否"、"有"与"无"或"好"与"坏"等来描述，这两个备选答案是对立的、互斥的，被调查者的回答非此即彼，没有更多的选择。

例如：您用过华为手机吗？（在选项□内画√）

A. 用过□　　B. 没用过□

这种提问方法便于被调查者选择，而且易于统计分析。但由于问题中两个备选答案的性质不同，调查者只能知道被调查者的一种态度或一种状况，不能弄清形成这种态度或状况的原因，也无法把握被调查者对所答案的认同程度，因而这种方法常常需要其他形式的询问作为补充，才能使提问更深入，使被调查者对问题的回答更明朗。

（2）多项选择法。它是指对所提出的问题事先提供两个以上的备选答案，被调查者可从备选答案中任选一项或多项。只选择一项答案的叫单项选择，它适用于答案相互排斥的情况。

例如：您当前生活经济来源主要是什么？（　　　　）

A. 退休金（养老保险金）　　B. 工资　　　　　　　　C. 子女赡养

D. 政府有关福利补助　　　　E. 存款　　　　　　　　F. 其他（请注明）

被调查者可以在备选答案中选择两项或两项以上答案的叫多项选择，它适用于答案互相不排斥的情况。在这类多项选择题中，由于所选择的备选答案不一定能恰当地表达出被调查者的所有看法，所以一般将最后一个备选答案设为"其他"，以便使被调查者有机会表达出自己的真实看法和实际情况。对多项选择题答案的选择一般没有个数限制，但有时为了便于统计,也可要求被调查者最多从备选答案中选择三项或者不超过指定的项数。

例如:请问您所在社区是否为老年人提供以下义工服务?(在选择项□内画√)

A. 做饭□          B. 洗衣服 □          C. 打扫卫生等护理□

D. 洗澡□          E. 陪送看病□          F. 购物□          G. 其他(请注明)□

从以上示例中可知,多项选择法比二项选择法的强制性选择有所缓和,答案有一定的范围,也比较便于统计处理。但是,运用这种方法时,设计者应考虑三种情况的正确处理:一是要考虑到全部可能出现的结果及答案可能出现的重复和遗漏;二是要考虑备选答案的个数,一般应控制在八个左右,因为答案较多,一方面使被调查者无从选择,或产生厌烦,另一方面当样本量有限时,易使选择出的答案结果分散、缺乏说服力;三是要注意备选答案的排列顺序,因为有的被调查者经常喜欢选择第一个答案,从而使调查结果产生偏差。

(3)排序法。排序法是要求被调查者根据问题中的答案,按自己的偏好程度判断所列答案的重要程度,并按顺序排列出答案的方法。

例如:请您按有效性大小的顺序对您寻找工作的一些途径进行排序,您认为最有效的途径标上"1",其次标上"2",以此类推。

A. 邮寄个人简历 □          B. 在报纸或杂志上登广告□          C. 政府就业中心     □

D. 与朋友商量     □          E. 私人安置服务          □          F. 与雇主直接联系 □

G. 网络求职       □          H. 其他(请注明)____          □

对这类问题也可以采取让被调查者打分的形式来完成。比如,设定每个品牌商品应得的最高分为 100 分,最低分为 0 分,被调查者认为该品牌商品应得多少分,就在相应的空格填上自己打的分数。最后对每一品牌被调查者所打的分数进行平均,如果是 70 分以上,说明较受喜欢,30～40 分说明一般,30 分以下说明不受欢迎。

排序法便于被调查者对其意向、动机、感觉作出评价和比较性的表达,也便于调查结果的统计处理。

(4)评定法。如果研究的目的是对某一事物的若干特征进行程度比较,则可先将特征与反映特征的重要程度进行排列,然后由被调查者从中选择;直接将特征与反映特征的程度排列成表格,并赋予分值,由被调查者从中选择答案。评定法可用表格表示,也可不用表格表示。

用文字表示的,如:您对当前所在社区为老年人提供的养老服务项目赞同吗?(     )

A. 特别赞同     B. 赞同     C. 一般     D. 不赞同     E. 特别不赞同

用表格表示的例子如表 2-3 所示。

您认为××品牌的洗发水与您认为最好的洗发水比如何?(在您同意的程度上画√)

表 2-3　　××品牌洗发水评定表

| 特征 | 非常好 | 较好 | 一般 | 较差 | 特别差 |
| --- | --- | --- | --- | --- | --- |
| 香味 | 5 | 4 | 3 | 2 | 1 |
| 泡沫 | 5 | 4 | 3 | 2 | 1 |
| 洁净 | 5 | 4 | 3 | 2 | 1 |
| 包装 | 5 | 4 | 3 | 2 | 1 |
| 价格 | 5 | 4 | 3 | 2 | 1 |
| 购买方便 | 5 | 4 | 3 | 2 | 1 |

在构造评定等级时,通常考虑两个问题:一是对特征应有多少个选项,选项最少两个,最多10个,例如从"一点不重要"到"特别重要"来划分等级;二是选项中是否包括中性选项,既不是满意,也不是不满意,因为被调查者有选择中性选项的倾向。

**2. 问题设计时应遵循的原则**

(1) 问题要单一,询问内容不能太多。在问卷调查中,被调查者通常都是义务回答调查问卷内容的,如果问题设计得太多,会使被调查者产生反感心理、不愿意回答、回收率低,致使调查问卷无法完成。

此外,在问卷设计时,要注意一个问题只能有一个询问内容,不能同时问两个或两个以上的问题,否则会使被调查者难以回答,也会在问卷整理时造成麻烦。例如,"您的年龄和性别是什么?"这在一个问题中,既问了"年龄",又问了"性别",就属于一个问题中询问了多个内容。

(2) 问题的语言要规范,要简明易懂。提问题时语言要简单易懂,少用"一般""经常""很多"等词。例如,您经常看短视频吗?这就是一种让人很难回答的问题,因为"经常"对于不同的人而言,其含义不同,有人认为天天看8个小时才算"经常",有人认为一天看1个小时就是"经常",也有人认为一周看三次也算"经常"。这样的问题可以问:您平均一天看几小时短视频? 这样就比较具体。

此外,也要注意提的问题应是被调查者有能力回答的,避免提被调查者不了解的问题。

例如,提的问题中,包含"促销效果""分销渠道""消费时间特征"等专业术语,这类问题对某些被调查者来说,就是模棱两可、含混不清的问句,受访者难以理解、不易接受,也无法准确地回答出来。

(3) 不提断定性的、敏感性的或诱导性的问题。例如,"您一天抽多少支烟?"这就是一种断定式的问题,断定被调查者抽烟,但其实被调查者可能根本不抽烟,这就会造成无法回答。正确的方法是在这个问题前加一个过滤性问题,"您抽烟吗?"如果回答"是",则继续提问:"您一天抽多少支烟?"如果回答"否",则结束提问。

再如,禁忌性或敏感性问题包括各地风俗和民族习惯中忌讳的问题,也包括涉及个人利害关系的问题和个人隐私问题。例如,"您在考试中作过弊吗?"这涉及个人的利害关系,直接这样问,得到的答案通常不会反映客观事实。对敏感问题调查的处理方法有以下几种:一是释疑法。在问题前面写一段消除顾虑的文字,或在调查表引言中写明替被调查者严格保密,并说明将采取的保密措施。二是假定法。用一个假定条件句做前提,然后再询问被访者的看法。三是转移法。把本应由被访者根据自己的实际情况回答的问题,转移到由被访者根据他人的情况来阐述自己的想法。

此外,诱导性问题是指在提出的问题中,暗示了调查者的观点和态度,有使被调查者跟着这种倾向来回答问题的可能。例如,"专家认为,被动吸烟会影响身高,您同意吗?"这就是一种诱导性问题,问题已经暗示了调查者认为被动吸烟会影响身高,所以这个问题会使被调查者跟着这样认为。

(4) 问题的排序要先简后繁、先易后难。先简后繁,即简单问题放在前,复杂问题放在后面。先易后难,即封闭式问题放在前面,开放式问题放在后面;事实性问题放在前面,意见性和解释性问题放在后面。

此外,要注意问题的逻辑顺序,如时间顺序:先过去,后现在,再将来,等等。

### 2.4.5 调查问卷答案的设计

**1. 调查问卷答案设计的种类**

答案的设计与问题的设计,内容很相近,因为是一个"问题"的"答案"。为了更明晰说明,再强化和细化一下。答案设计主要有是非式、多项式、顺位式、程度评价式四种类型。

(1) 是非式(二项选择法)。是非式也称是否式、二项式等,这类型的问题只让被调查者在两个可能的答案中选择一个,最常见的是在"是"与"否"、"有"与"无"、"好"与"坏"中选择。

例如,您用的是华为手机吗?( )

A. 是 B. 否

是非式问题容易回答,便于统计整理和分析,适合询问简单的事实或意见。

(2) 多项式(多项选择法)。多项式,是指问题有三个或三个以上的备选答案。根据要选择答案多少的不同,多项式选择有单项选择、多项选择和限制性选择三种方式。

一是只要求被调查者在备选答案中选择一项。

例如,对《中华人民共和国消费者权益保护法》中"网购可 7 天无理由退货",您了解多少?( )

A. 第一次听说 B. 知道一点,但不太懂

C. 很了解,知道新修订内容 D. 不知道,也不关心

二是多项选择式。其要求被调查者在备选答案中,选出自己认为正确的答案,数量不受限制。

例如,在"网购可 7 天无理由退货"中,最容易引发争议的问题有( )。

A. 商品完好,不影响二次销售 B. 不宜退货商品范围

C. 7 天的计算方法 D. 其他

三是限制选择式。限制选择式主要是要求被调查者在所给出的多个答案中,选择调查者规定数量的答案。

例如,您在购买 iPad 时,主要考虑哪些因素(选择其中三项)?( )

A. 功能 B. 款式 C. 价格 D. 品牌 E. 售后服务 F. 其他

(3) 顺位式(排序法)。顺位式,是指问题备选答案有多个,但要求被调查者将备选答案按重要程度等排出顺序。

例如,您在购买 iPad 时,主要考虑的因素有哪些?(按重要程度排序,将 A、B、C、D、E、F 写在括号内。)( )

A. 功能 B. 款式 C. 价格 D. 品牌 E. 售后服务 F. 其他

(4) 程度评价式(评定法)。程度评价式是将答案按照强度或程度分成若干等级依次排列,由被调查者选择其中一种的回答方式。这种回答方式适用于表示意见、态度、情感等强烈程度的问题。常用的词语有"同意""满意""喜欢""赞成"等。

例如,您对所在社区工作人员的服务是否满意?( )

A. 非常满意 B. 满意 C. 一般 D. 不满意 E. 非常不满意

被调查者在五个备选答案中选择其中一项即可。

**2. 调查问卷答案设计应遵循的原则**

(1) 所列答案应包括所有可能的回答,即要"穷尽"。如果不能将所有答案包含在内,就

有可能出现有的被调查者没有备选答案可选,无法回答。如果答案过多,无法罗列所有的可能答案,可将不太重要的答案用"其他"来代替。

例如,您在购买手机时,主要考虑哪些因素(选择其中三项)? (　　)

A. 功能　　　B. 款式　　　C. 价格　　　D. 品牌　　　E. 售后服务　　　F. 其他

(2) 不同答案之间不能相互包含,即要"互斥"。如果问题答案之间相互包含,就会造成被调查者的疑惑,无法正确选择。例如,您喜欢哪项体育运动? (　　)

A. 游泳　　　B. 跑步　　　C. 球类　　　D. 足球　　　E. 篮球

F. 田赛　　　G. 跳高　　　H. 其他

这里的球类包括足球和篮球,田赛包括跳高,这样的答案就属于包含性的答案。

(3) 答案的表述要标准规范、简单明确。在答案中,不要使用方言等非标准语言,也尽量不使用晦涩难懂的术语,要标准规范、简单明确,符合通用标准和惯例,使被调查者很容易理解问题答案的意思。

例如,您买山地车是因为(　　)

A. 经济条件允许　　　　　B. 显摆,嘚瑟　　　　　C. 锻炼身体

D. 上下班速度快　　　　　E. 气派,赶时髦　　　　　F. 其他(具体写出)＿＿＿

这里的"显摆,嘚瑟"就是方言,正确用法应该用标准词"摆阔、炫耀"。

(4) 每一项答案应有明显的填答标记。常见的填答标记有□、( )、[ ]等,其回答方式如打"√"或"×"或涂黑等。

## 2.4.6　调查问卷的试测与分析

试测与分析是调查问卷设计的最后步骤,目的是通过试调查,发现问题并进行修正,形成最终的正式调查问卷。

试测时应注意以下几个问题:一是试测对象应取自将来正式调查的群体;二是试测的实施过程与情境应力求与将来正式调查的情况相近似;三是试测时限可稍宽一些,最好是每个受测者都能将题目做完,以收集充分的反应资料,使统计分析的结果更为可靠;四是在试测过程中,应对受测者的反应情形随时加以记录。例如,在不同时限内一般受测者所完成的题数、题意不清之处及其他有关问题;鼓励接受试测的对象提出相关意见,如关于文字表达、题目安排顺序、令人误解的问题,是否有多余的问题以及提供的答案是否恰当、含糊等情况。

试测后要对结果进行分析,分析包括质的分析和量的分析两个方面。前者是从内容取样的适切性、题目的思想性以及表述是否清楚等方面加以评鉴;后者是对试测结果进行统计分析,检验信度与效度。质的分析可以根据试测对象所提意见以及他们对备选答案的反应模式发现和纠正问题。例如,如果一个题目试测对象未作答的人数过多,或选择各个备选答案的人数几乎相等,说明该题可能过难或题意不清,试测对象无法作答或凭猜测作答;如果大部分题目试测对象选择的备选答案都雷同,说明该题目太容易,或者可能是题目中提供了某种暗示。

信度与效度的高低涉及调查问卷的可靠性和有效性,如果检验结果信度、效度低,就要分析原因。通常,信度发生问题主要是题目表述时所使用的语言不明确或太抽象,使受测者

可以做不同的理解,或者所表达的意思超过了接受试测的对象的知识和经验范围等原因造成的。效度发生问题多半是由理论假设有问题或理论假设中的概念解释不清,或对试测对象主要特征把握不准造成的,通过试测与分析,查明原因后,要有针对性地对有问题的题目进行修改。

### 【同步思考 2-4】

1. 调查问卷的说明部分,在撰写时应注意什么问题?

2. 调查问卷"问题"设计时应遵循哪几个原则?其中在问题排序时不能先难后易,原因是什么? 比如,二项式单选题、多项式选择题、开放式问题,应该怎样排序?

3. 调查问卷"答案"设计时应遵循哪几个原则? 在"您喜欢哪项活动"这一问题中,设游泳、唱歌、跳舞、打球四个选项,是否合适? 为什么? 你认为应该如何设计?

## 2.5    Excel 在统计数据收集中的应用

统计数据收集是统计工作的基础阶段,它是根据统计研究的目的和任务,运用科学的调查方法和手段,有计划、有组织地收集统计资料的过程,为统计整理和分析提供基础资料。对于一手资料,可以通过共享 Excel 文档,让被调查者协同完成的形式进行数据收集,当然也可利用网络问卷收集,最终导出 Excel 文档的形式获得;对于二手资料,在确定数据定义、含义、计算口径和计算方法后,直接录入 Excel 中,然后进行后续的统计分析。

2023 年 2 月 28 日,国家统计局公布了《中华人民共和国 2022 年国民经济和社会发展统计公报》(以下简称《公报》)(https://www.stats.gov.cn/sj/zxfb/202302/t20230228_1919011.html),《公报》中用大量的数据及图表说明 2022 年我国在国民经济和社会发展方面取得的伟大成就。本节介绍利用 Excel 收集该链接地址中某些数据表数据的方法。

(1) 启动 Excel 2019,新建一个工作簿,在"数据"选项卡的"获取和转换数据"组中依次单击"获取数据"→"自其他源"→"自网站",将链接地址粘贴至空白处,如图 2-3 所示。

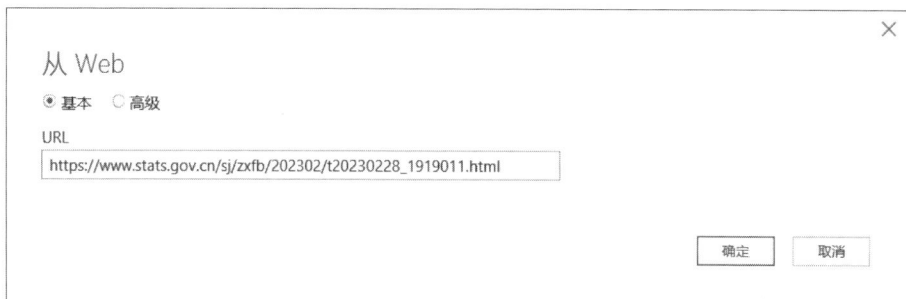

图 2-3    输入链接地址

(2) 单击"确定",Excel 链接到国家统计局网站后,会弹出"导航器"对话框,如图 2-4 所示。对话框中会列出该网页上的所有数据表,根据需要选择对应的数据表(也可以多选),单击"加载",选中的数据表便加载至 Excel 中,如图 2-5 所示。

(3) 对载入的数据表按原网页的数据表格式进行调整,结果如图 2-6 所示。

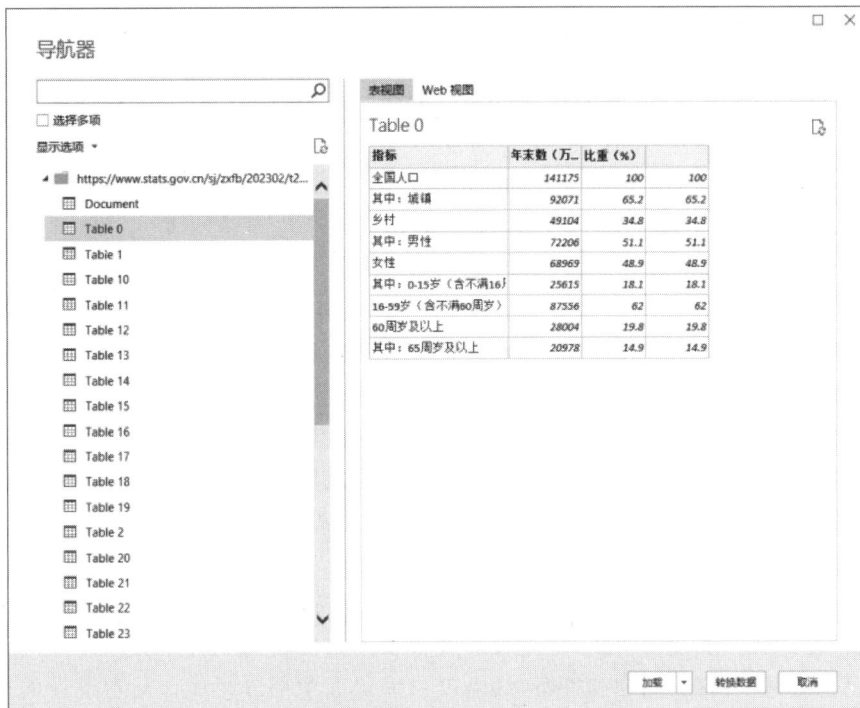

图 2-4　"导航器"对话框

图 2-5　加载后的数据表

图 2-6　调整后的数据表

# 本 章 小 结

统计数据收集,是根据统计研究的目的和要求,采用科学的调查方法,有计划、有组织地向客观实际收集各项统计数据资料的工作过程。统计调查既是收集统计数据资料获得感性认识的重要阶段,也是进行统计整理、统计分析的基础环节,统计数据收集质量的好坏直接关系和影响着统计数据整理和统计分析的工作质量。本章主要内容如下。

（1）统计调查的基本要求：准确、及时、全面。其中，准确是统计数据收集的生命。

（2）原始数据收集方法，主要是调查者与被调查者直接或间接接触以获取数据的一种方法。其包括直接观察法、采访法、问卷调查法、报告法、电话调查、网络调查和实验法等。次级数据主要包括内部次级数据和外部次级数据。外部次级数据主要包括年鉴类、期刊类、专门市场调研公司出售的高度专业化数据和数据库数据。

（3）我国统计数据收集方法体系是：以周期性普查为基础，以经常性抽样调查为主体，同时辅之以全面统计报表、重点调查等方法，并充分利用行政记录等资料。定期统计报表，是按国家统一规定的表式和内容，定期地向各级领导机构报送统计资料的一种形式。专门调查是为某一专题研究而组织的专项调查，包括普查、重点调查、典型调查和抽样调查。

（4）统计调查方案，是一份工作计划书，它是指导整个统计调查过程的一个纲领性文献。一个完整的调查方案通常包括确定调查目的，确定调查对象、调查单位和填报单位，确定调查项目和调查表，确定调查时间和调查期限，确定调查的组织方式和技术方法，确定调查的组织工作计划等方面的内容。

（5）调查问卷是依据统计研究目的和要求，按照一定的理论假设设计出来的，由一系列问题、项目、备选答案及说明组成，是向被调查者收集数资料的一种工具。调查问卷一般由引言、被调查者基本情况、问题和答案、结语以及编码五个部分组成。问卷设计的关键是问题（题目）及问题答案的设计是否科学、准确、简明和适切。

（6）调查问卷问题设计时应遵循以下原则：问题要单一，询问内容不能太多；问题的语言要规范，要简明易懂；不提断定性的、敏感性的或诱导性的问题；问题的排序要先简后繁、先易后难等。

（7）调查问卷答案设计时应遵循以下原则：所列答案应包括所有可能的回答，即要"穷尽"；不同答案之间不能相互包含，即要"互斥"；答案的表述要标准规范、简单易懂；每一项答案应有明显的填答标记等。

（8）利用 Excel 的"获取数据"功能，可以方便、快捷地收集静态网页数据表中的数据。

# 思考与练习

●知识题

（1）数据收集的方式有哪些？为什么说大数据是数据收集的重要方式？怎样实现大数据与政府统计深度融合？

（2）结合以下所列情况讨论哪些适合用全面调查、哪些适合用抽样调查或其他调查方法，并说明理由：

  A. 研究居住在某城市所有居民的食品消费结构；

  B. 调查一个县各村的粮食播种面积和全县生猪的存栏头数；

  C. 为进行治疗，调查某地区小学生中患沙眼的人数；

  D. 估计一个水库中草鱼的数量；

  E. 某企业想了解其产品在市场上的占有率；

  F. 调查一个县中小学教师月平均工资。

（3）什么是普查？它有什么特点？在我国的统计调查体系中，普查占有什么地位？

（4）与典型调查、重点调查相比，抽样调查的概念与特点是什么？

（5）统计数据误差有几种？其控制误差的措施有哪些？

●**实务题**

1. 要调查国有企业职工的工种、工龄、文化程度等，下列哪种说法正确？为什么？（　　　　）

    A. 报告单位是每个职工

    B. 报告单位是每家企业

    C. 调查单位和报告单位都是每家企业

    D. 报告单位是文化程度

    E. 调查单位是每个职工，报告单位是每家企业

2. 某体育公司为了生产出适合人们的体育用品，扩大其销售额，设计了一份调查问卷，其中包括以下问题及答案。请您根据所学过的知识，判断其是否存在问题。

（1）您用过的体育品牌有（　　　　）。

    A. 匹克　　　　B. 李宁　　　　C. 金莱克　　　　D. 鸿星尔克

（2）您喜欢的体育项目有（　　　　）。

    A. 篮球　　　　B. 足球　　　　C. 游泳　　　　D. 自由泳　　　　E. 跳水

（3）您的年龄和性别是什么？

（4）您经常去看体育比赛吗？

●**实训题**

**实训一**

（1）实训目的：通过本题练习，掌握统计调查方案的设计方法。

（2）实训资料：健康一直是人们非常重视的问题，尤其是在生活水平提高以后，人们更加重视健康问题。但目前人们对如何保持身体更加健康的科学方面却掌握很少，尤其是一些保持健康的细节问题，都不很清楚。因此，掌握人们目前对健康问题的态度、了解保持健康的方法，对提升人们的健康意识、宣传保持健康的方法、提高全民健康水平，有着非常重要的作用。

（3）实训要求：根据上述目的，设计一份调查方案。

**实训二**

（1）实训目的：通过本题练习，掌握调查问卷的设计方法。

（2）实训资料：见实训一。

（3）实训要求：根据实训一设计的调查方案的相关要求，设计一份调查问卷。

———— 即测即练 ————

# 第 3 章

## 统计数据整理与显示

【学习目标】

（1）了解统计数据审核内容和审核方式；

（2）了解统计数据整理的含义和步骤；

（3）掌握统计分组的意义和分布数列的种类；

（4）了解数据分组中的组距、组数和各组上下限，以及频数/频率的概念与计算，能熟练根据已有资料进行统计分组；

（5）了解统计表的分类和结构，能运用汇总技术进行数据汇总；能设计一张统计表（包括分组表、复合表以及宾词的简单设计和复合设计）；

（6）了解统计图的概念和绘制方法；

（7）熟练掌握 Excel 的图表功能。

**【教学引例】归类整理：我国研究与试验经费总量迈上新台阶**

2022 年，我国研究与试验发展（R&D）经费总量达到 30 782.9 亿元，迈上新台阶；比 2021 年增长 10.1%，延续较快增长势头。按不变价计算，R&D 经费比上年增长 7.7%，高于"十四五"发展规划"全社会研发经费投入年均增长 7% 以上"的目标。我国 R&D 经费从 1 万亿元提高到 2 万亿元用时 8 年，从 2 万亿元提高到 3 万亿元用时仅 4 年，充分体现了我国近年来以创新为第一动力、加快实施创新驱动发展战略的成效。

2022 年，R&D 经费投入超过千亿元的省（市）达到 12 个，比上年增加 1 个；超过全国平均水平的省（市）有 7 个，比上年增加 1 个；R&D 经费投入占比靠前的省（市）依次是：北京（6.83%）、上海（4.44%）、天津（3.49%）、广东（3.42%）、江苏（3.12%）、浙江（3.11%）、安徽（2.56%）。

资料来源：2022 年全国科技经费投入统计公报[EB/OL]. (2023-09-18). https://www.stats.gov.cn/sj/zxfb/202309/t20230918_1942920.html.

## 3.1 统计数据整理概述

统计数据整理是统计工作的重要环节，它是统计调查与统计分析的中间环节，具有承上启下的作用。

## 3.1.1 统计数据整理的意义

统计数据整理,是按照统计研究的要求,对所收集到的大量个体初始数据进行审核、分组、汇总,或对次级资料进行再加工,从而使这些数据资料系统化、条理化,成为反映总体综合数量特征的工作过程。

例如,由人口普查得来的原始资料是说明每个居民的性别、年龄、民族、职业等标志的具体表现,而统计研究的目的是了解人口总体的特征。因此,只有对这些原始资料进行分类和综合,才能得到全国男女人口总数,分民族、分地区的男女人口总数等说明人口总体特征的数字资料。

广义的统计数据整理,还包括系统地积累原始资料和根据其他分析需要而对加工整理过的统计资料进行再加工。

统计数据整理是对社会经济现象的认识从感性上升到理性的过渡阶段,统计数据整理既是统计调查阶段的继续和深入,也是统计分析的基础,它是整个统计工作和研究过程的中间环节,具有承前启后的作用。统计调查所收集到的资料,只有通过科学的审核、分类、汇总等整理工作,才能使统计在认识过程中实现由个别到全体、由特殊到一般、由现象到本质、由感性到理性的转化,才能从整体上反映出事物的数量特征。

## 3.1.2 统计数据整理的原则和步骤

### 1. 统计数据整理的原则

对统计数据进行加工整理,要遵循以下几个原则。

(1)分清现象的质与量。事物和现象具有品质与数量两个方面的属性。品质是说明根本特征或属性的,具有稳定性;数量则是用各种不同的数值表示,具有易变性。在对统计资料进行加工整理时,要根据研究的目的和调查对象特点,区分和把握事物质的方面与量的方面特征及其差别程度。

(2)把握事物的全貌。事物和现象的特征是多方面的,每一个方面的特征对于了解这一事物都有一定的作用,不能只顾一方面而忽视另一方面。对统计资料进行整理,就要研究事物的全貌,描绘事物的整个发展过程,揭示事物的总体特征和规律性。

(3)抓住现象的本质特征。对特定的事物和现象来说,一般有一个方面或几个方面的特征是基本的、关键性的,能表现事物本质的;而其余特征可能只有辅助、补充的意义。必须在对事物和现象进行深刻研究的基础上,对统计资料进行加工整理以抓住最基本的、最本质的特征。

### 2. 统计数据整理的步骤

统计数据整理是一项精致、科学的工作,需要有组织、有计划地进行。统计数据整理的全过程包括:统计资料的审核和筛选,统计分组与汇总,编制统计表、绘制统计图,统计资料的积累、保管和公布,需要按照一定的步骤进行。在进行统计数据整理之前,还应设计和编制统计数据整理方案,对调查中收集到的资料如何进行整理、如何进行统计分组、采用哪些汇总指标等问题,形成统计数据整理方案。其中,设计整理方案、审核和检查原始资料、统计数据的预处理都是整理的前提,统计分组是统计数据整理的基础,统计汇总是统计数据整理的中心,编制统计表、绘制统计图则是统计数据整理的结果。各个环节联结,共同构成了统计数据整理的工作过程。其中,统计分组与汇总,编制统计表、绘制统计图是统计数据整理的基本方法。统计数据整理的步骤如图 3-1 所示。

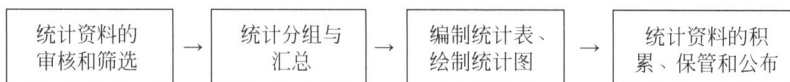

```
┌──────────┐    ┌──────────┐    ┌──────────┐    ┌──────────┐
│ 统计资料的 │ →  │ 统计分组与 │ →  │ 编制统计表、│ →  │ 统计资料的积 │
│ 审核和筛选 │    │ 汇总      │    │ 绘制统计图 │    │ 累、保管和公布 │
└──────────┘    └──────────┘    └──────────┘    └──────────┘
```

图 3-1　统计数据整理的步骤

## 3.1.3　统计数据的审核

### 1. 原始数据资料的审核

原始数据,是指数据收集中所得到的、未经过数据分组和汇总的反映个体特征的零散数据,也称初级数据资料。数据审核,是指在进行数据整理之前对原始数据的审查和核对。

对于原始数据资料,通常是审核其完整性、正确性和及时性。

(1) 完整性审核:主要是看调查单位或填报单位是否齐全;规定的项目是否都有答案,应报资料的份数是否符合规定。对不报、漏报或迟报的现象要及时查清。

(2) 正确性审核:主要是检查所填报的资料是否准确可靠。常用的审核方法有两种。一是逻辑检查,即首先从理论或常识上检查资料是否有悖常理、有无不切实际或不符合逻辑的地方。比如,一张调查表中,年龄是 12 岁,职业是大学教师,其中应该有一个是错误的。又如,若在某劳动密集型行业的报表中,企业规模为小型,而职工人数则是 10 000 人,其中必定有一处错误。其次是检查各项目之间有无相互矛盾的地方。比如,企业的净产值大于同期总产值就是明显的逻辑错误。二是计算检查,即检查各项指标的计算口径、计量单位是否符合规定,并通过各种计算方法来检查各指标间的数字是否衔接。比如,期初数加本期增加数减本期减少数等于期末数,如若本期增加数多于本期减少数,期末数却没有期初数多,就一定是在哪个环节出现了差错,就要复查。

(3) 及时性审核:是指检查统计数据在时间和空间上的时效性。保证统计资料的及时性是一个全局问题。一项统计任务的完成,是由许多单位共同努力奋斗的结果,任何一个报告单位不能按规定的时间提供资料,都会影响全面的综合工作,贻误整个统计工作的开展。因此,保证统计调查的及时性,要求各报告单位增强全局观念,认真遵守统计制度和统计纪律。及时性审核也包括检查所填报资料的所属时间、数据形成和提供等方面的时效性要求。

### 2. 次级数据资料的审核

对于次级数据资料,在完整性和准确性审核的基础上,要突出审核资料的适用性和时效性。在审核资料的适用性时,由于次级资料可以来自多种渠道,有些资料可能是为特定目的通过专门调查取得的,或是已经按特定目的的要求做了加工整理。对于使用者来说,首先应该弄清资料的来源、资料的口径以及有关的背景资料,以便判断资料的可靠程度,确定这些资料是否符合分析研究的需要、是否需要重新加工整理等,不能盲目生搬硬套;也可以从指标间的相互关系以及指标的变动趋势来检查它的正确性；对不能满足现在要求、缺漏或有疑问的资料，要进行有科学根据的推算、弥补和修正。

对时效性较强的问题，应对资料的时效性进行审核，因为所取得的资料如果过于滞后，就失去了研究意义。一般说来，应尽可能使用最新的统计数据资料。数据资料经过审核后，确认适合实际需要，才有必要做进一步加工整理。

### 3. 统计数据资料审核的方式

统计数据资料审核，一般有逻辑审核和技术审核两种方式。

（1）逻辑审核。逻辑审核，是指按照数据审核的内容，采用逻辑分析方法，检查原始数据中各项数据是否合理。逻辑检查要求检查人员具备较强的逻辑推理能力，以及丰富的专业知识和数据审核经验。

（2）技术审核。技术审核，是指按照数据审核的内容，对调查数据原始登记表和其他原始登记材料，进行机械性核对。技术审核主要包括：审核填报单位是否存在漏报和重报，调查项目是否填齐，所填内容是否符合填报要求，填报数据有无错行、错栏问题，计量单位是否正确，各栏之间的合计数、乘积数与相关分项数据是否相符等。由于技术检查是一种机械性的核对，一般可采用专门的计算机软件来实现。

### 4. 数据资料审核后的订正

数据资料审核后的订正，主要是指发现有迟报、漏报和缺项等情况，要及时催报、补报；如有不正确之处，则应分不同情况做如下处理。

（1）对可以肯定的一般错误，可代为更正，并通知原报单位。

（2）对可疑之数或无法代为更正的错误，应要求原单位复查更正。

（3）如果所发现的差错在其他单位也可能发生，应将错误情况通报所有单位，以免发生类似错误。

（4）对于严重的错误，应发还重新填报，并查明发生错误的原因，若属于违法行为，则应依法严肃处理。

以上处理方式主要适合统计报表等通过报告法获取的资料。若是用采访法获取资料，方案要尽可能介绍详细、明确，并力争获得被调查者的全力支持；若是问卷调查，则必须在现场发现才能予以订正。如果在调查结束后，发现数据资料中有的错误无法进行订正，或者发现有的数据资料不符合调查要求而又无法弥补，就要对数据资料进行筛选。数据资料筛选包括两方面的内容：一是将某些不符合要求的数据资料或者有明显错误的数据资料予以剔除；二是将符合某种特定条件的数据资料筛选出来，对不符合特定条件要求的数据资料予以剔除。

## 3.1.4　统计数据资料的排序

统计数据资料的排序，是指按一定顺序将数据资料排列，以便研究者通过查阅资料发现一些明显的特征或趋势，找到解决问题的线索；排序也有助于对数据资料检查纠错，为统计归类或分组等提供依据；在某些场合，排序本身就是分析目的之一。

统计收集的原始数据资料，是总体单位标志或统计指标的具体数量表现。除了对数据型资料可以精确地按数值大小进行排序整理外,人们还习惯根据对研究对象不同精确程度要求,将统计数据计量尺度由低到高、由粗略到精确分为定类尺度、定序尺度、定距尺度和定比尺度。

四种统计数据的计量尺度比较如表 3-1 所示。

表 3-1    四种统计数据的计量尺度比较

| 测定层次 | 特征 | 运算功能 | 举　　例 |
|---|---|---|---|
| 定类尺度 | 分类 | 计数 | 按人口性别分男、女两类;按产品是否合格分为合格、不合格两类等 |
| 定序尺度 | 分类<br>排序 | 计数<br>排序 | 按年龄分为幼年、少年、青年、中年、壮年、老年等类(由低至高);按职称分为初级、中级、高级等 |
| 定距尺度 | 分类<br>排序<br>有基本测量单位 | 计数<br>排序<br>加减运算 | 30 ℃和 20 ℃之间相差 10 ℃,−30 ℃和−20 ℃之间也是相差 10 ℃ |
| 定比尺度 | 分类<br>排序<br>有基本测量单位<br>有绝对零点 | 计数<br>排序<br>加减运算<br>乘除运算 | 用加、减、乘、除等数学运算反映现象的结构、比重、速度、密度等数量关系和计量结果 |

排序时,对于定类资料,如果是字母型资料,有升序和降序之分,但习惯上人们更愿意使用升序排列,即由小到大排序,因为升序与字母的自然排列相同;如果是汉字型资料,排序方式很多,比如,按汉字的首位拼音排序,也可以按笔画排序,其中,也有按笔画多少的升序和降序排列。交替运用不同方式排列,在汉字型资料的检查纠错过程中十分有用。在数值型资料中,定距资料和定比资料通常有递增和递减两种排序。设一组资料为 $x_1, x_2,$ $x_3, \cdots, x_n$,递增排序后可表示为:$x_1 < x_2 < x_3 < \cdots < x_n$,递减排序后可表示为 $x_n > \cdots >$ $x_3 > x_2 > x_1$。

排序后的资料称为顺序统计量,无论是数值型数据还是非数值型数据的排序,均可借助计算机升键和降键完成。

总之,统计数据排序是将一组数据按照大小、高低、优劣等顺序进行排列,并依据排序位置,确定顺序统计量。它为计算取值范围、最大值、最小值等总体参数提供了便利,有助于人们了解数据大致的分布状态,也方便数据分类或分组,便于认识现象的发展趋势和发展规律。

【同步思考 3-1】

1. 对原始数据资料审核通常有哪些要求? 对统计数据资料审核通常有哪几种方式?

2. 职称变量有初级、中级和高级三个取值,年龄段变量有老、中、青三个取值,分别用 A、B、C 或 1、2、3 来表示。用字符 A、B、C 表示高低顺序时,就是定类尺度;用 1、2、3 来表示高低顺序时,就称为定序尺度。上述描述正确吗? 为什么?

3. 如果收集到了所属地区 62 家工业企业的纳税额数据,进行统计整理时可用哪几种方式排序? 最理想的排序方式是哪种? 为什么?

# 3.2　统 计 分 组

统计分组,是统计整理的基本问题。统计分组必须先对研究现象的本质做全面、深入分析,才能确定所研究现象类型的属性及其内部差别。

## 3.2.1　统计分组的含义和作用

### 1. 统计分组的含义

统计分组,是指根据统计研究的目的和要求,将总体单位或全部数据按照一定的标志划分成若干类型或组,使组内的差异尽可能小,组间的差别尽可能明显,从而将大量无序的、混沌的数据变成有序的、反映总体特征的综合资料,以认识事物的本质特征及其规律性。

例如,人口普查的调查对象是"具有中华人民共和国国籍并在中华人民共和国境内居住的人",但每一个人有许多方面的标志,如年龄、性别、民族、文化程度、婚姻状况和居住地等都是不完全相同的。为了揭示我国人口总体内部的差别、特点,就需要按照不同的标志对全国人口进行分组。例如,按性别可以分为男、女两个组;按照民族、文化程度又可以各自分为若干组,以便分析全国人口在性别、民族、文化程度等方面的比例关系。

统计数据分组的概念如图 3-2 所示。

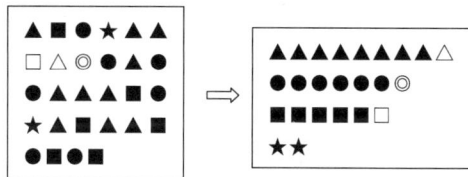

图 3-2　统计数据分组的概念

社会经济现象是复杂的,各种现象之间既有共性的一面,也有个性的一面,由总体单位构成的统计总体,是以各单位的共性作为总体同质性基础的。但是,总体的同质性是相对的,而总体内各个单位的许多变异标志表现出的各种差异性则反映了事物之间质的区别,这正是人们把总体区分为性质不同的几个部分的客观依据,统计分组是在同质总体内进行的一种定性分类,它把总体划分为一个个性质不同的组别。统计分组标志可以是品质标志,也可以是数量标志。其分类的结果,在各组之间自然就出现了显著的差异。例如,人口按性别、年龄、民族、文化程度、职业等标志可以划分出各种各样的组。又如,把工业企业总体按所有制性质、产品用途、生产规模、劳动生产率等标志分为各种不同的组。无论是量的差异还是质的差异,都能在一定程度上反映出不同的情况。

统计分组的对象是总体。从分组的性质看,分组兼有"分"和"合"的含义,对于现象总体而言,是"分",即把总体分为性质相异的若干部分;而对于单位而言,是"合",即把性质相同的许多单位结合为一组;对于分组标志而言,是"分",即按分组标志将不同的标志表现分为若干组;而对于其他标志而言,是"合",即在一个组内的各单位即使其他标志表现不相同也只能结合为一组。例如,某企业按职工年龄分为 30 岁以下(青年组)、31～50 岁(中年组)、

51～60 岁(老年组)三组。这样分类,虽然 22 岁、23 岁、28 岁、29 岁等实际上不同,但都归类在青年组;同样,51 岁、55 岁、60 岁等年龄差距很大,但都归类为老年组。青年组中,有的人是男性,有的人是女性。总之,为了使认识深化,大总体可细分为许多小总体,小总体还可再分出许多更小的总体。统计分组是认识深化的手段,是统计研究的基本方法。

**2. 统计分组的作用**

统计分组的作用主要体现在以下几个方面。

(1)区分事物的类型。统计分组是确定社会经济现象同质总体、研究现象各种类型的基础。在复杂的社会经济现象总体中,客观上存在着许多类型,各种不同的类型有不同的特点和不同的发展规律,而同类事物聚集在一起,结合为同一类别或群体。按照不同的类别分辨事物,就不会混淆事物的性质,就可以认识事物的本质特征。从广义上说,任何统计分组都是把现象总体划分为不同的类型;从狭义上说,划分现象类型是指对某一复杂总体按重要的本质标志来分组,如表 3-2 所示。

表 3-2　2014—2023 年我国老龄人口与占比数据

| 指　标 | 2014 年 | 2015 年 | 2016 年 | 2017 年 | 2018 年 | 2019 年 | 2020 年 | 2021 年 | 2022 年 | 2023 年 |
|---|---|---|---|---|---|---|---|---|---|---|
| 60 岁及以上人口/万人 | 21 242 | 22 200 | 23 086 | 24 090 | 24 949 | 25 388 | 26 402 | 26 736 | 28 004 | 29 697 |
| 占比重/% | 15.5 | 16.1 | 16.7 | 17.3 | 17.9 | 18.1 | 18.7 | 18.9 | 19.8 | 21.1 |
| 65 岁及以上人口/万人 | 13 755 | 13 678 | 13 827 | 15 831 | 16 658 | 17 603 | 19 063 | 20 056 | 20 978 | 21 676 |
| 占比重/% | 10.1 | 10.5 | 10.8 | 11.4 | 11.9 | 12.6 | 13.5 | 14.2 | 14.9 | 15.4 |

资料来源:国家统计局人口数据。

联合国定义一个国家或地区人口老龄化的标准是:60 岁及以上人口占比为 10%,或者 65 岁及以上人口占比达到 7%;而当这两个指标占比分别达到以及超过 20% 和 14% 时,则标志着这个国家或地区已经进入人口深度老龄化社会。由表 3-2 所示的数据可见,我国已经进入人口老龄化社会。

(2)反映社会经济现象的内部结构。在统计分组的基础上,可以进一步计算总体内部各部分所占的比重,从而揭示总体的内部结构,反映总体与部分、部分与部分之间的区别与联系,还可以通过比较总体内部构成的动态变化,揭示现象发展变化的过程和规律。

比如,我国近年来不仅结婚对数越来越少、结婚率越来越低,而且青年男女步入婚姻的步伐越来越慢,结婚年龄也越来越高,如表 3-3 所示。

表 3-3　2008—2010 年、2018—2020 年我国各年龄段结婚人数情况

| 年份 | 项目 | 总数 | 其中:各年龄段情况 | | | | |
|---|---|---|---|---|---|---|---|
| | | | 20～24 岁 | 25～29 岁 | 30～34 岁 | 35～39 岁 | 40 岁及以上 |
| 2008 | 总数/万人 | 2 196.6 | 832.51 | 775.4 | 235.04 | 127.40 | 226.25 |
| | 占比/% | — | 37.9 | 35.3 | 10.7 | 5.8 | 10.3 |
| 2009 | 总数/万人 | 2 424.4 | 897.03 | 826.58 | 259.41 | 145.46 | 295.78 |
| | 占比/% | — | 37.0 | 34.1 | 10.7 | 6.0 | 12.2 |
| 2010 | 总数/万人 | 2 482 | 933.23 | 791.76 | 280.47 | 163.81 | 320.18 |
| | 占比/% | — | 37.6 | 31.9 | 11.3 | 6.6 | 12.9 |

续表

| 年份 | 项目 | 总数 | 其中：各年龄段情况 | | | | |
|------|------|------|----------|----------|----------|----------|----------|
| | | | 20～24 岁 | 25～29 岁 | 30～34 岁 | 35～39 岁 | 40 岁及以上 |
| 2018 | 总数/万人 | 2 027.8 | 435.6 | 736.2 | 314.7 | 154.2 | 357.2 |
| | 占比/% | — | 21.48 | 36.31 | 15.52 | 7.60 | 17.62 |
| 2019 | 总数/万人 | 1 854.6 | 365.4 | 642.2 | 328 | 150.5 | 368.5 |
| | 占比/% | | 19.70 | 34.63 | 17.69 | 8.11 | 19.87 |
| 2020 | 总数/万人 | 1 628.6 | 302.7 | 568.3 | 314.7 | 135.7 | 307.3 |
| | 占比/% | — | 18.59 | 34.90 | 19.32 | 8.33 | 18.87 |

由表 3-3 的数据可知,从各年龄组结婚人数占比重情况看,鼓励和创造降低结婚年龄的条件,对我国增加新生人口极为重要。

(3) 分析现象之间的相互依存关系。社会经济现象是相互联系、相互依存和相互制约的。分组可使我们了解现象之间的数量依存关系。如产品产量与单位成本关系,作物的施肥量与产量关系等。再如,某地区各超市商品流转额与流通费用率相关数据如表 3-4 所示。

表 3-4  某地区各超市商品流转额与流通费用率相关数据

| 商品流转额/万元 | 超市数/家 | 流通费用率/% |
|------|------|------|
| 100 以下 | 25 | 12.0 |
| 100～150 | 15 | 11.5 |
| 150～200 | 13 | 10.9 |
| 200～300 | 7 | 9.1 |
| 300～500 | 10 | 8.9 |
| 500～700 | 5 | 8.3 |
| 700～1 000 | 3 | 8.2 |
| 1 000 以上 | 2 | 8.0 |

从表 3-4 可以看出商品流转额与流通费用率之间关系紧密,商品流转额越高,流通费用率越低。

## 3.2.2  统计分组的原则和分组标志的选择

### 1. 统计分组的原则

进行统计分组,必须遵循一定的原则。统计分组的原则主要包括科学性、穷尽和互斥性。

(1) 科学性。科学性原则是指统计分组要根据研究目的选择能够反映事物本质特征的分组标志,以凸显社会经济现象间存在的差异性。

(2) 穷尽。穷尽原则也称完整性原则,它是指在分组后要保证总体的每一个个体都有组可归、没有遗漏。这就要求进行分组时列出所有可能的组别,将所有个体均包含进去。比如,我们在第 2 章问卷调查答案设计时,问:您在购买手机时,主要考虑功能、款式、价格、品牌、售后服务、其他哪几个因素? 这里加了"其他",就是要"穷尽"。总之,统计分组时要使每一个个体都找到归属。

（3）互斥性。互斥性原则是在特定的分组标志下,总体中的任何一个单位只能归属于某一组,而不能同时归属于两组或更多组。这就要求进行分组时划分清楚组限,不能模棱两可。例如,如果问你喜欢哪项体育运动,选项有游泳、跑步、球类、足球、篮球、田赛、跳高、其他等,选项设计就有问题,因为球类包括足球和篮球,田赛包括跳高,这样的答案就属于包含性的答案,没有互斥性。

### 2. 统计分组标志的选择

正确选择分组标志和划分各组,是统计分组的关键。

分组标志是指统计分组时划分资料的标准或依据。任何事物都有许多标志,确定一个分组标志,必然突出总体单位在该标志上的差异而掩盖了各单位在其他标志上的差异。选择分组标志是统计分组的核心。选择的分组标志不同,说明的问题和由此得出的结论也不同。分组标志选择不当,分组结果就不能正确反映总体的性质特征。因此,正确选择分组标志是统计分组的关键。在选择分组标志时,必须遵循以下原则。

（1）根据统计研究目的和任务选择分组标志。总体中每个总体单位都有多个标志,有些标志对某一问题是至关重要的,而对另一个问题则又无关紧要。同一研究总体,研究目的不同,分组标志的选择也不同。因此,选择什么标志作为分组标志,要依据统计研究目的而定。例如,在某市工业企业这一个总体中,每一个工业企业是总体单位,工业企业有所有制、总产值、职工人数、流动资金、固定资产等许多标志,如果研究目的是要分析企业规模大小与企业经济效益的关系,就要选择总产值或职工人数作为分组标志;如果要研究工业企业不同经济类型的构成,就要选择所有制这一标志作为分组标志。

（2）要选择最能反映事物本质特征的标志。在同一研究目的和要求下,往往有许多标志可供选择。有些标志是带有根本性的、主要的标志,能够反映事物的本质特征,而有些标志则是非本质的、次要的标志。我们应根据研究问题的需要,力求选择最能反映现象本质的主要标志。例如,在研究居民收入水平高低情况时,可供选择的标志有家庭总收入、家庭可支配收入、家庭人均收入、家庭人均可支配收入等,然而最能综合反映居民收入水平高低的是家庭人均可支配收入这一标志。再如,在研究职工的生活水平时,可以选用"职工工资水平"作为分组标志,也可以选用"职工家庭人均收入"作为分组标志。由于职工赡养的人口数差异很大,而且很多职工存在工资外收入,因此,选择"职工工资水平"作为分组标志不能真正反映职工的生活水平,而应选用"职工家庭人均收入"作为分组标志。

（3）要根据现象所处的具体历史条件或经济条件选择分组标志。社会是不断发展的,历史条件和经济条件也在不断发生变化。同一分组标志,在某一时期、某个条件下适用,而在另一时期、另一条件下可能不一定适用。例如,国家统计局国统字〔2017〕213号文件《国家统计局关于印发〈统计上大中小微型企业划分办法（2017）〉的通知》规定,餐饮业按从业人员（$X$）人和营业收入（$Y$）万元两个标准划分企业规模,其中,大型、中型和小型企业必须同时满足下列指标的下限,否则下划一档;微型企业只需满足所列指标中的一项即可。其具体标准为,大型企业:从业人员 $\geqslant 300$ 人,营业收入 $\geqslant 10\,000$ 万元;中型企业:从业人员为 $100\sim300$ 人,营业收入为 $2\,000$ 万$\sim10\,000$ 万元;小型企业:从业人员为 $10\sim100$ 人,营业收入为 $100$ 万$\sim2\,000$ 万元;微型企业:从业人员少于 $10$ 人,营业收入低于 $100$ 万元。但在1997年,国家统计局对餐饮业企业规模是按营业额和资产额两个指标划分的,而且按规模将餐饮企业只分为大、中、小三类,其中,大型企业的营业额在 $5\,000$ 万元以上,小型企业的营业额在 200 万元以下。由上可见,无论是划分标准,还是指标要求数额,两个标准都有很大差别。因此,历史条件和经济条件发生了变化,分组标志也会发生变化。

**3. 统计分组的种类**

统计分组的种类是按照分组时所采用分组标志的性质和多少来划分的。分组标志就是分组时作为划分各组界限的标准或根据。由于总体单位的标志有品质标志和数量标志两种,因此,分组标志也有品质标志和数量标志两种。例如,职工的性别、文化程度、民族等是品质标志,而职工的年龄、工龄、工资水平等是数量标志。统计分组从不同角度可区分为以下几种。

(1) 品质标志分组和数量标志分组。一是按品质标志分组。这是按对象的属性特征和空间特征分组的总称。它可分为简单的品质标志分组和复杂的品质标志分组。总体单位的有些品质标志分组简单,往往分组标志一经确定,组名和组数也就确定了,而且各单位应分在哪一组,比较明确、稳定,不存在组与组之间界限区分的困难。例如,人口按性别分为男、女两组。有些品质分组还取决于统计分析对分组层次的要求不同。例如,我国把社会经济各部门划分为第一产业、第二产业和第三产业;第一产业还可细分为农业、林业、畜牧业和渔业等,对于这种类别繁多的分组又称为分类。对于这一类问题,统计工作中采用统一的分类标准。这样的具体规定分类(组)标准,为统计数据整理提供了统一的依据。此外,企业按经济类型分组,人口按民族分组,大学生按性别、专业分组等。这种分组可以反映总体的构成和不同属性事物在总体中的地位和作用。二是按数量标志分组。这是指选择反映总体单位数量差异的数量标志作为分组标志,将总体划分成若干数量各异的组。例如,企业按生产能力、劳动生产率分组,超市按商品销售额、职工人数分组,人口按年龄、身高分组等。这种分组的目的在于通过事物在数量上的差异来反映事物在性质上的区别。

按数量标志分组,应注意两个问题:一是分组时各组数量界限的确定必须能反映事物质的差别。比如,按计划完成程度分组,完成 99% 与完成 101% 的一定不能划归在同一组;二是应根据被研究现象总体的数量特征,采用适当的分组形式,确定相宜的组距、组限。例如,总量只有 30 个单位,通常不适宜分 5 组以上,否则,单位数分布显得不集中。

统计分组标志按性质分如图 3-3 所示。

图 3-3　统计分组标志按性质分

(2) 简单分组和复合分组。简单分组就是对研究现象按一个标志进行分组,它只能从某一方面说明和反映事物的分布状况和内部结构。例如,国民生产总值按"产业"分为第一、第二、第三产业三组;货运量按"运输方式"分为铁路运输、公路运输、水路运输、航空运输与管道运输等五组。许多简单分组从不同角度说明同一个总体,就构成一个平行的分组体系。复合分组就是对总体按两个或两个以上的标志进行重叠式分组,即先按一个标志分组,在此基础上再按第二个标志分成小组,又再层叠地按第三个标志分成更小的组。由于有时要研究的现象复杂,仅按一个分组标志对统计总体进行分组,无法满足各方面要求,所以必须从不同的角度、运用多个分组标志进行多层面的分组，以达到分组的目的，充分发挥统计分组的作用。采用多个标志进行分组，形成了平行分组体系和复合分组体系等形式。

例如，辽宁省 2022 年对主要国家和地区货物出口情况，根据研究目的和要求不同，如果在复合分组下，将单一指标放在单一栏内，就是复合分组、平行设置，如表 3-5 所示。

表 3-5　辽宁省 2022 年对主要国家和地区货物出口情况（复合分组、平行设置）

| 国家和地区 | 出口额/亿元 | 比上年增长/% | 占比重/% |
| --- | --- | --- | --- |
| 亚洲 | 2 113.5 | 5.1 | 59.0 |
| 日本 | 597.5 | 0.4 | 16.7 |
| 韩国 | 328.5 | 3.9 | 9.1 |
| 欧洲 | 676.1 | 11.5 | 18.9 |
| 欧盟（27 国） | 477.9 | 9.5 | 13.3 |
| 德国 | 156.6 | 8.0 | 4.4 |
| 俄罗斯联邦 | 111.6 | 47.3 | 3.1 |
| 北美洲 | 400.3 | 8.1 | 11.2 |
| 美国 | 349.9 | 7.5 | 9.8 |
| 拉丁美洲 | 204.1 | 11.8 | 5.7 |
| 非洲 | 110.2 | 34.1 | 3.1 |
| 大洋洲 | 80.4 | 33.9 | 2.2 |

资料来源：辽宁省 2022 年国民经济和社会发展统计公报［EB/OL］. https://tjj. ln. gov. cn/uiFramework/js/pdfjs/web/viewer. html?file＝/tjj/attachDir/2023/03/2023032015473750471. pdf.

注：数据为年末对外贸易国家和地区 214 个。

如果在复合分组下将表中的两栏或多栏指标放在同一栏内，就变成了复合分组、层叠设置，如表 3-6 所示。

表 3-6　辽宁省 2022 年对主要国家和地区货物出口情况（复合分组、层叠设置）

| 国家和地区 | 出 口 情 况 | | 比上年增长/% |
| --- | --- | --- | --- |
| | 出口额/亿元 | 占比重/% | |
| 亚洲 | 2 113.5 | 59.0 | 5.1 |
| 日本 | 597.5 | 16.7 | 0.4 |
| 韩国 | 328.5 | 9.1 | 3.9 |
| 欧洲 | 676.1 | 18.9 | 11.5 |
| 欧盟（27 国） | 477.9 | 13.3 | 9.5 |
| 德国 | 156.6 | 4.4 | 8.0 |
| 俄罗斯联邦 | 111.6 | 3.1 | 47.3 |
| 北美洲 | 400.3 | 11.2 | 8.1 |
| 美国 | 349.9 | 9.8 | 7.5 |
| 拉丁美洲 | 204.1 | 5.7 | 11.8 |
| 非洲 | 110.2 | 3.1 | 34.1 |
| 大洋洲 | 80.4 | 2.2 | 33.9 |

资料来源：辽宁省 2022 年国民经济和社会发展统计公报［EB/OL］. https://tjj. ln. gov. cn/uiFramework/js/pdfjs/web/viewer. html?file＝/tjj/attachDir/2023/03/2023032015473750471. pdf.

注：数据为年末对外贸易国家和地区 214 个。

通过复合分组,对总体选择两个或两个以上标志层叠分组,可以从多角度对现象总体的内部差别加以描述,反映问题更加全面深入。但采用复合分组时应注意:由于复合分组的组数随分组标志的增加而成倍增加,因此,分组标志过多,分组则庞大复杂,处理不好就会很烦琐,不利于分析问题。另外,如果总体单位数少,采用复合分组会使分组过细,组内特征和组内倾向就很难反映出来,更难以表现出不同类型现象的特征。因此,不能滥用复合分组。

统计分组标志数量如图 3-4 所示。

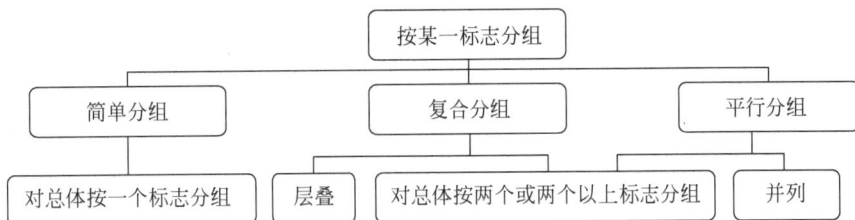

图 3-4　统计分组标志数量

(3) 类型分组、结构分组和分析分组。按分组的作用和任务不同,统计分组可以分为类型分组、结构分组和分析分组。

类型分组,是把复杂的现象总体划分为若干不同性质的部分。例如,我国全社会消费品零售额分为国有及国有控股商业零售额、集体商业零售额、私营及个体商业零售额和其他类型商业零售额。

结构分组,是指在对总体分组的基础上,计算出各组对总体的比重,借此研究总体各部分的结构。例如,学生考试成绩分优、良、中、及格、不及格五部分,计算出各部分比重,可以反映出老师教及学生学的状态。

分析分组,是指为了研究现象之间依存关系而进行的分组。例如,为研究工人的劳动生产率与产值之间、商品流通费用率与商品销售额之间的依存关系,就要使用分析分组法。

### 3.2.3　国民经济行业分类

我国的国民经济行业分类自 1984 年制定以来,先后经历了四次修订,现行的标准为2017 年修订的《国民经济行业分类》(GB/T 4754—2017),共有 20 个门类、97 个大类、473 个中类、1 382 个小类。这是一个全社会经济活动的分类与代码标准,适用于在统计、计算、财政、税收、市场监管等国家宏观治理中,对经济活动的分类,并用于信息处理和信息交换。门类代码用一位拉丁字母表示,即用字母 A、B、C……依次代表不同门类;大类代码用两位阿拉伯数字表示,打破门类界限,从 01 开头挨次编码;中类代码用三位阿拉伯数字表示,前两位为大类代码,第三位为中类挨次代码;小类代码用四位阿拉伯数字表示,前三位为中类代码,第四位为小类挨次代码。在中类和小类中,依据需要设立带有"其他"字样的收容项。国民经济行业分类如表 3-7 所示。

表 3-7 国民经济行业分类

| 门类 | 类 别 名 称 | 大 类 数 |
|------|------------|----------|
| A | 农、林、牧、渔业 | 01～05,共 5 大类 |
| B | 采矿业 | 06～12,共 7 大类 |
| C | 制造业 | 13～43,共 31 大类 |
| D | 电力、热力、燃气及水生产和供给业 | 44～46,共 3 大类 |
| E | 建筑业 | 47～50,共 4 大类 |
| F | 批发和零售业 | 51～52,共 2 大类 |
| G | 交通运输、仓储和邮政业、铁路运输业 | 53～60,共 8 大类 |
| H | 住宿和餐饮业 | 61～62,共 2 大类 |
| I | 信息传输、软件和信息技术服务业 | 63～65,共 3 大类 |
| J | 金融业 | 66～69,共 4 大类 |
| K | 房地产业 | 70,共 1 大类 |
| L | 租赁和商务服务业 | 71～72,共 2 大类 |
| M | 科学研究和技术服务业 | 73～75,共 3 大类 |
| N | 水利、环境和公共设施管理业 | 76～79,共 3 大类 |
| O | 居民服务、修理和其他服务业 | 80～82,共 3 大类 |
| P | 教育 | 83,共 1 大类 |
| Q | 卫生和社会工作 | 84～85,共 2 大类 |
| R | 文化、体育和娱乐业 | 86～90,共 5 大类 |
| S | 公共管理、社会保障和社会组织 | 91～96,共 6 大类 |
| T | 国际组织 | 97,共 1 大类 |

在国民经济行业分类中,代码举例如图 3-5 所示。

| 代码 | | | | 类别名称 |
|------|------|------|------|----------|
| 门类 | 大类 | 中类 | 小类 | |
| A | | | | 农、林、牧、渔业 |
| | 01 | | | 农业 |
| | | 011 | | 谷物种植 |
| | | | 0111 | 稻谷种植 |
| | | | 0112 | 小麦种植 |
| | | | 0113 | 玉米种植 |
| | | | 0119 | 其他谷物种植 |
| | …… | | | |
| B | | | | 采矿业 |
| C | | | | 制造业 |
| D | | | | 电力、热力、燃气及水生产和供应业 |

图 3-5 国民经济行业分类代码举例

农业如此,其他行业也这样细分。企业从事何种经济活动,都能查找到自己所属的类别。例如:某企业主要生产金属门窗,该业务占其营业收入的 80%,对照《国民经济行业分类》,通过以下步骤确定具体的行业类别:首先,企业主要业务为生产制造,所属门类为 C 制造业;其次,企业生产制造的主要产品为金属制品,所属大类为 33 金属制品业;再次,企业主要产品金属门窗属于结构性金属制品,所属中类为 331 结构性金属制品制造;最后,查询该中类行业下各小类行业的说明,其中小类行业 3312 金属门窗制造的说明为"指用金属材料(铝合金或其他金属)制作建筑物用门窗及类似品的生产活动",符合企业经济活动特点,可以确定该企业所属小类为 3312 金属门窗制造。

总之,统计分组,无论是对具体的分析研究,还是对了解和掌握整个国民经济的发展与运行,都具有十分重要的意义。

**【同步思考 3-2】**

1. 统计分组时为什么一定要遵循穷尽原则和互斥性原则? 如果对某地区超市月营业收入进行统计调查,如何做到"穷尽"?

2. 什么是按品质标志分组? 什么是按数量标志分组? 怎样选择统计分组标志才科学?

3. 下述统计分组中从分组体系看,属于复合分组是哪几种?(　　　　)

A. 对工人按性别和工资级别分组　　　B. 对企业按行业性质和企业规模分组

C. 按品质标志企业所有制性质分组　　D. 按数量标志企业规模进行分组

E. 超市按商品销售额、职工人数进行两次分组

# 3.3　分　布　数　列

## 3.3.1　分布数列的基本问题

### 1. 分布数列的概念和要素

分布数列,也称分配数列,又称频数分布,它是将总体按某一标志分组,并依次列出每组的单位数,从而形成总体单位在各组中的分布。分布在各个组的单位数也称次数,又称频数;各组次数与总次数之比称为比率或频率。

分布数列有两个要素:一个是总体按某标志所分的组,另一个是各组所出现的单位数,即次数。对变量数列而言,总体按数量标志分组,分组标志在各组有不同的数量表现,形成变量数列。变量值(或标志值)一般用 $x$ 表示;次数(频数)一般用 $f$ 表示。

### 2. 分布数列的种类

根据分组标志特征不同,分布数列可分为品质分布数列和变量分布数列两类。

(1)品质分布数列。品质分布数列,是指按品质标志分组所形成的分布数列,简称品质数列。它是用来观察总体中不同属性单位在各组中的分配状况。某高校 2023 年末在职教师职称分布数列如表 3-8 所示。

表 3-8　某高校 2023 年末在职教师职称分布数列

| 教师按职称分组 | 人数/人 | 比重/% |
|---|---|---|
| 教授 | 120 | 12 |
| 副教授 | 380 | 38 |
| 讲师 | 280 | 28 |
| 助教 | 210 | 21 |
| 其他教师 | 10 | 1 |
| 合计 | 1 000 | 100 |

（2）变量分布数列。变量分布数列，是指按数量标志分组所形成的分布数列，简称变量数列。变量分布数列可以反映总体中各组间的数量差异和结构状况。

按变量是否连续以及数目多少不同，变量分布数列可分为如图 3-6 所示的种类。

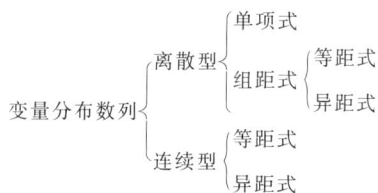

离散型变量，可以编制单项式变量数列，也可以编制组距式（等距或异距）变量数列；连续型变量，只能编制等距式或异距式变量数列。

变量分布数列 ── 离散型 ── 单项式 / 组距式 ── 等距式 / 异距式；连续型 ── 等距式 / 异距式

图 3-6　变量分布数列种类

## 3.3.2　变量分布数列的形式

### 1. 单项式变量数列

单项式变量数列是指每个组仅有一个变量值作为分组标志值所形成的数列，它通常适用于离散变量值不多且变量变动范围不很大的情况。例如，育龄妇女按其生育子女的存活数分组，可分为 0 个、1 个、2 个、3 个、4 个、5 个及以上 6 组。再比如，家庭人口分组情况如表 3-9 所示。

表 3-9　家庭人口分组情况

| 家庭人口数/人 | 户数/户 |
| --- | --- |
| 1 | 900 |
| 2 | 6 200 |
| 3 | 1 500 |
| 4 | 500 |
| 5 及以上 | 150 |
| 合计 | 9 250 |

### 2. 组距式变量数列

组距式变量数列是指按变量的一定变化区间作为分组标志而形成的数列，它通常适用于变量值多且变动范围较大的情况。由于按数量标志分组时，数量标志的变异表现为许多不同的变量值，这些单个的变量值只能反映现象数量上的差异，不能明确反映现象性质上的区别。分组的目的不仅要看出各组现象的数量差别，而且要通过各组的数量变化来区别现象的不同性质。因此，划分数量标志的分组界限时，首先要了解该数量标志值的最大可能变异范围；其次，根据客观事物本身从量变到质变的内在规律性来确定各组间的数量界限。例如，学生考试成绩（百分制）最大变异范围是 0～100 分，一般分为五组，各组数量界限是这样划分的：90 分及以上者为优秀，80～89 分者为良好，70～79 分者为中等，60～69 分者为及格，60 分以下者为不及格。这里除了注意各组的数量界限外，尤其要注意"60 分"这个本质界限，60 分及以上就及格，而 60 分以下就不及格。各临界点的 1 分之差决定了事物的性质。再比如，工人按工时定额完成程度分组分为 90% 以下、90%～100%、100%～110%、110%～120%、120% 以上等组。100% 就是数量界限，100% 及以上就是完成任务和超额完成任务，99% 就是没有完成任务。

组距式变量数列有间断组距式分组和连续组距式分组两种。

在组距式分组中,每组包含许多变量值,每一组变量值中,其最小值为下限,最大值为上限。组距是上下限之间的距离,相邻两组的界限称为组限。凡是组限不相连的,称为间断组距式分组。例如,工人按看管机器台数分为 10～19、20～29、30～39、40～49 四组。凡是组限相连(或称相重叠的),即以同一数值作为相邻两组的共同界限,称为连续组距式分组。

连续型变量,只能采用连续组距式分组。在连续组距式分组中,存在以同一个数值作为相邻两组共同的界限,根据统计分组必须遵循"互斥性"原则,通常凡是总体某一个单位的变量值是相邻两组的界限值,这一个单位归入作为下限值的那一组内,即"上限不在内"原则。例如学生按成绩分组,把 70 分的学生归入 70～80 分一组内,把 80 分的学生归入 80～90 分一组内。

按数量标志进行组距式分组,还可分为等距分组和异距(或称不等距)分组。

等距分组就是标志值在各组保持相等的距离,即各组的标志值变动都限于相同的范围。凡是在标志值变动比较均匀的情况下,都可采用等距分组。等距分组有很多好处,它便于计算、便于绘制统计图。等距数列如表 3-10 所示。

表 3-10　等距数列

| 按日产量分组/件 | 人数/人 |
| --- | --- |
| 60～80 | 4 |
| 80～100 | 20 |
| 100～120 | 60 |
| 120～140 | 26 |
| 140～160 | 10 |
| 合计 | 120 |

异距分组是指各组的距离不都相等。异距分组通常适用于如下几种情况:一是标志值分布很不均匀;二是标志值相等的量具有不同的意义;三是标志值按一定比例发展变化的场合。

例如,生命的每一个月对于新生婴儿和对于老年人是大不一样的。此时,若按年龄分组进行人口疾病研究,应采用异距分组。比如,新生婴儿分组:0～28 天,29～90 天,91～180 天,181～360 天;老年人分组:60～70 岁,70～75 岁,75～80 岁,80～83 岁,83～86 岁,86～89 岁,89～91 岁,91～93 岁,93 岁以上,等等。

某高校 2023 年底在职教师年龄分布异距数列如表 3-11 所示。

表 3-11　某高校 2023 年底在职教师年龄分布异距数列

| 教师按年龄分组/岁 | 人数/人 | 比重/% |
| --- | --- | --- |
| 30 以下 | 120 | 12.00 |
| 30～45 | 312 | 31.20 |
| 45～55 | 328 | 32.80 |
| 55 以上 | 240 | 24.00 |
| 合计 | 1 000 | 100.00 |

### 3.3.3 组距式分布数列中相关指标的计算

**1. 组距**

组距是指在组距式分组中上下限之间的距离。连续组距分组的组距计算公式是

$$组距＝本组上限－本组下限$$

间断式分组的组距大小的计算,采用如下公式:

$$组距＝本组上限－前组上限$$

或

$$组距＝本组下限－前组下限$$

**2. 组中值**

进行组距式分组,组中值的计算也十分重要。组中值是上下限之间的中点数值,它代表着各组变量的一般水平。组距式分组,使各单位的具体标志值看不见了,取而代之的是变量值变动的范围,但在许多场合,仅仅了解这些变量值的变化范围还远远不够,为了便于分析,还要计算组中值。

组中值的计算,需要根据各组的情况而定,对于"闭口组",即一组中既有上限值又有下限值的组,组中值的计算公式为

$$组中值＝\frac{上限＋下限}{2}$$

在计算平均指标或进行其他统计分析时,常以组中值来代表各组标志值的平均水平。当各组标志值均匀分布时,组中值对各组标志值水平的代表性就高。因此,分组时,应尽可能使组内各单位标志值分布均匀。

有时候,连续型变量按离散型变量表示,组距数列的编制采取相邻组限不重叠的形式,组中值的确定应考虑到连续型变量自身的特点。年龄就是比较典型的例子,它实质上是连续型变量,习惯上用整数表示。例如大学生按年龄分为17～19 岁、20～22 岁两组,则组距是 3 岁,组中值分别为 18.5 岁和 21.5 岁,因为第一组应包括满 19 岁又不到 20 岁的大学生,上限应视为 20 岁。同样道理,第二组上限应视为 23 岁。

对于"开口组"的组中值,即一组中或缺少下限值或缺少上限值的组,其计算公式为

$$缺下限的"开口组"组中值＝该组的上限值－\frac{邻组组距}{2}$$

$$缺上限的"开口组"组中值＝该组的下限值＋\frac{邻组组距}{2}$$

**3. 频率与频数密度**

(1)频率。频率是指各组频数与总体单位总和之比,它反映了各组频数的大小对总体所起作用的相对强度。其计算公式如下:

$$频率＝\frac{f_i}{\sum f_i}$$

式中,$f_i$ 是第 $i$ 组频数。

对总体各单位分组而形成变量数列,显示了各单位标志值在各组间的分布状况,从而使杂乱无章的原始数据显示出一定的规律性。频率有两个性质:一是任何频率都是介于 0 和 1 之间的一个分数;二是各组频率之和等于 1,即 100%。

(2)频数密度与频率密度。对于异距分组,由于各组次数的多少还受组距不同的影响,各组的频数可能会随着组距的扩大而增加,随着组距的缩小而减少。为消除异距分组所造成的这种影响,须计算频数密度(或称次数密度),频数密度的计算公式如下:

频数密度 = 各组频数 / 组距

各组频数密度与各组组距乘积之和等于总体单位数,各组频率密度与各组组距乘积之和等于 1。

### 4. 累计频数与累计频率

累计频数(或频率)可以是向上累计频数(或频率),也可以是向下累计频数(或频率)。向上累计频数(或频率)分布,其方法是先列出各组的上限,然后由标志值低的组向标志值高的组依次累计。向上累计频数表明某组上限以下的各组单位数之和是多少,向上累计频率表明某组上限以下的各组单位数之和占总体单位数的比重。向下累计频数(或频率)分布,其方法是先列出各组的下限,然后由标志值高的组向标志值低的组依次累计。向下累计频数表明某组下限以上的各组单位数之和是多少,向下累计频率表明某组下限以上的各组单位数之和占总体单位数的比重。累计频数分布具有如下两个特点:一是第一组的累计频数等于第一组本身的频数;二是最后一组累计频数等于总体单位数。累计频率也具有两个特点:一是第一组的累计频率等于第一组本身的频率;二是最后一组的累计频率等于 1 或 100%。

现以某班学生期末考试成绩所属资料为例,计算各相关指标,如表 3-12 所示。

表 3-12　某班学生期末考试成绩所属资料

| 成绩 /分 | 人数/人 | 组中值 | 频率/% | 累计频数 | | 累计频率/% | |
|---|---|---|---|---|---|---|---|
| | | | | 向上累计 | 向下累计 | 向上累计 | 向下累计 |
| 60 以下 | 2 | 55 | 5.0 | 2 | 40 | 5.0 | 100.0 |
| 60~70 | 8 | 65 | 20.0 | 10 | 38 | 25.0 | 95.0 |
| 70~80 | 11 | 75 | 27.5 | 21 | 30 | 52.5 | 75.0 |
| 80~90 | 12 | 85 | 30.0 | 33 | 19 | 82.5 | 47.5 |
| 90 以上 | 7 | 95 | 17.5 | 40 | 7 | 100.0 | 17.5 |
| 合计 | 40 | — | 100.0 | — | — | — | — |

需要指出的是,利用以上公式计算组中值是有假定条件的。其假设各组中的变量值变化是均匀的,但实际各组内的变量值变化不一定都是均匀的。因此,以组中值代替变量值,有一定的假设性,它不一定是真实值,而只是一个近似值。

## 3.3.4　变量分布数列的编制

编制变量分布数列,主要目的是反映总体的分配特征,并进一步研究总体的构成及变化规律等,而频数和频率是反映分布数列分布特征的。因此,分布数列编制得好与坏,关键要看其能否反映总体的分配特征,即要看各组频数与频率的分配是否符合客观规律。

变量数列的编制是较复杂的,下面以一个实例说明变量数列的编制方法。

对某车间 40 名工人日加工零件数(件)调查结果如下:

68　50　84　76　70　88　80　74　86　70

74　71　90　58　87　62　72　96　68　94

66　86　76　84　64　73　63　92　58　68

79　79　78　78　80　86　66　54　56　86

这些资料是比较零乱的,不能直接反映出总体的特征,因此,要对其进行加工整理,形成分布数列,以反映总体的分布特征。

首先,将原始资料顺序排列,确定变量值的变动范围。可以用计算机升键或者降键一键完成排序,也可以人工找出极大值和极小值。本例其波动幅度为 50～96,差距为:96－50＝46(件)。工人日产量大多数为 70～90,偏低或偏高都很少。

其次,确定组数和组距。组距的大小直接关系到组数的多少,组距大,组数就少;组距小,组数就多。美国学者赫伯特·斯特杰斯(Herbert Sturges)创造了一个"斯特杰斯经验公式",即

组数:$n = 1 + 3.31g\ N$

组距:$d = \dfrac{R}{n} = \dfrac{x_{max} - x_{min}}{1 + 3.3\lg N}$

式中,$n$ 为组数;$N$ 为总体单位数;$d$ 为组距;$R$ 为全距,即最大变量值 $x_{max}$ 与最小变量值 $x_{min}$ 之差。

除了用公式计算和确定组数外,也可以根据经验确定。如上例中工人日产量的变动幅度较大,如果采用单项式分组,则组数过多,不足以反映总体不同性质组成部分的分布特征,因此可以考虑用组距式分组。组数的确定要根据研究现象的具体情况而定。对工人日产量的分析主要是看日产量的集中情况,因为总数是 40 人,可将其分成五组。

再次,确定组限。成绩虽然是连续型变量,但习惯上用离散变量的表示方法,即采用偶数作为组限,并且采用重复组限的形式。确定组限时应注意,最低组的下限要小于或等于最小变量值,最高组的上限应大于最大变量值。

最后,统计各组次数,计算各组比率。根据组距、组数以及组限的确定,将各变量值从最小组开始排列,按组归类,编制成组距数列,形成统计表。

根据所确定的组数、组距及组限,可将 40 名工人日产量编制成分布数列,如表 3-13 所示。

表 3-13　40 名工人日产量分布数列

| 日产量/件 | 人数/人 | 组中值/件 | 各组比率/% |
|---|---|---|---|
| 50～60 | 5 | 55 | 12.5 |
| 60～70 | 7 | 65 | 17.5 |
| 70～80 | 13 | 75 | 32.5 |
| 80～90 | 11 | 85 | 27.5 |
| 90～100 | 4 | 95 | 10.0 |
| 合计 | 40 | — | 100.0 |

从表 3-13 可以看出,这 40 名工人日产量呈"两头小,中间大"的分布,是符合工人日产量这一变化规律的,反映了总体的分布特征。

## 【同步思考 3-3】

1. 什么是组中值？怎样计算组中值？为什么要计算组中值？计算组中值的假设条件是什么？

2. 确定组限时最低组的下限要大于或等于最小变量值，最高组的上限应小于最大变量值。对吗？为什么？

3. 频率是指各组频数与总体单位总和之比，频数密度是为了消除由于异距分组所造成的各组频数对总体单位数占比不同的影响，频数密度＝各组频数/组距。所以，频率也等于频数密度。对吗？为什么？

拓展阅读 3　我国历年新生人口数

# 3.4　统计表与统计图

统计数据主要有三种显示形式：一是用文字来说明；二是用统计表来表述；三是用统计图来显示。用文字说明部分，前面已经做了一些介绍，本节侧重介绍统计表的制作和统计图的绘制。

## 3.4.1　统计表

### 1. 统计表的概念和作用

统计表是统计用数字说话的一种最常用的形式。将统计调查得来的原始资料，经过汇总整理后，得出一些系统化的统计资料，将其按一定顺序填列在一定的表格内，这个表格就是统计表。

统计表是统计数据最基本的显示形式。其主要作用：一是能够系统地组织和合理地安排大量数字资料，能使其系统化和条理化，方便读者阅读，能给人以明确清晰的概念；二是通过合理地排列统计资料，便于读者比较对照，发现现象的规律；三是便于汇总和审核，也便于计算和分析；四是利用统计表便于检查数字的完整性和正确性。

### 2. 统计表的结构

(1) 按表的形式分为总标题、横行标题、纵栏标题和数字资料四部分。从统计表的形式上看，统计表由总标题、分标题（横行标题、纵栏标题）和数字资料组成，如表 3-14 所示。

表 3-14　2022 年我国国内生产总值 ←——总标题

| 产业类别 | 增加值/亿元 | 占国内生产总值的比/% | 比 2021 年增长/% |
|---|---|---|---|
| 第一产业 | 88 345.1 | 7.30 | 6.16 |
| 第二产业 | 483 164.5 | 39.92 | 7.00 |
| 第三产业 | 638 697.6 | 52.78 | 3.94 |
| 合计 | 1 210 207.2 | 100.00 | 5.30 |

纵栏标题　横行标题　数字资料　主词　宾词

总标题是表的名称,它表明统计表所要反映统计资料的内容,通常放在统计表上端中央。

横行标题是统计表中各横行的名称,它表明统计总体及各组成部分,是统计表所要说明的对象,一般放在表的左方。

纵栏标题是统计表中各纵栏的名称,它表明总体数量特征的指标名称,一般放在统计表的上部。

数字资料是统计表格中的数字,每一个数字都由横行标题和纵栏标题所限定。

(2)按表的内容分为主词和宾词两部分。从统计表的内容上看,统计表由主词和宾词两部分构成。主词是统计表要说明的总体、总体的分组和有关单位的名称。通常情况下,主词列在表的左方,构成横行标题的内容。宾词是用来描述主词的数字资料,通常列在表的右方,构成纵栏标题的内容。

### 3. 统计表的种类

统计表按主词是否分组及分组标志的多少,可分为简单表、分组表和复合表三种。

(1)简单表。简单表是对主词未经任何分组的统计表。简单表又分两种情况:一是将总体单位按空间顺序排列,以反映总体单位的具体情况;二是将说明总体特征的数字资料按时间先后顺序排列,以反映现象在不同时间上的发展状况和趋势,如表 3-15 所示。

表 3-15   某地区 2019—2023 年各季度某种商品销售量资料                           万件

| 年份 | 第一季度 | 第二季度 | 第三季度 | 第四季度 |
|------|---------|---------|---------|---------|
| 2019 | 10 | 12 | 20 | 8 |
| 2020 | 12 | 15 | 16 | 10 |
| 2021 | 10 | 16 | 15 | 8 |
| 2022 | 10 | 12 | 14 | 8 |
| 2023 | 12 | 14 | 15 | 9 |

(2)分组表。分组表是指主词按一个标志进行分组形成的统计表。分组表可以反映现象的不同特征,也可用来反映总体内部结构,如表 3-16 所示。

表 3-16   2022 年某高校毕业生就业企业规模统计

| 企业规模 | 毕业生占比/% | |
|---------|-----|-----|
|  | 研究生 | 本科生 |
| 50 人及以下 | 76.12 | 55.53 |
| 51～300 人 | 11.21 | 16.76 |
| 301～1 000 人 | 10.48 | 18.55 |
| 1 001 人及以上 | 2.19 | 9.16 |
| 合计 | 100.00 | 100.00 |

(3)复合表。复合表是指主词按两个或两个以上标志进行复合分组形成的统计表。在一定分析任务要求下,复合表可以把更多的标志结合起来,以便更深入地分析社会经济现象的规律性,如表 3-17 所示。

表 3-17　2022 年我国各种运输方式完成货物运输量及其增长速度

| 指标 | 单位 | 绝对数 | 比上年增长/% |
|---|---|---|---|
| 货物运输总量 | 亿吨 | 514.7 | −3.0 |
| 铁路 | 亿吨 | 49.3 | 4.5 |
| 公路 | 亿吨 | 371.2 | −5.5 |
| 水路 | 亿吨 | 85.5 | 3.8 |
| 民航 | 亿吨 | 607.6 | −17.0 |
| 管道 | 亿吨 | 8.6 | 3.1 |
| 货物运输周转量 | 亿吨公里 | 231 743.5 | 3.4 |
| 铁路 | 亿吨公里 | 35 906.5 | 8.2 |
| 公路 | 亿吨公里 | 68 958.0 | −1.2 |
| 水路 | 亿吨公里 | 121 003.1 | 4.7 |
| 民航 | 亿吨公里 | 254.1 | −8.7 |
| 管道 | 亿吨公里 | 5 621.8 | 3.7 |

资料来源：中华人民共和国 2022 年国民经济和社会发展统计公报［EB/OL］. (2023-02-28). https://www. stats. gov. cn/sj/zxfb/202302/t20230228_1919011. html.

#### 4. 统计表的编制规则

编制统计表总的要求是：简练、明确、实用、美观,便于比较。统计表的设计应注意如下事项。

（1）统计表的总标题、横行标题、纵栏标题应简明扼要,以简练而又准确的文字表述统计资料的内容、资料所属的空间和时间范围。

（2）表中主词各行和宾词各栏,一般按先局部、后总体的原则排列,即先列出项目、后列总计,在没有必要列出所有项目时,可先列出总计,然后再列出一部分重要项目。

（3）如果表中栏次较多,通常要加以编号。主词栏和计量栏通常可用＜甲＞、＜乙＞等标明,而宾词栏可用(1)、(2)、(3)等标明。表中各栏如有计算上的钩稽关系,可同时标明。如(3)＝(2)÷(1),表明第(3)栏的数据是由第(2)栏的数据除以第(1)栏的数据得到的。合计栏的设置：统计表各纵列若需合计,一般应将合计列在最后一行,各横行若需要合计,可将合计列在最后一栏。

（4）表中数据应对准位数,填写整齐。当数字为零或数值太小而忽略不计时,要写上零;当缺乏某项资料时,用符号"…"表示;当不应有数时,用符号"—"表示。统计表中不能有空格。

（5）统计表中必须注明计量单位。如各行有不同的计量单位,可专设计量单位一栏。纵栏的计量单位,可标写在纵栏标题的下面;如各纵栏计量单位一致,可将其标在表的右上方。

（6）统计表的样式。通常表的上下端应以粗线绘制,表内纵、横线以细线绘制。表格的左右两端一般不画线,采用"开口式"。

（7）必要时,应在统计表下方注明表中某些资料的来源或某些指标的计算方法、计算口径等。

## 3.4.2　统计图

#### 1. 统计图的概念和意义

用来表现统计数据的各种几何图形、具体事物的形象、符号和地图都称统计图。它是统计数据的另一种表现形式,统计图可以从数量方面来表示研究对象的规模、水平、结构、发展趋势和比例关系。俗话说,"一图解千文",图形的影响力往往胜过冗长的文字叙述,易为一般人理解和接受。统计图具有生动活泼、鲜明醒目和望图知义的特点。因此,绘制统计图也是统计数据整理的一项重要内容。

常用的统计图有条形图、直方图、圆形图、线形图、茎叶图和象形图等几种。

**2. 绘制统计图的原则**

(1)统计图必须准确地反映客观的真实情况。统计图与一般的美术图不同,它是实际统计资料的反映,因而图形必须力求准确,避免由于绘制技术的粗糙而发生差错,避免由于表现方法不适当而引起读者的错觉。

(2)统计图应力求简明扼要、通俗易懂。统计图越简单、越明白,也就越符合图示的目的。因此,选用立体图形、复杂图形要慎重。若数据对象复杂,可以分别绘制几种简单图形,而不宜将其混杂于一个图形中。

(3)统计图应当主题突出。每一个统计图须有一个明晰且完整的标题,其字句应反映该图的主题,并应指明所反映对象的时间和空间限制。

(4)要根据资料的性质和绘图目的,选择恰当的统计图形。

(5)应将统计资料随图形同时列明,作为研究的依据。

**3. 绘制统计图的步骤**

一是确定制图目的,收集和选择资料。对已有的资料要加以选择,决定取舍;对没有的资料要重新收集;要注意做好资料的审查核对工作。二是决定图形。根据制图目的和资料的性质决定图形。三是对资料进行加工计算。根据绘图需要,计算出资料与图形尺寸之间的比例以及实际的绘图尺寸(如长度、角度、面积等)绘制草图。四是核对无误后,用墨色正式绘制图形。

视频3 全国第七次人口普查展示

**4. 常见的几种统计图**

(1)圆形图。圆形图又称饼图,它是以圆形的面积来表示数据的总量,通过圆内各扇形的面积来表示各部分数据占总量的比例。圆形图直观地展示了数据的相对大小和内部结构。例如,以2022年我国国内生产总值数据(表3-14)为基础,绘制圆形图,如图3-7所示。

2022年我国国内生产总值构成情况(单位:亿元)

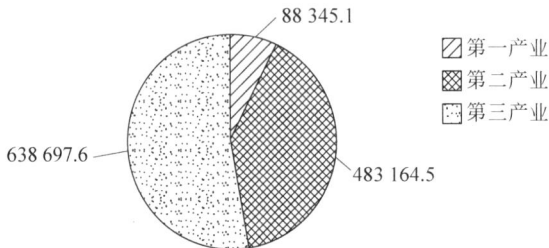

88 345.1

638 697.6

483 164.5

第一产业
第二产业
第三产业

图3-7 圆形图

(2)条形图。条形图是用宽度相同条形的高度或长度来表示统计指标数值的大小。条形图可以横置或纵置,纵置时也称柱形图。条形图根据表现资料的内容可分为单式条形图和复式条形图。

单式条形图反映统计对象的某一指标的变化情况。例如,根据国家统计局的数据,2022 年全国居民在不同食品类型上的平均消费量是不同的,可绘制单式条形图,如图 3-8 所示。

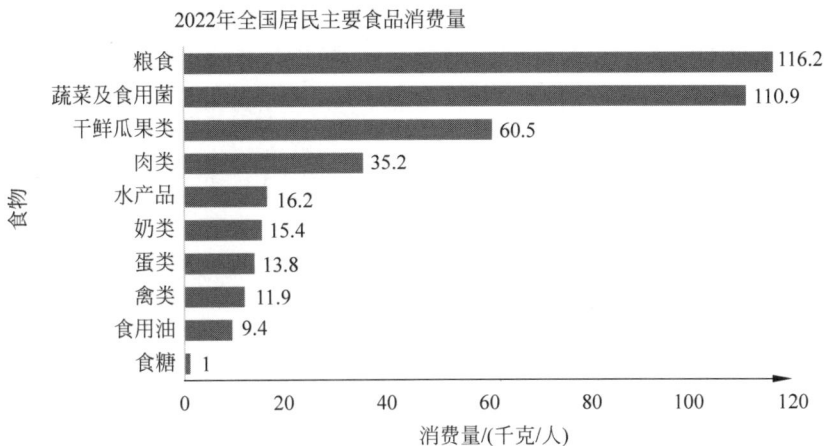

图 3-8  单式条形图

复式条形图是由两个或两个以上条形合为一组,再将若干组的条形并列在同一个图上的条形图。复式条形图可以反映统计对象的两个或多个指标的变化情况。例如,根据泰坦尼克号不同舱位不同性别人数(数据来源:R 语言自带数据集 Titanic)绘制复式条形图,如图 3-9 所示。

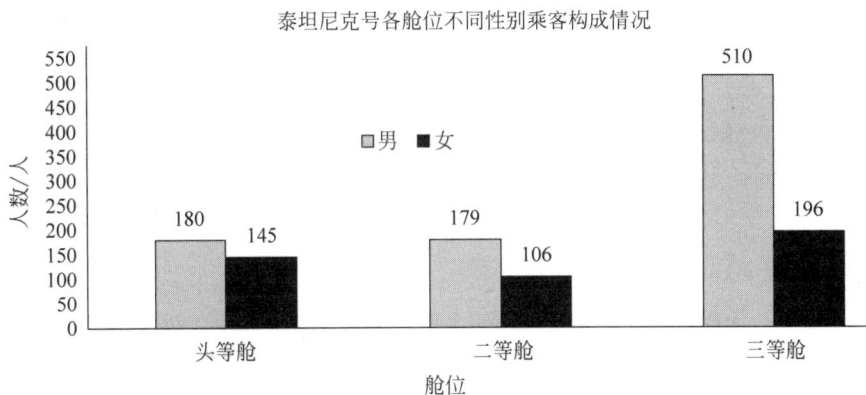

图 3-9  复式条形图

(3) 直方图。直方图是用矩形的宽度和高度来表示频数分布的图形。在平面直角坐标系中,横轴表示数据分组,纵轴表示频数或频率,这样各组与相应的频数或频率就形成了一个矩形,即直方图。例如,根据表 3-4 中某地区各超市商品流转额的频数统计情况绘制成直方图,如图 3-10 所示。

直方图和条形图不同,条形图是用条形的高度或长度表示各类别数量的多少,其宽度(表示类别)是固定的,直方图是用面积表示数量的多少;直方图各矩形通常是连续排列,而条形图则是分开排列。

(4) 折线图。折线图通过连接数据点来展示数据随时间、空间或其他连续变量的变化

某地区超市商品流转额频数统计

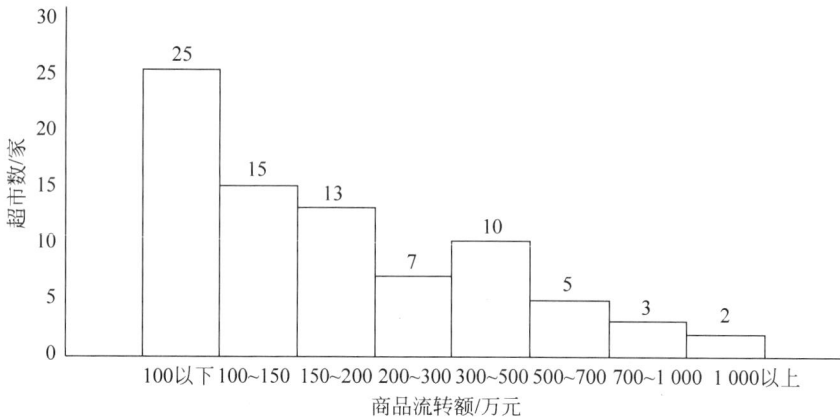

图 3-10  直方图

情况。每个数据点代表一个特定时间点或空间位置的数值,而连接这些点的线则展示了数据随时间或空间的趋势和变化。在折线图中,横轴通常表示时间、空间或其他分类变量,纵轴表示数值型变量。每个数据点在图中表示为一个点,通过线段将这些点连接起来,形成连续的折线。折线的走势可以直观地展示数据的增减、波动或其他变化趋势。折线图适用于展示时间序列数据、气象变化、经济走势、人口增长等多种类型的数据,如图 3-11 所示。

1984—2020年历届奥运会中国代表团金牌总数

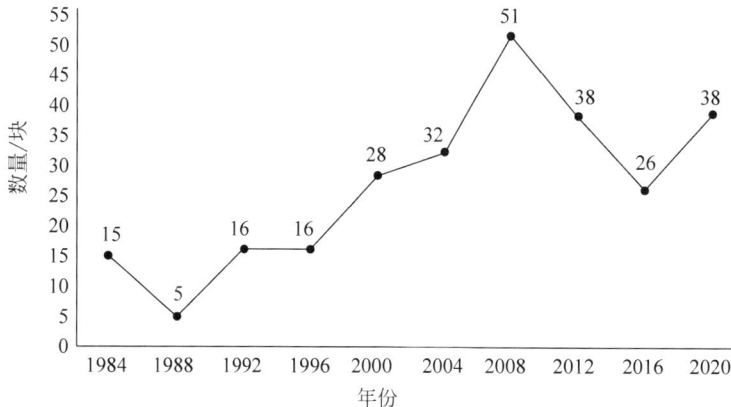

图 3-11  折线图

(5)环形图。环形图中间有一个"空洞",总体中的每一个部分数据用环中的一段来表示。环形图可以同时绘制多个总体的数据系列,每一个数据系列为一个环,可以显示多个总体各部分所占总体的相应比例,从而有利于进行比较研究。例如,甲、乙两个教学班对某门课程的教学情况评价如表 3-18 所示,据此资料绘制环形图,如图 3-12 所示。

表 3-18  课程教学情况评价

| 班级 | 很不满意 | 不满意 | 一般 | 满意 | 很满意 |
|------|---------|--------|------|------|--------|
| 甲 | 5% | 10% | 30% | 45% | 10% |
| 乙 | 3% | 10% | 27% | 40% | 20% |

内环为甲班，外环为乙班

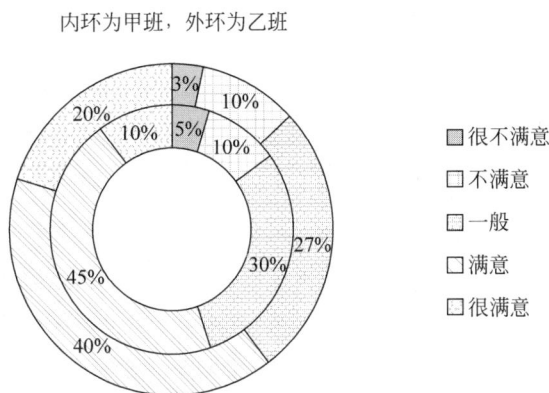

图 3-12  课程教学情况评价环形图

（6）雷达图。雷达图也称蜘蛛图、蛛网图、星状图、极区图，是一种以二维形式展示多维数据的图形。雷达图从中心点出发辐射出多条坐标轴（至少三条），每一份多维数据在每一维度上的数值都占用一条坐标轴，并和相邻坐标轴上的数据点连接起来，形成一个不规则多边形。如果将相邻坐标轴上的刻度点也连接起来以便读取数值，整个图形形似蜘蛛网或雷达仪表盘，因此而得名。

雷达图是专门用来进行多指标体系比较分析的专业图。从雷达图中可以看出指标的实际值与参照值的偏离程度，从而为分析者提供有益的信息。雷达图一般用于成绩展示、效果对比量化、多维数据对比等。例如，某公司对相关职员进行了质量控制培训，培训前后分别对个人能力、改进意识、解决问题能力、团队精神及质量控制知识进行了测定，根据测定的结果绘制雷达图，如图 3-13 所示，从图中可以清晰判断出培训的效果是很明显的。

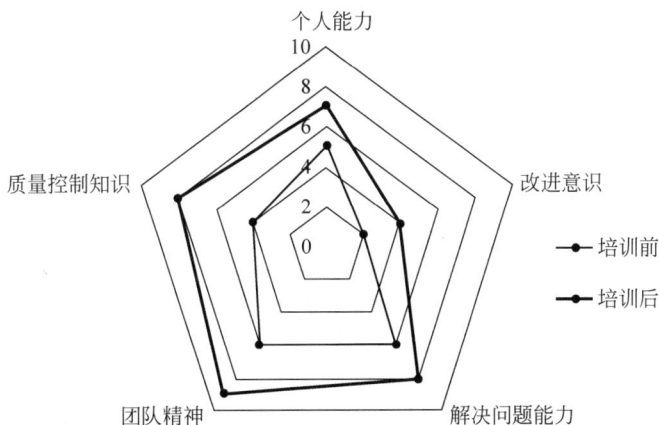

图 3-13  雷达图

（7）茎叶图。茎叶图由"茎"和"叶"两部分组成。通过茎叶图，可以看出原始数据的分布情况及数据的离散情况，比如分布是否对称、数据是否集中、是否有离群点等。绘制茎叶图时，先把一个数字分成两部分，将最后一位作为叶，而将其他高位数字作为茎。

例如，某车间共有 30 人，其日产量资料如下（单位：件）：

41    52    46    59    32    40    40    55    61    75

15　31　51　49　60　31　65　69　16　34
89　79　57　46　10　24　71　45　22　85

根据以上数据,绘制茎叶图,如图 3-14 所示。

| 频数 | 茎 | 叶 |
|---|---|---|
| 3 | 1 | 1 5 6 |
| 2 | 2 | 2 4 |
| 4 | 3 | 1 1 2 4 |
| 7 | 4 | 0 0 1 5 6 6 9 |
| 5 | 5 | 1 2 5 7 9 |
| 4 | 6 | 0 1 5 9 |
| 3 | 7 | 1 5 9 |
| 2 | 8 | 5 9 |
| 茎的宽度:10 | | 每片叶:1 个样本 |

图 3-14　茎叶图

茎叶图类似于横置的直方图,但两者又有不同。茎叶图既能给出数据的分布状况,又能给出一个原始数据,从而保留了原始数据的信息,一般适用于小批量数据;直方图能够反映定性变量取值的分布,但不能保留原始的数据信息,通常适用于大批量数据。

(8)箱线图。箱线图又称盒形图,是一种含有丰富信息的统计图,主要用来反映原始数据的分布特征。它由一组数据的最大值、最小值、中位数和上下四分位数五个特征值组成。与茎叶图相比,箱线图不能反映出每一个原始数据的信息,但提供了简明有效的视图。根据绘制茎叶图的 30 人日产量资料数据,利用统计软件 SPSS 绘制箱线图,如图 3-15 所示。

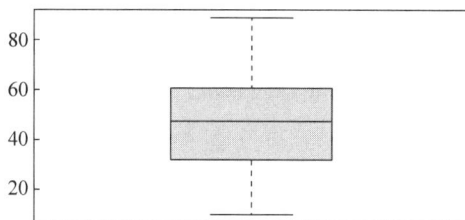

图 3-15　箱线图

(9)象形图。象形图是利用形象画来表明统计资料的图形。它给人以直观感觉,其主要作用是用来比较现象在不同时间、不同地区和不同条件下的水平、速度、比例、计划完成情况等数值的大小。比如,随机抽取 200 位路人,测得其血型情况绘制统计象形图,其中每个火柴人代表 8 位路人,如图 3-16 所示。

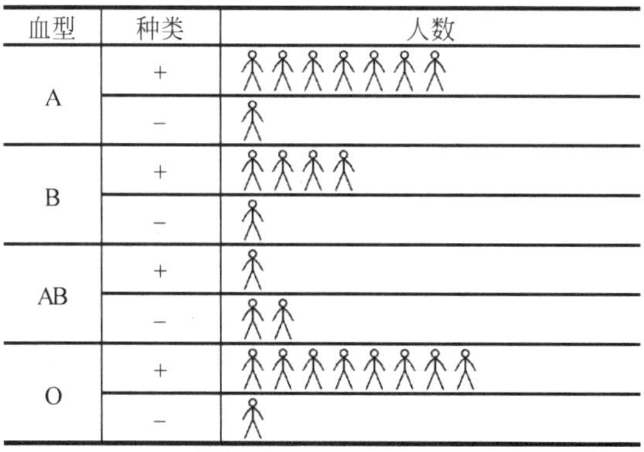

图 3-16　象形图

（10）散点图。散点图是一种基础的统计图形式，它由一系列散布的点组成，每个点在平面直角坐标系中代表一个数据点，其横坐标和纵坐标分别对应不同的数据值。散点图主要用于展示两个变量之间的相互关系，通过点在坐标系中的位置来体现这种关系。例如，利用表 3-4 中的商品流转额与流通费用率数据绘制散点图，如图 3-17 所示，从散点图中很明显可观察出，商品流转额越高，商品流通费用率越低。

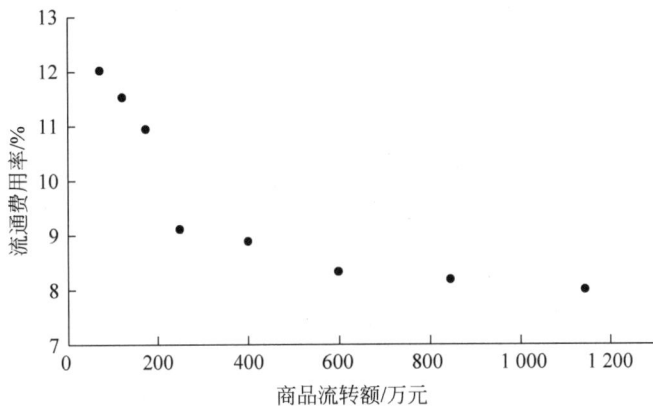

图 3-17　散点图

### 5. 频（次）数分布图的类型

利用统计图的形式对社会现象的数量分布特征进行描述，可以直观地显示不同类型现象的分布特征。

各种不同性质的社会经济现象次数分布的类型，概括起来有三种：钟形分布、U 形分布和 J 形分布。

（1）钟形分布。钟形分布的特征是"两头小，中间大"，即中间的变量值分布的次数多，靠近两边的变量值分布的次数少，其曲线图宛如一口古钟，如图 3-18 所示。

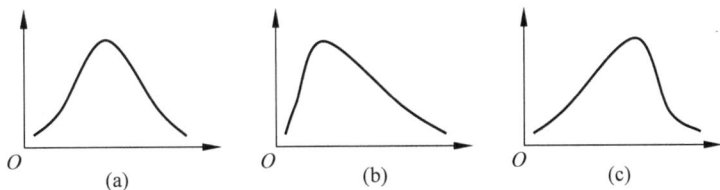

图 3-18　钟形图

如图 3-18(a)所示，其分布特征是以变量的平均数为对称轴，左右两侧对称，两侧变量值分布的次数随着与其平均值距离的增大而渐次减少。在统计学中，称这种分布为正态分布。图 3-18 中的(b)、(c)为非对称分布，它们各有不同方向的偏态。图(b)曲线是右偏分布，图(c)曲线是左偏分布。在客观实际中，许多社会现象总体的分布都趋于正态分布，例如，农作物单位面积产量的分布、零件公差的分布、某种商品市场价格的分布等。

（2）U 形分布。U 形分布的形状与钟形分布相反，靠近中间的变量值分布次数少，靠近两端的变量值分布次数多，形成"两头大，中间小"的特征。例如人口按年龄死亡率的分布，人口总体中，幼儿和老年人死亡率高，而中青年死亡率低。图 3-19 是 U 形分布。

（3）J形分布。J形分布有两种类型：一种是正J形分布，即次数随着变量的增大而增多，经济学中的供给曲线属于该分布类型；另一种为反J形分布，即次数随着变量增大而减少，经济学中的需求曲线属于该分布类型。J形分布的两种类型如图 3-20 所示。

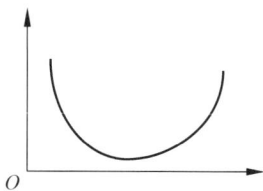

图 3-19　U形分布

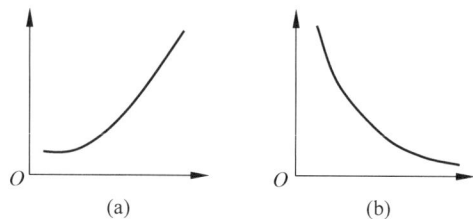

图 3-20　J形分布

（a）正J形分布；（b）反J形分布

### 【同步思考 3-4】

有一句很形象、很经典的话：文字不如数字，数字不如表格，表格不如图示。这是说统计图更直观、更简洁。以统计表为例，统计表能够系统地组织和合理地安排大量数字资料，能使其系统化和条理化，便于汇总和审核，便于计算和分析，便于检查数字的完整性和正确性。那么，当我们进行数据汇总时，选择用简单表、分组表和复合表以什么为原则？试调查一下班级同学本月话费支出情况，并用合适的统计表和统计图来显示。

## 3.5　Excel 在统计整理与显示中的应用

统计整理内容包括如何进行统计分组，编制分配数列以及编制统计表和绘制统计图等。这里主要介绍如何进行统计分组，并根据分组结果编制统计表、绘制统计图。

例如，收集 A 餐馆某晚前 50 次消费的人均消费额如下（单位：元/人）：

| 14 | 22 | 23 | 25 | 26 | 27 | 30 | 31 | 31 | 32 |
| 33 | 34 | 34 | 35 | 35 | 35 | 36 | 36 | 37 | 37 |
| 38 | 38 | 38 | 39 | 39 | 39 | 39 | 40 | 41 | 42 |
| 43 | 44 | 44 | 44 | 44 | 45 | 45 | 48 | 48 | 49 |
| 50 | 50 | 50 | 50 | 51 | 51 | 53 | 53 | 56 | 63 |

根据以上数据，进行统计分组，并编制统计表和绘制统计图。

### 3.5.1　进行统计分组

用 Excel 进行统计分组有两种方法：一是利用统计函数中的"FREQUENCY"函数，二是利用"数据分析"中的"直方图"工具。这里我们仅介绍利用"FREQUENCY"函数进行统计分组。

函数向导"FREQUENCY"可用来对一系列数据进行分组，并自动计算各级的分配次数。"FREQUENCY"有两个参数："Data_array"和"Bins_array"。其中，"Data_array"为待分组的数据的单元地址，存在方式为一个向量区域。"Bins_array"为用于对前述数据系列进行分组间隔点的单元地址,存放方式也为一个向量区域。其具体分组步骤如下。

（1）启动 Excel 2019,新建一个工作簿,并将上面的数据资料输入表格中,如图 3-21 所示。

（2）确定每一组的上限值。确定上限值是编制分配数列的关键,确定了每一组的上限,即确定了每一组的组限和组距。本例中,输入的上限值分别是 20、30、40、50、60、70,并把这些值输入 G2：G7 中,将选取的结果存放的单元格区域为 H2：I7。

（3）用光标选定 H2：I7 单元格区域,启动函数向导"FREQUENCY",如图 3-22 所示。然后单击"确定"。

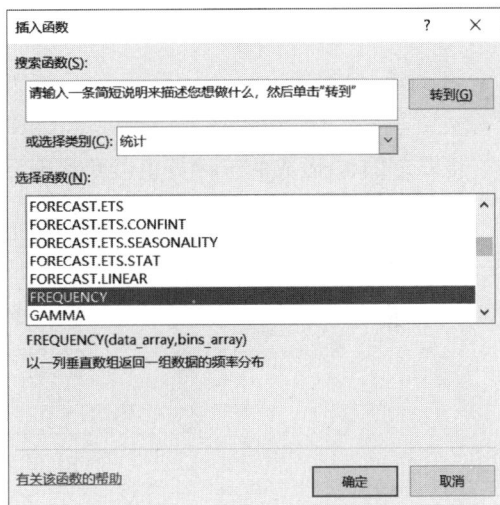

| | A | B | C | D | E |
|---|---|---|---|---|---|
| 1 | 14 | 33 | 38 | 43 | 50 |
| 2 | 22 | 34 | 38 | 44 | 50 |
| 3 | 23 | 34 | 38 | 44 | 50 |
| 4 | 25 | 35 | 39 | 44 | 50 |
| 5 | 26 | 35 | 39 | 44 | 51 |
| 6 | 27 | 35 | 39 | 45 | 51 |
| 7 | 30 | 36 | 39 | 45 | 53 |
| 8 | 31 | 36 | 40 | 48 | 53 |
| 9 | 31 | 37 | 41 | 48 | 56 |
| 10 | 32 | 37 | 42 | 49 | 63 |

图 3-21　输入实验数据

图 3-22　FREQUENCY 函数

（4）在"Data_array"中输入"A1：E10",或单击"折叠对话框"按钮选择数据区域。在"Bins_array"中输入"G2：G7",或单击"折叠对话框"按钮选择数据区域,如图 3-23 所示。

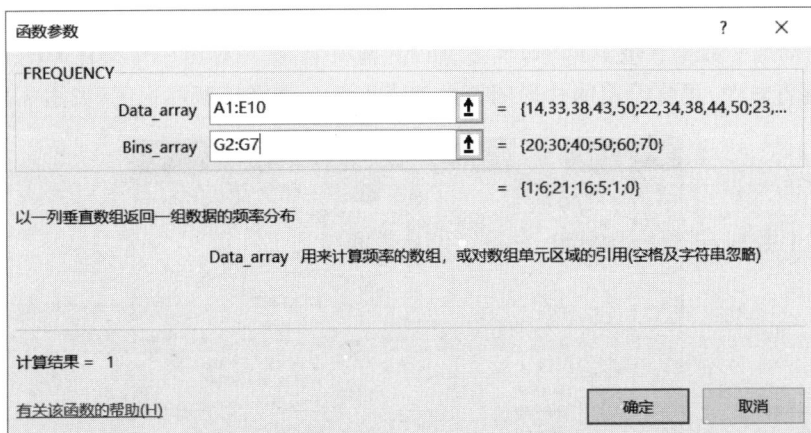

图 3-23　输入 FREQUENCY 函数参数

（5）按 Ctrl＋Shift＋Enter 组合键,即可获得各组相应的次数,即前 50 次消费的人均消费额的分配数列,如图 3-24 所示。

图 3-24　实验结果

### 3.5.2　编制统计表

将图 3-24 中形成的统计分组重新整理后,形成统计表,如图 3-25 所示。

| 晚餐消费额（元/人） | 人数（人） |
|---|---|
| 20以下 | 1 |
| 20~30 | 6 |
| 30~40 | 21 |
| 40~50 | 16 |
| 50~60 | 5 |
| 60以上 | 1 |
| 合计 | 50 |

图 3-25　统计表

在重新编制的统计表中,采用了上下限重叠的方法,并按"上限不在内"原则进行分组。

### 3.5.3　绘制统计图

根据图 3-25 所编制的统计表,我们来绘制统计图(以直方图为例)。

(1) 光标选中数据区域 A1:B7,单击"插入"选项卡,在图标组中单击柱形图(Excel 中不能直接绘制直方图,可将绘制的柱形图调整为直方图),选择簇状柱形图,如图 3-26 所示。

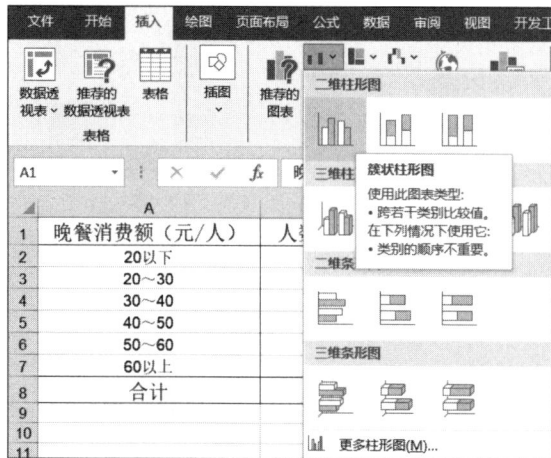

图 3-26　插入柱形图

（2）单击，即可得到该餐馆前 50 次消费的人均消费额数据的柱形图，如图 3-27 所示。

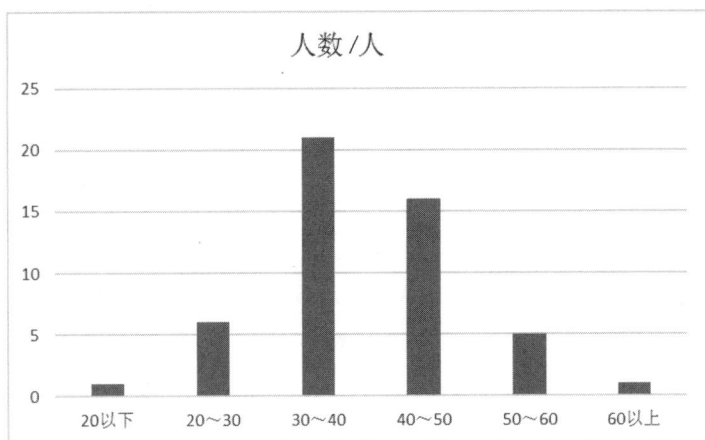

图 3-27　初步形成柱形图

（3）在"图表工具"中选择"设计"选项卡，依次单击"添加图表元素"→"图表标题"→"图表上方"，修改柱形图的标题为"前 50 次消费的人均消费情况分布统计图"，使用同样的方法，增加该图的横、纵坐标标题，结果如图 3-28 所示。

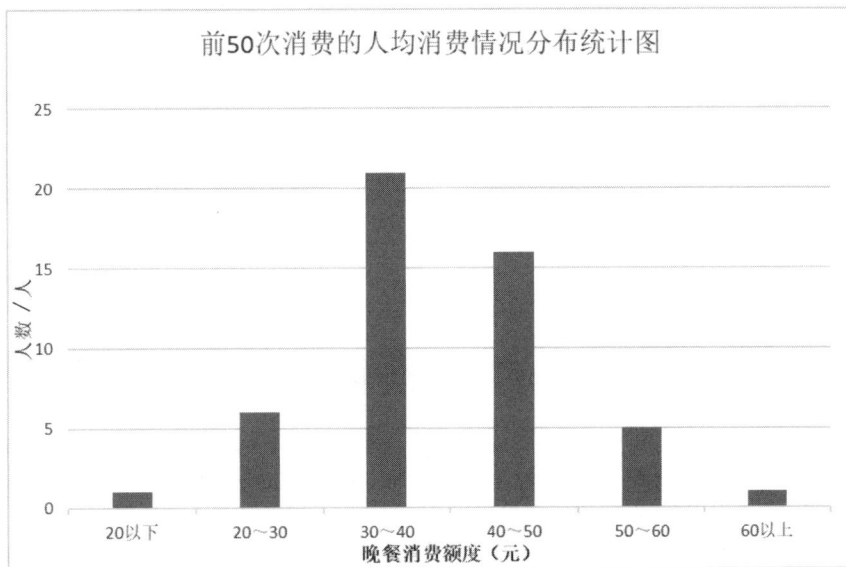

图 3-28　修改柱形图标题

（4）右击任意数据条，在弹出的操作框中选择"设置数据系列格式"，如图 3-29 所示。

（5）将间隙宽度调整为 0%，可将柱状图调整为直方图，如图 3-30 所示。

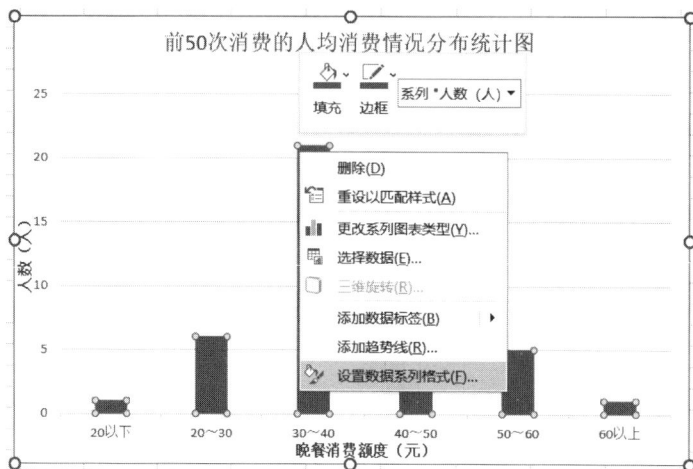

图 3-29　设置数据系列格式

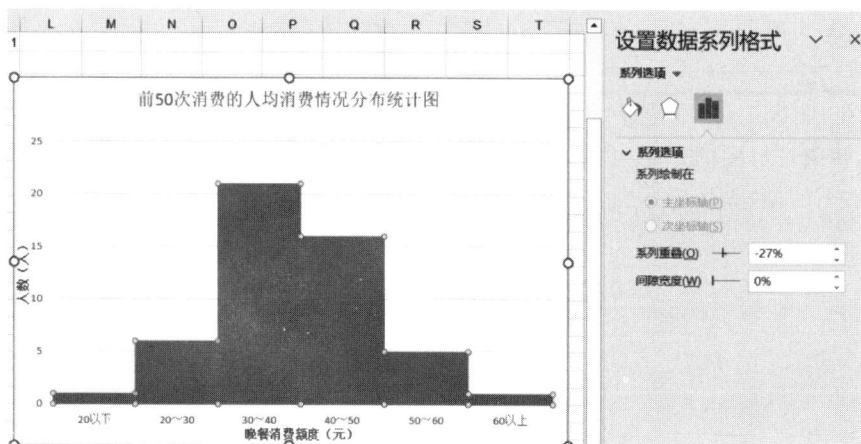

图 3-30　前 50 次消费的人均消费情况直方图

# 本 章 小 结

（1）统计数据整理，是按照统计研究的要求，对所收集到的大量个体初始数据进行审核、分组、汇总，或对次级资料进行再加工，从而使这些数据资料系统化、条理化，成为反映总体综合数量特征的工作过程。

（2）统计整理的核心是统计分组，统计分组在统计研究中占重要地位，它不仅是统计整理的基本方法，也是贯穿于统计工作全过程的基本方法。按品质标志分组的关键是界定各类型组的性质差异；按数量标志分组的关键是正确确定各组的数量界限，以突出组间的差异性和抽象组内的差异性。统计分组的重要作用：一是区分事物的类型；二是反映社会经济现象的内部结构；三是分析现象之间的相互依存关系。

（3）统计数据整理形成的次数分布数列有多种形式，其分类可以概括为品质分布数列和变量分布数列。在变量分布数列中，又可以分为单项式变量数列和组距式变量数列。在组距式变量数列中,又可以分为等距数列和异距数列。

(4) 组距数列中的组距、组数、组中值,以及各组上限、下限,频率、频数密度、向上累计、向下累计的概念与计算。

(5) 统计表和统计图是显示统计数据的两种方式。正确地使用统计表和统计图是统计分析的基本技能。无论是手工整理还是应用电子计算机进行数据处理,制作统计表和统计图都必须注意编制原则和绘图规则,力求科学、规范。

(6) 许多现象的次数分布都有一定的规律性,概括起来主要有三种类型:钟形分布、U 形分布和 J 形分布。可以利用软件绘制多种不同的统计图形,每种统计图形都有其自身的特点和应用场景。

(7) 利用 Excel 的图表功能,方便快捷地绘制出条形图、直方图、散点图、圆形图、雷达图等,让数据更直观、更具说服力。

# 思考与练习

● **知识题**

(1) 什么是统计分组? 统计分组有什么作用? 举例说明研究人口结构时怎样进行分组。

(2) 汇总前应该怎样控制数据误差?

(3) 什么是组中值? 怎样计算组中值? 以组中值代替变量值的前提是什么?

(4) 什么是简单分组、复合分组、并列分组? 复合分组、并列分组各有什么优点?

(5) 选择统计分组标志应该注意哪些问题?

● **实务题**

1. 某企业工人日产量统计资料如表 3-19 所示。

表 3-19  某企业工人日产量统计资料

| 日产量/件 | 工人数/人 |
|---|---|
| 0～60 | 6 |
| 60～70 | 12 |
| 70～80 | 12 |
| 80～90 | 14 |
| 90～100 | 15 |
| 100～110 | 18 |
| 110～120 | 22 |
| 120～130 | 8 |
| 合计 | 107 |

(1) 各组工人数中(　　　)。

　　A. 包括日产量等于下限人数　　　B. 包括日产量等于上限的人数

　　C. 日产量等于上限、下限人数均包括　D. 日产量等于上限、下限的人数均不包括

(2) 上述变量数列中变量是指(　　)。

    A. 日产量 　　　　　　　　　　B. 工人数

    C. 日产量的具体数值 　　　　　D. 工人数的具体数值

(3) 各组频率为(　　)。

    A. 6,12,12,14,15,18,22,8

    B. 0.42,0.85,0.85,1.00,0.14,0.17,0.21,0.07

    C. 0.06,0.11,0.11,0.13,0.14,0.17,0.21,0.07

    D. 6,18,30,44,59,77,99,107

(4) 上述变量数列属于(　　)。

    A. 单项式数列 　　　　　　　　B. 组距数列

    C. 连续变量数列 　　　　　　　D. 等距数列

2. 什么是"穷尽原则"? 什么是"互斥性原则"? 若将一些企业按计划完成程度不同分为三组: 第一组为 80%~100%, 第二组为 100%~120%, 第三组为 120% 以上。以下分组哪几个是正确的? (　　)

    A. 若将上述各组组别及次数依次排列, 就是变量分布数列

    B. 该数列的变量属于连续变量, 所以相邻组的组限必须是重复组限

    C. 此类数列只能是等距数列, 不可能采取异距数列

    D. 各组的上限分别为 80%、100%、120%, 某企业计划完成 100% 应归第二组

    E. 各组的下限分别为 80%、100%、120%, 某企业计划完成 100% 应归第二组

● 实训题

**实训一**

(1) 实训目的: 通过本题练习, 掌握统计分组的基本方法。

(2) 实训资料: 某班 28 名同学按百分制英语成绩(单位: 分)如下。

94 71 46 87 79 65 84 81 91 88 79 86 76 92

77 78 74 61 93 76 73 63 70 94 89 50 76 78

(3) 实训要求: 按不及格、及格、中等、良好、优秀五个等级(即 60 分以下、60~70 分、70~80 分、80~90 分、90 分以上)进行分组整理。

**实训二**

(1) 实训目的: 通过本题练习, 掌握统计数据整理基本方法和统计汇总的基本计算方法。

(2) 实训资料: 对产品生产过程进行质量控制, 抽取 50 个电子元件调查其耐用时数(单位: 小时), 具体资料如下。

  1 180　1 010　1 230　1 100　1 180　1 580　1 210　1 460　1 170　1 080

  1 050　1 100　1 070　1 370　1 200　1 530　1 250　1 360　1 270　1 420

    800　1 030　　870　1 150　1 410　1 170　1 230　1 260　1 380　1 510

  1 010　　860　　810　1 130　1 140　1 190　1 260　1 350　　930　1 420

  1 080　　880　1 050　1 250　1 160　1 320　1 380　1 310　1 250　1 270

(3) 实训要求: 对上述资料采用等距分组, 分为 8 组, 组距为 100, 以 800 为第一组下限。整理出 50 个电子元件耐用时数资料表, 并计算出频数和频率。

**实训三**

（1）实训目的：通过本题练习，掌握统计数据整理基本方法和统计汇总的基本计算方法。

（2）实训资料：某班 40 名同学统计学期末成绩（单位：分）如下。

```
68  72  84  56  70  51  86  93
95  73  78  82  87  86  64  75
78  74  74  77  85  82  63  74
79  80  97  78  92  71  71  84
86  75  76  68  75  76  82  66
```

（3）实训要求：对上述资料采用等距分组，分为 5 组，组距为 10，以 60 以下为第一组。整理出 40 名同学成绩数据表，并计算出组中值、频数和频率。

**实训四**

（1）实训目的：通过本题练习，掌握统计数据整理基本方法，掌握统计汇总的基本计算方法。

（2）实训资料：某区所属工业企业有关产值资料如表 3-20 所示。

表 3-20　某区所属工业企业有关产值资料

| 产值 /万元 | 企业数 /个 | 频率 /% | 累计频数/个 | | 累计频率/% | | 组中值 /万元 |
|---|---|---|---|---|---|---|---|
| | | | 向上累计 | 向下累计 | 向上累计 | 向下累计 | |
| 40 以下 | 10 | | | | | | |
| 40～80 | 40 | | | | | | |
| 80～120 | 100 | | | | | | |
| 120～160 | 190 | | | | | | |
| 160～200 | 50 | | | | | | |
| 200 以上 | 10 | | | | | | |
| 合计 | 400 | | | | | | |

（3）实训要求：根据表中资料计算组中值、频率、累计频数、累计频率。

———————— 即测即练 ————————

# 第 4 章

# 总量指标与相对指标

## 【学习目标】

(1) 掌握总量指标、相对指标的含义、特点、分类;

(2) 理解总体总量与标志总量、时期指标与时点指标的区别;

(3) 熟练掌握六种相对指标的概念、特点、表现形式、计算方法和应用条件;

(4) 掌握总量指标和相对指标在计算和对比分析时应注意的问题;

(5) 掌握利用 Excel 进行总量指标和相对指标计算的方法。

### 【教学引例】百分数和百分点的应用

百分数也称百分比,是相对指标最常用的一种表现形式。它是将对比的基数抽象化为 100 而计算出来的相对数,用"%"表示。百分点是指不同时期以百分数形式表示的相对指标(如速度、指数、构成等)的变动幅度。但在实际中,百分数和百分点应用常混淆。

错误之一:2008 年 4 月 24 日,经国务院批准,证券(股票)交易印花税税率由 3‰ 下降至 1‰(即从千分之三调整为千分之一)。当时,有新闻媒体居然解读为"降幅达 2‰",这显然是一个低级错误。正确的表述应该是"降幅为 2 个千分点",或者可以表述为"降幅达 0.2 个百分点"。

错误之二:2024 年开年以来,东莞、佛山、呼和浩特等多地继续大幅下调首套房贷利率至 3.8%,多地房贷利率迈入"3 时代"。结合前期已经落地的"认房不认贷""降首付比例"等一系列政策,购房者入市门槛和贷款成本有望进一步降低,有助于释放住房需求、促进房地产市场的修复。有媒体针对此次贷款利率由 4.25% 下调至 3.8%,错误地解读为"调低了 0.45%"。正确的表述应该是"调低了 0.45 个百分点"。

资料来源:《公务员考试行测资料分析》"百分数与百分点的辨析与运用"知识点。

## 4.1 总 量 指 标

总量指标是一定社会经济范畴的具体数量表现,具有一定的质的规定性。社会经济统计的每一个总量指标都是一定社会经济范畴的具体数量表现,科学地理解社会经济统计总量指标的内涵、作用、种类,正确计算出社会经济总量指标具有重要的意义。

### 4.1.1 总量指标的意义

#### 1. 总量指标的含义

总量指标也称绝对指标、绝对数,它是反映现象总体在一定时间、地点条件下的总规模、总水平的综合指标。例如,2023 年,全年研究生教育招生 130.2 万人,在学研究生 388.3 万人,毕业生 101.5 万人。普通、职业本专科招生 1 042.2 万人,在校生 3 775.0 万人,毕业生 1 047.0 万人。[①] 上述指标均是总量指标,需要指出的是,有时总量指标还可以表现为社会经济现象总量在不同时间、地点、条件下数量增减变化的绝对数差额。例如,中国人口总数与美国人口总数的差值,今年的国内生产总值与去年相减的增减额等。

总量指标与其他种类指标相比,有两个特征:一是只有有限总体才能计算总量指标;二是总量指标数值的大小与总体范围的大小密切相关,总体范围大,指标数值就大;总体范围小,指标数值相应就小。总量指标的多少,随总体范围的大小而增减。

### 2. 总量指标的作用

总量指标在统计中具有重要作用,主要体现在三方面。

(1) 总量指标是认识现象的起点,是反映国情国力的基本指标。要反映一个国家、一个地区、一个部门或一个企业的发展水平,首先要了解其在一定时间、地点、条件下的总体总量。例如,要衡量一个国家的综合国力,就要了解这个国家的资源总量、经济活动总量,以及科技能力、军事能力、政府调控能力和外交能力、对外经济活动能力等总量指标,诸如人口总数、领土面积、国民生产总值、国民收入等总量指标。同样,要了解一个上市公司的财务状况,就要了解和掌握该公司的资产总额、负债总额、利税总额、营业收入总额、净利润总额、企业总人数等总量指标。

(2) 总量指标是实现宏观经济调控和科学管理的依据。国家要进行宏观经济管理,就要做到“心中有数”,这个数就是总量指标。国家宏观经济要协调发展,避免经济上严重失衡,就要了解和分析各部门、各企业之间在生产、分配、消费、积累方面的比例关系,从而为宏观调控提供依据。此外,在经济管理实践中,各决策层对计划的编制、实施、检查等,也都要先占有经济发展总量指标。

(3) 总量指标是计算相对指标和平均指标等其他指标的基础。总量指标只是反映一定时空状态下社会经济现象的总量和规模,要对社会经济现象进一步深入地认识,还需要从比例、速度、一般水平等方面分析,这就需要计算一系列相对指标和平均指标。而总量指标数字准确与否,直接影响到相对数和平均数的准确性,从而也直接影响统计分析的效果。

## 4.1.2　总量指标的种类

总量指标所反映的内容主要是社会经济现象的总量,是现象各项数据资料的加总。总量指标的计量形式都是有名数,即都有计量单位。

总量指标按其所描述的总体内容不同、按计量单位不同、按反映总体时间状况不同,共有三种分类,如图 4-1 所示。

---

① 中华人民共和国 2023 年国民经济和社会发展统计公报[EB/OL]. (2024-02-29). https://www.stats.gov.cn/sj/zxfb/202402/t20240228_1947915.html.

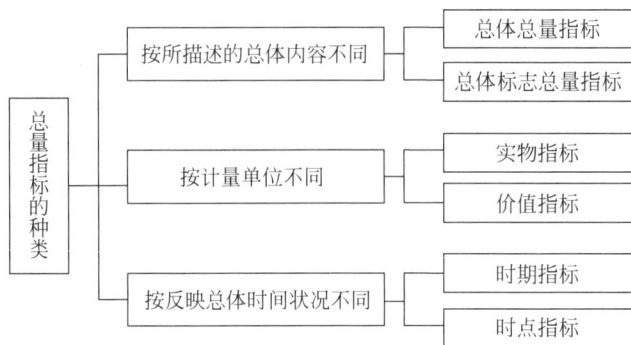

图 4-1　总量指标的种类

**1. 按所描述的总体内容不同分为总体总量指标和总体标志总量指标**

总体总量,也即总体单位总量,它反映一个总体包含多少个总体单位数,说明总体本身规模的大小。总体标志总量是表明现象总体单位某一数量标志值的总和,用来说明总体数量特征的总规模和总水平。例如,企业数、学校数等是总体总量,而营业收入总额、利税总额、工资总额、学校学生总数、教师总数等是总体标志总量。

总体总量与总体标志总量不是固定不变的,随研究目的和研究对象不同而发生变化。例如,我们要研究某市工业企业的基本情况,那么该市全部工业企业就是总体,每一家工业企业就是总体单位,工业企业数是总体总量,全部工业企业的职工人数是总体标志总量。但是如果我们要研究全市工业企业职工状况,那么全部工业企业职工人数就是总体总量,职工的工资总额就是总体标志总量。显然,全部企业职工人数,相对于"全部工业企业"总体而言是总体标志总量,而相对于"全部工业企业职工"总体而言就成了总体总量。

**2. 按计量单位不同分为实物指标和价值指标**

实物指标是直接体现事物的使用价值或现象具体内容的绝对指标。根据事物的外部特征或物理属性而采用的单位,包括自然单位、度量衡单位、标准实物单位、双重单位和复合单位。例如,鞋以"双"为单位,汽车以"辆"为单位,体重以"公斤"为单位,面积以"平方公里"为单位,货运量以"吨公里"来计量,发电量以"千瓦时"来计量等。以指标为例,2023 年,全国成品糖 1 270.6 万吨,卷烟 24 427.5 亿支,彩色电视机 19 339.6 万台,家用电冰箱 9 632.3 万台,房间空气调节器 24 487.0 万台。[①]

实物指标能较直观地反映事物的数量,被广泛应用于编制计划、检查计划执行情况等经济管理实践中。但由于实物单位种类纷繁,不同计量单位的事物或即使是同一计量单位的不同事物,通常也不能直接加总。因此,以实物单位计量的实物指标综合性差,不能用于反映复杂现象的总规模、总水平和总速度。

价值指标是用货币单位来计量事物数量大小的总量指标。例如,国内生产总值、城乡居民储蓄额、外汇收入、财政收入都必须用货币单位来计量,常见的货币单位有美元、人民币元、欧元等。例如,2022 年,全国全年沪深交易所 A 股累计筹资 15 109 亿元,比上年减少

---

① 中华人民共和国 2023 年国民经济和社会发展统计公报[EB/OL]. (2024-02-29). https://www.stats.gov.cn/sj/zxfb/202402/t20240228_1947915.html.

1 634 亿元。沪深交易所首次公开发行上市 A 股 341 只,筹资 5 704 亿元,比上年增加 353 亿元;沪深交易所 A 股再融资 9 405 亿元,减少 1 986 亿元。[①] 价值指标具有十分广泛的综合能力,在国民经济管理中起着重要的作用。但价值指标也有局限性,它不能直观地反映事物的数量,在实践中常将实物指标和价值指标结合运用。

需要指出,除了实物指标和价值指标外,有时也用劳动单位如工日、工时等来计量劳动时间的长短,这类指标也称劳动量指标,它一般是用来反映各种产品所消耗的劳动总量,主要用于编制和检查基层企业生产作业计划以及为实行劳动定额管理提供依据。

**3. 按反映总体时间状况不同分为时期指标和时点指标**

(1) 时期指标。时期指标是反映现象在一段时间内发生的总量,其数值是通过对一定时期内事物的数量进行连续登记并累计加总得到的。比如,一定时期内(如日、月、年等)的产品产量、产值、商品销售额、工资总额等。时期指标有三个特点:其一,指标具有可加性,即可以进行纵向的累计。纵向累计结果表明在更长一段时期内事物发展过程的总数量,而横向累计的结果通常只是表明在某一时期内更大范围内的总数量。其二,指标数值的大小与其所属的时期长短有直接关系。通常时期越长,指标数值越大;时期越短,指标数值越小。例如,年销售额要大于月销售额,月产量要多于日产量。其三,指标数值可以连续计数取得,因为它的每一个数值都是表明现象在某一段时期内发生总量的。例如,一个月的销售额是一个月中每天销售额的总和。

(2) 时点指标。时点指标是反映事物总体在某一时点(瞬间)的数量状态。其数值是通过对事物在某一时点上数量的登记得到的。例如,人口数、企业数、商品库存数、流动资金占用额等。时点指标也有三个特点:其一,指标通常不具有纵向可加性,但同一性质的时点指标在同一时点上可横向累计。例如,不能将某企业全年各月初或月末的职工人数相加作为本年度该企业的全部职工人数,以反映企业的规模,但可以将企业各车间同期的月初或月末人数相加。其二,指标数值的大小与时间间隔的长短没有直接关系。例如,某企业年末某种产品的库存数不一定大于年初库存数;全年的流动资金平均占用额也不一定大于一月份的流动资金平均占用额。其三,指标数值一般是间断统计取得的,因为时点指标通常变化不很大,不需要随时登记。此外,因为时点指标实际上是一个存量指标,它不能纵向累计,所以通常间断计数。

通常,在经济数量分析中,时期总量也称流量,如一定时期的商品销售总额、国内生产总值、投资总额等;时点指标是表明现象在某一时刻的存量状态,如人口数、存款余额、货币供应量等。经济存量是以前经济流量的积累,而经济存量的变动(增加或减少)又是经济流量的一种表现形式。有的经济流量有对应的经济存量,如产品产量是流量,其相应的存量是产品存货;有的经济流量没有对应的经济存量,如出口量是流量,但是没有对应的存量。无论哪种情况,经济流量与经济存量都有相互依存、相互制约的关系。经济流量与经济存量之间有如下的平衡关系。

期末经济存量＝期初经济存量＋(本期增加的经济流量－本期减少的经济流量)

① 中华人民共和国 2022 年国民经济和社会发展统计公报[EB/OL]. (2023-02-28). https://www.stats.gov.cn/sj/zxfb/202302/t20230228_1919011.html.

期末资产＝期初资产＋本期增加的资产－本期减少的资产

期末存款余额＝期初存款余额＋本期增加的存款－本期减少的存款

时期指标和时点指标各有不同的特点。正确理解时期指标与时点指标的特点，有助于正确计算序时平均数等动态分析指标。

### 4.1.3 总量指标的计算方法

总量指标数值都是通过对总体单位进行全面调查登记，采用直接计数、点数或测量等方法，逐步计算汇总得出的。只有在不能直接计算或不必直接计算总体的总量指标的少数情况下，才采用估计推算和估算的方法取得总量资料。

总量指标的计算方法如图 4-2 所示。

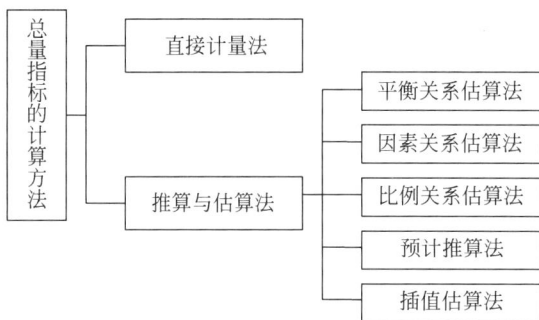

图 4-2 总量指标的计算方法

#### 1. 直接计量法

直接计量法，是通过对研究对象的直接计数、测量、汇总等而得到总量指标数值的方法，这是总量指标最主要的计算方法。例如，人口普查、经济普查中的总量资料，统计报表中的总量资料，都是采用直接计量法取得的。

#### 2. 推算与估算法

当研究对象不能或不必直接计量时，采用推算与估算法来得到总量指标。推算与估算法主要有五种。

（1）平衡关系估算法。平衡关系估算法是利用现象之间的平衡关系来估计某一未知总量指标的方法。例如，企业某产品产量月末库存指标，可以通过平衡关系式求得：

月末库存量＝月初库存量＋本月新入库产品量－本月出库产品量

（2）因素关系估算法。因素关系估算法是利用现象的内部影响因素来推算某一总量指标的方法。例如，纳税额＝产品销售额×税率；总产量＝职工人数×劳动生产率；产品原材料消耗总额＝产量×单位产品原材料消耗量×单位原材料价格等。

（3）比例关系估算法。比例关系估算法是指当估算某一地区、某一时期或某种指标时，可利用类似的另一地区或不同时期等的同类指标的比例关系来计算的方法。例如，在某一地区生产总值中，"第三产业"产值约占 50%，若已知另一类似地区的国内生产总值为 900 亿元，则其中"第三产业"产值约为 450（900×50%＝450）亿元。

（4）预计推算法。预计推算法是一种根据过去和现在的情况来推测未来的某项指标值的方法。例如，某企业 1 月份营业收入为 1 200 万元，若其他条件不变，第一季度营业收入约为 3 600 万元。

（5）插值估算法。插值估算法是一种插值补全的方法。在统计分析时，我们常常会遇到一个数列缺某一项或几项资料的情况，这时通常可以利用插值法来估算这些缺项。例如，利用平均发展速度补全时间序列，通过定性分析得到某一指标等，关于具体怎样推算，我们将在"相关与回归分析""时间序列分析"两章分别再做详细介绍。

总量指标数值虽然计算方法比较简单，但计算内容却相当复杂，这就涉及如何在质与量的统一中，反映一定历史条件下社会经济现象的总规模和总水平。因此，总量指标数值的计算并不是一个单纯技术性的加总问题，而必须正确规定总量指标所表示的各种社会经济现象的概念、构成内容和计算范围，确定计算方法，然后才能进行计算汇总，以取得正确反映社会经济现象的总量资料。

**【同步思考 4-1】**

1. 时期指标和时点指标有不同的经济意义，将二者区分开来十分重要。那么，企业利税总额、产品销售额、月末库存量、年内新生人口数、年工资总额、在校生人数、累计毕业生人数，以上指标哪些是时期指标？哪些是时点指标？为什么时点指标数值通常不能累计？在什么条件下又是可以累计的？

2. 计算总量指标时应注意哪些问题？若一个行政区有 10 家大型企业，它们分别以生产电动汽车、洗衣机、电视机、手表等产品为主，统计该区的经济总量时，通常采用什么指标？

拓展阅读 4　我国经济回升向好

# 4.2　相　对　指　标

总量指标能够表明现象所达到的总规模、总水平和工作总量。而社会经济现象是联系的，要深入了解事物的状况，就必须在计算总量指标的基础上进行对比分析，计算出各种相对指标，从而对社会经济现象进行更深入的描述和分析。

## 4.2.1　相对指标的意义和表现形式

### 1. 相对指标的意义

相对指标，也称相对数，它是通过两个有联系的总量指标进行对比，而得到的比值或比率。例如，2022 年，我国 R&D 经费持续增加，其中，东部地区 R&D 经费为 20 237.5 亿元，比上年增长 10.4%；中部地区为 5 557.6 亿元，比上年增长 11.9%；西部地区为 3 961.8 亿元，比上年增长 7.6%；东北地区为 1 026.0 亿元，比上年增长 4.8%。东部和中部地区增速明显领先。[①]

---

① 2022 年全国科技经费投入统计公报［EB/OL］.（2023-09-18）. https://www.stats.gov.cn/sj/zxfb/202309/t20230918_1942920.html.

相对指标具有重要的作用,概括起来主要有两方面。

(1) 通过两个总量指标的对比,可以反映现象之间的比率、构成、速度、密度、普遍程度等关系,从而更深刻地反映现象的实质。例如,在国内生产总值中,不仅看总量的大小,也可以计算各部分所占比重,以此进一步分析内部结构是否合理。

(2) 将现象在绝对数方面的具体差异抽象化,使原来不能直接用总量指标对比的现象找到了直接对比的基础。弥补总量指标总体范围不一致、计量单位不统一、指标不同类时,没有办法相比较的局限。例如,有甲、乙两家企业,甲企业是生产建筑材料的,乙企业是生产家电的,由于企业规模不同,生产产品和经营不同,我们不能根据两家企业的生产水平直接评价它们经营的好坏,但如果我们计算它们各自的人均利税额、固定资产利税率、产值利润率等相对指标,就使它们有了共同的比较基础,从而能够比较和评价。

**2. 相对指标的表现形式**

相对指标的数值有两种表现形式:一种是有名数,另一种是无名数。

有名数是将对比的分子指标和分母指标的计量单位结合使用,以表明事物的密度、普遍程度和强度等。例如表明住房状况用"平方米/人"表示,表明人口密度用"人/平方千米"表示,表明平均每人分摊粮食产量情况用"千克/人"表示等。

无名数是一种抽象化的数值,一般分为系数、倍数、成数、百分数、千分数等。

系数或倍数是将对比的基数作为1。两个数值对比,其分子与分母数值相差不多时,可用系数表示。如固定资产磨损系数、工资等级系数、结构比例系数等。相反,分子数值与分母数值相差很大时,则常用倍数表示。例如,2018 年,我国全年研究生教育招生 85.8 万人,普通本专科招生 791.0 万人;2022 年研究生教育招生 124.2 万人,普通本专科招生 1 014.5 万人。2022 年研究生教育招生比 2018 年增长 44.76%,是 2018 年的 1.45 倍;2022 年普通本专科招生比 2018 年增长 28.26%,是 2018 年的 1.28 倍。[①]

成数是将对比的基数作为 10。例如,粮食产量增长一成,则为增长 1/10。农产量估计或统计时一般用成数。

百分数是将对比的基数作为 100,它是相对指标中最常用的一种表现形式。当相对指标中的分子数值和分母数值比较接近时,通常采用百分数表示,1/100 用"1%"表示。千分数是将对比的基数作为 1000,用 1/1 000 或"1‰"表示。它适用于对比的分子数比分母数值小得多的情况。例如,人口自然增长率、人口死亡率等。根据国家统计局的数据,2022 年,我国人口出生率为 6.77‰,人口死亡率为 7.37‰,人口自然增长率为 -0.60‰;2023 年,我国人口出生率为 6.39‰,人口死亡率为 7.87‰,人口自然增长率为 -1.48‰。

## 4.2.2　相对指标的种类和计算

根据研究目的、研究任务和对比基础的不同,相对指标通常分为六种,即计划完成相对指标、结构相对指标、比例相对指标、比较相对指标、强度相对指标、动态相对指标,如图 4-3 所示。

---

① 2018 年国民经济和社会发展统计公报[EB/OL]. (2019-02-28). https://www.stats.gov.cn/sj/zxfb/202302/t20230203_1900241.html;中华人民共和国 2022 年国民经济和社会发展统计公报[EB/OL]. (2023-02-28). https://www.stats.gov.cn/sj/zxfb/202302/t20230228_1919011.html.

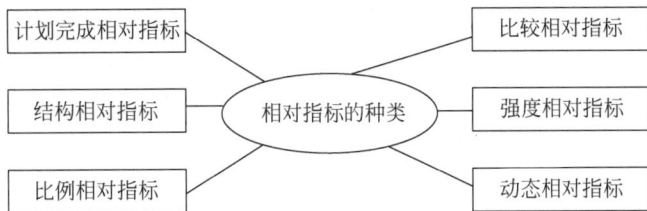

图 4-3　相对指标的种类

## 1. 计划完成相对指标

计划完成相对指标也称计划完成相对数,它是现象在某一段时间内的实际完成数与计划数之比,用来检查、监督计划执行的程度,一般用百分数表示。其计算公式为

$$计划完成相对指标 = \frac{实际完成数}{计划任务数} \times 100\%$$

其具体可以细分为年度计划完成情况(产值、产量、成本、价格) = 本年实际(产值、产量、成本、价格)/本年计划(产值、产量、成本、价格) × 100%,等等。

通常,当计划数为总量指标时,可直接用实际水平和计划水平对比求得计划完成相对指标。它一般适用于考核社会经济现象的规模或水平的计划完成情况。实践中其又分为以下两种情况。

第一种,实际完成数与计划数是同一时期的指标。直接以实际水平与计划水平对比,可说明整个计划期内的计划执行情况。

第二种,检查计划完成进度。此时计划期与实际完成期限不一致,则将计划期内某个时期的实际完成数值与整个计划期水平对比,以反映计划完成的进度。

(1) 计划数为总量指标。当计划数为总量指标时,可用于检查计划完成情况或计划进度检查。其计算公式为

$$计划完成相对指标 = \frac{实际完成(累计)数}{计划任务数} \times 100\%$$

例如,某企业 2023 年各季度营业收入有关资料如表 4-1 所示。

表 4-1　某企业 2023 年各季度营业收入有关资料

| 季度 | 计划营收额/万元 | 实际营收额/万元 | 计划完成程度/% | 计划完成进度/% |
|---|---|---|---|---|
| 第一季度 | 1 250 | 1 200 | 96.0 | 24.0 |
| 第二季度 | 1 250 | 1 350 | 108.0 | 51.0 |
| 第三季度 | 1 250 | 1 280 | 102.4 | 76.6 |
| 第四季度 | 1 250 | 1 325 | 106.0 | 102.1 |
| 合　计 | 5 000 | 5 155 | 102.1 | — |

计划进度检查主要看时间过半,完成任务是否过半,若完成程度低,则应早组织人力、物力,确保按时完成计划。

对计划完成程度的评价,实际完成数是超过计划数好,还是低于计划数好,要根据计划指标的性质和内容确定。通常正指标,如产值、利税额、产量、销售额等指标超过 100%,说明计划完成情况较好;逆指标如单位成本、费用总额等指标,小于 100% 为超额完成计划。

当计划数是平均指标时,其计划完成情况检查与计划数是总量指标时基本相同。

（2）计划数是相对指标。当计划数是相对指标，即用"增长了""提高了"或"降低了""减少了"的百分比表示时，其计划检查分为增长计划和降低计划两种。

$$增长计划检查 = \frac{1 + X_实}{1 + X_计} \times 100\%$$

$$降低计划检查 = \frac{1 - X_实}{1 - X_计} \times 100\%$$

上述计算公式表明，计划完成相对指标不能直接用实际提高或降低的百分比除以计划提高或降低百分比，而应把原有的基数（以上期实际水平为 $100\%$）包括在内。

例如，某企业计划 2023 年人均利税率比上年提高 $3\%$，实际提高 $6\%$，则计划完成情况为

$$计划完成程度 = \frac{1 + 6\%}{1 + 3\%} \times 100\% \approx 102.91\%$$

即完成计划的 $102.91\%$，超额 $2.91\%$ 完成计划。

再如，某企业计划 2023 年 A 产品单位成本比上年降低 $6\%$，实际降低 $3\%$，则计划完成情况为

$$计划完成程度 = \frac{1 - 3\%}{1 - 6\%} \times 100\% \approx 103.19\%$$

即仅完成计划的 $96.81\%$，比计划少完成 $3.19\%$。

计划完成相对指标，主要用来检查、监督计划执行情况，分析计划完成或未完成的原因。在实际工作中，常常把计划完成相对指标和分组法结合运用，用以说明组间计划完成程度是否均衡，从而有利于深入分析问题、解决问题。

### 2. 结构相对指标

结构相对指标是利用分组法，先将总体区分为不同特征的各部分，再用某一部分数值与总体数值进行对比而求得的比重或比率，它可以反映现象总体的内部结构是否合理，因为人们认识总体，不仅要了解其总量，还要认识其内部构成状况，分析总体各部分占总体的比重，以揭示事物的性质及其由量变到质变的过程。结构相对指标的计算公式为

$$结构相对指标 = \frac{总体中某一部分指标数值}{总体数值} \times 100\%$$

例如，2022 年末，我国人口数及其构成情况如表 4-2 所示。

表 4-2　我国人口数及其构成情况

| 指　　标 | 年末数/万人 | 比重/% |
|---|---|---|
| 全国人口 | 141 175 | 100.0 |
| 其中：城镇 | 92 071 | 65.2 |
| 乡村 | 49 104 | 34.8 |
| 其中：男性 | 72 206 | 51.1 |
| 女性 | 68 969 | 48.9 |
| 其中：0～15 岁（含不满 16 周岁） | 25 615 | 18.1 |
| 16～59 岁（含不满 60 周岁） | 87 556 | 62.0 |
| 60 周岁及以上 | 28 004 | 19.8 |
| 其中：65 周岁及以上 | 20 978 | 14.9 |

资料来源：中华人民共和国 2022 年国民经济和社会发展统计公报[EB/OL]. (2023-02-28). https://www.stats.gov.cn/sj/zxfb/202302/t20230228_1919011.html.

需要特别强调指出,在结构相对指标中,各组比重之和应等于100%。

不同的总体结构决定了总体的性质和类型,在宏观经济分析中还可以根据一个国家、地区人口的年龄结构说明人口再生产的类型是增长型、稳定型还是减少型;计算企业各个文化程度的职工占全部职工的比重,可以分析企业职工的文化程度构成,反映员工素质。通过观察总体结构在时间上的变化,可以说明现象总体性质的变化,揭示现象由量变到质变的变化过程和规律性。此外,一些结构相对数还可以直接说明工作质量好坏,反映经济实力和竞争能力的强弱,或衡量工作效率和经济效益的高低等。总之,结构相对指标具有重要的作用,概括起来主要有两个方面。

(1) 通过计算结构相对指标,可以认识事物内部构成状况以及发展变化趋势。

(2) 通过计算结构相对指标,可以衡量和评价事物内部构成是否合理以及需如何调整。例如,计算产品的合格率、设备完好率、能源有效利用率等指标,可以从不同侧面说明企业的生产经营状况;再比如,通过进行成本构成分析,可以发现产品成本构成中薄弱部分,从而采取有效调整措施,降低产品成本等。

### 3. 比例相对指标

总体内部各个组成部分之间存在一定的联系,并在客观上保持适当的比例。比例相对指标也是利用分组法,先将总体区分成性质不同的各部分,然后再以这一部分数值与另一部分数值进行对比而得出比重或比率。比例相对指标可以分析总体范围内各局部、各分组间的比例关系和协调平衡状况,表明总体内部的比例关系是否合理,其作用与结构相对指标类似,但结构相对指标是部分与总体数值之比,比例相对指标是总体内各部分之间数值之比,此外,比例相对指标通常是将总体分成三组以上时的连比。其计算公式为

$$比例相对指标 = \frac{总体中某一部分数值}{总体中另一部分数值}$$

比例相对指标可以用百分数表示,也可以用一比几或几比几的形式表示。例如,2022 年,我国第一产业增加值 88 345 亿元,第二产业增加值 483 164 亿元,第三产业增加值 638 698 亿元。[①] 那么,第一产业与第二产业增加值之比是 0.183∶1,第一产业与第三产业增加值之比是 0.138∶1;相反,第三产业与第一产业增加值之比是 7.23∶1,第三产业与第二产业增加值之比是 1.32∶1。比例相对指标与结构相对指标都是在对总体进行分析的基础上产生的。比例相对指标的分子与分母有的可以互换,而结构相对指标却不能互换。在实际工作中,这两种方法常常结合使用。

### 4. 比较相对指标

比较相对指标是将两个同一时期、不同单位同类指标相比所得到的指标,用来反映某一同类现象在同一时间内各单位发展的不平衡程度,以表明同类事物在不同条件下的数量对比关系。由于在同一时间内同类事物在不同总体中所处空间条件不同、发展状况不同,要了解它们之间的差异程度,就要对不同空间条件下的同类事物进行对比。所谓不同空间条件,就是指它既可以进行不同国家、不同地区、不同部门、不同单位之间的比较,也可以与标准水平或平均水平进行比较。其计算公式为

---

① 中华人民共和国 2022 年国民经济和社会发展统计公报[EB/OL]. (2023-02-28). https://www.stats.gov.cn/sj/zxfb/202302/t20230228_1919011.html.

$$比较相对指标 = \frac{某一现象指标数值}{同期另一同类现象指标数值} \times 100\%$$

式中,分子与分母现象所属统计指标的含义、口径、计算方法和计量单位必须一致。比较相对指标一般用百分数或倍数表示。

例如,研究与试验发展是指在科学技术领域,为增加知识总量,以及运用这些知识去创造新的应用进行的创造性活动,包括基础研究、应用研究、试验发展三类。通常,研究与试验发展投入得多,经济发展后劲就强。据国家统计公报的数据,2020 年,我国东北三省和其他三省(市)投入的 R&D 经费总量:吉林为 159.5 亿元,黑龙江为 173.2 亿元,辽宁为 549.0 亿元;同期,北京为 2 326.6 亿元,江苏为 3 005.9 亿元,广东为 3 479.9 亿元。[①]

如果计算比较相对指标,可以为

吉林是广东的 159.5/3479.9 ≈ 4.58%

广东是吉林的 3 479.9/159.5 ≈ 2 181.76%

计算比较相对指标时,作为比较基数的分母可以取不同的对象,一般有两种情况:其一,比较标准是一般对象。如上例,分子、分母是两个不同的空间,这时,分子、分母的位置可以互换。其二,比较标准(基数)典型化。例如,将本单位产品的质量、成本、单耗等各项技术经济指标都与国家规定的水平比较,与同行业的先进水平比较,与国际先进水平比较等,此时,分子、分母的位置不能互换。

比较相对指标可以用总量指标进行对比,也可以用相对指标或平均指标进行对比。但由于总量指标容易受总体范围大小的影响,因此,计算比较相对指标时,采用相对指标或平均指标进行比较更合理。

利用比较相对指标,可以显示出某种现象在各地区、各单位之间先进与落后的差距,有利于分析原因,改进工作,提高效率和效益。在实际经济工作中,常常将各地区、各企业的经济指标与先进水平(同行业先进水平、国际先进水平)进行比较,从而清晰地反映出现象之间的差异,为提高管理水平提供依据。

### 5. 强度相对指标

强度相对指标是两个性质不同但互有联系的总量指标进行对比的比值,它是用来反映现象的强度、密度和普遍程度的综合指标。社会经济现象之间的数量对比关系,不仅表现在总体内部各组成部分之间、同一事物在不同空间中的联系,还表现在有联系的不同事物之间的对比关系。强度相对指标可以反映社会经济现象的强度、密度和普遍程度,一般用复名数来表示。

强度相对指标的计算公式为

$$强度相对指标 = \frac{某一总体总量指标}{另一有联系的总体总量指标}$$

强度相对指标与其他相对指标根本不同的特点,在于它不是同类现象指标的对比,此外,大多都是有计量单位的。

---

① 2020 年全国科技经费投入统计公报[EB/OL]. (2021-09-22). https://www.stats.gov.cn/sj/tjgb/rdpcgb/qgkjjftrtjgb/202302/t20230206_1902130.html.

需要特别强调指出如下两点。

(1) 强度相对指标以双重计量单位表示的,是一种复名数。例如,反映人口与土地面积之间比例关系的人口密度,用"人/平方千米"来表示;反映国内生产总值与人口总量之间关系的人均国内生产总值,用"元/人"来表示。通常,强度相对指标都是有双重计量单位的,但也有没有计量单位的(分子、分母计量单位相同),如人口自然增长率、商品流通费用率等,虽然也是强度相对指标,但也用百分数表示。

(2) 强度相对指标有正指标与逆指标之分。由于强度相对指标反映的是性质不同而又互相联系的总量指标的数值对比关系,某些指标的子项和母项可以互相转换。通常,与现象发展程度或密度成正比、数值越大越好的指标,称正指标;与现象的发展程度或密度成反比、数值越小越好的指标,称逆指标。例如,每万人拥有的商业网点数、每万人拥有的医院床位数、平均每百名居民配置的医生数等,此类指标数值越大,反映居民生活水平越高,则为正指标。相反,每名医生平均服务居民数、每百名就业者负担的养老人数、反映居民食品占比高低的恩格尔系数等指标,通常数值越小越好,则为逆指标。

此外,强度相对指标虽然也含有平均的意思(如按全国人口总数分摊的国内生产总值),在表现形式上类似统计平均数,但二者是有区别的。统计平均数(算术平均数)是指同一总体总量之比,反映的是同质总体内各单位标志值的一般水平;而强度相对指标是两个不同性质总体的总量之比,反映的是两个不同总体总量之间的联系密度或强度。关于这一点,在讲述平均指标时我们还会再强调二者之间的区别。

### 6. 动态相对指标

动态相对指标又称动态相对数,它是两个同类指标在不同时期的对比,用来反映现象发展变化的程度,并据以推测现象变化的趋势。其一般用百分数或倍数表示,分子、分母不能互换。其计算公式为

$$动态相对指标 = \frac{报告期水平}{基期水平} \times 100\%$$

式中,作为对比标准的时期称为基期,而用来与基期进行比较的称为报告期,有时也称为计算期。动态相对指标的计算结果用百分数或倍数表示,用来反映现象在不同时间的发展程度、发展速度等。

例如,我国 2018—2023 年外汇储备量与发展速度如表 4-3 所示。

表 4-3　我国 2018—2023 年外汇储备量与发展速度

| 年份 | 外汇储备量/亿美元 | 发展速度(以上年为基数)/% |
|------|------|------|
| 2018 | 30 727 | — |
| 2019 | 31 079 | 101.15 |
| 2020 | 32 165 | 103.49 |
| 2021 | 32 502 | 101.05 |
| 2022 | 31 277 | 96.23 |
| 2023 | 32 380 | 103.53 |

动态相对指标在统计分析中应用广泛,本书在"时间序列分析"一章中还将做详细阐述。

**【同步思考 4-2】**

1. 什么是正指标？什么是逆指标？试各举三例。

2. 甲企业销售额计划实际完成程度为 106％，集团给了奖励；乙企业 A 产品单位成本计划实际完成程度为 96％，集团也给了奖励。这是为什么？

3. 某企业生产某种产品单位成本，计划 2024 年第一季度比上年第四季度下降 5％，计划执行结果下降 8％，该种产品单位成本计划完成程度指标是多少？如果计划 A 产品销售收入比上年提高 8％，实际提高 5％，计划完成程度指标又是多少？

4. 2022 年末，全国总人口 141 175 万人，全国有公立医院 2.5 万个；有执业医师和执业助理医师 440 万人。根据所给资料，计算出每万人拥有公立医院数、每万人拥有执业医师和助理医师数。同时，计算出每家公立医院服务的人数、每位执业医师和助理医师服务的人数，并指出哪个是正指标、哪个是逆指标。

视频 4　创新转型
做强制造大国

# 4.3　总量指标与相对指标的运用原则

## 4.3.1　总量指标的运用原则

### 1. 同类性

采用实物计量单位计算总量指标时，应特别注意汇总的现象或事物必须具有同类性。只有同类的事物才可以相加汇总，不同种类的实物总量指标的数值不能加总。例如，计算工业产品产量时，不能简单地把原煤产量、粮食产量、汽车产量、煤炭产量等相加；又比如，不能把粮食作物产量与经济作物产量混合加总；钢材和水泥的性质不同，也不能将它们混在一起计算实物总量。但是，原煤、原油、天然气、水电等各种不同的燃料由于使用价值相同却可以折算为标准燃料计算总量，在统计粮食总产量时，稻谷、小麦、玉米、高粱、谷子和豆类的产量也可以直接相加。

此外，对事物同类性的认识也不能绝对化，应依据具体情况而定。比如计算货运总量时，就不必考虑所运输的是钢材还是木材。在货物的铁路运输、水路运输、航空运输中，各种不同货物的重量也是可以相加的，因为都重在体现重量。

### 2. 指标的含义、范围一致性

必须明确各项总量指标以及有关指标的含义、范围及界限。比如，在考察国民生产总值、国民收入等指标时，只有明确它们各自的含义与范围，才能正确运用这些指标进行分析；再比如，在计算工业总产值、净产值和增加值时，只有明确这些指标的社会经济范畴，才能正确计算这些总量指标。

### 3. 指标的计量单位统一性

这里所说的计量单位，主要是指以实物单位计量的，不同的实物单位代表着不同的实物量。许多现象的实物量可以用不同的计量单位表示。如果计量单位不统一，容易造成差错或导致混乱。比如，以"千克"计量的土豆与以"吨"计量的土豆，就不能简单直接相加，而需要换算后再加总；以"亩"计量的土地面积与以"平方米""平方千米"计量的土地面积，也不能简单直接相加。因此,在不同时间、地点、单位的同类现象总量指标,只有在计量单位一致时,才能进行加总、对比和分析。

## 4.3.2　相对指标的运用原则

相对指标是进行现象对比描述分析的重要手段,要使相对指标在对比描述分析中深刻地揭示现象间的固有关系,在分析应用中必须坚持可比性原则、正确选择对比基数原则、相对指标与总量指标结合运用原则、多种相对指标结合运用原则,如图 4-4 所示。

图 4-4　相对指标的运用原则

### 1. 可比性

由于相对指标是两个有联系的指标数值之比,因此,要使对比的结果有意义,就必须使相对指标具有可比性。

可比性是指两个对比指标所表明的经济内容,包括总体范围、计算方法、计量单位必须可比。只有这样,计算的结果才符合统计分析的研究要求。而如果两个对比的指标没有可比性,对比结果不仅不能正确反映社会经济现象之间的数量对比关系,反而会得出错误的结论。检查相对指标的可比性,主要应注意以下几个方面。

(1)总体范围的可比。范围可比本身又分为两方面:一是总体范围要可比。例如,要对工资总额的资料进行比较,就必须对工资总额的概念有统一的理解、统一的解释。二是分子与分母在范围上要相互适应。例如,计算文盲、半文盲人口占总人口的比重,就要按照规定:文盲、半文盲人口是指 12 岁以上不识字或识字很少的人。因此,在分母的总人口中,就应将 12 岁以下的人口扣除,才科学、合理。

(2)总体结构的可比。这是同种现象的相对指标在不同地区或不同时间进行比较时应特别注意的一个问题。例如,2023 年某公司下属两家企业营业收入完成任务情况如表 4-4 所示。

表 4-4　2023 年某公司下属两家企业营业收入完成任务情况

| 时间 | 甲 企 业 | | | 乙 企 业 | | |
|---|---|---|---|---|---|---|
| | 计划/万元 | 实际/万元 | 计划完成/% | 计划/万元 | 实际/万元 | 计划完成/% |
| 上半年 | 600 | 500 | 83.33 | 1 200 | 1 020 | 85 |
| 下半年 | 1 400 | 1 300 | 92.86 | 800 | 760 | 95 |
| 合计 | 2 000 | 1 800 | 90.00 | 2 000 | 1 780 | 89 |

由表 4-4 中数据可以看出,无论是上半年还是下半年,甲企业任务完成程度都低于乙企业,但从全年的任务完成程度看,甲企业却高于乙企业。其原因是任务量构成不同而产生的

结果不同。因此,要真正对两家企业的任务完成程度进行对比,不仅要看部分完成情况,还必须看总体的完成水平。

(3) 计算方法的可比。计算同类现象在不同空间和时间上的对比时应注意这个问题。例如,对两个地区的生产总值进行比较时,取得数据的计算方法应该是一致的。

此外,在商业中,因为某些商品的销售量有旺季和淡季之分,在选择对比基数时也应注意淡季和旺季的区分。

### 2. 正确选择对比基数

相对指标是用两个有联系指标进行对比的比值。基数是指标对比的根据,对比基数选择得准确与否,决定了相对指标对比后的意义。因此,正确选择相对指标的基数十分重要。选择相对指标对比基数时要注意以下两点。

(1) 从现象的性质和特点出发,选择能够反映现象和事物内在联系和本质差异的指标作为对比的基数。

(2) 要依据统计研究的目的和要求,选择那些能够深刻说明问题的指标作为对比的基数。例如,要说明企业改制后的成果,可以以改制的前一年、改制的初年的指标作为对比基数。

### 3. 相对指标与总量指标结合运用

无论是哪一种统计指标,都有自身的优势和局限性。总量指标能够反映现象的总规模和总水平,却不能反映现象之间的差别程度;而相对指标便于反映现象之间的差异及变化程度,但却不便于反映现象的绝对数量差别。因此,只有将相对指标和总量指标结合运用,才能对社会经济现象有全面的认识。例如,有甲、乙两家企业,甲企业当年利润为 9 850 万元,比上年增长 6.2%;乙企业当年利润为 680 万元,比上年增长 7.3%。这时不能仅以增长速度为依据,说明增长 7.3% 的乙企业优于增长 6.2% 的甲企业,因为这两家企业规模有很大的差异,每增长 1 个百分点,所对应的绝对额不同。

此外,需要特别指出的是,若两个对比的绝对数值较小,通常不适宜用计算相对指标来分析。例如,若检验两个品牌的产品,其中一种产品合格、一种产品不合格,不能说产品合格率为 50%。再如,一个科研小组共有 4 名研究员,其中有 3 人是博士,不能说该研究小组博士率达到 75%。总之,基数太小时,不适合用百分比。

### 4. 多种相对指标结合运用

每一种相对指标只能说明现象的某一侧面。把不同相对指标结合起来有助于较全面地分析问题、认识问题。考察一个企业的经营状况,不仅要看其计划完成情况,而且要看各品种的结构情况以及与其他企业的效益比较等,只有这样,才能对一个企业的经营状况作出全面、准确的评价。

在研究企业的经营效果时,我们不仅要看总产值、产品产量、销售收入、利税总额等总量指标,还要结合企业的投入,观察产值利税率、资金利税率等相对指标,客观反映企业的经济效益。同时,我们还需要将这些指标与企业的计划任务比较,检查企业计划任务的执行情况;利用动态相对指标,将当期指标数值与企业过去的同类指标数值纵向对比,可以总结经验和成绩,寻找事物发展变化规律;通过计算各个比较相对的指标,能够实现与其他同类企业的横向对比,发现自己的差距和不足,及时采取措施、迎头赶上。某公司所属三家企业 2022 年、2023 年营业收入相关数据如表 4-5 所示。

表 4-5　某公司所属三家企业 2022 年、2023 年营业收入相关数据

| 企业 | 2022 年营收额/万元 | 2023 年 | | | | | 2023 年比2022 年增长/% |
| | | 计划 | | 实际 | | 计划完成/% | |
| | | 营收额/万元 | 比重/% | 营收额/万元 | 比重/% | | |
| 甲企业 | 1 500 | 1 600 | 18.39 | 1 800 | 20.93 | 112.5 | 120.00 |
| 乙企业 | 2 200 | 2 400 | 27.59 | 2 300 | 26.74 | 95.83 | 104.55 |
| 丙企业 | 4 800 | 4 700 | 54.02 | 4 500 | 52.33 | 95.74 | 93.75 |
| 合　计 | 8 500 | 8 700 | 100.00 | 8 600 | 100.00 | 98.85 | 101.18 |

由表 4-5 可见,总公司在对三家企业评价时,既要看计划执行情况,又要看营收情况在总公司中所占的比重,还要评价计划制订额度是否合理,同时要看年度增长情况,以及增长速度所包含的绝对量大小。总之,要全方位进行综合评价,既看总量指标,又看结构相对指标、计划完成相对指标、动态相对指标,把这些指标结合起来全方位看,才能作出准确、客观的评价。

此外,还应注意以下四个问题:其一,除结构相对指标外,其余几种相对指标不能简单相加;其二,除比较、比例、强度相对指标外,其他几种相对指标分子、分母不能互换;其三,除强度相对指标有计量单位外,其他几种相对指标习惯上均以百分数表示;其四,计算强度相对指标时,一定要注意分子与分母两个指标间的联系,无联系的指标不能计算强度相对指标。

**【同步思考 4-3】**

1. 2022 年末,我国人口 141 175 万,比上年末减少 85 万,其中城镇常住人口 92 071 万。全年出生人口 956 万,出生率为 6.77‰;死亡人口 1 041 万,死亡率为 7.37‰;自然增长率为 −0.60‰。在上述指标中,哪个指标是时期指标?哪个指标是时点指标?哪个指标是相对指标?其又是哪种相对指标?

2. 计算总量指标应注意哪些问题?计算相对指标时的可比性是指哪几个方面可比?

## 4.4　Excel 在总量指标和相对指标计算中的应用

总量指标是反映现象总体规模、水平的指标,相对指标则是在总量指标基础之上进行对比分析,可以对经济现象进行更深入的描述和分析。利用 Excel 的函数可以便捷、准确地对总量指标和相对指标进行计算。

### 4.4.1　利用 Excel 计算总量指标

已知某地同行业的 15 家企业的职工人数(人)及年产值(万元)数据,现对这 15 家企业进行数据整理,具体数据及整理要求如图 4-5 所示。

(1) 选中 F8 单元格,单击插入函数按钮,在插入函数对话框中选择"统计"类函数,再选择函数"COUNTIFS",如图 4-6 所示。

| | A | B | C | D | E | F | G | H |
|---|---|---|---|---|---|---|---|---|
| 1 | 企业代号 | 职工人数/人 | 年产值/万元 | | | | | |
| 2 | 1 | 160 | 240 | | | | | |
| 3 | 2 | 207 | 220 | | | | | |
| 4 | 3 | 350 | 360 | | | | | |
| 5 | 4 | 328 | 370 | | | | | |
| 6 | 5 | 292 | 280 | | | | | |
| 7 | 6 | 448 | 510 | | 按职工人数分组 | 工厂数 | 职工人数 | 总产值 |
| 8 | 7 | 300 | 220 | | 150～250 | | | |
| 9 | 8 | 182 | 190 | | 250～350 | | | |
| 10 | 9 | 299 | 420 | | 350～450 | | | |
| 11 | 10 | 252 | 230 | | 合计 | | | |
| 12 | 11 | 435 | 550 | | | | | |
| 13 | 12 | 262 | 220 | | | | | |
| 14 | 13 | 223 | 190 | | | | | |
| 15 | 14 | 390 | 610 | | | | | |
| 16 | 15 | 236 | 450 | | | | | |
| 17 | 合计 | 4364 | 5060 | | | | | |

图 4-5　15 家企业的职工人数及年产值数据

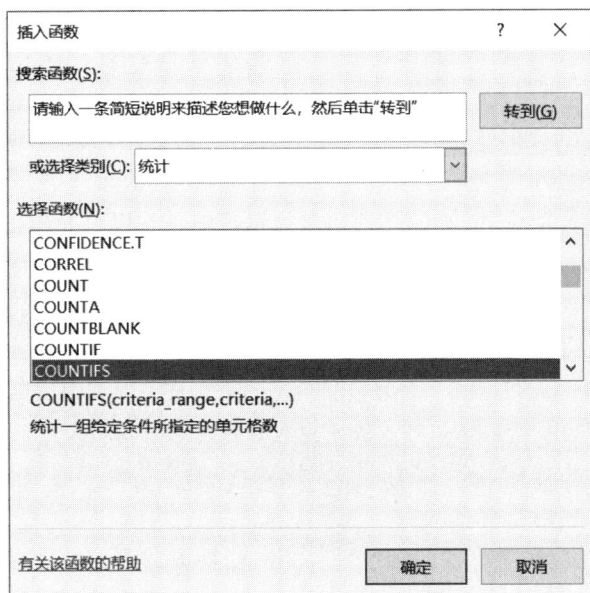

图 4-6　插入 COUNTIFS 函数

(2) 单击"确定"，出现"函数参数"对话框，在"Criteria_range1"中输入"B2:B16"，在"Criteria1"中输入"＞＝150"，在"Criteria_range2"中输入"B2:B16"，在"Criteria2"中输入"＜250"，如图 4-7 所示。

(3) 单击"确定"，计算出满足第一组职工人数范围的工厂合计数，以此类推，计算出第二组、第三组的工厂合计数，如图 4-8 所示。

(4) 选中 G8 单元格，单击插入函数按钮，在插入函数对话框中选择"数学与三角函数"类函数，再选择函数"SUMIFS"，如图 4-9 所示。

(5) 单击"确定"，出现"函数参数"对话框，在"Sum_range"中输入"B2:B16"，在"Criteria_range1"中输入"B2:B16"，在"Criteria1"中输入"＞＝150"，在"Criteria_range2"中输入"B2:B16"，在"Criteria2"中输入"＜250"，如图 4-10 所示。

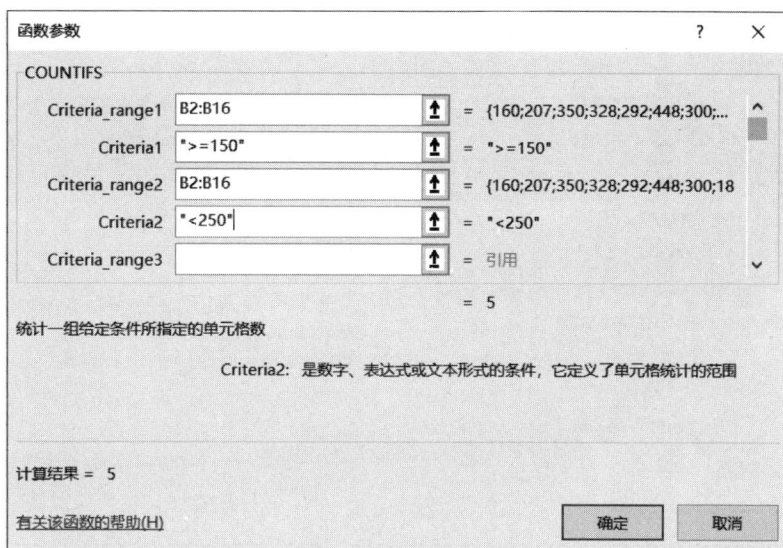

图 4-7　设置 COUNTIFS 函数参数

| 按职工人数分组 | 工厂数 | 职工人数 | 总产值 |
|---|---|---|---|
| 150～250 | 5 | | |
| 250～350 | 6 | | |
| 350～450 | 4 | | |
| 合　计 | | | |

图 4-8　工厂数计算结果

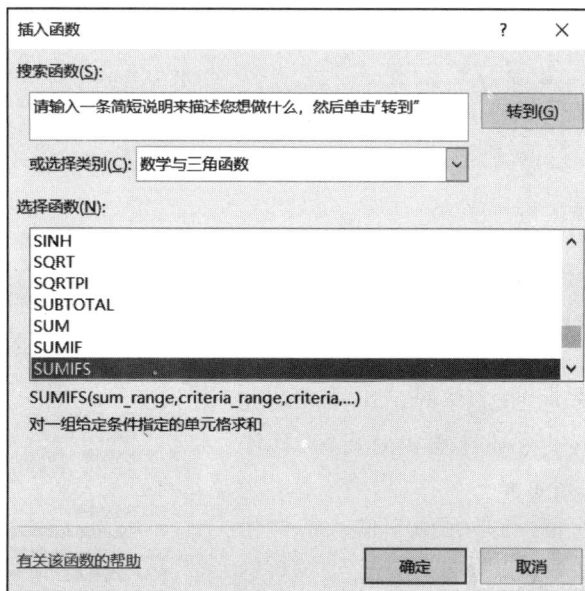

图 4-9　插入 SUMIFS 函数

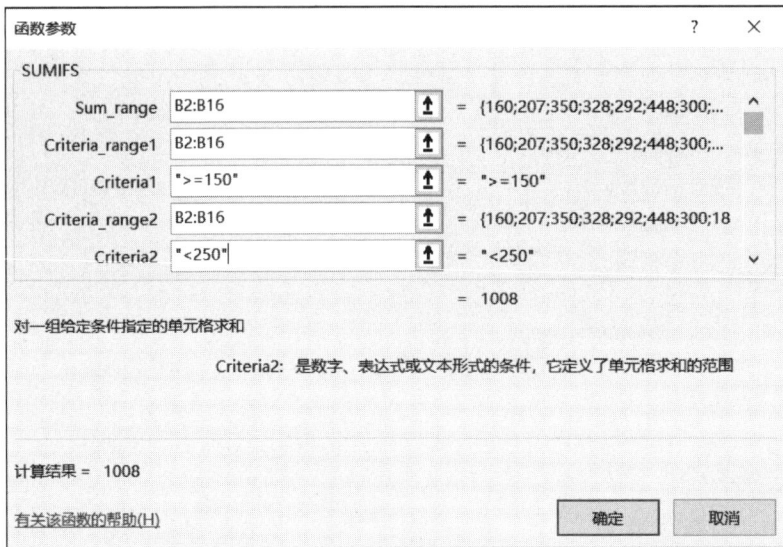

图 4-10　设置 SUMIFS 函数参数

| 按职工人数分组 | 工厂数 | 职工人数 | 总产值 |
|---|---|---|---|
| 150～250 | 5 | 1008 | |
| 250～350 | 6 | 1733 | |
| 350～450 | 4 | 1623 | |
| 合计 | | | |

图 4-11　职工人数计算结果

（6）单击"确定"，计算出满足第一组职工人数范围的职工总数，以此类推，计算出第二组、第三组的职工总数，如图 4-11 所示。

（7）可以按照（5）的方法，计算各组的总产值，计算结果如图 4-12 所示。

（8）利用 SUM 函数分别对工厂数、职工人数和总产值求和，与原始数据进行核对，计算结果如图 4-13 所示。

| 按职工人数分组 | 工厂数 | 职工人数 | 总产值 |
|---|---|---|---|
| 150～250 | 5 | 1008 | 1290 |
| 250～350 | 6 | 1733 | 1740 |
| 350～450 | 4 | 1623 | 2030 |
| 合计 | | | |

图 4-12　总产值计算结果

| 按职工人数分组 | 工厂数 | 职工人数 | 总产值 |
|---|---|---|---|
| 150～250 | 5 | 1008 | 1290 |
| 250～350 | 6 | 1733 | 1740 |
| 350～450 | 4 | 1623 | 2030 |
| 合计 | 15 | 4364 | 5060 |

图 4-13　最终计算结果

## 4.4.2　利用 Excel 计算相对指标

已知我国 2022 年与 2023 年的国民经济及人口相关总量指标，利用 Excel 计算相对指标，具体数据及要求如图 4-14 所示。

（1）选中 B8 单元格，在单元格中输入结构相对指标的公式"＝B3/＄B＄2"，向下填充至 B10 单元格，计算出 2023 年各产业增加值占总增加值的比重。用同样的方法计算出 2022 年对应的相对指标，并设置该区域的单元格格式，数字显示为百分比，计算结果如图 4-15 所示。

| | A | B | C |
|---|---|---|---|
| 1 | | 2023年 | 2022年 |
| 2 | 国内生产总值（亿元） | 1260582.1 | 1204724.0 |
| 3 | 第一产业增加值（亿元） | 89755.2 | 88207.0 |
| 4 | 第二产业增加值（亿元） | 482588.5 | 473789.9 |
| 5 | 第三产业增加值（亿元） | 688238.4 | 642727.1 |
| 6 | 全年总人口（万人） | 141071.0 | 141217.5 |
| 7 | 计算以下相对指标： | | |
| 8 | 1.第一产业增加值占总增加值的比重（%） | | |
| 9 | 2.第二产业增加值占总增加值的比重（%） | | |
| 10 | 3.第三产业增加值占总增加值的比重（%） | | |
| 11 | 4.国内生产总值的发展速度（%） | | |
| 12 | 5.第一产业增加值的发展速度（%） | | |
| 13 | 6.第二产业增加值的发展速度（%） | | |
| 14 | 7.第三产业增加值的发展速度（%） | | |
| 15 | 8.第三产业与第一产业增加值之比 | | |
| 16 | 9.人均国内生产总值（元/人） | | |

图 4-14　数据资料及相关计算指标

（2）选中 B11 单元格，在单元格中输入动态相对指标的公式"＝B2/C2"，向下填充至 B14 单元格，计算出 2023 年相对于 2022 年在国民经济指标上的发展速度，并设置该区域的单元格格式，数字显示为百分比。也可以将计算出的发展速度减 1，得到对应的增长速度，计算结果如图 4-16 所示。

| | A | B | C |
|---|---|---|---|
| 1 | | 2023年 | 2022年 |
| 2 | 国内生产总值（亿元） | 1260582.1 | 1204724.0 |
| 3 | 第一产业增加值（亿元） | 89755.2 | 88207.0 |
| 4 | 第二产业增加值（亿元） | 482588.5 | 473789.9 |
| 5 | 第三产业增加值（亿元） | 688238.4 | 642727.1 |
| 6 | 全年总人口（万人） | 141071.0 | 141217.5 |
| 7 | 计算以下相对指标： | | |
| 8 | 1.第一产业增加值占总增加值的比重（%） | 7.12% | 7.32% |
| 9 | 2.第二产业增加值占总增加值的比重（%） | 38.28% | 39.33% |
| 10 | 3.第三产业增加值占总增加值的比重（%） | 54.60% | 53.35% |
| 11 | 4.国内生产总值的发展速度（%） | | |
| 12 | 5.第一产业增加值的发展速度（%） | | |
| 13 | 6.第二产业增加值的发展速度（%） | | |
| 14 | 7.第三产业增加值的发展速度（%） | | |
| 15 | 8.第三产业与第一产业增加值之比 | | |
| 16 | 9.人均国内生产总值（元/人） | | |

图 4-15　结构相对指标计算结果

| | A | B | C |
|---|---|---|---|
| 1 | | 2023年 | 2022年 |
| 2 | 国内生产总值（亿元） | 1260582.1 | 1204724.0 |
| 3 | 第一产业增加值（亿元） | 89755.2 | 88207.0 |
| 4 | 第二产业增加值（亿元） | 482588.5 | 473789.9 |
| 5 | 第三产业增加值（亿元） | 688238.4 | 642727.1 |
| 6 | 全年总人口（万人） | 141071.0 | 141217.5 |
| 7 | 计算以下相对指标： | | |
| 8 | 1.第一产业增加值占总增加值的比重（%） | 7.12% | 7.32% |
| 9 | 2.第二产业增加值占总增加值的比重（%） | 38.28% | 39.33% |
| 10 | 3.第三产业增加值占总增加值的比重（%） | 54.60% | 53.35% |
| 11 | 4.国内生产总值的发展速度（%） | 104.64% | |
| 12 | 5.第一产业增加值的发展速度（%） | 101.76% | |
| 13 | 6.第二产业增加值的发展速度（%） | 101.86% | |
| 14 | 7.第三产业增加值的发展速度（%） | 107.08% | |
| 15 | 8.第三产业与第一产业增加值之比 | | |
| 16 | 9.人均国内生产总值（元/人） | | |

图 4-16　动态相对指标计算结果

（3）选中 B15 单元格，在单元格中输入比例相对指标的公式"＝B5/B3"，向右填充至 C15 单元格，计算出 2022 年和 2023 年第三产业与第一产业增加值的比例相对指标，计算结果如图 4-17 所示。

（4）选中 B16 单元格，在单元格中输入强度相对指标的公式"＝B2/B6＊10000"，向右填充至 C16 单元格，计算出 2022 年和 2023 年的人均国内生产总值强度相对指标，计算结果如图 4-18 所示。

| | A | B | C |
|---|---|---|---|
| 1 | | 2023年 | 2022年 |
| 2 | 国内生产总值（亿元） | 1260582.1 | 1204724.0 |
| 3 | 第一产业增加值（亿元） | 89755.2 | 88207.0 |
| 4 | 第二产业增加值（亿元） | 482588.5 | 473789.9 |
| 5 | 第三产业增加值（亿元） | 688238.4 | 642727.1 |
| 6 | 全年总人口（万人） | 141071.0 | 141217.5 |
| 7 | 计算以下相对指标： | | |
| 8 | 1.第一产业增加值占总增加值的比重（%） | 7.12% | 7.32% |
| 9 | 2.第二产业增加值占总增加值的比重（%） | 38.28% | 39.33% |
| 10 | 3.第三产业增加值占总增加值的比重（%） | 54.60% | 53.35% |
| 11 | 4.国内生产总值的发展速度（%） | 104.64% | |
| 12 | 5.第一产业增加值的发展速度（%） | 101.76% | |
| 13 | 6.第二产业增加值的发展速度（%） | 101.86% | |
| 14 | 7.第三产业增加值的发展速度（%） | 107.08% | |
| 15 | 8.第三产业与第一产业增加值之比 | 7.6679502 | 7.286577 |
| 16 | 9.人均国内生产总值（元/人） | | |

图 4-17　比例相对指标计算结果

| | A | B | C |
|---|---|---|---|
| 1 | | 2023年 | 2022年 |
| 2 | 国内生产总值（亿元） | 1260582.1 | 1204724.0 |
| 3 | 第一产业增加值（亿元） | 89755.2 | 88207.0 |
| 4 | 第二产业增加值（亿元） | 482588.5 | 473789.9 |
| 5 | 第三产业增加值（亿元） | 688238.4 | 642727.1 |
| 6 | 全年总人口（万人） | 141071.0 | 141217.5 |
| 7 | 计算以下相对指标： | | |
| 8 | 1.第一产业增加值占总增加值的比重（%） | 7.12% | 7.32% |
| 9 | 2.第二产业增加值占总增加值的比重（%） | 38.28% | 39.33% |
| 10 | 3.第三产业增加值占总增加值的比重（%） | 54.60% | 53.35% |
| 11 | 4.国内生产总值的发展速度（%） | 104.64% | |
| 12 | 5.第一产业增加值的发展速度（%） | 101.76% | |
| 13 | 6.第二产业增加值的发展速度（%） | 101.86% | |
| 14 | 7.第三产业增加值的发展速度（%） | 107.08% | |
| 15 | 8.第三产业与第一产业增加值之比 | 7.6679502 | 7.286577 |
| 16 | 9.人均国内生产总值（元/人） | 89357.99 | 85309.823 |

图 4-18　强度相对指标计算结果

# 本 章 小 结

（1）总量指标也称绝对指标、绝对数，它是反映现象总体在一定时间、地点条件下的总规模、总水平的综合指标。其计量单位有实物单位和价值量单位。按所描述的总体内容不同,总量指标可分为总体总量指标和总体标志总量指标;按反映总体时间状况不同,总量指标可分为时期指标和时点指标。时期指标的特点是:指标具有可加性;指标数值的大小与时间间隔的长短有直接关系;指标数值一般是连续统计取得的。时点指标的特点是:指标不具有纵向可加性;指标数值的大小与时间间隔的长短没有直接关系;指标数值一般是间断统计取得的。

(2) 相对指标,也称相对数,它是通过两个有联系的总量指标进行对比,而得到的比值或比率。大多数相对数都用无名数表示,只有个别相对数用有名数表示。相对指标共有六种,某一现象的实际完成数与计划任务数之比为计划完成相对指标,反映计划完成情况;在分组的基础上,将总体某一部分数值与总体数值的比值作为结构相对指标,反映总体内部结构和分布;总体某一部分数值与总体另一部分数值的比值为比例相对指标,反映总体内部比例关系;不同空间的同类现象数值之比为比较相对指标,反映现象在不同空间中的差异程度;两个性质不同但有联系的现象数值的比值,是强度相对指标,反映现象的强度、密度、普遍程度等;不同时间的同类现象数值之比为动态相对指标,反映现象发展的相对程度。

(3) 结构相对指标和比例相对指标都是反映现象内部结构情况的;强度相对指标是有计量单位的;比较相对指标、比例相对指标、强度相对指标,根据研究目的不同,分子、分母是可以互换的;计划完成相对指标、结构相对指标、动态相对指标分子与分母都不能互换。

(4) 计算和应用总量指标时,要注意现象或事物必须具有同类性,指标的含义、范围一致性,指标的计量单位统一性。计算和应用相对指标时,必须坚持可比性原则、正确选择对比基数原则、相对指标与总量指标结合运用原则、多种相对指标结合运用原则。

## 思考与练习

● 知识题

(1) 什么是总量指标?总量指标的特点和作用是什么?

(2) 什么是时期指标?什么是时点指标?两者各自有什么特点?

(3) 什么是相对指标?相对指标有几种表现形式?请举例说明。

(4) 强度相对指标有什么特点?

(5) 使用相对指标时需要注意哪些问题?

● 实务题

1. 某企业 2023 年产量计划完成百分数为 120%,当年产量计划比上年产量提高 30%,确定 2023 年实际产量比 2022 年产量增长百分之几。

2. 某地区 2023 年轻工业产值为 3 374 亿元,占工业总产值的 54.2%,比 2022 年增长 12%。计算下列指标:

(1) 2023 年工业总产值为(　　　)。

   A. 3 374÷54.2%     B. 3 374×54.2%

   C. 3 374×112%     D. 3 374÷12%

（2）2023 年重工业产值占工业总产值的比重为（　　　）。

A. $\dfrac{3\,374\div 54.2\%-3\,374}{3\,374\times 54.2\%}$　　　　B. $3\,374\times 54.2\%$

C. $\dfrac{3\,374\div 54.2\%-3\,374}{3\,374\times 54.2\%}$　　　　D. $\dfrac{3\,374\div 112\%-3\,374}{3\,374\times 112\%}$

（3）2023 年的轻、重工业产值比例为（　　　）。

A. $\dfrac{3\,374}{3\,374\div 54.2\%-3\,374}$　　　　B. $\dfrac{3\,374}{3\,374\div 54.2\%}$

C. $\dfrac{3\,374\times 112\%-3\,374}{3\,374}$　　　　D. $\dfrac{3\,374\div 112\%-3\,374}{3\,374}$

（4）2022 年轻工业产值为（　　　）。

A. $3\,374\times(1-12\%)$　　　　B. $3\,374\div(1-12\%)$

C. $3\,374-3\,374\times 12\%$　　　　D. $3\,374\div(1-12\%)$

3．三家企业生产同一种产品，各企业的产量完成情况如表 4-6 所示。

表 4-6　各企业的产量完成情况

| 企业 | 实际产量/件 | 完成计划/% | 实际一等品率/% |
|---|---|---|---|
| 甲 | 660 | 110 | 90 |
| 乙 | 400 | 100 | 94 |
| 丙 | 1 080 | 90 | 95 |

试求：（1）产量计划平均完成百分比；

　　　　（2）平均一等品率。

● 实训题

**实训一**

（1）实训目的：通过本题练习，掌握各种对比描述指标的计算，并弄清各种对比指标之间的联系与区别。

（2）实训资料：某企业所属三家分厂 2023 年下半年的利润额资料如表 4-7 所示。

表 4-7　某企业所属三家分厂 2023 年下半年的利润额资料

| 厂别 | 第三季度利润/万元 | 第四季度 | | | | 计划完成百分比/% | 第四季度为第三季度的百分比/% |
|---|---|---|---|---|---|---|---|
| | | 计划 | | 实际 | | | |
| | | 利润/万元 | 比重/% | 利润/万元 | 比重/% | | |
| A 厂 | | 25 | | | | 105 | |
| B 厂 | | 200 | | 180 | | | 115 |
| C 厂 | 380 | | | | | 95 | |
| 合计 | 736 | 800 | | | | | |

（3）实训要求：计算空格指标数值，并指出（1）～（7）栏是何种统计指标。

**实训二**

(1) 实训目的：通过本题练习,掌握各种相对指标的概念,并弄清各种相对指标之间的区别。

(2) 实训资料：2023 年末 A 地区共有总人口 126 万,是 2013 年末的 99 万的 128%。其中,男性人口为 64 万(男性人口的比重为 50.8%),女性人口为 62 万(女性人口的比重为 49.2%),性别比为 1.03∶1;人口密度为 130 人/平方千米(人口密度是 B 地区的 4.5 倍);人口出生率为 15.23‰。

(3) 实训要求：判断上述资料中的相对指标的种类。

———————— 即测即练 ————————

# 第 5 章

# 数据分布特征指标

【学习目标】

(1) 理解平均指标的含义、特点、作用和类型；

(2) 掌握数值平均数和位置平均数的计算方法；

(3) 理解五种平均数的区别和应用条件；

(4) 掌握标志变异指标的含义和四类测定方法；

(5) 理解数据分布的偏态和峰度的含义和测定方法；

(6) 掌握使用 Excel 统计函数和"数据分析"工具对数据分布特征指标进行求解的方法。

**【教学引例】世界中精彩的分布**

在皮尔逊之前，人们普遍认为，几乎所有社会现象都是接近于正态分布的。如果所得到的统计资料呈非正态分布，则往往怀疑统计资料不够或有偏差；而不重视非正态分布的研究，甚至对个别提出非正态分布理论的人加以压抑。皮尔逊认为，正态分布只是一种分布形态，他在高尔登优生学统计方法的启示下，于 1894 年发表了《关于不对称曲线的剖析》，1895 年发表了《同类资料的偏斜变异》等论文，得到包括正态分布、矩形分布、J 形分布、U 形分布等 13 种曲线及其方程式。他的这一成果打破了以往次数分布曲线的"唯正态"观念，推进了次数分布曲线理论的发展和应用，为大样本理论奠定了基础。

英国统计学家乌德内·尤尔这样评价皮尔逊：

"他是一个知性论者，但内心充满热情：诗人、散文家、历史学家、哲学家、统计学家——他对生命中遇到的所有知识领域都充满兴趣。他总是充满无休止的激情：有点强势、好战，有时则顽皮。"

资料来源：卡尔·皮尔逊[EB/OL]. (2021-12-07). https://baike.baidu.com/item/％E5％8D％A1％E5％B0％94％C2％B7％E7％9A％AE％E5％B0％94％E9％80％8A/5650305? fr＝ge_ala.

## 5.1 数据分布的集中趋势

数据的总量描述和对比描述，只是反映现象的总体规模、相对水平和总体单位在各组中的分布情况，并没有反映数据的分布规律和分布的一般水平。因此，若要对总体单位在各组中分布状况进行全面、深刻的认识，还要对现象的集中趋势进行测度。集中趋势是指一组数据向其中心靠拢的倾向，集中趋势的测度指标称为平均指标或平均数。因此，为了方便读者的理解和接受，本章关于总体分布集中趋势，通常以"平均指标"来定义和计算分析。

### 5.1.1 平均指标概述

**1. 平均指标的含义**

平均指标又称平均数,是统计分析中最常用的统计指标之一。它是反映社会经济现象总体单位某一数量标志值一般水平的综合指标。由于总体各单位的数量标志客观上存在差异,因此需要一个将数量差异抽象化、能够代表各单位一般数量水平的指标。

同时,由于总体各单位具有同质性,各单位的标志在数量上的差异总是在一定范围内,因此可以找到一个能够代表一般水平的指标反映总体的数量特征。平均指标就是将总体各单位某一数量标志值差异抽象化,反映现象在一定时间、地点条件下所达到的一般水平。例如,平均工资、平均成绩、平均收入、平均成本、平均价格等。

**2. 平均指标的特点**

平均指标是总体分布的特征值之一,它能够反映总体分布的集中趋势。平均指标有三个特点:一是同质性,即总体内各单位的性质是相同的;二是抽象性,即总体内各同质单位虽然存在数量差异,但在计算平均数时并不考虑这种差异,即把这种差异抽象化了;三是代表性,尽管各总体单位的标志值大小不一,但我们可以用平均指标值来代表所有标志值的水平。

**3. 平均指标的作用**

(1) 平均指标可以体现经济社会运行的一般水平,反映现象总体的综合特征。例如,在制定生产定额过程中,作为经济责任制的重要内容,在计算出平均指标的基础上再计算出先进平均数,是科学制定生产定额的依据。

(2) 平均指标可以消除因总体范围不同而带来的总体数量差异,从而使不同的总体具有可比性。例如,为了比较产区粮食产量,由于不同地区播种面积不同,粮食总产量不能直接对比,通过计算平均亩产量,可以比较和判断不同地区粮食生产水平的高低。

(3) 同一总体在不同时间的平均指标可以反映现象总体的发展变化趋势。例如,对比不同时期的职工年平均工资,就可以准确反映职工工资水平在一段时期的变化趋势和规律。

(4) 平均指标可以分析现象之间的依存关系。例如,分析商业企业规模和商品流通费用率之间是否存在依存关系,可以通过商品销售额的增减和平均商品流通费用率之间的数值关系。

**4. 平均指标的类型**

(1) 按照反映时间不同分为静态平均数和动态平均数。静态平均数反映现象在同一时间范围内总体各单位某一数量标志的一般水平。动态平均数,也称序时平均数,它反映某一现象、某一指标值在不同时间的一般水平。本章主要介绍静态平均数。

(2) 按照计算方法不同分为数值平均数和位置平均数。针对不同的总体分布特征,有较多计算平均指标的方法,主要分为两类:数值平均数和位置平均数。数值平均数主要包括算术平均数、调和平均数、几何平均数;位置平均数主要包括众数和中位数。

各种平均指标的计算方法不同,指标的含义、应用条件有别,但它们都是总体各单位数量标志值的一般水平,都反映了现象某一数量标志值的集中趋势,如图 5-1 所示。

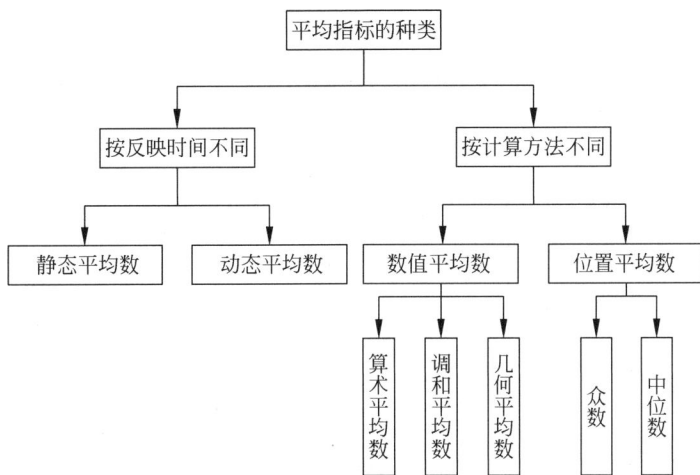

图 5-1　平均指标的类型

## 5.1.2　数值平均数

数值平均数,是根据分布数列中各单位的标志值通过公式计算得到的集中趋势测度,主要包括算术平均数、调和平均数、几何平均数。

### 1. 算术平均数

算术平均数也称均值,是总体标志总量与总体总量的比值。它是集中趋势指标中最常用且最重要的一种。一般不特别说明时,"平均指标""平均数""集中趋势指标"均指算术平均数。其一般计算公式为

$$算术平均数 = \frac{总体标志总量}{总体总量}$$

使用这一基本公式应该注意公式中分子与分母的口径必须保持一致,即标志值与各总体单位之间必须具有一一对应关系,且属于同一总体。这也是平均指标与强度相对指标的不同之处,强度相对指标的两个总量指标各属不同的总体。例如,人均粮食消费量是平均指标,人均粮食产量则是强度相对指标。

在统计实践工作中,较多研究总体的标志总量等于总体各单位数量标志值的总和。例如,工资总额是职工工资的总和,总产量是工人劳动生产率的总和,总收获量是单位面积收获量的总和。算术平均数的计算方法反映了现象间的这种数量关系,因此,算术平均数的应用具有较强的适应性。

由于掌握的资料不同,针对未分组和分组情况,可以将算术平均数分为两类:简单算术平均数和加权算术平均数。

1) 简单算术平均数

简单算术平均数适用于未分组的分配数列,是将总体各单位同类标志值求和,再与总体总量相比得到的。如果有总体各单位标志值或标志总量和总体总量,可以直接用算术平均

数的公式计算简单算术平均数,其计算公式为

$$\bar{x} = \frac{x_1 + x_2 + \cdots + x_n}{n}$$

或简写为

$$\bar{x} = \frac{\sum\limits_{i=1}^{n} x_i}{n}$$

式中,$\bar{x}$ 表示算术平均数;$x_1, x_2, \cdots, x_n$ 表示各总体单位标志值;$n$ 表示总体总量。

上述公式中,标志值直接相加来计算总体标志总量,意味着总体各单位对平均数的作用处于均等的地位,也可以看作求简单算术平均数时,赋予各标志值的权数为 1。

例如,某企业有 5 个销售部门,其月销售量分别为(单位:万元):160、185、135、156、119,则 5 个销售部门的平均月销售量为

$$\bar{x} = \frac{\sum\limits_{i=1}^{n} x_i}{n} = \frac{160 + 185 + 135 + 156 + 119}{5} = \frac{755}{5} = 151(万元)$$

2)加权算术平均数

加权算术平均数适用于已分组的分配数列。此时,各标志值的次数不相同。例如,某个标志值 $x_i$ 重复出现 $f_i$ 次,各指标值出现的次数不完全相同,应当对各变量值 $x_i$ 分别乘以其次数 $f_i$,再求和得到总体标志总量。用这种方法计算的算术平均数,称为加权算术平均数。其计算公式为

$$\bar{x} = \frac{x_1 f_1 + x_2 f_2 + \cdots + x_n f_n}{\sum\limits_{i=1}^{n} f_i}$$

或简写为

$$\bar{x} = \frac{\sum\limits_{i=1}^{n} x_i f_i}{\sum\limits_{i=1}^{n} f_i} = \sum\limits_{i=1}^{n} x_i \cdot \frac{f_i}{\sum\limits_{i=1}^{n} f_i}$$

式中,$f_i$ 表示分配到各组中的次数,在算术平均数中称为权数,$\dfrac{f_i}{\sum\limits_{i=1}^{n} f_i}$ 表示各组次数占总次数的比重。

由公式可以看出,$\bar{x}$ 的大小既受标志值 $x_i$ 大小的影响,也受各组次数 $f_i$ 的影响。然而二者的影响不是同等的。$x_i$ 的大小对 $\bar{x}$ 起关键作用,主要决定 $\bar{x}$ 的大小,$f_i$ 的大小则起权衡轻重的作用,较小地调整了 $\bar{x}$ 的水平。考虑权数 $f_i$ 的影响作用的算术平均数是加权算术平均数的特点。

情况 1:分组标志为单项式数列时,按照如下方式计算加权算术平均数。

例如,某班级有 30 名学生,将课程的期末考试成绩编制成单项式变量数列,如表 5-1 所示。

表 5-1　单项式变量数列加权算术平均数计算

| 按成绩分组($x_i$)/分 | 学生数 $f_i$ | 各组成绩总数($x_i f_i$)/分 |
|---|---|---|
| 65 | 3 | 195 |
| 75 | 8 | 600 |
| 85 | 10 | 850 |
| 95 | 6 | 570 |
| 100 | 3 | 300 |
| 合计 | 30 | 2 515 |

根据表 5-1,计算平均成绩为

$$\bar{x} = \frac{\sum_{i=1}^{n} x_i f_i}{\sum_{i=1}^{n} f_i} = \frac{2\,515}{30} \approx 83.83(\text{分})$$

上述说明,加权算术平均数的大小,既取决于总体各单位标志值的大小,也受各单位标志值重复出现次数的影响。若将第 2 组 75 分调整为 70 分,其他条件不变,平均数就是 82.5 分。同样,若上例第 3 组学生数从 10 调整为 5,其他条件不变,则平均数就变成 83.6 分。因此,次数 $f_i$ 对平均数的大小具有权衡轻重的作用。

可以看出,加权算术平均数的大小,受两个因素的影响:一是各组标志值 $x_i$ 的大小;二是各组次数 $f_i$ 的多少。

当然,如果各组次数完全相同,则 $f_i$ 对各组标志值产生同等的影响,它不再起权衡轻重的作用,这时,加权算术平均数就等价于简单算术平均数。所以,简单算术平均数可以看作加权算术平均数的一个特殊情况。

情况 2:分组标志为组距式数列时,按照如下方式计算加权算术平均数。

各组的标志值 $x_i$ 应是每组的组平均数,但在资料不足情况下,一般采用其组中值来代替 $x_i$,计算组距式数列的加权算术平均数步骤如下:首先,计算出各组的组中值 $= \left(\dfrac{\text{上限}+\text{下限}}{2}\right)$;然后,以各组组中值代替该组标志值 $x_i$。

例如,某企业职工工资水平的资料如表 5-2 所示,计算该企业职工平均工资。

表 5-2　某企业职工工资水平的资料(1)

| 按工资水平分组/元 | 职工人数/人 | 组中值 $x_i$ | 各组工资额($x_i f_i$)/元 |
|---|---|---|---|
| 3 000～5 000 | 33 | 4 000 | 132 000 |
| 5 000～7 000 | 66 | 6 000 | 396 000 |
| 7 000～9 000 | 21 | 8 000 | 168 000 |
| 合计 | 120 | — | 696 000 |

根据表 5-2,计算平均工资为

$$\bar{x} = \frac{\sum_{i=1}^{n} x_i f_i}{\sum_{i=1}^{n} f_i} = \frac{696\,000}{120} = 5\,800(\text{元})$$

在用组距式数列计算加权算术平均数时,如果数列中出现开口组,则该组组中值的计算应视邻组组距确定。

例如,某企业职工工资水平的资料如表 5-3 所示,计算该企业职工平均工资。

表 5-3　某企业职工工资水平的资料(2)

| 按工资水平分组/元 | 职工人数/人 | 组中值 $x_i$ | 各组工资额($x_i f_i$)/元 |
|---|---|---|---|
| 3 000～5 000 | 33 | 4 000 | 132 000 |
| 5 000～7 000 | 66 | 6 000 | 396 000 |
| 7 000～9 000 | 36 | 8 000 | 288 000 |
| 9 000 以上 | 15 | 10 000 | 150 000 |
| 合　计 | 150 | — | 966 000 |

根据表 5-3,计算平均工资为

$$\bar{x} = \frac{\sum\limits_{i=1}^{n} x_i f_i}{\sum\limits_{i=1}^{n} f_i} = \frac{966\,000}{150} = 6\,440(元)$$

计算加权算术平均数会遇到权数的选择问题。对于分配数列,一般来说,次数就是权数,但对于用相对数或平均数计算加权算术平均数,则往往不一样。

例如,某工厂 30 个车间某月产品产量计划完成程度如表 5-4 所示,计算该工厂平均完成产量计划情况。

表 5-4　某工厂 30 个车间某月产品产量计划完成程度

| 按计划完成程度分组/% | 组中值 $x_i$ | 车间数/个 | 计划产量($f_i$)/千件 | 实际产量($x_i f_i$)/千件 |
|---|---|---|---|---|
| 90 以下 | 85 | 2 | 300 | 255 |
| 90～100 | 95 | 6 | 1 500 | 1 425 |
| 100～110 | 105 | 10 | 2 200 | 2 310 |
| 110～120 | 115 | 8 | 2 000 | 2 300 |
| 120 以上 | 125 | 4 | 1 000 | 1 250 |
| 合　计 | — | 30 | 7 000 | 7 540 |

根据表 5-4,计算平均完成产量计划为

$$\bar{x} = \frac{\sum\limits_{i=1}^{n} x_i f_i}{\sum\limits_{i=1}^{n} f_i} = \frac{7\,540}{7\,000} \approx 107.71\%$$

如用车间数做权数,则

$$\bar{x} = \frac{\sum\limits_{i=1}^{n} x_i f_i}{\sum\limits_{i=1}^{n} f_i} = \frac{0.85 \times 2 + 0.95 \times 6 + 1.05 \times 10 + 1.15 \times 8 + 1.25 \times 4}{2 + 6 + 10 + 8 + 4} = 107\%$$

可以看到,用计划产量或者用车间数做权数,两者的计算结果是不同的,这是值得慎重考虑的问题。选择车间数为权数是不合理的,因为各车间的产量大小不同;而选用计划产量做权数,才符合计划完成程度相对指标的性质,分母是计划产量,分子是实际产量。

以组中值代替各组标志值计算加权算术平均数,是以假定各组内的变量值均匀分布为前提的,而实际分布也许并不均匀,那么,以组中值代替变量 $x_i$ 计算的结果与实际情况可能会有一点偏差,因此,这样计算的平均数是加权算术平均数的近似值。

3) 计算算术平均数应注意的问题

(1) 计算平均指标的社会经济现象必须是同质的。社会经济现象的同质性是计算平均指标的前提条件和基本原则。所谓同质性,就是被研究现象总体的各个单位在被平均的标志上性质相同,特别是社会生产关系相同。否则,把不同性质的事物混在一起计算平均数,必将歪曲事实真相、得出错误结论、构成虚假的平均数,有可能使平均数掩盖现象的本质差别。例如,不能不分性别计算入学大学生的平均身高,不能把粮食作物和经济作物混同计算平均单位面积产量,不能把城镇职工的工资收入与农民的家庭收入混同计算所谓平均收入等。

(2) 要用组平均数补充说明总平均数。根据同质总体计算的总平均数,可以综合反映现象总体的一般水平,但却把各单位的数量差异抽象化了,因而也容易掩盖事物的矛盾。为了深入研究现象总体的特征和规律性,需要将总体按有关标志分组,然后计算组平均数,并用组平均数来补充说明总平均数。

例如,甲、乙两个车间工人劳动生产率的比较如表 5-5 所示。

表 5-5　甲、乙两个车间工人劳动生产率的比较

| 人员类别 | 甲　车　间 | | | | 乙　车　间 | | | |
|---|---|---|---|---|---|---|---|---|
| | 人数/人 | 各类人员占总人数比重/% | 总产量/件 | 劳动生产率/件 | 人数/人 | 各类人员占总人数比重/% | 总产量/件 | 劳动生产率/件 |
| 技工 | 90 | 37.50 | 18 000 | 200 | 600 | 75 | 108 000 | 180 |
| 学徒 | 150 | 62.50 | 18 000 | 120 | 200 | 25 | 22 000 | 110 |
| 合计 | 240 | 100 | 36 000 | 150 | 800 | 100 | 130 000 | 162.5 |

从表 5-5 中的总平均数来看,甲车间每人平均生产 150 件,而乙车间每人平均生产 162.50 件,乙车间高于甲车间。但从组平均数来看,情况正相反,乙车间无论是技术工人还是学徒工的劳动生产率都低于甲车间。这种总平均数和组平均数不一致的现象,完全是由于甲车间劳动生产率高的工人占比重小造成的(甲车间占 37.5%,乙车间占 75%),所以,虽然甲车间各组劳动生产率较高,但甲车间的劳动生产率仍低于乙车间。而乙车间,虽然各组劳动生产率较甲车间低,但由于学徒人数比重小,全车间的劳动生产率反而较甲车间高。

由此可见,总平均数受两个因素的影响:一个是被平均的标志值水平;另一个是总体结构。其中每一个因素的变动都会影响总平均数的变动。因此,需要用组平均数补充说明总平均数。

(3) 计算算术平均数时应与变量数列和典型事例相结合。在平均分析中,由于统计平均数抽象了总体各单位标志值的差异,反映的是总体各单位标志值的一般水平,因此,对于

低于平均数或优于平均数的各总体单位分布情况,如果只采用平均指标是无法使其得到反映的。如果结合变量数列或典型事例进行研究,就可以揭示总体各单位的具体分布情况,从而补充说明总平均数,如表 5-6 所示。

表 5-6　某行业 20 家企业 2023 年产值计划完成情况

| 计划完成/% | 企业数/家 | 计划产值/万元 | 实际产值/万元 |
|---|---|---|---|
| 90 | 2 | 600 | 540 |
| 100 | 5 | 1 800 | 1 800 |
| 110 | 10 | 3 200 | 3 520 |
| 120 | 3 | 1 000 | 1 200 |
| 合　计 | 20 | 6 600 | 7 060 |

其平均计划完成程度为

$$\bar{x} = \frac{\sum_{i=1}^{n} x_i f_i}{\sum_{i=1}^{n} f_i} = \frac{7\ 060}{6\ 600} \approx 106.97\%$$

从总平均数上看,全行业平均产值计划完成程度约为 106.97%,即平均超额完成计划 6.97%。但结合变量数列可以看出尚有 2 家企业属于未完成计划的单位,占企业总数的 10%,是全行业落后的消极方面;而优于平均水平的 13 家企业,占企业总数的 65%。通过以上变量数列,就可以使平均分析更加具体。

(4) 算术平均数要与标志变异指标结合运用。算术平均数要与标志变异指标分别从不同角度反映总体现象的特征。算术平均数反映了分配数列中变量的集中趋势,而标志变异指标则说明了分配数列中变量的离散程度。在计算算术平均数的基础上,结合利用标志变异指标,可以综合反映总体特征。关于标志变异指标的含义、计算和应用,将在 5.2 节详细叙述。应用算术平均数应注意的问题如图 5-2 所示。

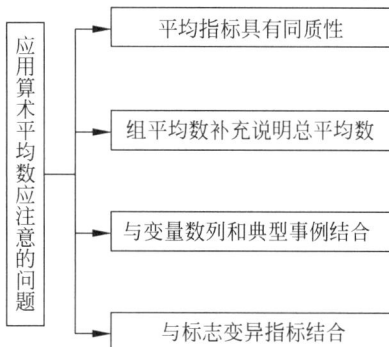

图 5-2　应用算术平均数应注意的问题

4) 算术平均数的数学性质

性质 1:变量数列中各个标志值与算术平均数的离差之和等于零。

未分组情况:

$$\sum_{i=1}^{n} (x_i - \bar{x}) = 0$$

分组情况:

$$\sum_{i=1}^{n} (x_i - \bar{x}) f_i = 0$$

这表明标志值以均值为中心波动,波动过程中形成正的偏差与负的偏差会互相抵消,性质 1 也是以均值为中心的另一种表达方式。

性质 2：变量数列中各标志值与算术平均数的离差平方和最小。也就是说,变量数列中各标志值对其他任意数的离差平方之和都大于变量数列中各标志值对算术平均数的离差平方之和。

未分组情况：

$$\sum_{i=1}^{n}(x_i-\bar{x})^2 = 最小值$$

分组情况：

$$\sum_{i=1}^{n}(x_i-\bar{x})^2 f_i = 最小值$$

这表明标志值以均值为中心波动,波动过程中形成偏差的平方和为最小,这个性质为度量变量值的偏差程度奠定了基础,也从另一个角度说明算术平均数是反映变量数列集中趋势代表性的优良特征。

**2. 调和平均数**

调和平均数也称倒数平均数,是研究对象中各单位标志值倒数的算术平均数的倒数。与算术平均数一样,根据掌握的资料不同,其分为简单调和平均数和加权调和平均数。

1) 简单调和平均数

根据调和平均数的定义,简单调和平均数的计算步骤如下。

(1) 计算各个标志值的倒数,即 $\dfrac{1}{x_i}$。

(2) 计算上述各个标志值倒数的算术平均数,即 $\dfrac{\sum_{i=1}^{n}\frac{1}{x_i}}{n}$。

(3) 计算算术平均数的倒数,即 $\dfrac{n}{\sum_{i=1}^{n}\frac{1}{x_i}}$。

一般使用符号 $\bar{x}_H$ 代表调和平均数,其计算公式为

$$\bar{x}_H = \frac{n}{\sum_{i=1}^{n}\frac{1}{x_i}}$$

例如,某投资者在交易日的三个时间点购买某只股票。第一时间点以 15 元价格购入 1 万元；第二时间点以 14.8 元价格购入 1 万元；第三时间点以 15.1 元价格购入 1 万元。该股票当日收盘价为 14.95 元,投资者当日是否盈利？

计算其平均单价：

$$\bar{x}_H = \frac{n}{\sum_{i=1}^{n}\frac{1}{x_i}} = \frac{3}{\frac{1}{15}+\frac{1}{14.8}+\frac{1}{15.1}} \approx 14.97(元)$$

平均单价高于收盘价,因此,投资者当日亏损。

2) 加权调和平均数

如果用 $m_i$ 代表各组标志值总量,即各组变量值 $x_i$ 与各组变量值次数 $f_i$ 的乘积($m_i=$

$x_i f_i$),则加权调和平均数的计算公式如下:

$$\bar{x}_H = \frac{\sum_{i=1}^{n} m_i}{\sum_{i=1}^{n} \frac{m_i}{x_i}}$$

式中,$\bar{x}_H$ 表示加权调和平均数;$x_i$ 表示变量值;$m_i$ 表示各组的标志值。

例如,某投资者在交易日的三个时间点购买某只股票。第一时间点以 15 元价格购入 1.5 万元;第二时间点以 14.8 元价格购入 2 万元;第三时间点以 15.1 元价格购入 1.3 万元。该股票当日收盘价为 14.95 元,投资者当日是否盈利?

计算其平均单价:

$$\bar{x}_H = \frac{\sum_{i=1}^{n} m_i}{\sum_{i=1}^{n} \frac{m_i}{x_i}} = \frac{1.5 + 2 + 1.3}{\frac{1.5}{15} + \frac{2}{14.8} + \frac{1.3}{15.1}} \approx 14.94 (元)$$

平均单价低于收盘价,因此,投资者当日盈利。

上述调和平均数的定义和计算公式是调和平均数的原意,但在经济实践中,较少有倒数内容的经济现象。因此,实际上调和平均数只是在计算平均数的过程中,由于掌握的资料不能直接使用算术平均数公式,就借用调和平均数形式计算平均数。从这个意义上说,调和平均数形式上是调和平均,实质上仍是算术平均,这里的调和平均本质上是算术平均的变形而已。统计实践中经常使用的是加权调和平均数。

3)算术平均数与调和平均数的选择

例如,某企业三种商品的单价和销售量资料如表 5-7 所示。

表 5-7 某企业三种商品的单价和销售量资料

| 商品 | 单价($x_i$)/(元/件) | 销售量($f_i$)/件 | 销售额($m_i$)/元 |
|------|------|------|------|
| 甲 | 2.60 | 500 | 1 300 |
| 乙 | 2.40 | 1 000 | 2 400 |
| 丙 | 2.20 | 800 | 1 760 |
| 合 计 | — | 2 300 | 5 460 |

├──────── 已 知 资 料 ────────┤ ├──── 计 算 栏 ────┤

基于已知单价和销售量的资料,可以采用加权算术平均数的方法计算其平均价格:

$$\bar{x} = \frac{\sum_{i=1}^{n} x_i f_i}{\sum_{i=1}^{n} f_i} = \frac{5\,460}{2\,300} \approx 2.37 (元)$$

如果掌握的是单价和销售额资料,则应使用加权调和平均数公式来计算其平均价格,资料如表 5-8 所示。

**表 5-8　调和平均数计算**

| 商品 | 单价 $(x_i)$/(元/件) | 销售额 $(m_i)$/元 | 销售量 $(f_i)$/件 |
|---|---|---|---|
| 甲 | 2.60 | 1 300 | 500 |
| 乙 | 2.40 | 2 400 | 1 000 |
| 丙 | 2.20 | 1 760 | 800 |
| 合　计 | — | 5 460 | 2 300 |
| └─────── 已 知 资 料 ───────┘ | | └─ 计算栏 ─┘ | |

基于已知单价和销售额资料,可以采用加权调和平均数方法计算其平均价格:

$$\bar{x}_H = \frac{\sum\limits_{i=1}^{n} m_i}{\sum\limits_{i=1}^{n} \dfrac{m_i}{x_i}} = \frac{5\ 460}{2\ 300} \approx 2.37(元)$$

由上述计算可以看出,按加权算术平均数方法和用调和平均数方法计算结果是一样的。在计算过程中,算术平均数法以销售量(基本公式中的分母)为权数,调和平均数法以销售额(基本公式中的分子)为权数。当我们面对一种经济现象,究竟采用哪种计算方法,要视所掌握的资料而定。通常已知基本公式中的分母资料时,用算术平均数方法;已知基本公式中的分子资料时,用调和平均数方法。

4)计划完成程度的平均数计算

当掌握的资料为实际完成数时,求平均计划完成程度,应采用加权调和平均数计算;当掌握的资料为计划数时,应以计划数作为权数,采用加权算术平均数计算。

例如,某工厂三个车间 2023 年计划产量和计划完成情况资料如表 5-9 所示,求平均计划完成程度。

**表 5-9　某工厂三个车间 2023 年计划产量和计划完成情况资料(1)**

| 车间 | 计划完成 $(x_i)$/% | 计划产量 $(f_i)$/万件 | 实际产量 $(m_i)$/万件 |
|---|---|---|---|
| 一 | 101 | 350 | 353.5 |
| 二 | 105 | 280 | 294.0 |
| 三 | 106 | 230 | 243.8 |
| 合计 | — | 860 | 891.3 |
| └─────── 已 知 资 料 ───────┘ | | └─ 计算栏 ─┘ | |

平均计划完成程度为

$$\bar{x} = \frac{\sum\limits_{i=1}^{n} x_i f_i}{\sum\limits_{i=1}^{n} f_i} = \frac{891.3}{860} \approx 103.64\%$$

如果掌握的资料是实际完成数,而不是计划数,就不能用加权算术平均数公式计算,应以实际产量为权数的加权调和平均数公式计算,如表 5-10 所示。

表 5-10　某工厂三个车间 2023 年计划产量和计划完成情况资料（2）

| 车间 | 计划完成（$x_i$）/% | 实际产量（$m_i$）/万件 | 计划产量（$f_i$）/万件 |
|------|------|------|------|
| 一 | 101 | 353.5 | 350 |
| 二 | 105 | 294.0 | 280 |
| 三 | 106 | 243.8 | 230 |
| 合计 | — | 891.3 | 860 |

├───────── 已 知 资 料 ─────────┤ ├── 计 算 栏 ──┤

由表 5-10 中资料计算平均计划完成程度为

$$\bar{x}_H = \frac{\sum_{i=1}^{n} m_i}{\sum_{i=1}^{n} \frac{m_i}{x_i}} = \frac{891.3}{860} \approx 103.64\%$$

由上述计算可以看出，当我们要计算平均数时，要判断在什么情况下采用算术平均数、在什么情况下采用调和平均数，关键要以平均数的基本公式为依据。当我们掌握的权数资料是基本公式中的分母数值时，可直接采用加权算术平均数形式；当我们掌握的权数资料是基本公式中的分子数值时，则要采用调和平均数形式。

需要指出的是，如果数列中有一个标志值等于零，则不能计算调和平均数。此外，调和平均数作为一个数值平均数，它与算术平均数一样，易受所有标志值的影响，但较之算术平均数，调和平均数受极大值、极小值的影响要小一些。

**3．几何平均数**

几何平均数是 $n$ 个标志值连乘积的 $n$ 次方根。它主要应用于那些指标值是相对数，同时在标志值的连乘有意义的条件下。例如，连续生产的产品合格率、连续销售的本利率、连续储蓄的本利率和连续比较的环比发展速度等，都可以采用几何平均数求得其平均指标。因此，几何平均数主要应用于计算平均比率和平均速度。几何平均数包括简单几何平均数和加权几何平均数两类。

1）简单几何平均数

简单几何平均数适合资料未分组条件下，其计算公式为

$$\bar{x}_G = \sqrt[n]{x_1 \cdot x_2 \cdots x_n} = \sqrt[n]{\prod_{i=1}^{n} x_i}$$

式中，$\bar{x}_G$ 表示几何平数；$x_i$ 表示标志值；$n$ 表示标志值项数。

例如，某产品需经三个车间加工，已知第一个车间加工合格率为 92%，第二个车间加工合格率为 95%，第三个车间加工合格率为 90%，求三个车间平均加工合格率。

由于产品是由三个车间连续加工完成的，第二个车间加工的是第一个车间完工的合格品，第三个车间加工的又是第二个车间完工的合格品。因此，三个车间总合格品率是三个车间相应合格品率的连乘积，可以应用几何平均法求三个车间的平均加工合格率。

$$\bar{x}_G = \sqrt[n]{\prod_{i=1}^{n} x_i} = \sqrt[3]{92\% \times 95\% \times 90\%} \approx 92.31\%$$

2）加权几何平均数

加权几何平均数适用于资料已分组条件下，其计算公式为

$$\bar{x}_G = \sqrt[\sum_{i=1}^{n} f_i]{x_1^{f_1} \cdot x_2^{f_2} \cdots x_n^{f_n}} = \sqrt[\sum_{i=1}^{n} f_i]{\prod_{i=1}^{n} x_i^{f_i}}$$

式中，$f_i$ 为各个标志值的次数。

例如，某银行 2018—2020 年的年平均存款利率为 3.85%，2021—2023 年的年平均存款利率为 3.15%，则 2018—2023 年这 5 年年平均存款利率为

$$\bar{x}_G = \sqrt[\sum_{i=1}^{n} f_i]{\prod_{i=1}^{n} x_i^{f_i}} = \sqrt[5]{(1+3.85\%)^3 \times (1+3.15\%)^2} \approx 103.57\%$$

$$\bar{x}_G - 1 = 3.57\%$$

需要指出的是，当应用几何平均数分析经济现象时，必须注意经济现象本身的特点：一是只有当标志总量表现为各标志值的连乘积时，才适合采用几何平均数方法计算；二是如果数列中有一个标志值等于零或负值，就不能计算几何平均数；三是几何平均数受极端值的影响要比算术平均数和调和平均数小，因此，几何平均数比较稳健。

## 5.1.3 位置平均数

位置平均数，是根据分布数列中标志值及其所处的位置综合计算的集中趋势测度，主要包括众数、中位数、四分位数、十分位数、百分位数等（本书主要介绍前两种）。位置平均数是对数值平均数的补充，因为位置平均数不是每一个数值都参与计算的，客观上避免个别极端值对平均数造成的不合理影响。

### 1. 众数

众数，是指总体中出现次数最多的标志值，通常用 $M_0$ 表示。它是位置平均数的一种，能直观地说明客观现象分配的集中趋势。

在实际工作中，有时要使用众数代替算术平均数来说明社会经济现象的一般水平。例如，某种商品的价格在每次成交时都会发生变化，其中成交量最多的价格就是价格的众数。在服装鞋帽销售中，如果运动鞋销量最多的尺码是中号，那么中号就是众数，它反映运动鞋尺码需求的一般水平。

众数的存在是有前提条件的，只有当总体的单位数较多、各标志值的次数分配又有明显集中趋势时才存在众数；如果总体单位数很少，尽管次数分配较集中，那么计算出来的众数意义也不大；如果总体单位数较多，但次数分配不集中，即各单位的标志值在总体中出现的比重较均匀，那么，也不存在众数。如果总体中出现次数最多的变量值不是一个，而是两个，就出现复众数。

1）单项式数列计算众数

由单项式数列确定众数的方法是观察，出现次数最多的那个标志值就是众数。

例如，某款童装按照不同尺码的月销售量情况如表 5-11 所示。

表 5-11 某款童装按照不同尺码的月销售量情况

| 尺码/厘米 | 销售量/套 | 比重/% |
|---|---|---|
| 60 | 10 | 1.00 |
| 70 | 50 | 5.00 |
| 80 | 80 | 8.00 |
| 90 | 400 | 40.00 |
| 100 | 240 | 24.00 |
| 110 | 160 | 16.00 |
| 120 | 40 | 4.00 |
| 130 | 20 | 2.00 |
| 合 计 | 1 000 | 100.00 |

在全部销售量 1 000 套中,90 厘米尺码的销售了 400 套,占总量的 40.00%,因为其销售量最多,占销售比重最大,因此,所对应的 90 厘米就是众数。

2）组距式数列计算众数

由组距式数列确定众数,也是通过观察次数,具体做法分为以下两步:首先,根据最多次数确定众数所在组;其次,用比例插值法推算众数的近似值。其计算公式为

下限公式:

$$M_0 = L + \frac{\Delta_1}{\Delta_1 + \Delta_2} \cdot d$$

上限公式:

$$M_0 = U - \frac{\Delta_2}{\Delta_1 + \Delta_2} \cdot d$$

式中,$M_0$ 表示众数;$U$、$L$ 分别表示众数组的上、下限值;$d$ 表示众数组的组距;$\Delta_1$ 表示众数组次数与前一组次数之差;$\Delta_2$ 表示众数组次数与后一组次数之差。

众数的上限公式和下限公式是等价的,用这两个公式计算的结果相同的,在具体计算中一般只采用下限公式。

例如,以某乡村居民户为总体,计算家庭年收入的众数,分组资料如表 5-12 所示。

表 5-12 居民户的家庭年收入分组资料

| 按家庭年收入分组/千元 | 居民户数/户 | 比重/% |
|---|---|---|
| 30～50 | 80 | 8 |
| 50～70 | 210 | 21 |
| 70～90 | 420 | 42 |
| 90～110 | 250 | 25 |
| 110～130 | 40 | 4 |
| 合 计 | 1 000 | 100 |

（1）找到众数组。选择居民户数最多的组。很显然,70～90 这一组的居民户数最多,为 420 户。

（2）用比例插值法确定众数值。将表 5-12 的资料代入众数公式进行计算。

上限公式:

$$M_0 = U - \frac{\Delta_2}{\Delta_1 + \Delta_2} \cdot d = 90 - \frac{420 - 250}{(420 - 250) + (420 - 210)} \times 20 \approx 81（千元）$$

下限公式：

$$M_0 = L + \frac{\Delta_1}{\Delta_1 + \Delta_2} \cdot d = 70 + \frac{420 - 210}{(420 - 210) + (420 - 250)} \times 20 \approx 81(千元)$$

由此可见，用两种计算公式计算的结果是相同的。因此，在计算组距数列的众数时，没有特殊说明的话，只需要选择两个公式中的一个就可以了。同时，从上面计算中可知，众数的数值要受到众数所在组相邻两组次数多少的影响。当众数组前一组次数大于众数所在组后一组次数时，众数接近众数组的下限；相反，当众数组前一组次数小于众数所在组后一组次数时，众数接近众数组的上限；而当众数所在组前后两组次数相等或当该数列次数呈对称分布时，众数所在组的组中值就是众数。

通过以上计算可以看出，众数是一个位置平均数，由于它只考虑总体分布中最频繁出现的变量值，不受极端值和开口组数值的影响，因此，更具有代表性。还需要说明的是，众数是一个不容易确定的平均指标，当一个数列没有明显的集中趋势而趋于均匀分布时，则不存在众数。此外，当变量数列是不等距分组时，众数的位置也难以确定。

**2. 中位数**

中位数，是指将被研究总体各单位的标志值按大小顺序排列后，处于中间位置的那个标志值，通常用 $M_e$ 表示。

中位数不受极端值的影响，在总体标志值差异很大时，具有较好的代表性。例如，在社会成员收入水平悬殊的情况下，中位数比算术平均数反映平均收入水平更准确。又如，计算一组小学生的平均身高，可以不逐一测量每一个人的身高再加总计算平均数，而可以按身高排队，那么处于中间位置的那个同学的身高就是该组同学的平均身高。此外，在工业产品质量检查等方面也常用中位数。

计算中位数的关键是确定中位数的位次，再找到或计算出这个位次的标志值。由于所掌握的资料不同，确定中位数的方法也有区别。根据所掌握资料的不同，中位数的计算方法有未分组资料计算中位数和分组资料计算中位数两种。

1）未分组资料计算中位数

总体单位数（即数列项数）为 $n$，须先将各变量值按大小顺序排列，并按公式 $\frac{n+1}{2}$ 确定中位数的位置。

情况 1：当 $n$ 为奇数时，中位数 $M_e$ 就是居于中间位置的单位标志值。

例如，设有 9 个车间生产某种产品，其日产量件数按从小到大的顺序排列为 30、35、38、43、46、49、51、55、58。

这里，$n=9$，因此 $\frac{n+1}{2}=5$，即处于中间位置第 5 位的那个标志值 46 就是中位数为 46 件。

情况 2：当 $n$ 为偶数时，中位数是处于中间位置的两个标志值的算术平均数。

例如，设有 10 个车间生产某种产品，其日产量件数按从小到大的顺序排列为 30、35、38、43、46、50、51、55、58、60。

这里，$n=10$，因此中间位置在第 5 个标志值 46 与第 6 个标志值 50 之间，此时的中位数为这两个数值的平均值，即

$$M_e = \frac{46 + 50}{2} = 48(件)$$

2）分组资料计算中位数

根据已分组的变量数列资料计算中位数,应先计算各组累积次数,可由最低组开始,也可由最高组开始,再依据公式确定中位数的位置。

下面按照单项式变量数列和组距式变量数列,分别介绍中位数的求解方法。

情况 1：单项式变量数列确定中位数。

先计算各组的累计次数（或频数），再确定中位数的位置。中位数的项数依然是 $\dfrac{n+1}{2}$ 或 $\dfrac{\sum f_i + 1}{2}$。因为是分组数列,所以要先将各组次数累计,并对照累计次数确定中位数的位置。

例如,某产品的工人日产量分组资料如表 5-13 所示,计算工人日产量的中位数。

表 5-13　某产品的工人日产量分组资料（1）

| 日产量/件 | 工人数/人 | 向上累计次数 | 向下累计次数 |
| --- | --- | --- | --- |
| 80 | 5 | 5 | 50 |
| 85 | 8 | 13 | 45 |
| 90 | 26 | 39 | 37 |
| 95 | 9 | 48 | 11 |
| 100 | 2 | 50 | 2 |
| 合计 | 50 | — | — |

中位数的位置为 $\dfrac{50+1}{2}=25.5$,说明中位数位于 25 与 26 之间。根据向上累计次数,13＜25.5＜39,可确定中位数在第三组；或者根据向下累计次数,11＜25.5＜37,也可以确定中位数在第三组。因为,第三组的标志值日产量为 90 件,故中位数 $M_e = 90$ 件。

情况 2：组距式变量数列确定中位数。

首先,确定中位数的位置所在的组,根据累计次数按 $\dfrac{\sum f_i + 1}{2}$ 确定中位数所在组。当 $\sum f_i$ 很大时,式中 1 也可以忽略不计。

然后,假定中位数所在组的标志值是均匀分布在该组的组距区间内,通过中位数所在组的次数,运用比例插值法推算出中位数的近似值,其计算公式为

下限公式：

$$M_e = L + \frac{\dfrac{\sum\limits_{i=1}^{n} f_i}{2} - S_{m-1}}{f_m} \cdot d$$

上限公式：

$$M_e = U - \frac{\dfrac{\sum\limits_{i=1}^{n} f_i}{2} - S_{m+1}}{f_m} \cdot d$$

式中，$M_e$ 表示中位数；$U$、$L$ 分别表示中位数所在组的上、下限值；$d$ 表示中位数所在组的组距；$f_m$ 表示中位数所在组的次数；$\sum\limits_{i=1}^{n} f_i$ 表示总体单位数；$S_{m-1}$ 表示中位数所在组前面各组累计次数；$S_{m+1}$ 表示中位数所在组后面各组累计次数。

中位数的上限公式和下限公式是等价的，用这两个公式计算的结果是相同的。

例如，某产品的工人日产量分组资料如表 5-14 所示，计算工人日产量的中位数。

**表 5-14　某产品的工人日产量分组资料（2）**

| 日产量/件 | 工人数/人 | 向上累计次数 | 向下累计次数 |
|---|---|---|---|
| 30～50 | 70 | 70 | 500 |
| 50～70 | 100 | 170 | 430 |
| 70～90 | 200 | 370 | 330 |
| 90～110 | 80 | 450 | 130 |
| 110～130 | 50 | 500 | 50 |
| 合计 | 500 | — | — |

根据累计次数 $\sum\limits_{i=1}^{5} f_i = 70+100+200+80+50=500$，按照公式 $\dfrac{\sum f_i+1}{2}$ 确定中位数的次数：$\dfrac{500+1}{2}=250.5$。根据向上累计次数，$170<250.5<370$，可确定中位数在第三组。根据第三组的标志值区间为 $70\sim90$，可知其下限 $L=70$，组距 $d=90-70=20$，前面两组累计次数 $S_{m-1}=70+100=170$，第三组的次数 $f_m=200$，计算中位数为

$$M_e = L + \frac{\dfrac{\sum\limits_{i=1}^{n} f_i}{2} - S_{m-1}}{f_m} \cdot d = 70 + \frac{\dfrac{500}{2}-170}{200} \times 20 = 78（件）$$

根据向下累计次数，$130<250.5<330$，也可以确定中位数在第三组。可知其上限 $U=90$，组距 $d=90-70=20$，后面两组累计次数 $S_{m+1}=80+50=130$，计算中位数为

$$M_e = U - \frac{\dfrac{\sum\limits_{i=1}^{n} f_i}{2} - S_{m+1}}{f_m} \cdot d = 90 - \frac{\dfrac{500}{2}-130}{200} \times 20 = 78（件）$$

由此可见，两个计算公式的结果是相同的。总之，在计算组距数列的中位数时，没有特殊说明的话，只需要选择两个公式中的一个就可以了。

3）中位数的特点

（1）中位数是位置平均数，不会受到极端值的影响，具有稳健性。

（2）中位数既可根据数量标志求得，也可根据品质标志求得。例如，学生成绩考核可以用分数评价，也可以用优、良、中、及格、不及格的等级评价，两种都可以计算中位数。

（3）各单位标志值与中位数的离差绝对值之和为最小值。利用中位数这一性质，可以解决一些实际问题。例如，要在一条街道上开设药店，使该店到居民户的距离总和为最短等。

（4）对某些不具有数学特点或不能用数字测定的现象，可用中位数求其一般水平。例如，印染企业对某种着色或规格按不同深浅排列或按不同大小排列，可以求出其中位数色泽或中位数规格。

## 5.1.4  平均指标计算方法评价

前面介绍了五种平均指标计算方法，即数据集中趋势指标中的算术平均数、调和平均数和几何平均数，位置集中趋势指标中的众数和中位数。这五种集中趋势指标各有特点，各有不同的应用范围，在应用中究竟使用哪一种平均指标来反映现象的集中趋势，要根据资料的性质、特点及研究目的来确定。

**1. 三种数值平均数的特点与关系**

（1）算术平均数的特点。算术平均数是数据集中趋势的最主要测度值，处于核心与基础地位。由于算术平均数是根据全部指标值来计算的，所以算术平均数是最严密、最可靠的平均数，算术平均数的应用范围也最广。同时，算术平均数易受极端值的影响，当变量值中有异常的极大值或极小值时，常常会削弱其代表性。此外，当变量数列中存在开口组时，由于开口组的组中值是根据假定与邻组组距相同来计算的，会影响平均数的代表性。

（2）调和平均数的特点。调和平均数作为算术平均数的一种变形，通常是在不能直接用算术平均数计算集中趋势指标时使用。但调和平均数的语义不够明晰，使用没有算术平均数方便，也容易受极端值的影响，当存在一个标志值为零时，就无法计算调和平均数，因此，其应用范围较窄。

（3）几何平均数的特点。几何平均数适合在各比率的连乘积等于总比率的条件下计算。几何平均数应用性较强，但应用条件的局限性也最大，在各数据连乘没有实际意义，或者数列中有一项为零时，几何平均数的计算就没有意义了。

（4）数值平均数的关系。从数量关系上来看，根据同一资料计算算术平均数、调和平均数和几何平均数，其计算结果有以下关系：

$$调和平均数\leqslant几何平均数\leqslant算术平均数$$

只有在资料中所有的标志值都相等，即 $x_1=x_2=\cdots=x_n$ 时，三种平均数计算才相等。

$$调和平均数＝几何平均数＝算术平均数$$

在经济和社会领域的实际问题中，所有指标值都相等是比较罕见的。因此，一定要区分各种平均指标的应用条件，正确选择方法计算平均指标。

**2. 数值平均数与位置平均数的关系**

算术平均数、众数和中位数都是用于反映总体的一般水平或分布的集中趋势的代表值，但它们的计算方法不同，具体含义有异，且具有各自的特点。

（1）众数和中位数是由所处的特殊位置确定的，而算术平均数是由数列所有变量值计算的，所以算术平均数对数据的概括能力比众数、中位数更完整。

（2）算术平均数易受数列中极端值的影响，中位数和众数几乎不受极端值的影响。

（3）对数据的量化尺度要求不同，算术平均数要求最高，它只适用于定距尺度和定比尺度的数据;中位数次之,它还适用于定序尺度的数据;众数对数据的计量尺度没有严格的限制,除上述的三种计量尺度外,众数甚至适用于定类尺度的数据。

(4) 算术平均数、众数和中位数的结果差异受到统计资料的分布影响,如图 5-3 所示。

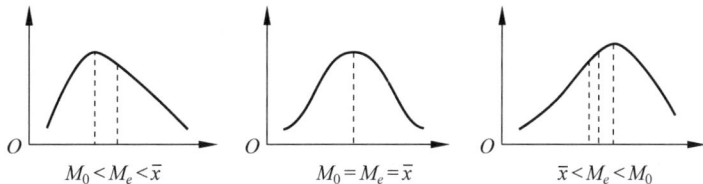

$$M_0 < M_e < \bar{x} \qquad M_0 = M_e = \bar{x} \qquad \bar{x} < M_e < M_0$$

图 5-3　众数、中位数和算术平均数的大小比较

当统计资料的分布曲线是对称的钟形分布时,算术平均数、中位数和众数三者相等。

在非对称分布的情况下,众数、中位数和算术平均数三者的差别取决于分布的偏斜程度,分布偏斜的程度越大,它们之间的差别越大。当次数分配呈右偏(正偏)时,算术平均数受极大值影响,就有 $M_0 < M_e < \bar{x}$;当次数分配呈左偏(负偏)时,算术平均数受极小值的影响,有 $\bar{x} < M_e < M_0$。中位数则总是介于众数和算术平均数之间。

英国统计学家皮尔逊提出,存在轻微偏斜的情况下,众数、中位数和算术平均数数量关系的经验公式为

$$\bar{x} - M_0 \approx 3(\bar{x} - M_e)$$

利用这个关系式,可以从已知的两个平均指标来推算另一个平均指标。

例如,某工厂生产的一批产品中,产品规格的平均数为 401.5 克,众数为 400 克,试估计其中位数,并判定其偏斜方向。

根据已知 $\bar{x} = 401.5, M_0 = 400$,

$$401.5 - 400 \approx 3(401.5 - M_e)$$

得到

$$M_e \approx 401$$

由于 $M_0 < M_e < \bar{x}$,可以判定该批产品的规格分布为右偏。

**【同步思考 5-1】**

1. 简单算术平均数与加权算术平均数有什么不同? 它们分别适用于哪些场合?

2. 平均指标与强度相对指标有什么异同? 下列指标中,哪些是平均指标,哪些是强度相对指标? 人均粮食产量、人均粮食消费量、平均每一工人生产产量、平均每一工人月收入、人均住房面积。

3. 哪些情况下,无法计算调和平均数? 如果变量数列中有异常的极大值或极小值,对于中位数或众数的计算是否有影响?

4. 数值平均数和位置平均数有什么异同?

5. 在非对称分布的情况下,众数、中位数和算术平均数三者的差别取决于分布偏斜的程度。算术平均数比众数大还是比众数小与次数分配偏斜有哪些关系?

视频 5　平均工资增长

# 5.2 数据分布的离中程度

平均指标是统计总体中各单位某一数量标志值的一般水平,它反映了总体各单位变量值分布的集中趋势。然而,平均指标不能够体现标志值间的差异性,无法判断平均指标的代表性。通过总体分布离中程度的测定来判断平均指标的代表性是常用的方式,本节将介绍几种常见的标志变异指标来说明离中趋势的测定。

## 5.2.1 标志变异指标概述

### 1. 标志变异指标的含义

标志变异指标也称离中趋势指标,它是反映各单位标志值之间差异程度大小的指标,能概括地反映总体中各单位的离中趋势或变异状况。标志变异指标,能够刻画总体分布的离散程度,变异指标值越大,表明总体各单位标志值的离散程度越大;反之,则越小。

通过不同方法和公式来呈现分布的离中趋势,常见的变异指标有极差、分位差、方差、标准差、变异系数等。

### 2. 标志变异指标的作用

在统计分析中,平均指标和变异指标互相补充,相互结合加以运用,才能完整地说明总体分布特征。

1)衡量平均指标的代表性

标志变异指标大,说明总体各单位间的离散程度大,则平均指标的代表性就小;相反,标志变异指标小,则平均指标代表性就大。也就是说,平均指标是否能够很好地反映总体分布的集中程度,取决于标志变异指标的大小。

例如,两个班级参与比赛,五个问题中回答正确的题目个数分别如下。

甲班:25　30　35　40　45

乙班:11　23　35　47　59

经计算可知,两个班级的平均正确题目数均为35道。但结合各单位标志变异程度看,甲班学生五个问题的回答正确题目数差别不大,而乙班学生五个问题的回答正确题目数相差较大,如图5-4所示。可见,当以平均指标作为总体某一数量标志代表值时,应结合标志变异程度指标判断其代表性大小。

2)反映社会生产和其他经济活动的均衡性或稳定性强弱

标志变异指标大,说明总体各单位间的离散程度大,产品质量不稳定或不均衡;相反,标志变异指标小,则说明产品质量稳定性好或生产的均衡性强。

例如,两家企业销售额计划完成情况资料如表5-15所示。

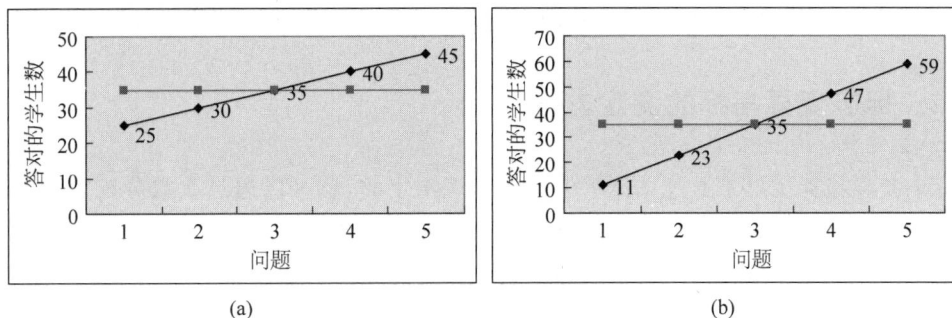

图 5-4　两个班级的答题情况

（a）甲班；（b）乙班

注：黑色点和线代表回答正确的数量，灰色点和线代表回答正确数的平均数。

表 5-15　两家企业销售额计划完成情况资料

| 企业 | 计划数 | 实际数 | 第一季度 | | 第二季度 | | 第三季度 | | 第四季度 | |
| --- | --- | --- | --- | --- | --- | --- | --- | --- | --- | --- |
| | | | 绝对数 | 比重/% | 绝对数 | 比重/% | 绝对数 | 比重/% | 绝对数 | 比重/% |
| 甲 | 4 000 | 4 000 | 600 | 15.00 | 800 | 20.00 | 1 200 | 30.00 | 1 400 | 35.00 |
| 乙 | 6 000 | 6 000 | 1 500 | 25.00 | 1 600 | 26.67 | 1 400 | 23.33 | 1 500 | 25.00 |

从表 5-15 中可以看出两家企业的销售计划虽然都已完成，但两者计划执行过程的情况则不相同：乙企业各季度的销售情况较为均衡，而甲企业则存在前松后紧的情况，各季度销售变动幅度较大。如果不存在季节变动等其他因素的影响，乙企业销售情况比甲企业稳定性更好。

在较多经济运行环节，尤其是经营活动中，如产品的质量控制（电子元件的耐用时间）、轮船的行驶里程等，测定其标志变异程度，都可以判断相应质量的稳定性。

3）判断总体单位标志值分布特征

一般来说，标志变异指标大，总体单位标志值离中程度越大，分布越分散，其分布曲线越平坦；标志变异指标小，总体单位标志值离中程度越小，分布越集中，其分布曲线越陡峭，如图 5-5 所示。

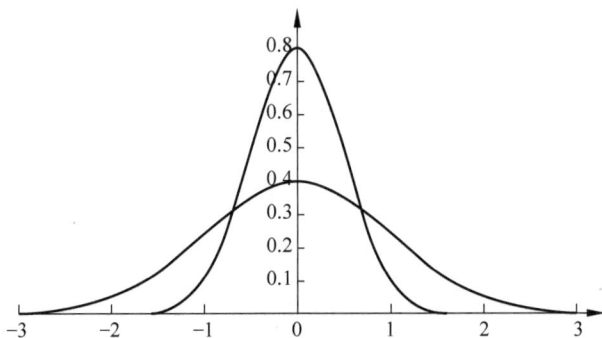

图 5-5　标志变异指标的分布曲线差异

4）衡量统计推断的效果

标志变异指标可以用来判断抽样推断的误差大小，并且给出置信区间的求解公式，同时,它也为各种统计检验提供了理论基础。这些内容将在"抽样推断"等章节再做详细介绍。

## 5.2.2　标志变异指标的测定方法

标志变异指标主要是通过总体单位的标志值测定的,也可以通过次数分配表粗略反映标志变动情况。测定标志变异指标的方法主要有极差、平均差、方差和标准差、变异系数(平均差系数和标准差系数),其中最常用的是标准差和标准差系数,如图 5-6 所示。

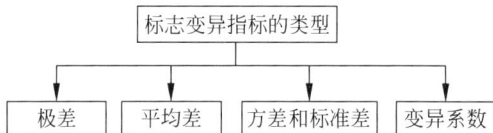

图 5-6　标志变异指标的类型

### 1.极差

极差又称全距,是指在总体各单位标志值中,最大标志值与最小标志值的差值。其计算公式为

$$极差 = 最大标志值 - 最小标志值$$

极差大,表明标志值的变动幅度大,标志变异度大,所对应的平均数代表性小,或生产均衡性、稳定性差。相反,变动幅度小,标志变异度小,所对应的平均数代表性大,或生产均衡性、稳定性强。

例如,两个班级参与比赛,五个问题中回答正确的题目个数分别如下。

甲班:22　24　25　26　28

乙班:15　　20　25　30　35

从平均数的角度看:

$$\bar{x}_甲 = \frac{\sum\limits_{i=1}^{5} x_i}{5} = 25(道)$$

$$\bar{x}_乙 = \frac{\sum\limits_{i=1}^{5} x_i}{5} = 25(道)$$

即两个班级的正确题目数是相同的,但其标志变异指标——极差是不同的:

$$甲班极差 = 28 - 22 = 6(道)$$
$$乙班极差 = 35 - 15 = 20(道)$$

由计算结果可知,甲班极差小,乙班极差大。这说明甲班正确题目数的平均数 25 道代表性大,更能够反映甲班学生的答题正确数目情况;乙班的 25 道代表性小,不能很好地反映乙班的情况。

极差的优点是计算直观简便、容易理解;不足之处是它只以两个极端的标志值计算,而没有考虑总体内部的分布状况,不能充分利用变量数列的全部信息。

如果有两个变量数列的分布情况很近似,其中一个数列存在比较异常的极大值或极小值,则两个数列的极差将会有较大的差异,然而两个总体实际的离中程度并没有明显的差异;或两个数列的极差虽然相同,但它们中间的标志值差异情况可能相差较大,则具有相同极差的两个总体的实际离中程度较大。这两种情况,极差都不能准确反映总体分布离中程度度,因此极差作为标志变异指标有一定缺陷。

**2. 平均差**

平均差,是指总体单位标志值与其算术平均数离差绝对值的算术平均数。根据算术平均数的性质,总体单位标志值与算术平均数的离差之和等于零,即 $\sum (x_i - \bar{x}) = 0$,因此,在定义平均差时,需采用离差的绝对值。

平均差能够综合反映总体单位标志变动的影响,能够反映各标志值与算术平均数之间的平均差异。平均差越大,各标志值与算术平均数的差异程度越大,该算术平均数的代表性就越小;相反,平均差越小,各标志值与算术平均数的差异程度越小,该算术平均数的代表性就越大。

根据统计资料分组情况不同,平均差分为简单平均差与加权平均差。

1) 简单平均差

简单平均差是在资料未分组时,测定标志变异程度的方法。其计算公式为

$$A.D = \frac{\sum\limits_{i=1}^{n} |x_i - \bar{x}|}{n}$$

式中,A.D 表示平均差;$n$ 表示总体单位数;$x_i$ 表示指标值;$\bar{x}$ 表示算术平均数。

例如,两个班级参与比赛,五个问题中回答正确的题目个数分别如下。

甲班:22　24　25　26　28

乙班:15　20　25　30　35

计算算术平均数:

$$\bar{x}_{甲} = \frac{\sum\limits_{i=1}^{5} x_i}{5} = 25(道)$$

$$\bar{x}_{乙} = \frac{\sum\limits_{i=1}^{5} x_i}{5} = 25(道)$$

计算平均差:

$$A.D_{甲} = \frac{\sum\limits_{i=1}^{n} |x_i - \bar{x}|}{n} = \frac{|22-25|+|24-25|+|25-25|+|26-25|+|28-25|}{5}$$
$$= 1.6(道)$$

$$A.D_{乙} = \frac{\sum\limits_{i=1}^{n} |x_i - \bar{x}|}{n} = \frac{|15-25|+|20-25|+|25-25|+|30-25|+|35-25|}{5}$$
$$= 6(道)$$

由计算结果可知,甲班平均差小,乙班平均差大。这说明甲班正确题目数的平均数 25 道代表性大,更能够反映甲班学生的答题正确数目情况;乙班的 25 道代表性小,不能很好地反映乙班的情况。

2)加权平均差

加权平均差是在资料已分组且各组次数不等时,测定标志变异程度的方法。其计算公式为

$$A.D = \frac{\sum_{i=1}^{n} |x_i - \bar{x}| f_i}{\sum_{i=1}^{n} f_i}$$

式中,A.D 表示平均差;$n$ 表示总体单位数;$x_i$ 表示标志值;$\bar{x}$ 表示算术平均数;$f_i$ 表示各组标志值的次数。

例如,某门课程考试成绩资料如表 5-16 所示。

表 5-16　某门课程考试成绩资料

| 成绩($x_i$)/分 | 学生数($f_i$)/人 | $x_i f_i$ | $|x_i - \bar{x}|$ | $|x_i - \bar{x}| f_i$ |
|---|---|---|---|---|
| 54 | 10 | 540 | 17 | 170 |
| 60 | 14 | 840 | 11 | 154 |
| 66 | 22 | 1 452 | 5 | 110 |
| 74 | 28 | 2 072 | 3 | 84 |
| 80 | 12 | 960 | 9 | 108 |
| 86 | 10 | 860 | 15 | 150 |
| 94 | 4 | 376 | 23 | 92 |
| 合计 | 100 | 7 100 | — | 868 |

└─── 已知资料 ───┘ └─────── 计算栏 ───────┘

考试成绩的加权算术平均数:

$$\bar{x} = \frac{\sum_{i=1}^{n} x_i f_i}{\sum_{i=1}^{n} f_i} = \frac{7\ 100}{100} = 71(分)$$

考试成绩的加权平均差:

$$A.D = \frac{\sum_{i=1}^{n} |x_i - \bar{x}| f_i}{\sum_{i=1}^{n} f_i} = \frac{868}{100} = 8.68(分)$$

通过以上计算可以看出,平均差是在对所有标志值与其算术平均数离差的基础上计算出来的。因此,它比极差更能全面地反映总体的离中趋势。但是,由于平均差采用取绝对值的方法计算,在代数运算上存在较大困难,所以在统计研究中很少使用。

**3. 方差和标准差**

方差($\sigma^2$),是指总体单位的标志值与其算术平均数离差平方的算术平均数。标准差($\sigma$)是方差的平方根,又称均方差。

方差与标准差利用了算术平均数的数学性质 $\sum (x_i - \overline{x})^2$ 最小,因此,它们是测定标志变异程度最灵敏的指标,也是测定标志变异程度最常用的指标。

标准差的内涵与平均差相似,也是各个标志值与其算术平均数的平均离差,但在数学处理上比平均差的性质更好。通过平方的方法消除离差的负号,再计算各项离差的平方,然后计算它们的算术平均数,最后开方。

根据统计资料分组情况,方差和标准差分为简单平均式与加权平均式两种。

1) 简单平均式方差和标准差

简单平均式,是在资料未分组时计算方差和标准差的一种方法。其计算公式为

方差

$$\sigma^2 = \frac{\sum_{i=1}^{n} (x_i - \overline{x})^2}{n}$$

标准差

$$\sigma = \sqrt{\frac{\sum_{i=1}^{n} (x_i - \overline{x})^2}{n}}$$

式中,$n$ 表示总体单位数;$x_i$ 表示标志值;$\overline{x}$ 表示算术平均数。

标准差的计算步骤如下。

(1) 计算算术平均数 $\overline{x}$。

(2) 计算每个标志值与算术平均数的离差 $x_i - \overline{x}$。

(3) 计算离差的平方和 $\sum_{i=1}^{n} (x_i - \overline{x})^2$。

(4) 计算离差平方的算术平均数,并求方根 $\sqrt{\dfrac{\sum_{i=1}^{n} (x_i - \overline{x})^2}{n}}$。

例如,某工厂生产产品的日产量资料如表 5-17 所示,计算日产量的标准差。

表 5-17  某工厂生产产品的日产量资料

| 日产量($x_i$)/件 | 离差 $x_i - \overline{x}$ | 离差平方($x_i - \overline{x}$)$^2$ |
| --- | --- | --- |
| 20 | $-40$ | 1 600 |
| 40 | $-20$ | 400 |
| 60 | 0 | 0 |
| 80 | 20 | 400 |
| 100 | 40 | 1 600 |
| 合计 | — | 4 000 |

算术平均数:

$$\overline{x} = \frac{\sum_{i=1}^{5} x_i}{5} = 60 (件)$$

标准差:

$$\sigma^2 = \frac{\sum\limits_{i=1}^{n}(x_i - \bar{x})^2}{n} = \frac{4\,000}{5} = 800(件)$$

$$\sigma = \sqrt{\frac{\sum\limits_{i=1}^{n}(x_i - \bar{x})^2}{n}} = \sqrt{\frac{4\,000}{5}} \approx 28.3(件)$$

2）加权平均式方差和标准差

加权平均式,是在资料已分组条件下计算方差和标准差的一种方法(在实际工作中的统计资料经常是分组资料)。其计算公式为

方差
$$\sigma^2 = \frac{\sum\limits_{i=1}^{n}(x_i - \bar{x})^2 f_i}{\sum\limits_{i=1}^{n} f_i}$$

标准差
$$\sigma = \sqrt{\frac{\sum\limits_{i=1}^{n}(x_i - \bar{x})^2 f_i}{\sum\limits_{i=1}^{n} f_i}}$$

式中,$n$ 表示总体单位数;$x_i$ 表示标志值;$\bar{x}$ 表示算术平均数;$f_i$ 表示各分组的次数。

例如,比较两个车间的日产量。甲车间工人的平均日产量为 42 千克,标准差为 5.6 千克;乙车间工人的产量资料如表 5-18 所示,计算乙车间工人的平均日产量及标准差。

表 5-18　乙车间工人的产量资料

| 工人日产量/千克 | 工人数($f_i$)/人 | 组中值 $x_i$ | 总产量 $x_i f_i$ | 离差 $x_i - \bar{x}$ | 离差平方 $(x_i - \bar{x})^2$ | 离差平方×次数 $(x_i - \bar{x})^2 f_i$ |
|---|---|---|---|---|---|---|
| 20～30 | 10 | 25 | 250 | −17 | 289 | 2 890 |
| 30～40 | 70 | 35 | 2 450 | −7 | 49 | 3 430 |
| 40～50 | 90 | 45 | 4 050 | 3 | 9 | 810 |
| 50～60 | 30 | 55 | 1 650 | 13 | 169 | 5 070 |
| 合计 | 200 | — | 8 400 | — | — | 12 200 |

└────── 已 知 资 料 ──────┘ └────── 计 算 栏 ──────┘

乙车间日产量的平均数:

$$\bar{x} = \frac{\sum\limits_{i=1}^{n} x_i f_i}{\sum\limits_{i=1}^{n} f_i} = \frac{8\,400}{200} = 42(千克)$$

乙车间日产量的标准差:

$$\sigma^2 = \frac{\sum\limits_{i=1}^{n}(x_i - \bar{x})^2 f_i}{\sum\limits_{i=1}^{n} f_i} = \frac{12\,200}{200} = 61(千克)$$

$$\sigma = \sqrt{\frac{\sum\limits_{i=1}^{n}(x_i - \overline{x})^2 f_i}{\sum\limits_{i=1}^{n} f_i}} = \sqrt{\frac{12\ 200}{200}} \approx 7.8(千克)$$

计算结果表明两个车间平均日产量均为 42 千克,然而乙车间的标准差为 7.8 千克,大于甲车间的标准差 5.6 千克,说明乙车间工人平均日产量的代表性小于甲车间。

标准差就其统计意义而言,与平均差基本相同,也是根据总体所有单位的标志值计算出来的,可以全面反映总体各单位标志值的变异程度。由于它不必要用绝对值来计算,在数学处理上比平均差更合理,也更优越,所以在统计分析中,它是测定标志变异程度的最重要、最常用的指标。

需要指出,用标准差衡量两个总体平均数代表性大小,是在两个总体平均数比较相近的前提下。然而,在实际社会经济活动中,总体间的标志平均数经常不相等,甚至相差较大,这是标准差在实际运用中的局限。

### 4．变异系数

极差、平均差、标准差等各种标志变异指标,都与它们相应的平均指标有相同的计量单位。这些变异指标的大小不仅取决于总体的变异程度,而且与标志值绝对水平的高低、计量单位的不同有关。例如,比较两个车间的产量时,分别使用千克和克作为单位,则会产生 1 000 倍的差异。所以,对上述标志变异指标在不同水平、不同计量单位的情况下,做无量纲化处理再比较是更加合理的。

1）变异系数的含义

变异系数也称离散系数,是指用标志变异指标与相应平均指标的比值,来反映标志值离中程度的相对指标。该指标数值大,标志值离中程度大,其平均数代表性小;相反,指标数值小,标志值离中程度小,其平均数代表性大。

例如,将极差与其平均数相比,就得到极差系数;将平均差与其平均数相比,就得到平均差系数;将标准差与其平均数相比,就得到标准差系数。其中,最常用的变异系数是标准差系数。

2）标准差系数的计算

标准差系数是标准差与其算术平均数之比,用来说明现象离中的相对程度。其计算公式为

$$V = \frac{\sigma}{\overline{x}} \times 100\%$$

式中,$V$ 表示标准差系数;$\sigma$ 表示标准差;$\overline{x}$ 表示算术平均数。

标准差系数可以比较计量单位相同或相异或平均数不相等的两个或多个变量数列的离中程度。标准差系数数值的大小与相应的平均数代表性的大小呈反比关系,即标准差系数大,其平均数代表性小;相反,标准差系数小,则其平均数代表性大。

例如,比较工厂两个车间的工人日产量,两个车间均有 100 名工人。两车间工人的平均日产量情况如表 5-19 所示。

表 5-19　两车间工人的平均日产量情况

| 日产量($x_i$)/件 | 人数($f_i$)/人 | | 组中值 | $x_i f_i$ | | $(x_i-\bar{x})^2 f_i$ | |
| --- | --- | --- | --- | --- | --- | --- | --- |
| | 一车间 | 二车间 | | 一车间 | 二车间 | 一车间 $\bar{x}=63$ | 二车间 $\bar{x}=57$ |
| 20～40 | 10 | 15 | 30 | 300 | 450 | 10 890 | 10 935 |
| 40～60 | 30 | 40 | 50 | 1 500 | 2 000 | 5 070 | 1 960 |
| 60～80 | 45 | 40 | 70 | 3 150 | 2 800 | 2 205 | 6 760 |
| 80～100 | 15 | 5 | 90 | 1 350 | 450 | 10 935 | 5 445 |
| 合计 | 100 | 100 | — | 6 300 | 5 700 | 29 100 | 25 100 |

└——————— 已 知 资 料 ———————┘　　└——————— 计算栏 ———————┘

由以上资料可以算出：

一车间工人平均日产量为

$$\bar{x}_1 = \frac{\sum_{i=1}^{n} x_i f_i}{\sum_{i=1}^{n} f_i} = \frac{6\ 300}{100} = 63（件）$$

二车间工人平均日产量为

$$\bar{x}_2 = \frac{\sum_{i=1}^{n} x_i f_i}{\sum_{i=1}^{n} f_i} = \frac{5\ 700}{100} = 57（件）$$

通过观察可以看出一车间工人平均日产量比二车间高。再比较两车间工人平均日产量更具有代表性。

一车间工人平均日产量标准差为

$$\sigma_1 = \sqrt{\frac{\sum_{i=1}^{n} (x_i - \bar{x})^2 f_i}{\sum_{i=1}^{n} f_i}} = \sqrt{\frac{29\ 100}{100}} \approx 17.1（件）$$

二车间工人平均日产量标准差为

$$\sigma_2 = \sqrt{\frac{\sum_{i=1}^{n} (x_i - \bar{x})^2 f_i}{\sum_{i=1}^{n} f_i}} = \sqrt{\frac{25\ 100}{100}} \approx 15.8（件）$$

由计算结果发现，一车间标准差大于二车间标准差，可得出一车间平均数代表性差的结论。由于两车间的工人平均日产量不相等，用标准差来判断平均数的代表性未必准确，因此，这里再使用标准差系数来判断两个车间的离中程度。

一车间工人平均日产量标准差系数为

$$V_1 = \frac{\sigma_1}{\bar{x}_1} \times 100\% = \frac{17.1}{63} \times 100\% \approx 27.14\%$$

二车间工人平均日产量标准差系数为

$$V_2 = \frac{\sigma_2}{\bar{x}_2} \times 100\% = \frac{15.8}{57} \times 100\% \approx 27.72\%$$

因为 $V_1 < V_2$，故从标准差系数来看，一车间工人平均日产量代表性比二车间高。

标准差系数的重要特点是不受计量单位和标志值平均水平的影响，它消除了不同总体之间在计算单位、平均水平方面差异带来的不可比性。

**【同步思考 5-2】**

1. 标志变异指标有哪些方法来衡量总体分布的离中程度？

2. 标志变异指标是用来反映总体分布的离散程度或变异状况的，也是用来反映平均指标代表性大小的指标。那么，标志变异指标能用来反映和衡量众数和中位数代表性大小吗？

3. 变异指标值越大，表明总体各单位标志值的变异程度越大，平均数代表性越小。那么，当两个平均数不等时用标准差能够比较和衡量其平均数代表性大小吗？应当如何比较？

> 拓展阅读 5　平均受教育年限

# 5.3　数据分布的偏态与峰度

总体分布的集中趋势和离中趋势是总体分布的两个重要方面，然而它们不是数据分布特征的全部信息。例如，总体的数据分布是否对称，如果偏斜的话，偏斜的方向和程度；数据分布扁平的程度等信息都需要对数据分布形态进行判断和描述。这里将主要介绍偏态和峰度两个指标。

## 5.3.1　偏态

### 1. 偏态的含义

偏态，是指数据分布呈现偏斜的方向和程度。在介绍数值平均数和位置平均数的内容时，讨论过算术平均数、中位数和众数的大小关系体现的数据分布的偏斜特征。当次数分配呈右偏（正偏）时，算术平均数受极大值影响，就有 $M_0 < M_e < \bar{x}$；当次数分配呈左偏（负偏）时，算术平均数受极小值的影响，有 $\bar{x} < M_e < M_0$。但是，这里并没有说明偏斜的程度如何测度，为了测度数据分布的偏斜程度，需要介绍偏态系数。

### 2. 偏态系数

偏态系数，是指测度数据分布偏态程度的统计量。由于掌握的资料不同，针对未分组和分组情况，偏态系数有两种不同的计算方法。

1）未分组资料的偏态系数

计算公式：

$$SK = \frac{\sum\limits_{i=1}^{n} \left( \dfrac{x_i - \bar{x}}{\sigma} \right)^3}{n}$$

式中,SK 表示偏态系数;$n$ 表示总体单位数;$x_i$ 表示标志值;$\bar{x}$ 表示算术平均数;$\sigma$ 表示标准差。

例如,某工厂生产产品的日产量资料如表 5-20 所示,计算日产量的偏态系数。

**表 5-20  某工厂生产产品的日产量资料**

| 日产量($x_i$)/件 | 离差 $x_i - \bar{x}$ | 离差平方$(x_i - \bar{x})^2$ | 离差立方$(x_i - \bar{x})^3$ |
| --- | --- | --- | --- |
| 25 | $-31$ | 961 | $-29\,791$ |
| 40 | $-21$ | 441 | $-9\,261$ |
| 50 | $-6$ | 36 | $-216$ |
| 80 | 24 | 576 | 13\,824 |
| 90 | 34 | 1\,156 | 39\,304 |
| 合计 | | 3\,170 | 13\,860 |

计算算术平均数:

$$\bar{x} = \frac{\sum\limits_{i=1}^{5} x_i}{5} = 56(件)$$

计算标准差:

$$\sigma = \sqrt{\frac{\sum\limits_{i=1}^{n}(x_i - \bar{x})^2}{n}} = \sqrt{\frac{3\,170}{5}} \approx 25.2(件)$$

计算偏态系数:

$$SK = \frac{\sum\limits_{i=1}^{n}\left(\frac{x_i - \bar{x}}{\sigma}\right)^3}{n} = \frac{13\,860}{5 \times 25.2^3} \approx 0.17$$

说明这是右偏,但是偏斜程度不大。

2)分组资料的偏态系数

计算公式:

$$SK = \frac{\sum\limits_{i=1}^{n}\left(\frac{x_i - \bar{x}}{\sigma}\right)^3 f_i}{\sum\limits_{i=1}^{n} f_i}$$

式中,SK 表示偏态系数;$n$ 表示总体单位数;$x_i$ 表示标志值;$\bar{x}$ 表示算术平均数;$\sigma$ 表示标准差;$f_i$ 表示各分组的次数。

例如,某车间工人的日产量资料如表 5-21 所示,计算车间工人的平均日产量的偏态系数。

**表 5-21  某车间工人的日产量资料**

| 日产量($x_i$)/件 | 工人数($f_i$)/人 | 总产量 $x_i f_i$ | 离差 $x_i - \bar{x}$ | $(x_i - \bar{x})^2 f_i$ | $(x_i - \bar{x})^3 f_i$ |
| --- | --- | --- | --- | --- | --- |
| 15 | 25 | 375 | $-1.25$ | 39.062\,5 | $-48.828\,125$ |
| 16 | 39 | 624 | $-0.25$ | 2.437\,5 | $-0.609\,375$ |
| 17 | 25 | 425 | 0.75 | 14.062\,5 | 10.546\,875 |
| 18 | 8 | 144 | 1.75 | 24.5 | 42.875 |
| 19 | 3 | 57 | 2.75 | 22.687\,5 | 62.390\,625 |
| 合计 | 100 | 1\,625 | — | 102.75 | 66.375 |

算术平均数：

$$\bar{x} = \frac{\sum_{i=1}^{n} x_i f_i}{\sum_{i=1}^{n} f_i} = \frac{1\,625}{100} = 16.25(件)$$

标准差：

$$\sigma = \sqrt{\frac{\sum_{i=1}^{n} (x_i - \bar{x})^2 f_i}{\sum_{i=1}^{n} f_i}} = \sqrt{\frac{102.75}{100}} \approx 1.01(件)$$

偏态系数：

$$SK = \frac{\sum_{i=1}^{n} \left(\frac{x_i - \bar{x}}{\sigma}\right)^3 f_i}{\sum_{i=1}^{n} f_i} = \frac{66.375}{100 \times 1.01^3} \approx 0.64$$

说明这是右偏,中度偏态分布。

### 3．偏态的判定标准

偏态方向由 SK 的正负确定,当 SK>0 时,数据分布为右偏;当 SK<0 时,数据分布为左偏。

偏态的程度按照偏度系数的大小以 0.5 和 1 为标准,当|SK|>1 时,为高度偏态分布;当 0.5<|SK|≤1 时,为中度偏态分布;当|SK|≤0.5 时,为轻微偏态分布。偏态系数为 0 时,数据是对称分布。

## 5.3.2　峰度

### 1．峰度的含义

峰度,是指数据分布与标准正态分布比较,呈现出的尖峰或者平峰的程度。当数据分布曲线高于标准正态分布的峰顶,则为尖峰分布;当数据分布曲线低于标准正态分布的峰顶,则为平峰分布;当数据分布曲线等于标准正态分布的峰顶,则为标准峰度分布。为了测度数据分布的峰度,需要介绍峰度系数。

### 2．峰度系数

峰度系数,是指测度数据分布峰度的统计量。由于掌握的资料不同,针对未分组和分组情况,峰度系数有两种不同的计算方法。

1) 未分组资料的峰度系数

计算公式：

$$K = \frac{\sum_{i=1}^{n} \left(\frac{x_i - \bar{x}}{\sigma}\right)^4}{n} - 3$$

式中,$K$ 表示峰度系数；$n$ 表示总体单位数；$x_i$ 表示标志值；$\bar{x}$ 表示算术平均数；$\sigma$ 表示标准差。

例如,某工厂生产产品的日产量资料如表 5-20 所示,计算日产量的峰度系数。

前面已经得到:算术平均数为 $\bar{x}=56$(件),标准差为 $\sigma \approx 25.2$(件)。

峰度系数:

$$K = \frac{\sum\limits_{i=1}^{n} \left( \dfrac{x_i - \bar{x}}{\sigma} \right)^4}{n} - 3 = \frac{2\ 787\ 410}{5 \times 25.2^4} - 3 \approx -1.62$$

$K < 0$,说明数据分布是平峰,比较标准正态分布更偏平,数据更分散。

2)分组资料的峰度系数

计算公式:

$$K = \frac{\sum\limits_{i=1}^{n} \left( \dfrac{x_i - \bar{x}}{\sigma} \right)^4 f_i}{\sum\limits_{i=1}^{n} f_i} - 3$$

式中,$K$ 表示峰度系数;$n$ 表示总体单位数;$x_i$ 表示标志值;$\bar{x}$ 表示算术平均数;$\sigma$ 表示标准差;$f_i$ 表示各分组的次数。

例如,某车间工人的日产量资料如表 5-21 所示,计算车间工人的平均日产量的峰度系数。

前面已经得到:算术平均数为 $\bar{x}=16.25$(件),标准差为 $\sigma \approx 1.01$(件)。

峰度系数:

$$K = \frac{\sum\limits_{i=1}^{n} \left( \dfrac{x_i - \bar{x}}{\sigma} \right)^4 f_i}{\sum\limits_{i=1}^{n} f_i} - 3 = \frac{315.7}{100 \times 1.01^4} - 3 \approx 0.03$$

$K > 0$,说明数据分布是尖峰,其数值比较接近 0,接近标准正态分布的峰度。

**3. 峰度的判定标准**

峰度系数 $K$ 的正负,决定了数据分布是尖峰、平峰或者标准分布。当 $K > 0$ 时,数据分布曲线高于标准正态分布的尖峰分布;当 $K < 0$ 时,数据分布曲线低于标准正态分布的平峰分布;当 $K$ 接近 0 时,数据分布曲线接近标准正态分布的峰度。

**【同步思考 5-3】**

1. 偏态主要反映数据分布的哪些特征?偏态系数是如何判断数据分布的偏态程度的?
2. 峰度主要反映数据分布的哪些特征?它和标准正态分布有什么关系?

# 5.4  Excel 在数据描述中的应用

常用的描述统计指标有算术平均数、调和平均数、几何平均数、中位数、众数、全距、标准差和标准差系数等。以 3.5 节的 A 餐馆前 50 次消费的人均消费额数据为例,计算各描述统计指标。

利用 Excel 来计算各种描述统计指标,可以有两种方法:一种是利用"数据分析"中的"描述统计"工具来计算各种描述统计指标,另一种是利用函数方法来计算各种描述统计指标。

### 5.4.1　利用“描述统计”分析工具来计算

（1）将数据整理为一列或一行，单击“数据”选项卡，在“分析”组中选择“数据分析”选项，从其对话框中选择“描述统计”选项，单击“确定”按钮后，打开“描述统计”对话框，在“输入区域”中输入数据所在的单元格，即“$A$1:$A$50”，在“输出区域”中可选择“$D$5”，其他复选项可根据需要选定，如图 5-7 所示。

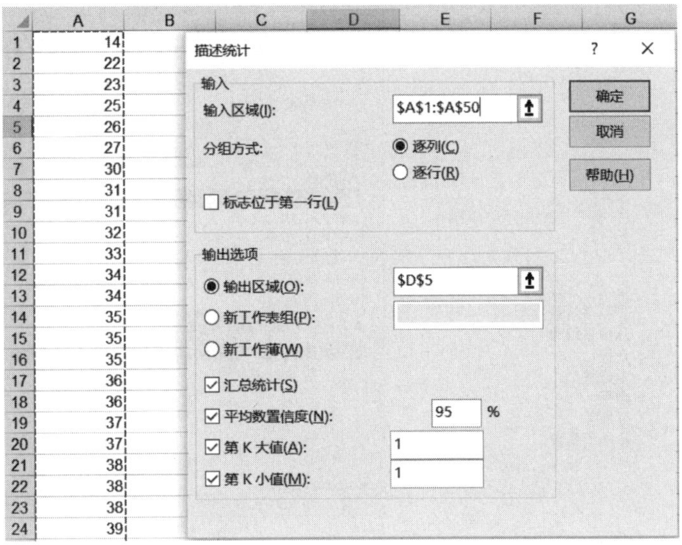


图 5-7　描述统计分析工具

（2）单击“确定”，则得到输出结果，如图 5-8 所示。

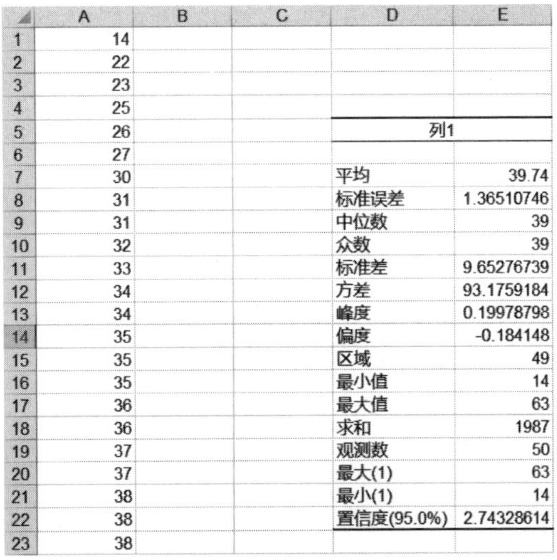

| | A | B | C | D | E |
|---|---|---|---|---|---|
| 1 | 14 | | | | |
| 2 | 22 | | | | |
| 3 | 23 | | | | |
| 4 | 25 | | | | |
| 5 | 26 | | | 列1 | |
| 6 | 27 | | | | |
| 7 | 30 | | | 平均 | 39.74 |
| 8 | 31 | | | 标准误差 | 1.36510746 |
| 9 | 31 | | | 中位数 | 39 |
| 10 | 32 | | | 众数 | 39 |
| 11 | 33 | | | 标准差 | 9.65276739 |
| 12 | 34 | | | 方差 | 93.1759184 |
| 13 | 34 | | | 峰度 | 0.19978798 |
| 14 | 35 | | | 偏度 | -0.184148 |
| 15 | 35 | | | 区域 | 49 |
| 16 | 35 | | | 最小值 | 14 |
| 17 | 36 | | | 最大值 | 63 |
| 18 | 36 | | | 求和 | 1987 |
| 19 | 37 | | | 观测数 | 50 |
| 20 | 37 | | | 最大(1) | 63 |
| 21 | 38 | | | 最小(1) | 14 |
| 22 | 38 | | | 置信度(95.0%) | 2.74328614 |
| 23 | 38 | | | | |

图 5-8　实验结果(1)

输出结果中，“平均”表示的是算术平均数，“区域”表示的是全距。

### 5.4.2 利用统计函数来计算

（1）将描述统计量输入任意单元格，本例中输入区域为 C4：C10，如图 5-9 所示。

（2）选中 D4 单元格，单击插入函数按钮，在插入函数对话框中选择"统计"类函数，再选择函数"AVERAGE"，如图 5-10 所示。

图 5-9　输入各种统计指标

图 5-10　插入 AVERAGE 函数

（3）单击"确定"，在出现的对话框中，在"Value1"中输入"A1：A50"，如图 5-11 所示。

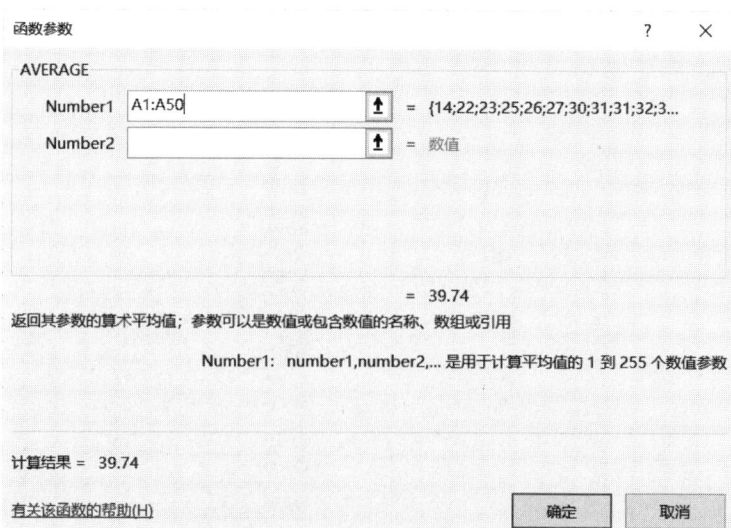

图 5-11　设置 AVERAGE 函数参数

（4）单击"确定"后，便得到算术平均数的数值，如图 5-12 所示。

按照以上步骤,分别在 D5、D6、D7、D8、D10 中输入计算调和平均数、几何平均数、众数、中位数、标准差的函数,计算出对应值。在 D9 单元格中输入"＝MAX(A1∶A50)－MIN(A1∶A50)",然后按回车键,得到全距。在 D10 单元格中输入"＝D10/D4",回车后,得到标准差系数,如图 5-13 所示。

| | A | B | C | D |
|---|---|---|---|---|
| 1 | 14 | | | |
| 2 | 22 | | | |
| 3 | 23 | | | |
| 4 | 25 | | 算术平均数 | 39.74 |
| 5 | 26 | | 调和平均数 | |
| 6 | 27 | | 几何平均数 | |
| 7 | 30 | | 众数 | |
| 8 | 31 | | 中位数 | |
| 9 | 31 | | 全距 | |
| 10 | 32 | | 标准差 | |
| 11 | 33 | | 标准差系数 | |
| 12 | 34 | | | |
| 13 | 34 | | | |
| 14 | 35 | | | |

图 5-12　平均数计算结果

| | A | B | C | D |
|---|---|---|---|---|
| 1 | 14 | | | |
| 2 | 22 | | | |
| 3 | 23 | | | |
| 4 | 25 | | 算术平均数 | 39.74 |
| 5 | 26 | | 调和平均数 | 36.88711 |
| 6 | 27 | | 几何平均数 | 38.4369 |
| 7 | 30 | | 众数 | 39 |
| 8 | 31 | | 中位数 | 39 |
| 9 | 31 | | 全距 | 49 |
| 10 | 32 | | 标准差 | 9.555752 |
| 11 | 33 | | 标准差系数 | 0.240457 |
| 12 | 34 | | | |
| 13 | 34 | | | |
| 14 | 35 | | | |

图 5-13　实验结果(2)

如果是利用分组资料计算平均数或标准差,则需要在相应的单元格中输入相应的计算公式来计算其数值。这里不再介绍了。

# 本 章 小 结

(1) 集中趋势是指一组数据向其中心靠拢的倾向,集中趋势的测度指标称为平均指标或平均数。平均指标是反映社会经济现象总体单位某一数量标志值一般水平的综合指标。平均指标可以将总体各单位某一数量标志值差异抽象化,反映现象在一定时间、地点条件下所达到的一般水平。平均指标有三个特点:同质性、抽象性和代表性。尽管各总体单位的标志值大小不一,但可以用平均指标值来代表所有标志值的水平。平均指标主要分为两类:数值平均数和位置平均数。数值平均数主要包括算术平均数、调和平均数、几何平均数;位置平均数主要包括众数和中位数。

(2) 标志变异指标也称离中趋势指标,是反映各单位标志值之间差异程度大小的指标,能概括地反映总体中各单位的离中趋势或变异状况。标志变异指标大,说明总体各单位间的离散程度大,则平均指标的代表性就小或者说明产品质量不稳定或不均衡;相反,标志变异指标小,则平均指标代表性就大或者说明产品质量稳定性好或生产的均衡性强。也就是说,平均指标是否能够很好地反映总体分布的集中程度,取决于标志变异指标的大小。常见的标志变异指标有极差、平均差、方差和标准差、变异系数等。

(3) 数据分布的对称形态、偏斜的方向和程度以及数据分布的扁平程度是反映数据分布的一个重要方面。偏态,是指数据分布呈现偏斜的方向和程度。峰度,是指数据分布与标准正态分布比较,呈现出的尖峰或者平峰的程度。偏态方向在偏态系数为正时,数据分布为右偏;反之,数据分布为左偏。偏态的程度按照偏度系数的大小以 0.5 和 1 为标准。当峰度系数为正时,数据分布是尖峰分布;当峰度系数为负时,数据分布是平峰分布;当峰度系数接近 0 时,数据分布接近标准正态分布的峰度。

(4) 利用 Excel 的统计函数和"数据分析"工具中的描述统计功能,可以便捷计算出数据的集中趋势、离散程度和分布形态相关指标。

# 思考与练习

●知识题

（1）什么是平均指标？它有什么作用？常用的平均指标有哪几种？

（2）什么是众数？什么是中位数？它们各有什么特点？

（3）算术平均数、众数和中位数各用于什么场合？

（4）什么是标志变异指标？当两个平均数不等时，常用哪种标志变异指标衡量其平均数代表性大小？为什么？

（5）什么是偏态？什么是峰度？

●实务题

1. 一车间和二车间的日产量与人数如表 5-22 所示。

表 5-22　一车间和二车间的日产量与人数

| 日产量/件 | | 人数/人 | |
|---|---|---|---|
| 一车间 | 二车间 | 一车间 | 二车间 |
| 54 | 60 | 10 | 5 |
| 60 | 64 | 14 | 10 |
| 66 | 68 | 22 | 20 |
| 74 | 72 | 28 | 35 |
| 80 | 76 | 12 | 15 |
| 86 | 80 | 10 | 11 |
| 94 | 90 | 4 | 4 |

要求：根据上述资料分别计算一车间、二车间的算术平均数。

2. 某经济学院 2023 级统计学专业学生统计学期末成绩如表 5-23 所示，试计算算术平均数、标准差。

表 5-23　某经济学院 2023 级统计学专业学生统计学期末成绩

| 按成绩分组/分 | 学生人数/人 |
|---|---|
| 60 以下 | 7 |
| 60～70 | 21 |
| 70～80 | 25 |
| 80～90 | 19 |
| 90 以上 | 8 |
| 合计 | 80 |

3. 甲、乙两地某种商品的价格和销售额资料如表 5-24 所示。

表 5-24　甲、乙两地某种商品的价格和销售额资料

| 等级 | 价格/(元/千克) | 销售额/元 | |
|---|---|---|---|
| | | 甲地 | 乙地 |
| 一等 | 1.3 | 6 500 | 13 000 |
| 二等 | 1.2 | 12 000 | 12 000 |
| 三等 | 1.1 | 5 500 | 22 000 |

要求：分别计算甲、乙两地该种商品的平均价格，说明哪个地区的平均价格高，为什么？

●实训题

**实训一**

（1）实训目的：通过本题练习，掌握平均数、标准差和标准差系数计算方法。

（2）实训资料：甲、乙两组工人的工资资料如表 5-25 所示。

表 5-25　甲、乙两组工人的工资资料

| 日产量/件 | 工人数/人 | |
| --- | --- | --- |
| | 甲　组 | 乙　组 |
| 10～16 | 2 | 10 |
| 16～20 | 18 | 20 |
| 20～26 | 20 | 18 |
| 26～32 | 10 | 2 |
| 合计 | 50 | 50 |

（3）实训要求：试分别计算两组工人的平均日产量、工人日产量的标准差和标准差系数，并说明哪一组工人平均日产量代表性大。

**实训二**

（1）实训目的：通过本题练习，掌握算术平均数、中位数、众数计算和比较方法。

（2）实训资料：某企业按完成工序所需时间分组情况及工人资料如表 5-26 所示。

表 5-26　某企业按完成工序所需时间分组情况及工人资料

| 按完成工序所需时间分组/分 | 工人数/人 |
| --- | --- |
| 10～20 | 6 |
| 20～30 | 25 |
| 30～40 | 32 |
| 40～50 | 23 |
| 50～60 | 7 |
| 60～70 | 5 |
| 70～80 | 2 |
| 合计 | 100 |

（3）实训要求：根据表中资料，计算算术平均数、中位数、众数，并指出其是正态分布、左偏分布，还是右偏分布。

**实训三**

（1）实训目的：通过本题练习，掌握比较平均数大小及代表性大小的基本方法。

（2）实训资料：已知某企业甲车间 80 名工人生产某产品的平均产量为 56 件，产量的标准差为 12.40 件；又知乙车间 100 名工人产量的分组资料如表 5-27 所示。

表 5-27　乙车间 100 名工人产量的分组资料

| 按产量分组/件 | 工人数/人 |
|---|---|
| 20～30 | 10 |
| 30～40 | 10 |
| 40～50 | 30 |
| 50～60 | 40 |
| 60～70 | 10 |
| 合计 | 100 |

　　（3）实训要求：先计算乙车间 100 名工人的平均产量和产量标准差；再分别计算甲、乙车间工人产量的变异系数，说明哪个车间工人的平均产量具有较大的代表性。

—— 即测即练 ——

# 第 6 章

# 抽 样 推 断

## 【学习目标】

（1）了解抽样调查的含义、特点及作用；

（2）了解抽样调查中的基本概念和常用抽样组织方式的含义和特点；

（3）掌握抽样误差的含义及相关概念，熟练计算抽样平均误差、抽样极限误差；

（4）掌握总体平均指标和成数指标的参数估计方法，熟练计算点估计和区间估计；

（5）熟悉不同情况下样本容量的确定方法；

（6）了解假设检验的含义和作用；

（7）了解 Excel 的"数据分析"工具中有关假设检验的分析方法及操作步骤；

（8）掌握使用 Excel 进行区间估计的方法。

## 【教学引例】数据的来源

2023 年，全国居民人均消费支出 26 796 元，比上年名义增长 9.2％，扣除价格因素影响，实际增长 9.0％。分城乡看，城镇居民人均消费支出 32 994 元，增长 8.6％，扣除价格因素，实际增长 8.3％；农村居民人均消费支出 18 175 元，增长 9.3％，扣除价格因素，实际增长 9.2％。

国家统计局采用分层、多阶段、与人口规模大小成比例的概率抽样方法，在 31 个省（区、市）的 1 800 个县（市、区）随机抽选 16 万个居民家庭作为调查户。

国家统计局派驻各地的直属调查队按照统一的制度方法，组织调查户记账采集居民收入、支出、家庭经营和生产投资状况等数据；同时按照统一的调查问卷，收集住户成员及劳动力从业情况、住房与耐用消费品拥有情况、居民基本社会公共服务享有情况等其他调查内容。数据采集完成后，市县级调查队使用统一的方法和数据处理程序，对原始调查资料进行编码、审核、录入，然后将分户基础数据直接传输至国家统计局进行统一汇总计算。

资料来源：2023 年居民收入和消费支出情况［EB/OL］.（2024-01-17）. https://www.stats.gov.cn/sj/zxfb/202401/t20240116_1946622.html.

## 6.1 抽样推断概述

### 6.1.1 抽样调查

**1. 抽样调查的含义**

抽样调查，是指按照随机原则从总体单位中抽取部分单位作为样本，然后通过调查方法对样本单位的标志进行数据收集,并根据收集和整理的样本数据资料计算样本指标,在一定程度的概率保证下,推断总体相应数量特征的统计方法。

抽样推断,就是指在抽样调查中,使用样本数据资料推断总体参数的过程。其主要包括估计量的选择、样本量的确定和抽样误差的估计等环节。

例如,检验工厂生产的 50 000 件产品的合格品率,随机抽取 500 件产品作为样本,对这 500 件产品进行质量检验,并计算该样本的合格品率等,以样本的合格品率推断总体 50 000 件产品的合格品率的情况,这就是一个抽样推断的过程。

### 2．抽样调查的特点

(1) 按随机原则抽取样本。随机原则,是指从调查对象中按照一定的概率抽取总体单位,抽取过程不受调查研究者主观意志的影响,被抽中的单位完全是偶然的、随机的原则。

抽样随机性是抽样推断理论的基础,只有按随机原则来进行样本的选择,才能保证抽样推断的科学性。

(2) 由部分单位的特征估计总体特征。抽样推断的目的是利用样本的特征估计总体特征。

这符合统计学对现象总体数量特征的研究目的,因为在很多情况下,无法通过全面调查的方法来发现所有的社会经济现象。例如对一款汽车的安全性进行测量,不可能对每一辆该款汽车都进行碰撞实验,但我们可以通过对部分汽车进行实测,以此来推断全部该款汽车的安全性。在大量存在的对总体认知的需求和无法对总体进行全面调查的矛盾下,用样本对总体进行抽样推断的方式是较好的选择。

(3) 概率和数理统计的理论基础。抽样推断是样本对总体的估计和推断过程,因此,必然存在误差。然而,由于样本的选择是随机的,每一个总体单位都有被抽中的概率,利用大数定律和中心极限定理以及其他概率与数理统计理论,可以对抽样推断产生的抽样误差进行推断。同时,通过对样本量的确定等方法对抽样误差进行控制。

### 3．抽样调查的作用

(1) 节约费用。抽样调查只对小部分样本进行调查,因此,可以节约调查的人力、物力和财力,降低调查的费用。

(2) 时效性强。对于要求在较短的时间内完成并提供调查数据的研究项目,与全面调查相比,抽样调查数据收集和汇总整理的工作量小,因而有更强的时效性。

(3) 承担全面调查无法胜任的工作。针对不能进行全面调查的项目(例如,无限总体的调查,或是有限总体但是具有破坏性的调查:轮胎的里程寿命实验、青砖的抗折耐压实验、弹簧的抗拉强度实验等),都可以采用抽样调查。

(4) 提高调查数据的质量。抽样调查只对总体中部分单位进行调查,减小了登记性误差,能够提供更加精确的调查数据,达到提高估计精度的目的。

(5) 检验和修正全面调查的结果。由于全面调查涉及面广、工作量大、参加人员多、汇总传递环节多,所以调查结果容易出现登记性误差。利用抽样调查对研究总体进行调查,获得的推断结论可以对全面调查的结果进行检验和修正,从而提高全面调查的质量。例如,对于人口普查可以通过人口抽样调查的结果进行检验和修正。

(6) 对总体的假设进行检验。可以用来判断总体假设的真伪,为管理决策提供依据。

例如,总体分布特征、总体参数等,可以利用抽样调查的数据资料推断总体是否符合目标分布特征。

## 6.1.2　抽样调查中的基本概念

### 1. 全及总体和样本总体

(1) 全及总体。全及总体,是指目标调查对象的全体,简称总体。它是由许多性质相同的调查单位组成的。在本章,总体单位数用 $N$ 表示。

(2) 样本总体。样本总体,是指按照随机原则,从全及总体中抽取的一部分单位组成的子总体,简称样本。在本章,样本单位数用 $n$ 表示,也称样本容量,组成样本的每个单位称为样本单位。这里要注意与后面将要出现的样本个数相区别,样本个数是指所有可能样本的个数。

例如,某批零件有 50 000 件,采用抽样调查的方法研究该批零件的质量情况,则该批零件的全体构成全及总体,总体单位数为 $N = 50\ 000$ 件。如果从全部零件中随机抽取 500 件进行调查,则被抽中的 500 件就构成了样本总体,样本单位数为 $n = 500$ 件。

对于一次的抽样推断,总体一定是唯一确定的,但样本是不确定的。根据随机原则,一个总体可能抽到的样本是很多的,只是抽取一次的情况下,只抽取到了一个而已。样本个数和样本容量有关,也和抽样方法有关。

按照样本单位数的多少,样本可分为大样本和小样本。一般认为,$n \geqslant 30$ 为大样本,$n < 30$ 为小样本。统计实践中,在总体情况允许的条件下,都应该抽取大样本,以满足更好的统计性质。

### 2. 全及指标和样本指标

(1) 全及指标。全及指标,又称总体指标或总体参数,是指根据全及总体各个单位的标志值计算出来的统计指标。在一个总体中,全及指标是唯一的,是需要推断的目标。本章涉及的全及指标主要有全及平均数、全及成数、全及标准差(方差)。

全及平均数,是指总体各单位标志值的平均数,在本章,用 $\overline{X}$ 表示。其公式如下:

$$\overline{X} = \frac{\sum_{i=1}^{N} X_i}{N}$$

式中,$X_i$ 表示总体中每个单位的标志值。

全及成数,是指总体中具有某一特征的单位数占总体单位数的比重,在本章,用 $P$ 表示。

如果一个总体现象只有两种表现,那么其中具有某一特征的单位数或不具有某一特征的单位数占全部单位数的比重即为成数。如果设具有某一特征的单位数为 $N_1$,不具有某一特征的单位数为 $N_0$,全及总体的单位数为 $N$,则成数的公式如下:

具有该特征 
$$P = \frac{N_1}{N}$$

不具有该特征 
$$Q = \frac{N_0}{N}$$

全及标准差,是指根据总体所有单位计算的标准差。其计算公式如下:

$$\sigma = \sqrt{\frac{\sum\limits_{i=1}^{N}(X_i - \overline{X})^2}{N}}$$

全及标准差的平方即为总体方差,记作 $\sigma^2$。

全及成数的标准差公式为

$$\sigma_P = \sqrt{P(1-P)}$$

(2)样本指标。样本指标,是指根据样本单位计算出来的指标,用来推断全及指标。与全及指标对应,样本指标主要涉及三个指标:样本平均数、样本成数、样本标准差(方差)。

样本平均数,是指根据样本单位计算的平均数,用 $\overline{x}$ 表示。其计算公式如下:

$$\overline{x} = \frac{\sum\limits_{i=1}^{n} x_i}{n}$$

式中,$x_i$ 表示样本中每个单位的标志值。

样本成数,是指根据样本单位计算的成数,即样本中具有某一特征的单位数或不具有某一特征的单位数占样本容量的比重。

如果以 $n$ 表示全部的样本单位数,以 $n_1$ 表示具有某一特征的样本单位数,以 $n_0$ 表示不具有某一特征的样本单位数,则样本的成数公式如下:

具有该特征 $$p = \frac{n_1}{n}$$

不具有该特征 $$q = \frac{n_0}{n}$$

样本标准差,是指根据样本单位的标志值计算的标准差,用 $s$ 表示。其计算公式如下:

$$s = \sqrt{\frac{\sum\limits_{i=1}^{n}(x_i - \overline{x})^2}{n-1}}$$

样本标准差的平方即为样本方差,记作 $s^2$。

样本成数的标准差公式为

$$s_P = \sqrt{p(1-p)}$$

### 3. 抽样框

抽样框,是指包含全及总体中所有抽样单元的名单,包含每一个抽样单元的编号和抽样过程中需要的信息,它是全及总体的具体体现。

抽样框应当尽可能提供所研究标志值的辅助信息,主要的抽样框的形式包括:名录框,是包含所有总体单位的名单,如学生名单、企业名册、电话号码簿等;区域框,是指将抽样单元由地理区域进行区分,形成的抽样框;自然框,是以自然现象作为抽样框的划分,如对生产线上产品进行质量抽查,每隔 10 分钟抽取一个产品,则时间就是抽样框,对路边的树木进行病虫害抽样调查,每隔一段距离抽取一棵树,则距离就是抽样框。抽样框的类型如图 6-1 所示。

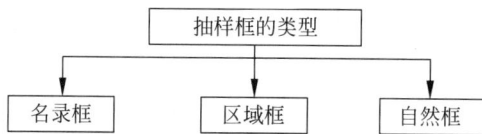

图 6-1　抽样框的类型

#### 4．抽样方法和样本个数

（1）抽样方法，是指根据抽取样本单位是否放回的方式不同形成不同样本的情况，主要分为重复抽样和不重复抽样。

重复抽样，也称有放回抽样，是指从总体中抽取样本时，随机抽取一个样本单位，记录该单元有关标志以后，把它放回到总体中去；然后，再从总体中抽取第二个样本单位，记录它的有关标志后，也把它放回总体中去参加下一次抽取，依此直到抽满 $n$ 个样本单位。

不重复抽样，也称不放回抽样，是指从总体中抽取第一个样本单位，记录该单位有关标志以后，这个样本单位不再放回到总体中去；然后，再从总体剩余的 $N-1$ 个单位中抽取第二个样本单位，记录了该样本单位有关标志后，该样本单位也不放回总体中去，再从总体剩余的 $N-2$ 个单位中抽取第三个样本单位，依此方法直到抽满 $n$ 个样本单位。

（2）样本个数，又称样本可能数目，是指按照随机的原则从总体 $N$ 中抽取 $n$ 个单位组成样本的所有可能的组合数。一个总体可能抽取多少个样本，和样本容量以及抽样方法等因素都有关系。

从总体 $N$ 个单位中，用重复抽样的方式，随机抽取 $n$ 个单位构成一个样本，则共抽取 $N^n$ 个样本，即样本个数为 $N^n$。从总体 $N$ 个单位中，用不重复抽样的方法，随机抽取 $n$ 个单位构成一个样本，则样本个数为 $C_N^n$。

一个总体的所有可能样本，形成了一组样本指标，样本指标的分布是抽样推断的基础。

例如，假设总体单位数 $N=3$，包括总体单位：$A$、$B$、$C$。如果要从总体中抽取样本容量 $n=2$ 的单位。

按重复抽样且考虑顺序方式，则样本个数为 9 个，所有可能样本包括 $AA$、$AB$、$AC$、$BA$、$BB$、$BC$、$CA$、$CB$、$CC$。

按重复抽样且不考虑顺序方式，则样本个数为 6 个，所有可能样本包括 $AA$、$AB$、$AC$、$BB$、$BC$、$CC$。

按不重复抽样且考虑顺序方式，则样本个数为 6 个，所有可能样本包括 $AB$、$AC$、$BA$、$BC$、$CA$、$CB$。

按不重复抽样且不考虑顺序方式，则样本个数为 3 个，所有可能样本包括 $AB$、$AC$、$BC$。

#### 5．抽样误差与非抽样误差

（1）抽样误差，是由于抽样的随机性造成的样本指标与总体指标之间的差异，它的产生虽然无法避免，但是可以通过推断方法估计它的大小，并且可以通过样本容量的控制或者抽样组织方式的选择等方法减小抽样误差的数值，达到提高和控制精度的要求。本章所介绍的抽样误差便是这种随机性误差。本章主要介绍的是抽样误差的内容。

（2）非抽样误差，是指产生于除抽样随机性外其他原因的样本指标与总体指标之间的差异，主要包括登记性误差和系统性误差。登记性误差，是由于登记、计算抄写上的失误而出现的误差，登记性误差是所有统计调查都可能发生的。系统性误差是指在抽样调查中，抽取的样本各单位的情况不足以代表总体的状况，即抽取的样本结构与总体结构不一致，而用这样的样本去估计总体所产生的误差。例如，对一个班级的学生的学习成绩进行调查，如果调查人员偏重抽取学习成绩高的学生作为样本单位，根据这部分学生的成绩来估计全体同学的成绩，就会使结果偏高。这是由于抽样方法没有遵循随机原则而产生误差。非抽样误差是可以通过合理设计统计调查方案和调查过程实施等环节尽量避免的。

### 6. 抽样精度与费用

（1）精度，是指抽样误差的大小。误差小则精度高；误差大则精度低。

（2）费用，是指进行抽样调查的费用，包括收集数据费、数据处理费、制表费、工作机关管理费、出版费等。一般调查的样本容量大则费用高，样本容量小费用低。

精度与费用存在着矛盾关系，若要求精度高，则需要增大样本容量来减小误差，需要较高的费用，因此，通过样本容量的确定，调整二者的关系是抽样设计的重要内容。

## 6.1.3　抽样的组织方式

不同的抽样组织方式会产生不同的抽样误差，因而也会有不同的估计精度。随机抽样组织方式主要包括简单随机抽样、类型抽样、等距抽样、整群抽样以及多阶段抽样等，如图 6-2 所示。

### 1. 简单随机抽样

（1）含义：简单随机抽样又称纯随机抽样，是指按随机原则直接从总体 $N$ 个单位中抽取 $n$ 个单位作为样本。简单随机抽样的具体实施方法主要有抽签法、随机数表法等。

（2）特点：

图 6-2　抽样组织方式的类型

一方面，简单随机抽样对总体不加任何限制，等概率地从总体中直接抽取样本，是最简单、最单纯的抽样技术，它具有计算简便的优点，是研究其他复杂抽样技术的基础，也是比较各种抽样技术之间估计效率的标准，同时，从理论上讲，简单随机抽样在各种抽样技术中是贯彻随机原则最好的一种，并且数学性质很简单，是等概率抽样的特殊类型。因此，本章后面的抽样误差、参数估计和样本容量的确定内容都是以简单随机抽样为理论背景介绍的。

另一方面，因为是等概率抽取样本，所以要求总体在所研究的主要标志上同质性或齐整性（共性）较好，即总体要比较均匀。但是在社会经济现象中，这种均匀是很少见的。因此，实践工作中较少单纯使用简单随机抽样方法，可以与其他抽样组织方式结合使用。

此外，简单随机抽样要求在抽样前编制出抽样框，并对每一个总体抽样单位进行编号，而且当总体抽样单位的分布比较分散时，样本也可能会比较分散，这些都会给简单随机抽样方法的运用带来许多不便，甚至在某些情况下无法使用。因此，在此基础上研究其他抽样技术显得更为必要。

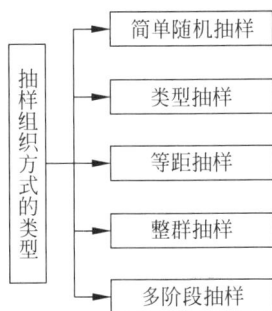

### 2．类型抽样

（1）含义：类型抽样也称分层抽样，是指在抽样之前，先将总体 $N$ 个抽样单位按某一标志划分为 $k$ 层（类），然后在各层内分别独立地进行随机抽样。由此所抽得的样本称为分层样本，各层的抽样可以采取同一抽样方法，也可以采取不同的抽样方法。

（2）特点：

一是分层抽样能够充分利用关于总体的各种已知信息进行分层，因此抽样的效果一般比简单随机抽样要好。但当对总体缺乏较多的了解时，则无法分层或不能保证分层的效果。

二是在分层抽样中，总体的方差一般可以分解为层间方差和层内方差两部分。由于分层抽样的误差只与层内差异有关，而与层间差异无关，因此，分层抽样可以提高估计量的精度。

三是由于分层抽样是在每层内独立地进行，因此，分层样本能够比简单随机抽样更加均匀地分布于总体之内，其代表性也更好些。

四是分层抽样的随机性具体体现在层内各单位的抽取过程之中，即在各层内部的每一个单位都有相同的机会被抽中，而在层与层之间则是相互独立的。

五是分层抽样适合调查标志在各个单位的数量分布差异较大的总体。对这样的总体进行合理的分层后，可将其差异较多地转化为层间差异，从而使层内差异大大减弱。

六是分层抽样中除了可以推断总体参数外，还可以推断各不同层的数量特征，并进一步做对比分析，从而满足不同方面的需要，也能帮助人们对总体做更全面、更深入的了解，但对各层的估计缺乏精度保证。

七是分层抽样中，由于各层的抽样相互独立、互不影响，且各层间可能有显著的不同，因此，对不同层可以按照具体情况和条件分别采用不同的抽样和估计方法进行处理，从而提高估计的精确度。

八是分层抽样中在进行分层时，需收集可用于分层的必要的各种资料，因此可能会增加一定的额外费用。同时，分层抽样中，总体参数的估计以及各层间样本量的分配、总样本量的确定等都更为复杂化。

### 3．等距抽样

（1）含义：等距抽样也称机械抽样或系统抽样，是指将总体各抽样单元按一定的标志排列后，每隔一定的距离（间距）抽取一个单元，组成样本进行调查。

（2）特点：等距抽样是一种操作实施比较容易、方便的抽样方法，通过依赖自然的排列顺序，不需要依赖抽样框，就可以完成抽样的过程。取样和获取数据资料也是比较方便的，因此，该方法较多运用在质量检测和控制等环节。

总体各单元顺序排列的标志，可以是无关标志，也可以是有关标志。无关标志是指与调查标志无关的或不起主要作用的标志。例如工业质量抽查按时间顺序取样，农产量抽样调查按耕地的地理顺序取样，居民家庭情况调查按街道的门牌号码抽取调查户等。

### 4．整群抽样

（1）含义：整群抽样，是指将总体各单元划分成许多个群，然后从其中随机抽取部分群，对选中群的所有单元进行全面调查的抽样方法。

（2）特点：整群抽样因为是对选中群的全面调查，所以调查单元很集中，大大简便抽样工作,节省经费开支。

整群抽样只存在群间抽样误差,不存在群内抽样误差。这一点和分层抽样只存在组内抽样误差、不存在组间抽样误差恰好相反。因此,整群抽样和分层抽样虽然都要对总体各单位进行分组,但分组的原则完全不同。分层抽样的分组要求尽量缩小组内的差异程度,扩大组间方差;而整群抽样的分组则要求扩大群内的差异程度,缩小群间方差。

在抽样调查中若没有总体单元的原始记录可利用,常常采用整群抽样。例如,要调查某市去年底育龄妇女的生育人数,但又没有去年的育龄妇女档案资料,难以建立抽样框,可以采用整群抽样的方式,将全市按户籍派出所的管辖范围分成若干区域,随机抽选部分区域,并对抽中的派出所管辖区按户籍册全面调查育龄妇女的生育人数。

### 5. 多阶段抽样

(1)含义:多阶段抽样,是指先从总体中抽出较大范围的单位,再从所选的大单位中抽较小范围的单位,以此类推,最后从更小的范围抽出样本基本单位。

(2)特点:在多阶段抽样中,前几个阶段的抽样都类似整群抽样,每一个阶段的抽样都会存在抽样误差。为了抽取样本的代表性,各阶段抽取群数的安排和抽样方法,都应该注意样本单位的均匀分布,如适当多抽取第一阶段的群数,使样本单位在总体中均匀分布。在抽取样本时,也可以根据方差的大小来考虑各阶段抽样群数的多少,对于抽样群间方差大的阶段可以多抽一些群数,对于抽样群间方差小的阶段可以少抽一些群数。

## 6.1.4 抽样推断的理论依据

### 1. 大数定理

大数定理又称大数法则。人们在观察个别事物时,是连同一切个别事物的特性来观察的。个别现象受偶然因素影响,有各自不同的表现。但是,对总体大量观察后进行平均,就能使偶然因素的影响相互抵消,消除由个别偶然因素引起的极端性影响,从而使总体平均数稳定下来,反映出事物变化的一般规律,这就是大数定理的意义。

大数定理说明,当 $n$ 充分大时,独立同分布的随机变量序列 $X_1, X_2, \cdots, X_n$,其平均数与它们共同的期望值之间的偏差,有很大的把握被控制在任意给定的范围之内。由于从总体中抽出的样本是独立且与总体同分布的,因此,当样本容量 $n$ 充分大时,样本平均与总体平均之间的误差有很大的把握被控制在任意给定的要求之内,这就是人们用样本平均估计总体平均的理论根据。由于成数指标是一个特殊的平均数,大数定理对成数指标自然也成立。

### 2. 中心极限定理

中心极限定理是指随机变量 $X_1, X_2, \cdots, X_n, \cdots$ 相互独立,且服从同一分布,当 $n$ 趋于无穷大时,算术平均数近似服从正态分布。

从这个定理可以得出结论:无论总体服从何种分布,只要它的期望值与方差存在,我们就可以通过增大样本容量 $n$ 的方式,保证样本平均数 $\bar{x}$ 和样本成数 $p$ 近似服从正态分布。也就是说,大样本的平均数近似服从正态分布。

**【同步思考 6-1】**

1. 抽样调查和抽样推断有什么关系？抽样推断具体要解决哪些问题？

2. 全及指标和样本指标都有哪些？它们之间有什么样的关系？

3. 什么是重复抽样？什么是不重复抽样？二者在应用时各有什么条件？

4. 抽样组织方式都有哪些种类？它们各自的优缺点有哪些？

拓展阅读 6　抽样调查

# 6.2　抽样误差

## 6.2.1　抽样误差的含义

抽样误差，是指在抽样调查中，抽样的随机性偶然因素导致了样本各单元的结构与总体各单元结构的代表性差别，进而导致样本指标和总体指标之间的差异，用数学公式可以表示为

样本平均数误差　　　　　　　　　$|\bar{x} - \bar{X}|$

样本成数误差　　　　　　　　　　$|p - P|$

抽样误差的大小是判断抽样优良性的重要指标。抽样误差大，则样本代表性低，抽样推断精度则较差；抽样误差小，则样本代表性高，抽样推断精度也更好。

然而，抽样误差的计算公式中包含总体指标，它是统计研究的最终目的，显然不可能在抽样调查过程中就获取这个信息。因此，上述公式只能作为理论公式使用，在实际统计工作中，需要提出其他指标来作为抽样误差的估计，抽样平均误差就是这样的指标。

## 6.2.2　抽样平均误差

### 1. 抽样平均误差的含义

抽样平均误差，是指所有可能样本的样本指标与总体指标之间的平均离差，也是样本指标的标准差，用来反映抽样误差的一般水平。

从总体中按随机的原则抽取样本，有多种抽取方法，这就组成了一组样本，样本分布决定了使用其中某一个样本的指标作为总体指标推断的准确性。如果样本分布比较集中，那么可能产生的误差就比较小；相反，如果样本分布比较分散，那么可能产生的误差就比较大。抽样平均误差实际上就是样本分布的标准差，反映了所有可能误差的平均数。

抽样平均误差通常用 $\mu$ 来表示，由于抽样调查主要是推断全及平均数和全及成数，所以抽样平均误差也就分为推断总体平均数的抽样平均误差和推断总体成数的抽样平均误差。它们分别用 $\mu_{\bar{X}}$ 和 $\mu_P$ 表示。

### 2. 抽样平均误差的计算

根据数理统计的结论，样本平均数是总体平均数的无偏估计量，也就是说，样本平均数的数学期望等于总体平均数。因此,所有可能的样本指标与总体指标的离差和等于零。

平均数的情况 $$\sum(\bar{x}_i - \bar{X}) = 0$$

成数的情况 $$\sum(p_i - P) = 0$$

因此,要构造抽样平均误差,需要使用离差的平方,抽样平均误差构造成样本指标的标准差。

平均数的抽样平均误差 $$\mu_{\bar{X}} = \sqrt{\frac{\sum(\bar{x}_i - \bar{X})^2}{M}}$$

成数的抽样平均误差 $$\mu_P = \sqrt{\frac{\sum(p_i - P)^2}{M}}$$

式中,$\bar{x}_i$ 表示第 $i$ 个样本的样本平均数;$\bar{X}$ 表示总体平均数;$M$ 表示样本个数。

可以发现,在利用上述公式计算抽样平均误差时,仍然无法知道 $\bar{X}$ 的数值,在工作过程中总体平均数更是未知的。事实上,我们是通过数理统计理论,推导出平均数和成数抽样平均误差公式来进行计算的。

1) 平均数的抽样平均误差

重复抽样情况 $$\mu_{\bar{X}} = \sqrt{\frac{\sigma^2}{n}} = \frac{\sigma}{\sqrt{n}}$$

不重复抽样情况 $$\mu_{\bar{X}} = \sqrt{\frac{\sigma^2}{n}\left(\frac{N-n}{N-1}\right)}$$

当总体规模 $N$ 很大时,公式中的 $N-1$ 可用 $N$ 来代替。因而,实践中,不重复抽样的抽样平均误差可改为

$$\mu_{\bar{X}} = \sqrt{\frac{\sigma^2}{n}\left(1 - \frac{n}{N}\right)}$$

式中,$\dfrac{n}{N}$ 称为抽样比;$\sigma^2$ 为总体方差,以样本方差来作为总体方差的估计。

在上述公式中,总体方差是未知的,在实际工作中,主要有四种方法来解决这个问题:一是利用样本方差 $s^2$ 来代替总体方差,这是最常用的方法;二是利用该总体的历史方差来代替,当存在若干个历史方差时,我们选择其中较大的方差代替,保证推断结果的可靠性;三是以小规模的试点调查资料来代替;四是在涉及成数方差时,取其方差最大值 0.25。

例如,一名射击运动员某日射击 100 次,从中抽取 5 次射击环数,分别为 9.86、9.89、9.99、9.96、10.1,计算该运动员的射击环数抽样平均误差。

由于总体参数都是未知的,因此这里需要利用样本方差作为总体方差的估计。

样本均值 $$\bar{x} = \frac{\sum\limits_{i=1}^{5} x_i}{5} = \frac{49.8}{5} = 9.96(\text{环})$$

样本方差为

$$s^2 = \frac{\sum\limits_{i=1}^{n}(x_i - \bar{x})^2}{n-1}$$

$$= \frac{(9.86-9.96)^2 + (9.89-9.96)^2 + (9.99-9.96)^2 + (9.96-9.96)^2 + (10.1-9.96)^2}{4}$$

$$\approx 0.008\,85$$

在重复抽样情况下，抽样平均误差：

$$\mu_{\bar{X}} = \frac{\sigma}{\sqrt{n}} = \frac{s}{\sqrt{n}} = \frac{\sqrt{0.008\,85}}{\sqrt{5}} \approx 0.042(环)$$

在不重复抽样情况下，抽样平均误差：

$$\mu_{\bar{X}} = \sqrt{\frac{\sigma^2}{n}\left(1 - \frac{n}{N}\right)} = \sqrt{\frac{s^2}{n}\left(1 - \frac{n}{N}\right)} = \sqrt{\frac{0.008\,85}{5}\left(1 - \frac{5}{100}\right)} \approx 0.041(环)$$

显然，相同条件下，不重复抽样的抽样平均误差数值一定小于重复抽样的抽样平均误差。不过，实际工作中，在没有掌握总体规模的情况下或者总体规模 $N$ 很大时，一般用重复抽样平均误差公式来计算。

2）成数的抽样平均误差

成数的抽样平均误差，表明各样本成数和总体成数绝对离差的一般水平。由于总体成数可以表现为总体是非标志的分布的平均数，而且它的标准差也可以从总体成数推算出来，即

$$\sigma_P = \sqrt{P(1-P)}$$

因此，容易从样本平均数的抽样平均误差和总体标准差的关系推出成数抽样平均误差的计算公式。

重复抽样情况下，成数的抽样平均误差为

$$\mu_P = \sqrt{\frac{P(1-P)}{n}}$$

式中，$P$ 为总体成数，通常以样本成数 $p$ 代替。

不重复抽样情况下，成数的抽样平均误差为

$$\mu_P = \sqrt{\frac{P(1-P)}{n}\left(\frac{N-n}{N-1}\right)}$$

当总体规模 $N$ 很大时，公式中的 $N-1$ 可用 $N$ 来代替。

因而，实际工作中不重复抽样的抽样平均误差可改为

$$\mu_P = \sqrt{\frac{P(1-P)}{n}\left(1 - \frac{n}{N}\right)}$$

例如，研究某地区家庭户拥有两台以上空调的比例，该地区家庭户共有 10 万户，从中抽取 100 户，经调查，其中有 85 户拥有两台以上空调，计算抽样平均误差。

由于总体参数都是未知的，需要利用样本方差作为总体方差的估计。

样本成数：

$$p = \frac{n_1}{n} = \frac{85}{100} = 0.85$$

样本方差：

$$s^2 = p(1-p) = 0.85 \times 0.15 = 0.127\,5$$

在重复抽样情况下，抽样平均误差：

$$\mu_P = \sqrt{\frac{p(1-p)}{n}} = \sqrt{\frac{0.1275}{100}} \approx 0.036 = 3.6\%$$

在不重复抽样情况下,抽样平均误差:

$$\mu_P = \sqrt{\frac{p(1-p)}{n}\left(1-\frac{n}{N}\right)} = \sqrt{\frac{0.1275}{100}\times\left(1-\frac{100}{100\,000}\right)} \approx 0.036 = 3.6\%$$

### 6.2.3 抽样误差范围及其可靠程度

抽样平均误差说明了样本指标和总体指标之间的一般离差水平。然而,这只是从总体的众多样本中选取的一个样本,因此样本指标仍然是一个随机变量,它可能大于或小于平均误差。同时,抽样平均误差不能对总体指标作出数量推断。因此,还需要对样本指标与总体指标间的误差范围进行定义。

**1. 抽样极限误差**

抽样极限误差也称抽样允许误差,是指以一定的可靠程度保证抽样误差不超过某一给定的范围,抽样误差范围就是变动的抽样指标与确定的总体指标之间的离差的可能范围。

分别用 $\Delta_{\bar{x}}$、$\Delta_p$ 表示样本平均数与样本成数的抽样极限误差,则公式如下:

样本平均数的抽样极限误差　　　　　$\Delta_{\bar{x}} \geqslant |\bar{x} - \bar{X}|$

样本成数的抽样极限误差　　　　　　$\Delta_p \geqslant |p - P|$

**2. 抽样估计可靠程度**

(1) 抽样估计可靠程度的含义。抽样估计可靠程度,是指以抽样平均误差为尺度来衡量相对误差的范围的概率保证,根据样本指标的分布特征,抽样估计的可靠程度可以用抽样平均误差的倍数来表示抽样误差范围,这个倍数一般用 $t$ 表示,称为概率度。因此,抽样估计可靠程度即概率保证就是通过概率度来反映的。其关系公式如下:

样本平均数的关系　　　　　　　　　$\Delta_{\bar{x}} = t\mu_{\bar{x}}$

样本成数的关系　　　　　　　　　　$\Delta_p = t\mu_p$

在抽样平均误差一定的情况下,概率度 $t$ 越大,则抽样极限误差越大,抽样误差范围也越大;相反,概率度 $t$ 越小,则抽样极限误差越小,抽样误差范围也越小。习惯上,将抽样估计的可靠程度称为置信概率。常见的概率度 $t$ 值与置信概率 $F(t)$ 值的对应关系如表 6-1 所示。

表 6-1　常见的概率度 $t$ 值与置信概率 $F(t)$ 值的对应关系

| 概率度($t$) | 置信概率[$F(t)$] |
| --- | --- |
| 1 | 0.6827 |
| 1.64 | 0.9000 |
| 1.96 | 0.9500 |
| 2 | 0.9545 |
| 3 | 0.9973 |

(2) 抽样误差的计算。例如,在一项居民户的手机拥有量调查中,对某地区在 1 000 个居民户中随机抽取 100 户进行调查,数据资料如表 6-2 所示。

表 6-2　100 个居民户手机拥有量情况资料

| 手机拥有量/部 | 居民户数/户 |
|---|---|
| 0 | 5 |
| 1 | 10 |
| 2 | 18 |
| 3 | 33 |
| 4 | 25 |
| 5 | 9 |
| 合计 | 100 |

对以上资料,首先可以计算出平均数抽样平均误差、成数抽样平均误差;其次,如果以 0.954 5 的概率保证,可以计算出平均每户手机拥有量的抽样极限误差;最后,还可以计算出手机拥有量在 4 部及以上户数的比重、抽样平均误差和抽样极限误差。

首先,计算平均拥有量有关指标。

样本平均数:

$$\bar{x} = \frac{\sum\limits_{i=1}^{6} x_i f_i}{\sum\limits_{i=1}^{6} f_i} = \frac{290}{100} = 2.9(部)$$

样本方差:

$$s^2 = \frac{\sum\limits_{i=1}^{6} (x_i - \bar{x})^2 f_i}{\sum\limits_{i=1}^{6} f_i - 1} = \frac{163}{99} \approx 1.65(部)$$

在重复抽样条件下的抽样平均误差:

$$\mu_{\bar{X}} = \sqrt{\frac{\sigma^2}{n}} = \sqrt{\frac{s^2}{n}} = \sqrt{\frac{1.65}{100}} \approx 0.128(部)$$

在不重复抽样条件下的抽样平均误差:

$$\mu_{\bar{X}} = \sqrt{\frac{\sigma^2}{n}\left(1 - \frac{n}{N}\right)} = \sqrt{\frac{s^2}{n}\left(1 - \frac{n}{N}\right)} = \sqrt{\frac{1.65}{100} \times \left(1 - \frac{100}{1\,000}\right)} \approx 0.121(部)$$

在重复抽样下,抽样极限误差:

$$\Delta_{\bar{x}} = t\mu_{\bar{x}} = 2 \times 0.128 = 0.256(部)$$

在不重复抽样下,抽样极限误差:

$$\Delta_{\bar{x}} = t\mu_{\bar{x}} = 2 \times 0.121 = 0.242(部)$$

其次,计算成数有关指标。

手机拥有量在 4 部及以上的户数的比重为

$$p = \frac{25 + 9}{100} = 34\%$$

重复抽样成数的抽样平均误差为

$$\mu_p = \sqrt{\frac{p(1-p)}{n}} = \sqrt{\frac{0.34 \times 0.66}{100}} \approx 4.74\%$$

不重复抽样成数的抽样平均误差为

$$\mu_p = \sqrt{\frac{p(1-p)}{n}\left(1 - \frac{n}{N}\right)} = \sqrt{\frac{0.34 \times 0.66}{100} \times \left(1 - \frac{100}{1\,000}\right)} \approx 4.49\%$$

重复抽样成数抽样平均极限误差为

$$\Delta_p = t\mu_p = 2 \times 4.74\% = 9.48\%$$

不重复抽样成数抽样平均极限误差为

$$\Delta_p = t\mu_p = 2 \times 4.49\% = 8.98\%$$

## 6.2.4 抽样平均误差的影响因素

根据抽样平均误差的计算公式可以看出,抽样平均误差的大小主要受四个因素的影响,包括样本容量、总体各单位标志变异度(即标准差)、抽样方法、抽样组织方式,如图 6-3 所示。

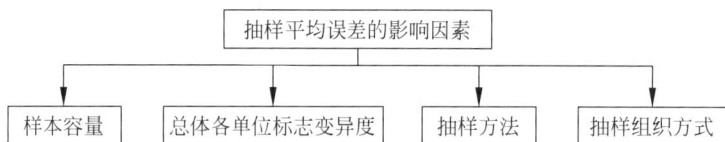

图 6-3 抽样平均误差的影响因素

### 1. 样本容量

样本容量越大,抽样平均误差越小,当样本容量等于总体单位数(即 $n = N$)时,则样本平均数一定等于总体平均数,样本成数也就等于总体成数,此时不存在抽样误差。相反,样本容量越小,抽样平均误差越大。抽样平均误差与样本容量的平方根成反比。自上而下,在标准差分别固定为 300、500 和 1 000 时,抽样平均误差(mu)与样本容量的关系如图 6-4 所示。

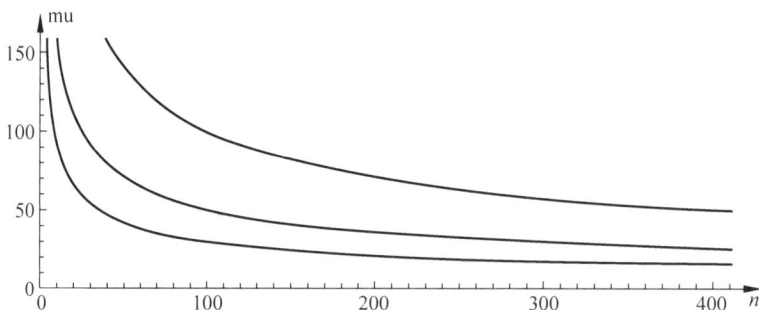

图 6-4 抽样平均误差与样本容量的关系

### 2. 总体各单位标志变异度

总体各单位标志变异度越大,抽样平均误差也越大;相反,总体各单位标志变异度越小,抽样误差也越小。抽样平均误差与总体各单位标志变异度呈现正比例关系。

### 3. 抽样方法

抽样方法不同,抽样误差也不相同,一般来说,不重复抽样和重复抽样的抽样平均误差不一致,不重复抽样的抽样平均误差比重复抽样的抽样平均误差要小一些。

4．抽样组织方式

抽样组织方式不同,其抽样误差也不相同,而且同一组织方式的合理程度也会影响抽样误差。通常情况下,类型抽样的抽样误差会小一些。一般情况下,可以用设计效应(deff)来衡量不同抽样组织形式与简单随机抽样的抽样误差差异。

【同步思考 6-2】

1．抽样误差在抽样推断过程中起到什么作用? 它是通过哪些指标起作用的?

2．抽样极限误差与抽样平均误差的关系是什么? 它们与置信概率有什么关系?

3．影响抽样极限误差的因素有哪些? 它们之间是如何影响的?

# 6.3　参　数　估　计

## 6.3.1　参数估计概述

### 1．参数估计的含义

参数估计,是指用样本指标对相应的总体指标进行估计的过程。总体指标是反映总体数量特征的参数,所以这种估计也称为参数估计。

参数估计的目的是完成抽样推断的过程,在整个抽样调查的最终环节就是通过参数估计,得到对总体指标的估计量,这也是整个调查过程的最终结果。围绕着这个结果展开对于所研究问题的进一步讨论或者有针对性地提出解决对策,达到研究的最终目的。

### 2．参数估计的特点

(1) 逻辑上,运用归纳推理,归纳推理是从研究个别命题导出一般性的认识。前提正确并不一定意味着结论正确。

(2) 方法上,运用不确定的概率估计法,概率估计法是抽取一个样本,计算相应的样本指标,然后要解决的问题是用样本指标代替相应的总体指标,其可靠程度有多大。

(3) 参数估计存在抽样误差,允许的误差范围越大,则概率可靠程度也越大;相反,允许的误差范围越小,概率可靠程度也就越小。

### 3．参数估计的优良标准

对于总体指标的估计方法不是唯一的,使用好的样本指标对总体指标进行参数估计可能得到抽样误差更小的结果。因此,选择好的样本指标是参数估计的重要内容。数理统计理论对于参数估计量提出了比较有效的评价方法,好的估计量应当符合以下三个标准,即无偏性、一致性、有效性,如图 6-5 所示。

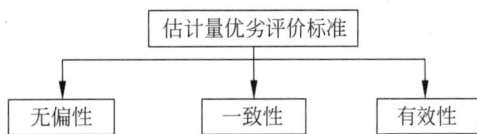

图 6-5　估计量优劣评价标准

(1) 无偏性,是指所有可能的样本指标的平均数等于被估计的总体指标。虽然每一次抽样所得到的样本指标和总体指标可能都有偏差,且偏差值有大有小,然而,如果将总体的所有样本都抽取出来,那么这些样本资料的集中趋势与总体指标一致的话,可以说由样本指标估计总体指标,总体上来说是没有偏差的。

（2）一致性，是指随着样本容量不断增大，样本指标接近总体指标的可能性就越来越大，或者，对于任意给定的偏差控制水平，两者间偏差高于此控制水平的可能性越来越小，接近于0。

（3）有效性，是指用样本指标估计总体指标时，要求作为估计量的方差比其他估计量的方差都小。因其方差小，最具有代表性，所以估计量也最为有效。

由大数定理我们知道，样本平均数是总体平均数的一致估计。因此，样本平均数是总体平均数的一个无偏、有效且满足一致性要求的估计量；同时，成数是一种特殊的平均数，该结论对成数估计也成立。

## 6.3.2 参数估计的方法

参数估计的方法有两种：一种是点估计，另一种是区间估计。

### 1. 点估计

点估计也称定值估计，是指以实际抽样调查资料得到的样本指标值作为总体指标的估计值。

用样本平均数 $\bar{x}$ 作为总体平均数 $\bar{X}$ 的点估计，用样本成数 $p$ 作为总体成数 $P$ 的点估计，用样本方差 $s^2$ 作为总体方差 $\sigma^2$ 的点估计。

例如，从总体1 000个元器件中随机抽取30个元器件进行耐用度测试，测得样本平均耐用度为310小时，样本的合格率为96%。按照点估计用样本指标估计总体指标的方法，可以认为，总体1 000个元器件的耐用度是310小时，样本的合格率为96%。

点估计方法的优点是简便、易行，所以在实际工作中经常被采用。点估计也有不足之处，它只是通过样本指标反映了总体可能的集中趋势，但是，这种估计的抽样误差并没有给出。要解决这个问题，就必须采用区间估计。

### 2. 区间估计

（1）区间估计，是指在一定的概率保证下，用以点估计值为中心的一个区间范围来估计总体参数的估计方法。

样本指标的分布总是在总体指标的周围变动，正好等于总体指标的可能性很小。为了提高估计结果的可信度，根据样本指标的分布特征，找到一个总体指标位于其中且概率保证度较高的区间，来反映总体指标的范围，就是区间估计的意义。这个区间称为置信区间，它的三个基本要素包括概率度、样本指标、抽样平均误差。

（2）置信区间的确定。根据抽样极限误差的公式：

样本平均数的抽样极限误差　　　$\Delta_{\bar{x}} \geqslant |\bar{x} - \bar{X}|$

样本成数的抽样极限误差　　　　$\Delta_p \geqslant |p - P|$

经过变换，可以得到下列不等式：

总体平均数的置信区间　　　　　$\bar{x} - \Delta_{\bar{x}} \leqslant \bar{X} \leqslant \bar{x} + \Delta_{\bar{x}}$

总体成数的置信区间　　　　　　$p - \Delta_p \leqslant P \leqslant p + \Delta_p$

这两个不等式就是总体平均数和总体成数的置信区间。因此，抽样误差范围的实际意义是被估计的总体指标 $\bar{X} \leqslant$ 或 $P$ 落在由抽样统计量所确定的范围，即落在 $(\bar{x} - \Delta_{\bar{x}},$

$\bar{x}+\Delta_{\bar{x}}$)或($p-\Delta_p$, $p+\Delta_p$)范围内。

置信区间($\bar{x}-\Delta_{\bar{x}}$, $\bar{x}+\Delta_{\bar{x}}$)或($p-\Delta_p$, $p+\Delta_p$)越宽,总体参数落在该区间内的概率(可能性)越大,抽样估计的可靠程度就越高;相反,需要的抽样估计可靠程度越低,$t$ 越小,抽样极限误差 $\Delta_{\bar{x}}$ 越小,置信区间越窄,总体指标的所在范围更小。在置信概率的大小和置信区间的范围大小之间选择更加需要的那一个。

情况 1:总体平均数的区间估计。

例如,某食品公司生产的畅销饮料制品,在长期生产活动中,发现该饮品的质量 X 服从标准差为 5 克的正态分布。从某日生产的产品中采取重复随机抽样的方法抽取 5 瓶,测得其质量(单位:克)分别为 501、496、498、503、500。在 0.95 的置信概率下,计算该饮品质量平均数的置信区间。

根据资料,$n=5$, $F(t)=95\%$, $t=1.96$

样本平均数
$$\bar{x}=\frac{\sum_{i=1}^{5} x_i}{5}\approx 499.6(克)$$

抽样平均误差
$$\mu_{\bar{x}}=\frac{\sigma}{\sqrt{n}}=\frac{5}{\sqrt{5}}\approx 2.236(克)$$

抽样极限误差
$$\Delta_{\bar{x}}=t\mu_{\bar{x}}=1.96\times 2.236\approx 4.38(克)$$

在 95% 的置信概率下,该批饮品质量的置信区间为($499.6-4.38$, $499.6+4.38$),即($495.22$, $503.98$)。

情况 2:总体成数的区间估计。

例如,对某门课程的通过情况进行研究,从以往三个学期的 1 000 名学生的课程成绩中,采用不重复抽样方法抽取 50 名学生的成绩,汇总资料后,得到及格率为 90%,计算置信概率为 90% 的及格率置信区间。

根据资料,$n=50$, $F(t)=90\%$, $t=1.64$

样本成数
$$p=90\%$$

抽样平均误差
$$\mu_p=\sqrt{\frac{p(1-p)}{n}\left(1-\frac{n}{N}\right)}=\sqrt{\frac{0.9\times 0.1}{50}\times\left(1-\frac{50}{1\,000}\right)}\approx 4.1\%$$

抽样极限误差
$$\Delta_p=t\mu_p=1.64\times 0.041\approx 6.7\%$$

在 90% 的置信概率下,该门课程的及格率置信区间为($90\%-6.7\%$, $90\%+6.7\%$),即($83.3\%$, $96.7\%$)。

情况 3:总体总量的区间估计。

在对总体平均数和总体成数进行区间估计的基础上,我们可以进一步推算总体的有关总量指标。

利用样本平均数或样本成数乘以总体单位数,估计总体某一总量指标。比如,利用样本平均数乘以总体单位数,估计总体标志总量;利用样本成数乘以总体单位数,估计总体中具有某一特征的单位数。

例如,工厂对某批 5 000 个零件进行质量检测,随机抽取其中 50 个零件测量它们的质量和合格情况,其质量平均数为 16 千克,质量平均数的抽样极限误差为 3.1 千克;零件合

格率为 $96\%$,零件合格率的抽样平均误差为 $0.93\%$。估计该批零件的总质量和合格品个数,并计算它们置信概率为 $95\%$ 的置信区间。

根据资料,$N=5\,000$,$n=50$,$F(t)=95\%$,$t=1.96$,零件质量样本平均数 $\bar{x}=16$,质量平均数的抽样极限误差 $\Delta_{\bar{x}}=3.1$,零件合格率成数平均数 $p=96\%$,零件合格率的抽样极限误差 $\Delta_p=0.93\%$。

零件质量总体总值点估计　$X=N\bar{x}=5\,000\times16=80\,000$(千克)

零件合格品总体总数点估计　$N_1=Np=5\,000\times96\%=4\,800$(件)

零件质量总体总值区间估计　$N(\bar{x}-\Delta_{\bar{x}})\leqslant X\leqslant N(\bar{x}+\Delta_{\bar{x}})$

得到结果为:$5\,000\times(16-3.1)\leqslant X\leqslant5\,000\times(16+3.1)$,即 $(64\,500,95\,500)$。

零件合格品总体总数区间估计　$N(p-\Delta_p)\leqslant N_1\leqslant N(p+\Delta_p)$

得到结果为:$5\,000\times(96\%-1.96\times0.93\%)\leqslant N_1\leqslant5\,000\times(96\%+1.96\times0.93\%)$,即 $(4\,708.86,4\,891.14)$。

这里对总体总量进行了点估计和区间估计,可以看到,总体总量的估计就是在平均数估计量的基础上乘以总体单位数就可以了。

**【同步思考 6-3】**

1. 参数估计的目的是什么?通常情况下,会对哪些总体指标进行估计?

2. 评价一个估计量的优良标准是什么?它们都反映了估计量的哪些优缺点?

3. 区间估计的含义是什么?它能够解决哪些问题?

# 6.4　样本容量的确定

## 6.4.1　必要样本容量的含义

必要样本容量,是指在保证抽样调查达到预期的可靠程度和精确程度的条件下,所必须抽取的最低的样本单元数目。也就是说,只要抽取能满足抽样调查的可靠程度和精确程度的要求的单元数就可以了,即用最小的费用和人力、物力、时间来满足抽样估计的要求,以提高调查的效益。

确定必要样本容量是抽样调查中的一个重要问题,样本容量过大,会增加调查费用,花费更多的人力、物力和时间,从而发挥不出抽样调查省时、省力的优越性,而样本容易过小,会造成抽样误差加大,降低估计的准确性,失去估计的价值。为了避免样本容量过大或过小,必须恰当地确定样本容量。

## 6.4.2　必要样本容量的计算

必要样本容量的确定,是在抽样误差范围和相应的概率可靠程度既定的条件下,由抽样极限误差、概率度和抽样平均误差三者之间的关系推算出来的。不同的抽样组织方式有不同的抽样误差的计算公式,因此,也有不同的样本容量的确定公式,这里介绍的是以简单随机抽样方式的样本容量计算。

**1. 平均数的必要样本容量计算**

1）重复抽样的情况

根据抽样极限误差和抽样平均误差的关系：$\Delta_{\bar{x}} = t\mu_{\bar{x}}$，$\mu_{\bar{x}} = \sqrt{\dfrac{\sigma^2}{n}}$

得到
$$\Delta_{\bar{x}} = t\sqrt{\dfrac{\sigma^2}{n}}$$

解出
$$n = \dfrac{t^2\sigma^2}{\Delta_{\bar{x}}^2}$$

2）不重复抽样的情况

根据抽样极限误差和抽样平均误差的关系：$\Delta_{\bar{x}} = t\mu_{\bar{x}}$，$\mu_{\bar{x}} = \sqrt{\dfrac{\sigma^2}{n}\left(1 - \dfrac{n}{N}\right)}$

同理可以解出
$$n = \dfrac{Nt^2\sigma^2}{N\Delta_{\bar{x}}^2 + t^2\sigma^2}$$

例如，对某地区 3 000 亩（1 亩 ≈ 666.67 平方米）水稻田的产量进行抽样调查。根据以往经验，该地区水稻亩产量的标准差为 35 千克，在 95％置信概率下，要求使用样本平均数估计的误差范围不超过 5 千克，计算必要的样本容量。

根据资料，$N = 3\,000$ 亩，$\sigma = 35$ 千克，$\Delta_{\bar{x}} = 5$ 千克，$F(t) = 95\%$，$t = 1.96$。

在重复抽样下，样本容量为
$$n = \dfrac{t^2\sigma^2}{\Delta_{\bar{x}}^2} = \dfrac{1.96^2 \times 35^2}{5^2} \approx 188.2（亩）$$

在不重复抽样下，样本容量为
$$n = \dfrac{Nt^2\sigma^2}{N\Delta_{\bar{x}}^2 + t^2\sigma^2} = \dfrac{3\,000 \times 1.96^2 \times 35^2}{3\,000 \times 5^2 + 1.96^2 \times 35^2} \approx 177.1（亩）$$

根据以上计算结果，在重复抽样的条件下，样本容量应该是 188.2 亩，而在不重复抽样条件下，样本容量应该是 177.1 亩。

**2. 成数的必要样本容量计算**

1）重复抽样的情况

根据抽样极限误差和抽样平均误差的关系：$\Delta_p = t\mu_p$，$\mu_p = \sqrt{\dfrac{p(1-p)}{n}}$

得到
$$\Delta_p = t\sqrt{\dfrac{p(1-p)}{n}}$$

解出
$$n = \dfrac{t^2 p(1-p)}{\Delta_p^2}$$

2）不重复抽样的情况

根据抽样极限误差和抽样平均误差的关系：$\Delta_p = t\mu_p$，$\mu_p = \sqrt{\dfrac{p(1-p)}{n}\left(1 - \dfrac{n}{N}\right)}$

同理可以解出

$$n = \frac{N t^2 p(1-p)}{N \Delta_p^2 + t^2 p(1-p)}$$

例如,某工厂对生产的一批零件进行重复抽样的质量检测,以往 3 次检测结果的合格率为 90%、93%、95%,在 90% 的置信概率、抽样极限误差不超过 3% 的条件下,计算必要的样本容量。

根据资料,$\Delta_p = 3\%$,$F(t) = 90\%$,$t = 1.64$。

根据以往的资料,选择合格率 $P$ 来确定总体方差。按照保守原则,由于合格率 $P = 90\%$ 时,总体方差 $p(1-p)$ 最大,因此选择 $P = 90\%$。

$$n = \frac{t^2 p(1-p)}{\Delta_p^2} = \frac{1.64^2 \times 90\% \times (1-90\%)}{(3\%)^2} \approx 269 (件)$$

根据计算结果,样本容量确定为 269 件。

### 6.4.3 样本容量的影响因素

#### 1. 影响必要样本容量的因素

根据样本容量的计算公式,影响必要样本容量的因素有四个。

(1) 总体单位标志变异程度。主要考虑的总体单位标志变异程度是标准差。总体单位标志变异程度大,要求样本容量就多些;相反,总体单位标志变异程度小,样本容量就可以少些。

(2) 抽样极限误差的大小。抽样极限误差越大,样本容量需要越少;相反,抽样极限误差越小,要求的样本容量越多。

(3) 置信概率 $F(t)$ 的大小。抽样推断的可靠程度要求越高,即 $F(t)$ 越大,要求样本容量就越多;相反,抽样推断的可靠程度要求越低,要求样本容量越少。

(4) 抽样组织方式和抽样方法。要达到相同的精度,采用分层抽样的样本容量要小于简单随机抽样的样本容量,整群抽样大概是简单随机抽样样本容量的 2.5 倍,系统抽样和简单随机抽样的样本容量差不多。有重复抽样比不重复抽样需要样本容量多一些。

#### 2. 计算样本容量时应注意的问题

(1) 计算结果是需要的最低值。公式计算的样本单位数目是最低的,也就是满足抽样估计的精确度和把握程度所需要最少的样本单位数。因此,如果在一次抽样调查中,同时对总体平均数和总体成数进行推断,可以计算出两个样本单位数目。一般情况下,二者是不相等的,为了同时满足两种估计的要求,在两个样本单位数目中,选择大的作为必要样本单位数目。此外,公式计算的样本容量不一定是整数,如果是小数,不采用四舍五入的办法化成整数,而是用比这个小数大的邻近整数来代替。

(2) 总体方差未知情况下的处理。如果总体方差 $\sigma^2$ 和 $p(1-p)$ 是未知的,在实际工作中往往利用有关资料来代替,主要有以下几种方法。

第一,利用历史资料代替。如果进行本次抽样调查之前,曾经进行过同类问题的全面调查,可以用全面调查的有关数据来代替。若有几个全面调查的方差资料,为了保证抽样调查的可靠性,应选择方差大的来代替。

第二,利用试点资料代替。在进行正式抽样调查之前,组织两次或两次以上的试点抽样,然后用试点样本的方差来代替。应该注意的是,从几个试点样本方差中选用较大的使用。

　　第三,成数方差在完全缺少资料的情况下,可以用成数方差最大的 0.25 来代替。

### 【同步思考 6-4】

　　1. 确定样本容量的目的是什么?

视频 6　全国 1%
人口抽样调查

　　2. 样本容量和哪些因素是有关系的? 它们如何影响样本容量?

　　3. 确定样本容量时,总体方差未知的情况应当如何处理?

## 6.5 假 设 检 验 *

### 6.5.1 假设检验的基本问题

#### 1. 假设检验的含义

　　假设检验,也称显著性检验,是指根据需要对总体参数作出假设,利用样本信息,在一定的概率保证度下,检验统计量是否满足要求,从而判断假设是否成立。

　　例如,工厂生产的一批测量重量的工具,如果从中取出一个来测量标准重零件,标准件 10 千克,而这台测量工具测出的重量是 10.1 千克,是否可以说明这台测量工具是存在质量问题的? 如果按照我们的直观印象 10.1≠10,那么显然这台测量工具是有质量问题的。但是考虑到允许误差的范围,是不是可以接受 0.1 千克的误差? 如果误差是 0.01 千克,是否可以接受? 现象的随机性时常发生,绝对的相等往往不是常见的。在统计学范畴内,假设检验给出了一个评价随机现象的方法。

#### 2. 假设检验的基本原理

　　(1) 小概率原理,是指小概率事件在一次试验中基本上是不可能发生的,即发生概率很小的随机事件。例如,在一批合格率达到 98% 的零件里面,选择了一件就是不合格品,这是一个小概率事件,应当思考它发生的原因。

　　(2) 假设检验利用了反证法的思想。首先,提出满足问题要求的假设,比如前面提到的测量工具的测量是准确的作为基本假设;其次,获取随机现象的资料,并计算样本指标和判断样本指标服从的分布,建立相应的统计量;再次,根据小概率原理,判断小概率事件是否发生了,如果发生了,则考虑很有可能是基本假设的问题;最后,决定接受或者拒绝原假设。

　　(3) 由于研究的总体往往服从正态分布,在假设检验中,样本指标构造的统计量经常会服从标准正态分布、$t$ 分布、$F$ 分布或者 $\chi^2$ 分布,可以通过统计量的值与分布的临界值进行比较,来观察小概率事件是否发生,从而进行判断。

#### 3. 假设检验中的常用术语

　　(1) 原假设和备择假设。原假设,是指研究者对总体参数事先提出的假设,即我们进行检验的假设;备择假设也称为对立假设,是指与原假设对立的假设,即当原假设不成立时供选择的假设。

设总体参数 $\theta$ 的假设值为 $\theta_0$，那么原假设记作

$$H_0: \theta = \theta_0 \text{ 或 } H_0: \theta \leq \theta_0 \text{ 或 } H_0: \theta \geq \theta_0$$

它表示总体参数值与其假设之间没有显著差异；而其备择假设记作

$$H_1: \theta \neq \theta_0 \text{ 或 } H_1: \theta > \theta_0 \text{ 或 } H_1: \theta < \theta_0$$

例如，前面我们定义假设检验时的例子中，总体参数的标准值为 10 千克，我们可以做如下假设：

$$H_0: \theta = 10, H_1: \theta \neq 10$$

其中，原假设表示总体参数为 10 千克是显著的，而备择假设表示总体参数为 10 千克是不显著的。

（2）双侧检验与单侧检验。根据对于总体参数的不同要求，我们可以将假设检验分为双侧检验和单侧检验。

双侧检验，是指检验只关注总体参数与某假设值是否有显著的差异，而不管差异是正还是负，其原假设和备择假设分别表示为

$$H_0: \theta = \theta_0, H_1: \theta \neq \theta_0$$

如上例中，我们只关心测量工具准确度是否为 10 千克，而不关心是大于 10 千克还是小于 10 千克，因此这里使用双侧检验。

右侧检验，是指检验关注的总体参数越大越好时，设立的假设形式，其原假设和备择假设表示为

$$H_0: \theta \leq \theta_0, H_1: \theta > \theta_0$$

例如，我们要对某种产品的耐用程度进行检验，应为耐用程度越大越好，此时可以使用右侧检验。

左侧检验，是指检验关注的总体参数越小越好时，设立的假设形式，其原假设和备择假设表示为

$$H_0: \theta \geq \theta_0, H_1: \theta < \theta_0$$

例如，我们要检验的是零件的不合格率，显然它越低越好，此时可以使用左侧检验。

（3）显著性水平。显著性水平，是指小概率原理所规定的小概率事件的概率界限值，通常用 $\alpha$ 表示，即当某事件发生的概率不大于 $\alpha$ 时，则认为它是小概率事件。显著性水平的选取取决于小概率事件发生后产生后果的严重性，若后果严重，则应当选得小一些；反之，应当选得大一些。通常情况下，选取 0.01、0.05 或 0.10。

（4）检验临界值。检验临界值，是指用来判断小概率事件发生与否的界限值。临界值的获得主要依靠各种常见分布，如标准正态分布、$t$ 分布、$F$ 分布和 $\chi^2$ 分布的分布表查取。临界值的大小是与显著性水平的大小有关的。

**4. 假设检验的步骤**

（1）提出假设。根据所检验问题的需要，参照双侧检验与单侧检验的定义，提出原假设和备择假设。

（2）确定检验统计量。检验统计量是判断样本统计量与总体参数的假设是否有显著差异的主要依据，它是根据样本统计量的分布方式，经过构造得到的我们比较熟悉且容易分析的某种分布的统计量。

（3）确定显著性水平。通过显著性水平确定的临界值，判断样本统计量与总体参数是

否有显著差异的界限值,并通过查分布表的办法取得相应临界值。

（4）判断接受或拒绝原假设。利用构造的检验统计量和查取的临界值进行比较,从而判断接受原假设或者拒绝原假设,拒绝原假设则意味着要接受备择假设。这是假设检验获得结论的环节。

## 6.5.2　总体均值、总体成数、总体方差的假设检验

假设检验主要是针对总体均值、总体成数和总体方差三类总体参数进行的,通常是通过分析样本统计量分布状况,完成统计量的构造。

### 1. 总体均值的假设检验

（1）单正态总体均值的检验。单正态总体均值的检验,是指总体服从正态分布,利用样本均值对总体均值这一参数的显著性进行检验的类型。

情况 1：总体方差 $\sigma^2$ 已知。

$z$ 检验：由于总体服从正态分布,假设总体均值为 $\bar{X}$,总体方差为 $\sigma^2$,则根据数理统计原理,样本平均数服从期望为 $\bar{X}$、方差为 $\dfrac{\sigma^2}{n}$ 的正态分布,即 $\bar{x} \sim N(\mu, \sigma^2)$,因此可以构造如下统计量：

$$z = \frac{\bar{x} - \bar{X}}{\sigma / \sqrt{n}} \sim N(0, 1)$$

然后,利用显著性水平 $\alpha$ 查标准正态分布表,查得相应临界值,根据不同检验分为以下三类。

双侧检验用 $z_{\alpha/2}$,当 $|z| \geqslant z_{\alpha/2}$ 时,拒绝原假设,接受备择假设；反之,接受原假设。

右侧检验则用 $z_\alpha$,当 $z \geqslant z_\alpha$ 时,拒绝原假设,接受备择假设；反之,接受原假设。

左侧检验则用 $-z_\alpha$,当 $z \leqslant -z_\alpha$ 时,拒绝原假设,接受备择假设；反之,接受原假设。

例如,某工厂生产质量测量工具,使用标准件 10 千克,判断测量工具的准确性。从该批生产的测量工具中选出一个,使用标准件测量 50 次,测量结果的平均数为 10.1 千克。根据以往的经验,测量工具的标准差为 0.3 千克。在 $\alpha = 0.05$ 的显著性水平下,这一台测量工具是否测量准确？

建立如下假设：

$$H_0 : \theta = 10, \; H_1 : \theta \neq 10$$

构造检验统计量并计算：

$$z = \frac{\bar{x} - \bar{X}}{\sigma / \sqrt{n}} = \frac{10.1 - 10}{0.3 / \sqrt{50}} \approx 2.357$$

根据显著性水平查表得 $z_{\alpha/2} = 1.96$,由于 $|z| \approx 2.357 > 1.96$,所以拒绝原假设,接受备择假设,认为这一台测量工具不准确是显著的。

情况 2：总体方差未知,且是大样本。

在大样本情况下,总体方差 $\sigma^2$ 如果未知,可以用样本方差 $s^2$ 代替,而且如下统计量近似服从正态分布：

$$z = \frac{\bar{x} - \bar{X}}{s/\sqrt{n}} \sim N(0,1)$$

得到该统计量的值可以用上述同样方法与临界值比较,进行检验。

例如,某工厂生产质量测量工具,使用标准件 10 千克,判断测量工具的准确性。从该批生产的测量工具中选出一个,使用标准件测量 50 次,测量结果的平均数为 10.1 千克,测量工具的样本标准差为 0.5 千克。在 $\alpha = 0.05$ 的显著性水平下,这一台测量工具是否测量准确?

建立如下假设:

$$H_0 : \theta = 10, H_1 : \theta \neq 10$$

构造检验统计量并计算:

$$z = \frac{\bar{x} - \bar{X}}{s/\sqrt{n}} = \frac{10.1 - 10}{0.5/\sqrt{50}} \approx 1.414$$

根据显著性水平查表得 $z_{\alpha/2} = 1.96$,由于 $|z| \approx 1.414 < 1.96$,所以接受原假设,认为这一台测量工具准确性是显著的。

情况 3:总体方差未知,且是小样本。

$t$ 检验:在小样本情况下,总体方差 $\sigma^2$ 未知,仍然可以用样本方差 $s^2$ 代替,但是如下统计量服从 $t$ 分布:

$$t = \frac{\bar{x} - \bar{X}}{s/\sqrt{n}} \sim t(n-1)$$

然后,利用显著性水平 $\alpha$ 查 $t$ 分布表,查得相应临界值,根据不同检验分为以下三类。

双侧检验用 $t_{\alpha/2}(n-1)$,当 $|t| \geq t_{\alpha/2}(n-1)$ 时,拒绝原假设,接受备择假设;反之,接受原假设。

右侧检验则用 $t_{\alpha}(n-1)$,当 $t \geq t_{\alpha}(n-1)$ 时,拒绝原假设,接受备择假设;反之,接受原假设。

左侧检验则用 $-t_{\alpha}(n-1)$,当 $t \leq -t_{\alpha}(n-1)$ 时,拒绝原假设,接受备择假设;反之,接受原假设。

例如,某工厂生产质量测量工具,使用标准件 10 千克,判断测量工具的准确性。从该批生产的测量工具中选出一个,使用标准件测量 15 次,测量结果的平均数为 10.1 千克,测量工具的样本标准差为 0.3 千克。在 $\alpha = 0.05$ 的显著性水平下,这一台测量工具是否测量准确?

建立如下假设:

$$H_0 : \theta = 10, H_1 : \theta \neq 10$$

构造检验统计量并计算:

$$t = \frac{\bar{x} - \bar{X}}{s/\sqrt{n}} = \frac{10.1 - 10}{0.3/\sqrt{15}} \approx 1.291$$

根据显著性水平查表得 $t_{\alpha/2}(n-1) = 2.145$,由于 $|t| \approx 1.291 < 2.145$,所以接受原假设,认为这一台测量工具准确性是显著的。

(2)双正态总体均值的检验。双正态总体均值的检验,是指针对两个服从正态分布的总体,利用样本均值的差对两个总体均值差异进行比较的检验。

情况 1：总体方差已知。

当两正态总体的方差 $\sigma_1^2$，$\sigma_2^2$ 已知时，根据数理统计原理，样本平均数的差 $\bar{x}_1 - \bar{x}_2$ 服从期望为 $\bar{X}_1 - \bar{X}_2$、方差为 $\dfrac{\sigma_1^2}{n_1} + \dfrac{\sigma_2^2}{n_2}$ 的正态分布，因此可以构造如下统计量：

$$z = \frac{(\bar{x}_1 - \bar{x}_2) - (\bar{X}_1 - \bar{X}_2)}{\sqrt{\dfrac{\sigma_1^2}{n_1} + \dfrac{\sigma_2^2}{n_2}}} \sim N(0,1)$$

然后，利用显著性水平 $\alpha$ 查标准正态分布表，查得相应临界值，根据不同检验分为以下三类。

双侧检验用 $z_{\alpha/2}$，当 $|z| \geqslant z_{\alpha/2}$ 时，拒绝原假设，接受备择假设；反之，接受原假设。

右侧检验则用 $z_\alpha$，当 $z \geqslant z_\alpha$ 时，拒绝原假设，接受备择假设；反之，接受原假设。

左侧检验则用 $-z_\alpha$，当 $z \leqslant -z_\alpha$ 时，拒绝原假设，接受备择假设；反之，接受原假设。

例如，甲、乙两名射击运动员争取参加比赛的名额，甲、乙运动员在近期 1 000 次射击训练和比赛中，射击环数的平均数分别是 9.98 环和 9.99 环。按照两位队员以往的经验，甲、乙射击环数的标准差分别为 0.15 环和 0.16 环，在 $\alpha = 0.05$ 的显著性水平下，甲、乙两名运动员的射击环数是否有显著差异？

建立如下假设：

$$H_0 : \bar{X}_1 = \bar{X}_2, H_1 : \bar{X}_1 \neq \bar{X}_2$$

构造检验统计量并计算：

$$z = \frac{(\bar{x}_1 - \bar{x}_2) - (\bar{X}_1 - \bar{X}_2)}{\sqrt{\dfrac{\sigma_1^2}{n_1} + \dfrac{\sigma_2^2}{n_2}}} = \frac{(9.98 - 9.99) - 0}{\sqrt{\dfrac{0.15^2}{1\,000} + \dfrac{0.16^2}{1\,000}}} \approx -1.441$$

根据显著性水平查表得 $z_{\alpha/2} = 1.96$，由于 $|z| \approx 1.441 < 1.96$，所以接受原假设，认为两名运动员的射击水平是没有显著差异的。

情况 2：总体方差未知且相等。

当两正态总体的方差 $\sigma_1^2$，$\sigma_2^2$ 未知且相等时，用样本方差代替总体方差。根据数理统计原理，样本平均数的差 $\bar{x}_1 - \bar{x}_2$ 服从期望为 $\bar{X}_1 - \bar{X}_2$、方差为 $\dfrac{\sigma_1^2}{n_1} + \dfrac{\sigma_2^2}{n_2}$ 的正态分布，因此可以构造如下统计量：

$$t = \frac{(\bar{x}_1 - \bar{x}_2) - (\bar{X}_1 - \bar{X}_2)}{\sqrt{\dfrac{(n_1-1)s_1^2 + (n_2-1)s_2^2}{n_1 + n_2 - 2}} \sqrt{\dfrac{1}{n_1} + \dfrac{1}{n_2}}} \sim t(n_1 + n_2 - 2)$$

然后，利用显著性水平 $\alpha$ 查 $t$ 分布表，查得相应临界值，根据不同检验分为以下三类。

双侧检验用 $t_{\alpha/2}(n_1 + n_2 - 2)$，当 $|t| \geqslant t_{\alpha/2}(n_1 + n_2 - 2)$ 时，拒绝原假设，接受备择假设；反之，接受原假设。

右侧检验则用 $t_\alpha(n_1 + n_2 - 2)$，当 $t \geqslant t_\alpha(n_1 + n_2 - 2)$ 时，拒绝原假设，接受备择假设；反之，接受原假设。

左侧检验则用 $-t_\alpha(n_1 + n_2 - 2)$，当 $t \leqslant -t_\alpha(n_1 + n_2 - 2)$ 时，拒绝原假设，接受备择假

设；反之,接受原假设。

例如,甲、乙两名射击运动员争取参加比赛的名额,甲、乙运动员在近期 1 000 次射击训练和比赛中,射击环数的平均数分别是 9.98 环和 9.99 环。按照两位队员以往的经验,甲、乙射击环数的标准差相等,且样本标准差分别为 0.15 环和 0.16 环,在 $\alpha=0.05$ 的显著性水平下,甲、乙两名运动员的射击环数是否有显著差异?

建立如下假设:

$$H_0: \overline{X}_1 = \overline{X}_2, H_1: \overline{X}_1 \neq \overline{X}_2$$

构造检验统计量并计算:

$$t = \frac{(\overline{x}_1 - \overline{x}_2) - (\overline{X}_1 - \overline{X}_2)}{\sqrt{\dfrac{(n_1-1)s_1^2 + (n_2-1)s_2^2}{n_1 + n_2 - 2}} \cdot \sqrt{\dfrac{1}{n_1} + \dfrac{1}{n_2}}}$$

$$= \frac{(9.98 - 9.99) - 0}{\sqrt{\dfrac{(1\,000-1) \times 0.15^2 + (1\,000-1) \times 0.16^2}{1\,000 + 1\,000 - 2}} \sqrt{\dfrac{1}{1\,000} + \dfrac{1}{1\,000}}} \approx -2.884$$

根据显著性水平查表得 $t_{\alpha/2}(n-1) = 1.96$,由于 $|t| \approx 2.884 > 1.96$,所以拒绝原假设,认为两名运动员的射击水平是有显著差异的。

**2. 总体成数的假设检验**

根据抽样分布定理可知,样本成数服从二项分布,然而二项分布的计算比较复杂。在大样本情况下,二项分布近似服从正态分布,又因为总体成数的研究往往是大样本条件下的,所以在总体成数的假设检验部分,我们认为构造的统计量都是服从正态分布的。

(1) 单正态总体成数的检验。根据上述理由,样本成数 $p$ 近似服从正态分布,因而可以构造如下统计量:

$$z = \frac{p - P}{\sqrt{\dfrac{P(1-P)}{n}}} \sim N(0,1)$$

然后,利用显著性水平 $\alpha$ 查标准正态分布表,查得相应临界值,根据不同检验分为以下三类。

双侧检验用 $z_{\alpha/2}$,当 $|z| \geqslant z_{\alpha/2}$ 时,拒绝原假设,接受备择假设;反之,接受原假设。

右侧检验则用 $z_\alpha$,当 $z \geqslant z_\alpha$ 时,拒绝原假设,接受备择假设;反之,接受原假设。

左侧检验则用 $-z_\alpha$,当 $z \leqslant -z_\alpha$ 时,拒绝原假设,接受备择假设;反之,接受原假设。

例如,某工厂的产品合格率标准为 98%,现对某批 50 件产品进行检查,样本合格率为 96%,则在 $\alpha=0.05$ 的显著性水平下,是否达到了合格率的要求?

由题意可知,这是一个左侧检验,可建立如下假设:

$$H_0: p \geqslant 0.98, H_1: p < 0.98$$

构造检验统计量并计算:

$$z = \frac{p - P}{\sqrt{\dfrac{P(1-P)}{n}}} = \frac{96\% - 98\%}{\sqrt{\dfrac{98\% \times (1-98\%)}{50}}} \approx -1.01$$

根据显著性水平查表得 $z_\alpha = 1.64$,由于 $|z| \approx 1.01 < 1.64$,所以接受原假设,认为该批

产品达到合格率要求。

（2）双正态总体成数的检验。同样的理由，两总体样本成数差 $p_1 - p_2$ 近似服从正态分布，因而可以构造如下统计量：

$$z = \frac{(p_1 - p_2) - (P_1 - P_2)}{\sqrt{\dfrac{p_1(1 - p_1)}{n_1} + \dfrac{p_2(1 - p_2)}{n_2}}} \sim N(0,1)$$

得到该统计量的值可以用上述同样方法与临界值比较，进行检验。

**3. 总体方差的假设检验**

方差或标准差是衡量变量离中趋势的重要参数，它能够反映数据的稳定性和均衡性，因此对方差进行检验也有其实际意义。这里，将介绍 $\chi^2$ 检验和 $F$ 检验两种方法分别对单正态总体和双正态总体进行方差的显著性检验。

（1）单正态总体方差的检验。$\chi^2$ 检验：是指对单正态总体进行方差检验的方法。由于样本方差是总体方差的无偏估计量，因此我们可以构造如下统计量：

$$\chi^2 = \frac{(n-1)s^2}{\sigma^2} \sim \chi^2(n-1)$$

然后，利用显著性水平 $\alpha$ 查 $\chi^2$ 分布表，查得相应临界值，根据不同检验分为以下三类。

双侧检验用 $\chi^2_{\alpha/2}(n-1)$ 和 $\chi^2_{1-\alpha/2}(n-1)$，当 $\chi^2_{\alpha/2}(n-1) \leqslant \chi^2$ 或 $\chi^2 \leqslant \chi^2_{1-\alpha/2}(n-1)$ 时，拒绝原假设，接受备择假设；反之，接受原假设。

右侧检验则用 $\chi^2_{\alpha}(n-1)$，当 $\chi^2 \geqslant \chi^2_{\alpha}(n-1)$ 时，拒绝原假设，接受备择假设；反之，接受原假设。

左侧检验则用 $\chi^2_{1-\alpha}(n-1)$，当 $\chi^2_{1-\alpha}(n-1) \geqslant \chi^2$ 时，拒绝原假设，接受备择假设；反之，接受原假设。

（2）双正态总体方差的检验。$F$ 检验：是指对两个正态总体的方差进行比较的检验方法，由于两个样本方差之比近似服从 $F$ 分布，因此我们可以构造如下统计量：

$$F = \frac{s_1^2/\sigma_1^2}{s_2^2/\sigma_2^2} \sim F(n_1 - 1, n_2 - 1)$$

然后，利用显著性水平 $\alpha$ 查 $F$ 分布表，查得相应临界值，根据不同检验分为以下三类。

双侧检验用 $F_{1-\alpha/2}(n_1-1, n_2-1)$ 和 $F_{\alpha/2}(n_1-1, n_2-1)$，当 $F_{1-\alpha/2}(n_1-1, n_2-1) \geqslant F$ 或 $F \geqslant F_{\alpha/2}(n_1-1, n_2-1)$ 时，拒绝原假设，接受备择假设；反之，接受原假设。

右侧检验则用 $F_{\alpha}(n_1-1, n_2-1)$，当 $F \geqslant F_{\alpha}(n_1-1, n_2-1)$ 时，拒绝原假设，接受备择假设；反之，接受原假设。

左侧检验则用 $F_{1-\alpha}(n_1-1, n_2-1)$，当 $F_{1-\alpha}(n_1-1, n_2-1) \geqslant F$ 时，拒绝原假设，接受备择假设；反之，接受原假设。

## 6.5.3　假设检验的其他方面

**1. 假设检验应该注意的问题**

一是进行假设检验前，应该注意资料本身是否有可比性；二是当差别有统计学意义时，应该注意该差别在实际运用中有无意义；三是根据资料的类型和特点选用正确的检验方法；四是根据经验正确选用单侧检验或双侧检验；五是判断结论不能绝对化，应注意无论接受或拒绝原假设，都有判断错误的可能性；六是报告结论时，应注意说明所用的统计量，单侧检验或是双侧检验等。

2. 假设检验的两类错误

假设检验的结论是建立在样本信息基础上的，并且和显著性水平的高低有关，由于抽样随机性，抽中的样本可能是所有可能值中或高或低的一个，因此检验统计量落入拒绝域，并不意味着原假设一定不成立。同样，检验统计量落入接受域也不意味着原假设一定正确。因此，在进行假设检验时，可能会出现两类错误。

第一类错误，也称弃真错误，是指原假设正确却被拒绝的错误。产生第一类错误的概率是由假设检验的显著性水平给出的，因此也称 $\alpha$ 错误。$\alpha$ 错误的成因是小概率事件在一次试验中也是可能发生的，所以原假设正确时，检验统计量落入拒绝域的概率为 $\alpha$。

第二类错误，也称纳伪错误，是指原假设不正确却被接受的错误。犯第二类错误的概率是当备择假设成立时，检验统计量落入接受域的概率，用 $\beta$ 表示，因此也称 $\beta$ 错误。

**【同步思考 6-5】**

1. 假设检验的主要目的是什么？在统计推断过程中，能够起到什么作用？尝试举例说明。
2. 假设检验的基本原理是什么？它是如何实现的？
3. 假设检验的两类错误分别代表了哪些含义？能否降低两类错误发生的概率？

## 6.6 Excel 在抽样推断中的应用

以 3.5 节的 A 餐馆某晚前 50 次消费的人均消费额数据为例，在 95％的概率保证程度下，估计该餐馆的人均消费额的置信区间。

（1）将资料的数据输入一个新的工作表中，同时，以 C5 单元格为起始位置，在列中输入相关的指标名称，如图 6-6 所示。

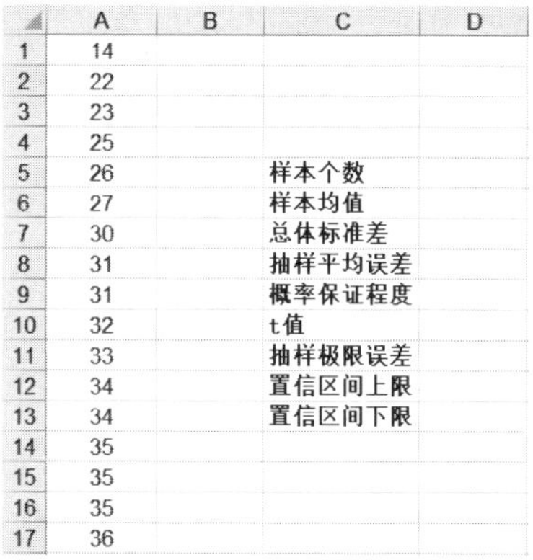

| | A | B | C | D |
|---|---|---|---|---|
| 1 | 14 | | | |
| 2 | 22 | | | |
| 3 | 23 | | | |
| 4 | 25 | | | |
| 5 | 26 | | 样本个数 | |
| 6 | 27 | | 样本均值 | |
| 7 | 30 | | 总体标准差 | |
| 8 | 31 | | 抽样平均误差 | |
| 9 | 31 | | 概率保证程度 | |
| 10 | 32 | | t值 | |
| 11 | 33 | | 抽样极限误差 | |
| 12 | 34 | | 置信区间上限 | |
| 13 | 34 | | 置信区间下限 | |
| 14 | 35 | | | |
| 15 | 35 | | | |
| 16 | 35 | | | |
| 17 | 36 | | | |

图 6-6 输入各种指标名称

（2）计算样本个数。在 D5 单元格中插入统计函数“COUNT”，单击“确定”后，在显示的对话框的“Value1”格内输入“A1:A50”，如图 6-7 所示。单击“确定”，得到样本单位的个数，如图 6-8 所示。

（3）计算总体均值。在 D6 单元格内插入统计函数“AVERAGE”，单击“确定”后，在弹出对话框的“Number”格内输入“A1:A50”，如图 6-9 所示。单击“确定”，得到总体均值，如图 6-10 所示。

（4）计算总体标准差。在 D7 单元格内插入统计函数“STDEV.P”，单击“确定”后，在弹出的对话框的“Number1”格内输入“A1:A50”，如图 6-11 所示。单击“确定”，得到样本标准差，如图 6-12 所示。

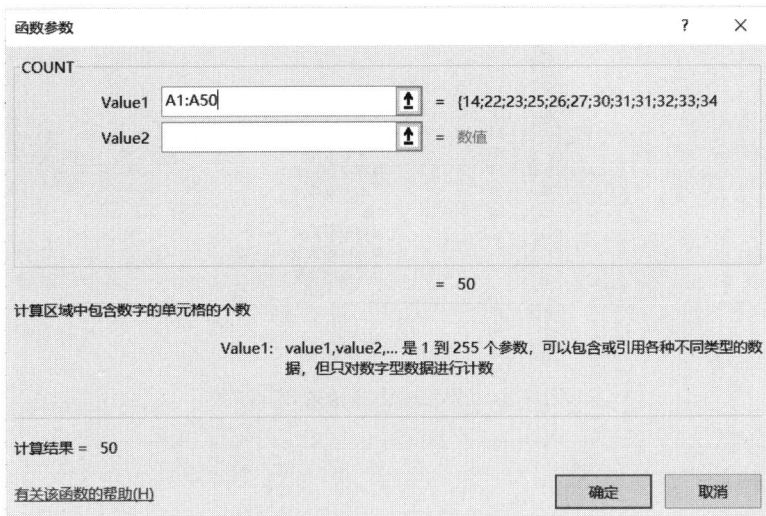

图 6-7　设置 COUNT 函数参数

图 6-8　COUNT 函数计算结果

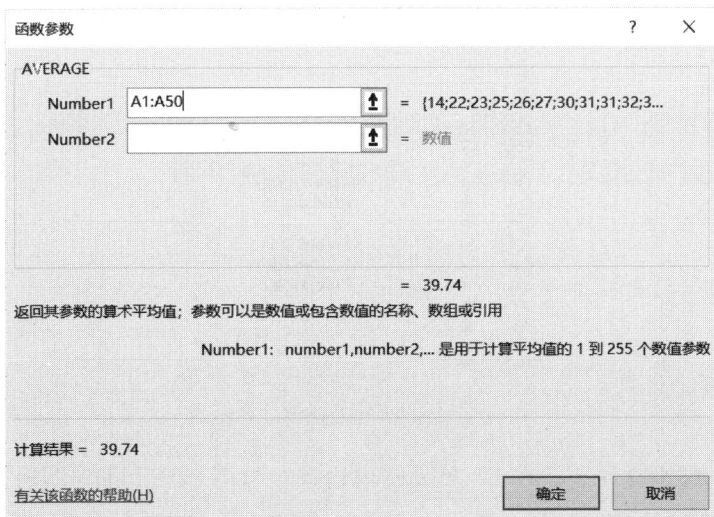

图 6-9　设置 AVERAGE 函数参数

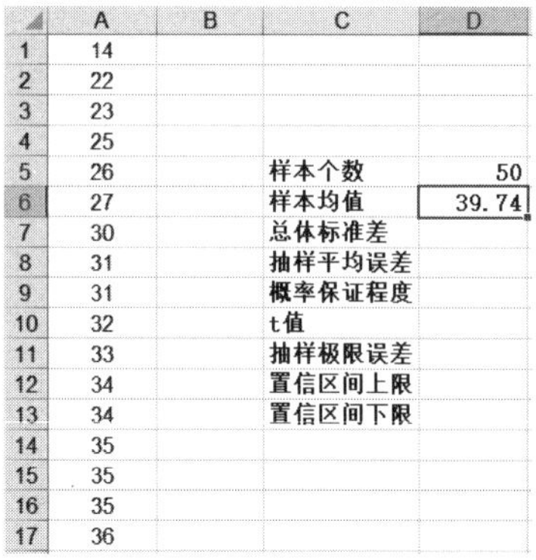

图 6-10　AVERAGE 函数计算结果

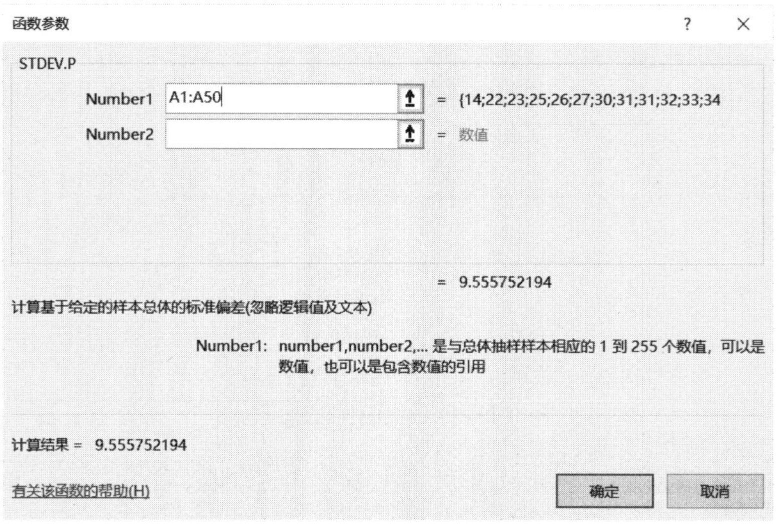

图 6-11　设置 STDEV.P 函数参数

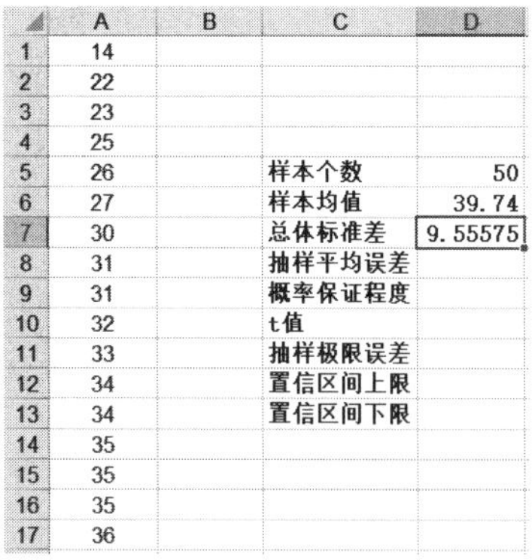

图 6-12　STDEV.P 函数计算结果

（5）计算抽样平均误差。在 D8 单元格内输入"＝D7/SQRT(D5)"，后回车，即得到抽样平均误差，如图 6-13 所示。

（6）输入概率保证程度。在 D9 单元格内输入"95％"，如图 6-14 所示。

图 6-13　抽样平均误差计算结果

图 6-14　输入概率保证程度

（7）计算 $t$ 值。在 D10 单元格中插入统计函数"NORM. S. INV"，打开该函数的对话框，在"Probability"的空格处输入"0.5＋D9/2"，如图 6-15 所示。按回车键后，得到 $t$ 值，如图 6-16 所示。

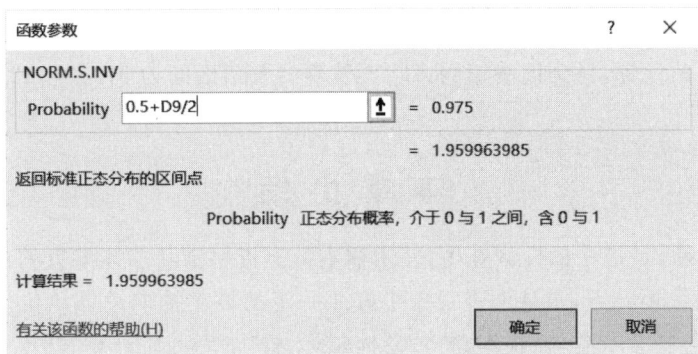

图 6-15　设置 NORM. S. INV 函数参数

图 6-16　$t$ 值计算结果

（8）计算抽样极限误差。在 D10 单元格内输入"＝D10＊D8"，按回车键后，得到抽样极限误差，如图 6-17 所示。

(9) 计算置信区间上、下限。在 D12 单元格内输入"＝D6＋D11",按回车键后,得到置信区间的上限;在 D13 单元格内输入"＝D6－D11",按回车键后,得到置信区间的下限,如图 6-18 所示。

D11 fx =D10*D8

| | A | B | C | D | E |
|---|---|---|---|---|---|
| 1 | 14 | | | | |
| 2 | 22 | | | | |
| 3 | 23 | | | | |
| 4 | 25 | | | | |
| 5 | 26 | | 样本个数 | 50 | |
| 6 | 27 | | 样本均值 | 39.74 | |
| 7 | 30 | | 总体标准差 | 9.55575 | |
| 8 | 31 | | 抽样平均误差 | 1.35139 | |
| 9 | 31 | | 概率保证程度 | 95% | |
| 10 | 32 | | t值 | 1.95996 | |
| 11 | 33 | | 抽样极限误差 | 2.64867 | |
| 12 | 34 | | 置信区间上限 | | |
| 13 | 34 | | 置信区间下限 | | |
| 14 | 35 | | | | |
| 15 | 35 | | | | |
| 16 | 35 | | | | |
| 17 | 36 | | | | |
| 18 | 36 | | | | |

图 6-17 误差范围的计算结果

| | A | B | C | D |
|---|---|---|---|---|
| 1 | 14 | | | |
| 2 | 22 | | | |
| 3 | 23 | | | |
| 4 | 25 | | | |
| 5 | 26 | | 样本个数 | 50 |
| 6 | 27 | | 样本均值 | 39.74 |
| 7 | 30 | | 总体标准差 | 9.55575 |
| 8 | 31 | | 抽样平均误差 | 1.35139 |
| 9 | 31 | | 概率保证程度 | 95% |
| 10 | 32 | | t值 | 1.95996 |
| 11 | 33 | | 抽样极限误差 | 2.64867 |
| 12 | 34 | | 置信区间上限 | 42.3887 |
| 13 | 34 | | 置信区间下限 | 37.0913 |
| 14 | 35 | | | |
| 15 | 35 | | | |
| 16 | 35 | | | |
| 17 | 36 | | | |

图 6-18 置信区间的上、下限计算结果

通过 Excel 的计算,得到该餐馆的人均消费额的置信区间为 37.09～42.39 元。

## 本章小结

(1) 抽样推断,是指在抽样调查中,使用样本数据资料推断总体参数的过程。随机原则是抽样调查的最重要特点,是从调查对象中按照一定的概率抽取总体单位。抽样调查过程中,常见的概念包括全及总体、样本总体、总体指标、样本指标、抽样框、样本个数、抽样误差、抽样精度和费用等。抽样方法包括重复抽样和不重复抽样。抽样组织方式包括简单随机抽样、类型抽样、等距抽样、整群抽样和多阶段抽样。

(2) 抽样误差,是指在抽样调查中,抽样的随机性偶然因素导致了样本各单元的结构与总体各单元结构的代表性差别,进而导致样本指标和总体指标之间的差异。反映抽样误差的概念包括抽样平均误差、抽样极限误差和概率度等。

(3) 参数估计,是指用样本指标对相应的总体指标进行估计的过程。参数估计的目的是完成抽样推断的过程,在整个抽样调查的最终环节就是通过参数估计,得到对总体指标的估计量,这也是整个调查过程的最终结果。参数估计的特点包括:逻辑上,运用归纳推理;方法上,运用不确定的概率估计法;参数估计存在抽样误差。优良估计量应当符合以下三个标准:无偏性、一致性、有效性。参数估计的方法有两种:一种是点估计,另一种是区间估计。

(4) 必要样本容量,是指在保证抽样调查达到预期的可靠程度和精确程度的条件下,所必须抽取的最低的样本单元数目。只要抽取能满足抽样调查的可靠程度和精确程度的要求的单元数就可以了,即用最少的费用和人力、物力、时间来满足抽样估计的要求,以提高调查的效益。必要样本容量的确定,是在抽样误差范围和相应的概率可靠程度既定的条件下,由

抽样极限误差、概率度和抽样平均误差三者之间的关系推算出来的。影响必要样本容量的因素有四个：总体单位标志变异程度、抽样极限误差的大小、置信概率 $F(t)$ 的大小、抽样组织方式和抽样方法。

（5）假设检验，也称显著性检验，是指根据需要对总体参数作出假设，利用样本信息，在一定的概率保证度下，检验统计量是否满足要求，从而判断假设是否成立。假设检验利用了反证法的思想。首先，提出满足问题要求的假设；其次，获取随机现象的资料，并计算样本指标和判断样本指标服从的分布，建立相应的统计量；再次，根据小概率原理，判断小概率事件是否发生；最后，决定接受或者拒绝原假设。

（6）利用 Excel 的"数据分析"工具中相应功能，可以轻松实现各种假设检验分析；使用 Excel 的统计函数可以对数据进行区间估计。

# 思考与练习

● **知识题**

（1）什么是抽样估计？抽样估计有什么特点？抽样估计的作用有哪些？

（2）什么是抽样平均误差？影响抽样平均误差的因素有哪些？

（3）什么是必要样本容量？影响必要样本容量的因素有哪些？

（4）抽样估计的优良标准是什么？试解释各个标准的含义。

（5）什么是原假设、备择假设和显著性水平？单侧检验、双侧检验有什么不同之处？

● **实务题**

1. 某手表厂在某段时间内，生产 100 万个某种零件，用纯随机抽样的方式，采用重复抽样的方法抽取 1 000 个零件进行检验，测得废品率为 2%，如以 95.45% 的概率保证，试确定该厂零件的废品率的区间。

2. 某冷藏库需要通过抽样来检测库存的一批鹅蛋是否已经变质，根据以往资料，鹅蛋的变质率分别为 53%、49% 和 48%，那么在允许误差不超过 3%、置信度为 95% 的情况下应该抽取多少个鹅蛋进行检查？

3. 某学校随机抽查了 36 名男生，平均身高为 170 厘米，标准差为 12 厘米。试确定有多大的把握程度估计该校全体男生的身高介于 166 厘米和 174 厘米之间。

4. 在 10 块土地上试种甲、乙两种作物，产量服从正态分布，且方差相等，甲组样本均值为 30.97，标准差为 26.7，乙组样本均值为 21.79，标准差为 12.1，取显著性水平为 1%，是否可以认为两个品种产量有显著性差异？

5. 某电视节目收视率一直保持在 3%，在最近一次的抽样调查中，1 000 人中有 260 人观看了该节目，在 0.05 的显著性水平下，是否可以认为该节目的收视率仍然保持原有水平？

● **实训题**

**实训一**

（1）实训目的：通过本题练习，掌握平均数和成数抽样估计方法。

（2）实训资料：某企业对某日生产的 2 000 件电子元件采用重复抽样方法随机抽取 5% 进行耐用时数检验，检验结果及样本有关指标如表 6-3 所示。

表 6-3　检验结果及样本有关指标

| 耐用时数/小时 | 电子元件数/件 |
|---|---|
| 3 000 以下 | 5 |
| 3 000～4 000 | 30 |
| 4 000～5 000 | 50 |
| 5 000 以上 | 15 |
| 合计 | 100 |

（3）实训要求：

① 试以 95％的概率保证程度估计这批电子元件平均耐用时数的区间范围；

② 如果标准规定假定 3 000 耐用小时以下为不合格，试以 95％的概率保证程度估计该批电子元件耐用时数的合格区间范围。

**实训二**

（1）实训目的：通过本题练习，掌握不同抽样的方法，根据平均数估计和成数估计来确定样本单位数。

（2）实训资料：对某型号电子元件 10 000 只进行耐用性检验。根据以往抽样测定，求得耐用时数的标准差为 600 小时。

（3）实训要求：

① 概率保证程度为 68.27％，元件平均耐用时数的要求误差范围不超过 150 小时，确定重复抽样下要抽取多少元件做检查；

② 根据以往抽样经验知道，元件合格率为 95％，要求在 99.73％的概率保证下，允许误差不超过 4％，确定重复抽样所需抽取的元件数目是多少；

③ 如果其他条件不变，采用不重复抽样应抽取多少只元件检验？

**实训三**

（1）实训目的：通过本题练习，掌握类型抽样方式，计算平均数的估计值。

（2）实训资料：某公司对不同职位员工的家庭经济状况进行抽样调查，所得结果如表 6-4 所示。

表 6-4　抽样调查所得结果

| 职位类型 | 抽样数/户 | 每户月平均收入/元 | 标准差/元 |
|---|---|---|---|
| 管理人员 | 260 | 1 700 | 380 |
| 生产工人 | 580 | 1 200 | 180 |

（3）实训要求：

① 计算该次调查家庭的月平均收入；

② 以 95.45％的概率保证程度估计此次调查家庭的月平均收入的置信区间。

**实训四**

（1）实训目的：通过本题练习，掌握双正态总体方差的假设检验方法。

（2）实训资料：有甲、乙两台精密机床，加工同样的产品，从两台机床加工的产品中随机抽取若干产品，测得产品直径如表 6-5 所示。

表 6-5　产品直径资料

| 甲加工的产品直径/mm | 乙加工的产品直径/mm |
| --- | --- |
| 20.5 | 19.7 |
| 19.8 | 20.8 |
| 19.7 | 20.5 |
| 20.4 | 19.8 |
| 20.1 | 19.4 |
| 20.0 | 20.6 |
| 19.6 | 19.2 |
| 19.9 | |

(3) 实训要求：试以 0.95 的置信度分析两台机床加工的精度是否有显著性差别。

**实训五**

(1) 实训目的：通过本题练习，掌握单正态总体均值和方差的检验方法。

(2) 实训资料：某纯净水生产工厂运用灌装机灌装纯净水，该自动灌装机正常灌装量标准为平均数 19 升，标准差为 0.4 升，现从某批灌装水中选取 9 个灌装样品，测量结果如表 6-6 所示。

表 6-6　灌装样品测量结果

| 序　　号 | 容量/升 |
| --- | --- |
| 1 | 18.0 |
| 2 | 17.6 |
| 3 | 17.3 |
| 4 | 18.2 |
| 5 | 18.1 |
| 6 | 18.5 |
| 7 | 17.9 |
| 8 | 18.1 |
| 9 | 18.3 |

(3) 实训要求：试在 0.95 的置信度下分析以下问题：

① 该批灌装水是否合格；

② 该批灌装水的灌装精度是否在标准范围内。

———— 即测即练 ————

# 第 7 章

# 相关与回归分析

## 【学习目标】

(1) 理解相关分析与回归分析的概念及其相互关系;

(2) 掌握相关分析与回归分析的主要内容;

(3) 熟练掌握判断现象之间关系及密切程度的方法;

(4) 熟练掌握一元回归方程的建立方法,并能利用回归方程进行预测;

(5) 了解多元线性回归方程和非线性回归方程的建立方法;

(6) 掌握使用 Excel 绘制散点图,并利用"数据分析"工具进行相关和回归分析的方法。

## 【教学引例】高职院校学生心理亚健康问题流行现状及影响因素分析

了解高职院校大学生心理亚健康问题的流行现状及影响因素,可以为制定指导大学生心理亚健康的干预策略提供理论支持。采用分层整群随机抽样的方法,对江苏省 3 个行政区域内 5 所高职院校的 1 882 名学生进行在线问卷调查,研究结果发现,江苏省高职院校大学生心理亚健康的得分为 $(53.42 \pm 26.93)$ 分,心理亚健康检出率为 $16.6\%$,心理亚健康三个维度——情绪亚健康、品行亚健康、社会适应亚健康的检出率分别为 $15.0\%$、$16.4\%$、$12.4\%$。多因素回归分析发现性别、体育人口、家庭关系与大学生心理亚健康呈正相关,即江苏省高职院校大学生群体中女生、非体育人口、家庭关系不和谐出现心理亚健康问题的概率更高;而主要监护人的文化程度、父母婚姻状况、是否长时间上网则与大学生心理亚健康呈负相关,即监护人的受教育程度高(高中及以上)、父母未离异、每天上网时间少的大学生出现心理亚健康问题的概率更低。在不同个体特征、家庭背景、生活习惯的大学生群体中均检出较高的心理亚健康率,学校、家庭、社会应协同配合,为高职院校学生的身心健康成长提供和谐环境,为大学生的健康成才一路保驾护航。

资料来源:顾莉亚,傅洁.高职院校学生心理亚健康问题流行现状及影响因素分析[J].西北成人教育学院学报,2024(1):50-56.

## 7.1 相 关 分 析

### 7.1.1 相关关系的概念及特点

世界是一个普遍联系的整体。无论是自然现象,还是社会经济现象,都是在相互联系、相互制约中存在并不断发展变化的。某一现象的变化,会影响到其他现象发生一定的变化。现象之间这种联系主要有以下两种关系:一种是函数关系,一种是相关关系。

## 1. 函数关系

函数关系是指现象之间存在着严格的数量依存关系。在这种关系中,每个现象的数值发生变化,都有另一个现象的确定值与它相对应,现象之间的数值是一一对应关系,这种关系可以用数学函数关系式反映出来,所以称函数关系。

例如,圆的面积随半径的变化而变化,每给定一个圆的半径,就有一个唯一的、确定的圆的面积与之相对应,面积是半径的函数。在社会经济现象中,同样存在着这种关系。例如,某种产品的产值=产品的产量×该产品的价格。当产品的价格不变时,销售量发生变化,就有一个确定的销售额与之对应,销售额是销售量的函数。

## 2. 相关关系

相关关系是指现象间存在着不完全确定的数量依存关系。在这种关系中,对于某一现象的每一数值,可以有另一现象的若干数值与之相对应,现象之间的数值并不是一一对应关系。

相关关系具有如下的特点。

(1) 相关关系表现为数量上的相互依存关系。一个现象发生一定的数量变化,都会引起另一个现象发生一定量的变化。例如,在一定限度内,施肥量的增长会引起农作物产量的增长,股票市场的获利增长会引起银行存款额的降低等。

(2) 相关关系在数量上表现为非确定性的相互依存关系。存在相关关系的两个变量,其变量值不是一一对应关系,即一个变量的某一个变量值,可能与另一个变量的若干变量值相对应。例如,人们收入水平的增加,会使其支出也得到相应的增加,但支出增加的量却不是唯一的,因为人们的消费还受消费习惯、消费预期等影响。

## 3. 相关关系与函数关系的关系

相关关系与函数关系既有区别又有联系。有些函数关系因为有观察或测量误差的存在,以及各种随机因素的干扰等,在实际中常常通过相关关系表现出来;而在研究相关关系时,其数量间的规律性通常也是通过函数关系近似地表现出来的。

相关分析是研究现象之间是否存在某种依存关系,并对具体有依存关系的现象探讨其相关方向以及相关程度,是研究随机变量之间的关系的一种统计方法。

## 7.1.2　相关关系的种类

现象之间的相关关系是复杂的,它们各以不同的方式和程度相互作用,表现出不同的类型和形态。相关关系按不同的标准可以划分为不同的种类。

### 1. 按照相关的变量(因素)的多少,可分为单相关、复相关

(1) 单相关。单相关,也称一元相关,是指两个变量之间的相关关系,如广告费用与产品销售量之间的相关关系。

(2) 复相关。复相关,也称多元相关,是指三个或三个以上变量之间的相关关系,如商品销售额与居民收入、商品价格之间的相关关系。

### 2. 按照相关的形式,可分为线性相关和非线性相关

(1) 线性相关。线性相关,也称直线相关,是指当一个变量变动时,另一个变量随之发

生大致均等的变动。从图形上看,其观察点的分布近似地表现为一条直线,例如,人均消费水平与人均收入水平通常呈线性相关。

(2) 非线性相关。非线性相关,也称曲线相关,即一个变量变动时,另一个变量也随之发生变动,但这种变动不是均等的,从图形上看,其观察点的分布近似地表现为一条曲线,如抛物线、指数曲线等。例如,农作物的施肥量与亩产量之间的关系,当施肥量在一定限度内,亩产量会上升,上升到一定程度后,随着施肥量的增加,亩产量却会下降,这就是一种曲线相关。

**3. 按照相关关系变化的方向不同,可分为正相关和负相关**

(1) 正相关。正相关是当一个变量值增加或减少时,另一个变量的值也会随之而增加或减少。如家庭人均收入的提高,会使家庭支出也随之提高;如果家庭收入降低,家庭支出通常也会相应降低。

(2) 负相关。负相关即当一个变量的值增加或减少时,另一个变量的值随之减少或增加。如随着产量的增加,单位成本会下降;而随着产量的下降,单位成本也会相应增加。

**4. 按照相关程度,可分为完全相关、不相关和不完全相关**

(1) 完全相关。当一个变量的数量完全由另一个变量的数量变化所确定时,两者之间即为完全相关。例如,在价格不变的条件下,销售额与销售量之间的关系即为完全相关关系,因为此时销售额的数值完全取决于销售量的大小,此时的相关关系就变成了完全相关关系。

(2) 不相关。当变量之间彼此互不影响,其数量变化各自独立,则变量之间为不相关。例如,学生的学习成绩与企业的单位成本之间的关系。

(3) 不完全相关。两个现象介于完全相关和不相关之间,大多数相关关系属于不完全相关。

相关关系的各种形态表现如图 7-1 所示。

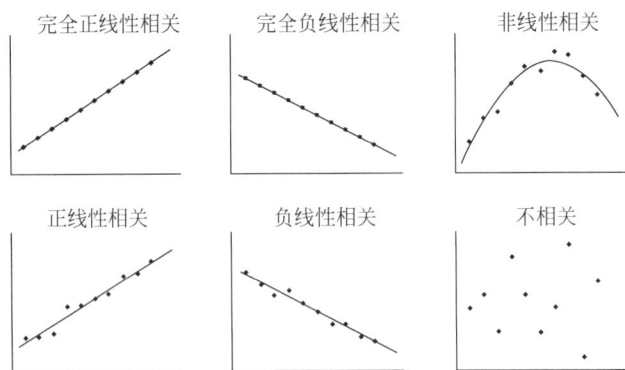

图 7-1 相关关系的各种形态表现

## 7.1.3 相关分析的主要内容

相关分析的主要内容包括:确定现象之间有无相关关系,确定相关关系的表现形式,判定相关关系的密切程度和方向。

### 1．确定现象之间有无相关关系

判断现象间是否存在依存关系是相关分析的起始点。相关分析的首要任务，就是判断现象之间是否存在必要的联系以及联系的形式。有互相依存关系，才有必要采用相关分析方法去研究。

例如，判断学生的学习成绩与学习时间两个变量之间的关系，我们通过常识以及实践经验判断可知，二者之间是存在一定的关系的，这是进行相关分析的基础。没有相关关系的两个变量，即使从判断相关关系指标上看具有很高的相关关系，也不能说明二者之间具有相关关系。

### 2．确定相关关系的表现形式

只有判明现象相关关系的具体表现形式后，才能运用相应的相关分析方法去进一步研究相关的程度，并建立相应的相关关系表达式。如果把曲线相关误认为直线相关，按直线相关来分析，便会导致错误的结论。相关关系的形式可以通过相关图等方式来判断。

### 3．判定相关关系的密切程度和方向

现象之间的相关关系是一种不严格数量关系，相关分析就是要从这种松散的数量关系中判定其相关关系的密切程度和方向。相关关系密切程度和方向主要是通过相关系数来判定的。

需要说明的是，上面所讲述的相关分析的内容，是狭义相关分析的内容，从广义的相关分析内容来看，还包括回归分析的内容。回归分析的内容，将在 7.2 节至 7.4 节详细介绍。

## 7.1.4　相关关系的测定

相关关系的测定，首先要判定现象之间是否存在相关关系，这种判定，应根据分析者所掌握的知识和经验来做定性分析。比如家庭收入与支出的关系、GDP 与教育经费投入之间的关系等，都具有一定的数量依存关系，这是人们根据长期的经验和知识得出的结论。但这种关系是一种什么形式的关系呢？是正相关还是负相关？相关的程度又如何呢？这需要通过以下的方式做进一步的判断。

### 1．相关表

相关表是一种反映变量之间相关关系的统计表。它包括简单相关表、单变量分组相关表和双变量分组相关表。

1）简单相关表

将相关的两个变量的变量值一一对应地填列在同一张表格上，这样的表格叫简单相关表，如表 7-1 所示。

表 7-1　国内生产总值与教育经费相关表

| 年份 | 国内生产总值/亿元 | 教育经费/万元 |
| --- | --- | --- |
| 2005 | 183 718.9 | 84 188 391 |
| 2006 | 219 438.5 | 98 153 087 |
| 2007 | 270 092.3 | 121 480 663 |
| 2008 | 319 244.6 | 145 007 374 |

续表

| 年份 | 国内生产总值/亿元 | 教育经费/万元 |
|------|------------------|---------------|
| 2009 | 348 517.7 | 165 027 065 |
| 2010 | 412 119.3 | 195 608 471 |
| 2011 | 487 940.2 | 238 692 936 |
| 2012 | 538 580.0 | 286 553 052 |
| 2013 | 592 963.2 | 303 647 182 |
| 2014 | 643 563.1 | 328 164 609 |
| 2015 | 688 858.2 | 361 291 927 |
| 2016 | 746 395.1 | 388 883 850 |
| 2017 | 832 035.9 | 425 620 069 |
| 2018 | 919 281.1 | 461 429 980 |
| 2019 | 986 515.2 | 501 781 166 |
| 2020 | 1 013 567.0 | 530 338 681 |
| 2021 | 1 149 237.0 | 578 736 693 |

资料来源:《中国统计年鉴》。

简单相关表适用于资料的项数比较少的情况。

从表 7-1 我们可以看出,教育经费与国内生产总值是密切相关的,随着我国经济的不断发展、国内生产总值的不断提高,国家在教育经费上的投入也在不断增长。这说明我国不仅重视经济的发展,也重视教育的发展。

2) 单变量分组相关表

单变量分组相关表是对自变量进行分组,因变量不分组,只是计算出次数和平均数。例如,从某市所有家庭中抽取 100 户家庭,调查某月家庭收入与支出的情况,得到的数据如表 7-2 所示。

表 7-2　某市抽取 100 户居民家庭月收入与月支出相关表

| 家庭月收入/元 | 家庭户数/户 | 家庭月支出/元 |
|------|------|------|
| 1 000 以下 | 3 | 928 |
| 1 000~2 000 | 6 | 1 243 |
| 2 000~3 000 | 7 | 1 643 |
| 3 000~4 000 | 10 | 2 030 |
| 4 000~5 000 | 18 | 3 568 |
| 5 000~6 000 | 22 | 3 875 |
| 6 000~7 000 | 16 | 4 056 |
| 7 000~8 000 | 8 | 4 239 |
| 8 000~9 000 | 5 | 4 558 |
| 9 000~10 000 | 3 | 4 782 |
| 10 000 以上 | 2 | 5 043 |

单变量分组相关表可以使原始资料大大简化,在原始数据较多的情况下,使用单变量分组相关表可以更清晰地反映现象的相互依存关系,找出变量间数据变化的规律。

3）双变量分组相关表

双变量分组相关表是将自变量和因变量都进行分组编制成的统计表。如上例,可将其变化成表 7-3 所示的双变量分组相关表。

表 7-3　某市家庭月收入与月支出相关表　　　　　　　　　　　户

| 家庭月收入/元 | 家庭月支出/元 | | | | | |
|---|---|---|---|---|---|---|
| | 1 000 以下 | 1 000～2 000 | 2 000～3 000 | 3 000～4 000 | 4 000～5 000 | 5 000 以上 |
| 1 000 以下 | 3 | | | | | |
| 1 000～2 000 | | 6 | | | | |
| 2 000～3 000 | | 7 | | | | |
| 3 000～4 000 | | | 10 | | | |
| 4 000～5 000 | | | | 18 | | |
| 5 000～6 000 | | | | 22 | | |
| 6 000～7 000 | | | | | 16 | |
| 7 000～8 000 | | | | | 8 | |
| 8 000～9 000 | | | | | 5 | |
| 9 000～10 000 | | | | | 3 | |
| 10 000 以上 | | | | | | 2 |

双变量分组相关表可用于大量复杂数据的处理和分析。双变量分组相关表实质上是一种图表结合的模式,它以表格的形式,反映了两个现象之间的相关形态、方向和程度。但是由于双变量分组相关表的资料计算相关分析指标比较复杂,所以在实际相关分析中使用较少。

**2. 相关图**

相关图又称散点图,是将相关的现象所对应的观测点的数值,在直角坐标系中用坐标点描绘出来,以表明相关点的分布状况。

按表 7-1 绘制的相关图如图 7-2 所示。

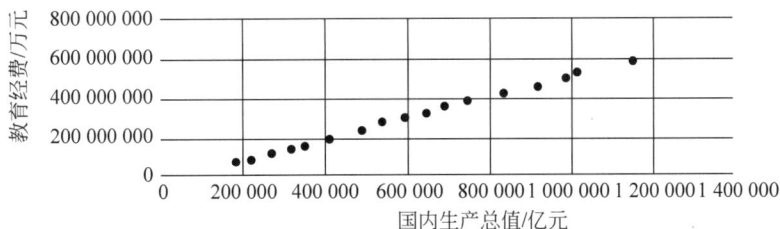

图 7-2　国内生产总值与教育经费相关图

由图 7-2 可知,国内生产总值与教育经费两个变量之间呈线性正相关关系,即随着国内生产总值的增长,教育经费呈上升趋势。

根据表 7-2 所绘制的相关图如图 7-3 所示。

从图 7-3 我们可以看出,收入和支出二者之间呈正的线性相关,即随着收入的增长,支出也在不断地增加。

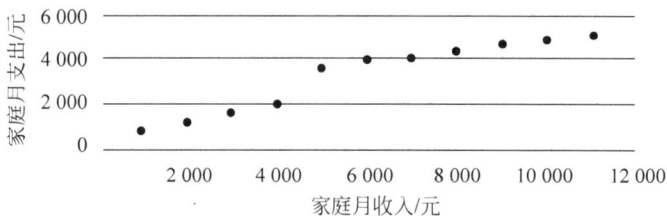

图 7-3　家庭月收入与月支出相关图

### 3. 相关系数

1）相关系数的概念

相关表和相关图可以反映变量之间的相互关系及相关方向,但无法确切地表明变量之间相关的密切程度。现象之间相关的密切程度,可以通过相关系数来测定。相关系数,是描述呈线性相关的两个变量之间密切程度及相关方向的指标。

2）相关系数的计算

相关系数通常用 $r$ 来表示。相关系数的计算,通常采用皮尔逊相关系数。1890 年,英国统计学家皮尔逊提出了计算相关系数的公式。

相关系数的计算有积差法和简捷法两种。

（1）积差法。

$$r = \frac{\sigma_{xy}^2}{\sigma_x \sigma_y} = \frac{\sum (x - \bar{x})(y - \bar{y})}{\sqrt{\sum (x - \bar{x})^2} \sqrt{\sum (y - \bar{y})^2}}$$

式中,$\sigma_x$ 为变量 $x$ 的标准差；$\sigma_y$ 为变量 $y$ 的标准差；$\sigma_{xy}$ 为变量 $x$ 和变量 $y$ 的协方差。

（2）简捷法。

由于积差法需要分别计算两个变量的标准差和协方差,计算比较麻烦,因此,上式经过变换,可得到相关系数的简捷法计算公式为

$$r = \frac{n \sum xy - \sum x \sum y}{\sqrt{n \sum x^2 - \left(\sum x\right)^2} \sqrt{n \sum y^2 - \left(\sum y\right)^2}}$$

根据这一公式,只需要计算 $x^2$,$y^2$,$xy$ 三个数值就行,不必计算平均数、协方差和标准差,这就大大简化了运算过程。

3）相关系数的取值范围

相关系数的值介于 $-1$ 和 $1$ 之间,即 $-1 \leqslant r \leqslant 1$。其意义如下。

当 $r > 0$ 时,表示两变量呈正相关；当 $r < 0$ 时,表示两变量呈负相关。

当 $|r| = 1$ 时,表明两变量之间为完全相关,即为函数关系。

当 $r = 0$ 时,表明两变量之间没有线性相关关系。

当 $0 < |r| < 1$ 时,表明两变量存在一定程度的线性相关关系。且 $|r|$ 越接近于 1,两变量间相关关系越密切；$|r|$ 越接近于 0,表明两变量之间相关关系越弱。

相关的密切程度一般可以划分为四个级别：$|r| < 0.3$ 以下为无相关；$0.3 \leqslant |r| < 0.5$ 为低度相关；$0.5 \leqslant |r| < 0.8$ 为中度相关；$0.8 \leqslant |r| < 1$ 为高度相关。

例如,对某班 30 名学生的学习时间及学习成绩进行调查,以了解学习时间与学习成绩

之间的关系。调查结果及相关系数计算如表 7-4 所示。

表 7-4　某班 30 名学生的学习时间与学习成绩相关系数计算

| 序号 | 日均学习时间 $x$ | 平均成绩 $y$ | $xy$ | $x^2$ | $y^2$ |
|---|---|---|---|---|---|
| 1 | 7.0 | 75.3 | 527.1 | 49.0 | 5 670.1 |
| 2 | 8.1 | 77.2 | 625.3 | 65.6 | 5 959.8 |
| 3 | 5.6 | 61.0 | 341.6 | 31.4 | 3 721.0 |
| 4 | 7.2 | 72.3 | 520.6 | 51.8 | 5 227.3 |
| 5 | 7.8 | 80.0 | 624.0 | 60.8 | 6 400.0 |
| 6 | 8.9 | 82.5 | 734.3 | 79.2 | 6 806.3 |
| 7 | 6.4 | 66.0 | 422.4 | 41.0 | 4 356.0 |
| 8 | 8.8 | 80.6 | 709.3 | 77.4 | 6 496.4 |
| 9 | 8.6 | 80.8 | 694.9 | 74.0 | 6 528.6 |
| 10 | 7.4 | 72.5 | 536.5 | 54.8 | 5 256.3 |
| 11 | 7.6 | 75.4 | 573.0 | 57.8 | 5 685.2 |
| 12 | 7.9 | 77.8 | 614.6 | 62.4 | 6 052.8 |
| 13 | 5.7 | 50.5 | 287.9 | 32.5 | 2 550.3 |
| 14 | 9.5 | 83.5 | 793.3 | 90.3 | 6 972.3 |
| 15 | 6.8 | 66.4 | 451.5 | 46.2 | 4 409.0 |
| 16 | 10.0 | 84.5 | 845.0 | 100.0 | 7 140.3 |
| 17 | 9.8 | 86.8 | 850.6 | 96.0 | 7 534.2 |
| 18 | 12.0 | 94.0 | 1 128.0 | 144.0 | 8 836.0 |
| 19 | 10.6 | 91.2 | 966.7 | 112.4 | 8 317.4 |
| 20 | 10.9 | 89.1 | 971.2 | 118.8 | 7 938.8 |
| 21 | 8.0 | 78.4 | 627.2 | 64.0 | 6 146.6 |
| 22 | 9.7 | 82.6 | 801.2 | 94.1 | 6 822.8 |
| 23 | 9.7 | 85.7 | 831.3 | 94.1 | 7 344.5 |
| 24 | 11.0 | 91.1 | 1 002.1 | 121.0 | 8 299.2 |
| 25 | 9.8 | 86.4 | 846.7 | 96.0 | 7 465.0 |
| 26 | 8.6 | 82.0 | 705.2 | 74.0 | 6 724.0 |
| 27 | 7.2 | 75.5 | 543.6 | 51.8 | 5 700.3 |
| 28 | 9.9 | 88.4 | 875.2 | 98.0 | 7 814.6 |
| 29 | 11.5 | 92.4 | 1 062.6 | 132.3 | 8 537.8 |
| 30 | 8.8 | 82.6 | 726.9 | 77.4 | 6 822.8 |
| 合计 | 260.8 | 2 392.5 | 21 239.7 | 2 348.1 | 193 535.2 |

根据经验,学习时间和学习成绩是息息相关的。我们将学习时间和学习成绩两个变量绘制成散点图,如图 7-4 所示。

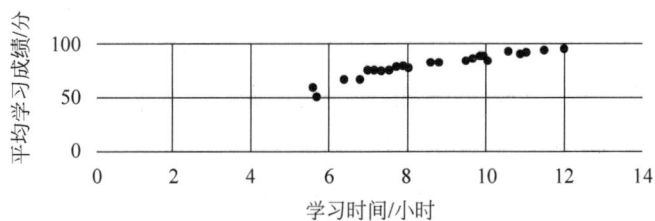

图 7-4　学习时间和学习成绩相关图

从图 7-4 我们可以看出,学习时间与学习成绩二者之间呈线性正相关关系。因此,我们可以计算二者之间的相关系数。

将表 7-4 计算结果代入简捷法公式中,便得到了相关系数。

$$r = \frac{n\sum xy - \sum x \sum y}{\sqrt{n\sum x^2 - \left(\sum x\right)^2}\sqrt{n\sum y^2 - \left(\sum y\right)^2}}$$

$$= \frac{30 \times 21\,239.7 - 260.8 \times 2\,392.5}{\sqrt{30 \times 2\,348.1 - 260.8^2} \times \sqrt{30 \times 193\,535.2 - 2\,392.5^2}}$$

$$= \frac{13\,226.7}{\sqrt{2\,425.16} \times \sqrt{82\,000.65}} = \frac{13\,226.7}{14\,101.94} \approx 0.937\,9$$

计算结果表明:学生的学习时间与学习成绩呈高度正相关关系。

4)应用相关系数时要注意的问题

首先,相关系数只适合测定两个变量的线性相关的密切程度,如果计算结果数值很小,并非就说明二者之间没有相关关系或相关程度很低,也许现象之间还存在着其他形式的相关关系。其次,相关系数有一个明显的缺点,即它的数值与实际观测的数据组数有关,当 $n$ 较小时,相关系数的波动较大;当 $n$ 较大时,相关系数的绝对值容易偏小;特别是当 $n=2$ 时,相关系数的绝对值总为 1。因此在样本容量 $n$ 较小时,我们仅凭相关系数较大就判定变量之间的关系密切程度也是不妥当的。最后,在实际分析中,一般情况下相关系数是利用样本数据来计算的,具有一定的随机性,因此需要对相关系数的可靠性进行检验。其检验方法参考其他相关教材,本书不做详细介绍。

通过以上的计算与分析过程,我们可以看到:统计所研究现象之间的相关关系,应该是真实的、客观存在的相关关系,而且是一种因果关系,而不是主观臆造的或形式上的偶然巧合。这就要求我们在实际进行相关分析时,依据有关科学理论,通过观察和试验,在对现象做深入分析的基础上,来确定这种相关关系,而且要经过理论和实践的进一步检验。只有这样,才能得出正确的结论。

比如从夏季冰淇淋的销量和啤酒的销量数据上看,冰淇淋的销量在增长,而啤酒的销量也在增长,从相关系数上看,会得出正相关关系的结论。但若深入思考就会发现,二者都是随气温变化而发生销量变化,二者并没有直接的因果关系,即冰淇淋销量的增加并不是啤酒销量增加的原因,啤酒销量的增加也不是冰淇淋销量增加的原因。如果简单地把二者放在一起进行相关分析,就会得出错误的结论。

**【同步思考 7-1】**

1. 函数关系可以说是相关关系的一种形式吗?

2. 相关系数的绝对值在 0.3 以下,就一定说明现象之间没有相关关系吗?

3. 相关系数的大小与呈线性相关的两个变量观察值多少是否有关? 如果呈线性相关的两个变量只取三个观察值,那么以此计算的相关系数可信吗?

# 7.2　回归分析的基本问题

## 7.2.1　回归分析的含义

在社会经济现象中,各种现象是相互联系、相互制约的。通过相关分析,我们可以判定现象之间有无关系、相关的表现形式及相关的程度和方向,但无法确定现象之间具体的数量变动依存关系,也不能根据一个变量的数值来推断另一个变量的具体数值。为了进一步探讨变量之间的具体数量变动关系,需要在相关分析的基础上,进行回归分析。

回归分析就是对具有相关关系的两个或两个以上变量之间的数量变化关系进行测定,建立因变量和自变量之间数量变动关系的数学表达式(回归方程),以便利用自变量的数值去估计或预测因变量数值的统计分析方法。

回归分析的基本思想是:根据现象间相关关系的形态,配合一条最合适的直线或曲线,用这条直线或曲线,反映它们之间数量变化的一般关系,即当自变量给定一个数值时,因变量一般为多少。例如,人们的平均月收入为 5 000 元时,其月平均支出一般会是多少元;学生的学习时间为 8 小时,其学习成绩一般是多少。

如果设变量 $x_1, x_2, x_3, \cdots, x_n$ 与随机变量 $y$ 之间存在着较为密切的相关关系,则相关关系的数学表达式,即回归模型为

$$y = f(x_1, x_2, x_3, \cdots, x_n) + \varepsilon$$

式中,$y$ 称为"因变量"或"被解释变量",$x_1, x_2, x_3, \cdots, x_n$ 称为"自变量"或"解释变量"。$\varepsilon$ 为服从均值为零、方差为常数的随机误差项。

## 7.2.2　回归分析与相关分析的关系

### 1. 回归分析与相关分析的区别

从广义上来说,相关分析包括回归分析;从狭义上说,相关分析与回归分析又有一定的区别。狭义的相关分析和回归分析的区别主要有以下三个方面。

(1)在相关分析中涉及的变量不存在自变量和因变量的划分问题,变量之间的关系是对等的;而在回归分析中,则必须根据研究对象的性质和研究分析的目的,对变量进行自变量和因变量的划分。因此,在回归分析中,变量之间的关系是不对等的。

(2)在相关分析中,所有的变量都必须是随机变量;而在回归分析中,自变量是给定的,因变量才是随机的。

(3)相关分析主要是通过一个指标即相关系数来反映变量之间相关密切程度的大小,由于变量之间是对等的,因此相关系数是唯一确定的;而在回归分析中,对于互为因果关系的两个变量,则有可能存在两个回归方程。当 $x$ 为自变量、$y$ 为因变量时,称 $y$ 倚 $x$ 的回归方程,当 $y$ 为自变量、$x$ 为因变量时,称 $x$ 倚 $y$ 的回归方程。

### 2. 回归分析与相关分析的联系

相关分析是回归分析的基础和前提,回归分析则是相关分析的深入和继续。相关分析

需要依靠回归分析来表现变量之间数量相关的具体形式,而回归分析则需要依靠相关分析来表现变量之间的相关程度。只有当变量之间存在一定的相关时,进行回归分析寻求其相关的具体形式才有意义。如果没有对变量之间是否相关以及相关方向和程度作出正确判断,就进行回归分析,很容易造成"虚假回归"。而如果只进行了相关分析,而没有进行回归分析,就无法由一个变量的数值去推断另一个变量的数值。因此,在具体应用过程中,只有把相关分析和回归分析结合起来,才能达到研究和分析的目的。

### 7.2.3 回归分析的主要内容

通过相关分析,确定现象之间存在一定的相关关系,并根据相关图等方法,确定了现象之间的相关形式,在此基础上,可以进行回归分析。回归分析主要包括以下几个方面的内容。

#### 1. 确定自变量与因变量

现象之间除了有相关关系,还存在因果关系。作为原因的变量称为自变量,作为结果的变量称为因变量,或者说,影响因素为自变量,被影响因素为因变量。在进行回归分析时,首先应该从理论出发,进行定性分析,根据现象的内在联系确定变量的因果关系,从而确定哪个是自变量、哪个是因变量。回归分析的目的是利用自变量的数值估计因变量的数值,而不能反过来用因变量的数值估计自变量的数值。

#### 2. 确定回归模型的类型及数学表达式

根据现象之间的内在影响机制或对具体变量数据的分析,找出最合适的回归分析模型,再通过计算求出模型的待定参数,建立回归方程。对于直线形式的相关关系,我们需要为其配合一条直线的模型,而对于指数曲线形式的相关关系,就需要为其配合一条指数的曲线模型,只有正确地配合回归模型,模型才能真正反映出现象相关的规律性,才有可能正确地进行预测和决策。

#### 3. 对回归模型进行评价和诊断

建立回归方程后,还要对其进行统计检验。检验方法有 $T$ 检验、$F$ 检验、DW 检验等。若想知道统计模型建立得好坏、是不是能真正反映现象之间的相关关系、是不是所有观测值的最优拟合线,就需要对模型进行相关的检验,以验证模型的有效性。

#### 4. 根据给定的自变量数值推断因变量的数值

回归方程可以用来统计、估计或预测,即可以根据给定的自变量数值去推断因变量的数值或置信区间,但不可以用因变量的数值去推断自变量的数值。通过推断,可以进行预测并根据预测的结果,结合其他相关信息进行决策。回归分析的内容如图 7-5 所示。

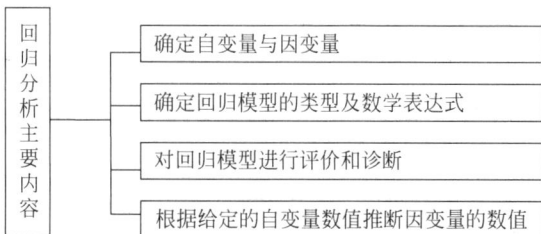

图 7-5 回归分析的内容

## 7.2.4　回归分析的种类

按照相关关系的变量多少和相关的形式不同,回归分析也有不同的分类。

**1. 按相关关系的变量多少,可分为一元回归分析和多元回归分析**

(1) 一元回归分析。一元回归分析是指只有一个自变量和一个因变量的回归分析。例如,对学习时间与学习成绩两个变量进行回归分析,这两个变量中,学习时间为自变量,也是解释变量,是现象变化的原因;学习成绩为因变量,是被解释变量,是自变量发生变化所带来的结果。这两个变量之间的回归分析,只有学习时间一个自变量。

(2) 多元回归分析。多元回归分析是指对多个自变量和一个因变量的回归分析。例如,分析研究农作物亩产量与施肥量、浇水量、温度等因素的关系,此时,施肥量、浇水量、温度等是亩产量变化的原因,是自变量,而亩产量是自变量变化所引起的结果,为因变量。这里有施肥量、浇水量、温度三个自变量,若利用回归分析方法来分析施肥量、浇水量、温度对农作物亩产量的影响,则此时的分析就是多元回归分析。

**2. 按相关的形式不同,可分为线性回归分析和非线性回归分析**

(1) 线性回归分析。当相关变量之间的表现形式为线性相关时,为其拟合的直线回归方程进行回归分析称为线性回归分析。

(2) 非线性回归分析。当变量之间的表现形态为曲线相关时,为其拟合的曲线回归方程进行回归分析称为非线性回归分析。

**【同步思考 7-2】**

拓展阅读 7　回归分析的起源

1. 为什么在回归分析时,需要确定因变量与自变量?

2. 回归分析中,你认为最重要的工作是什么? 它与其他内容是什么关系?

# 7.3　一元线性回归分析

相关分析的目的在于测度变量之间的关系强弱,它所使用的测度工具就是相关系数;而回归分析则是侧重考察变量之间的数量关系,并通过一定的数学表达式将这种关系描述出来,进而确定一个或几个变量(自变量)的变化对另一个特定变量(因变量)的影响程度。根据相关的因素多少及相关的形式,回归方程分为一元线性回归方程、一元非线性回归方程、多元线性回归方程和多元非线性回归方程。本书重点介绍一元线性回归分析。

## 7.3.1　一元线性回归方程的建立

一元线性回归方程又称简单线性回归方程,它是根据成对的两个变量的样本数据,配合直线方程,并根据自变量的变动,来推算因变量发展趋势和水平的一种数学关系式。

其数学表达式为

$$\hat{y} = a + bx$$

式中，$\hat{y}$ 表示因变量的估计值，也叫理论值；$a$ 和 $b$ 是两个待定参数，其中 $a$ 是回归直线的起始值，也是回归直线在直角坐标系中 $y$ 轴上的截距，即 $x=0$ 时的 $\hat{y}$ 值，从数学意义上理解，它表示在没有自变量 $x$ 的影响时，其他各种因素对因变量 $y$ 的影响；$b$ 是回归系数，也是回归直线的斜率，表示自变量 $x$ 每变动一个单位时，因变量 $y$ 平均变动 $b$ 个单位。

在回归直线的数学表达式中，只要能确定两个待定参数 $a$ 和 $b$，那么回归方程也就确定了。

统计理论已经证明，用最小平方法求解待定参数 $a$ 和 $b$ 而建立的回归方程最具有代表性，也是所有观测点的优良拟合线。

应用最小平方法配合直线方程，其基本要求是实际值与估计值的离差平方和为最小值，用公式表示为

$$\sum(y-\hat{y})^2 = \sum(y-a-bx)^2 = 最小值$$

根据数学中对二元函数求极值的原理，我们可以得到如下求解 $a$ 和 $b$ 的标准方程组。

$$\begin{cases} \sum y = na + b\sum x \\ \sum xy = a\sum x + b\sum x^2 \end{cases}$$

将上述方程组进一步整理，就会得到求解 $a$ 和 $b$ 的计算公式：

$$\begin{cases} b = \dfrac{n\sum xy - \sum x \sum y}{n\sum x^2 - (\sum x)^2} \\ a = \dfrac{\sum y}{n} - b\dfrac{\sum x}{n} \end{cases}$$

根据表 7-4 中的资料，我们试建立一元直线回归方程。

设回归方程为 $\hat{y}=a+bx$，其中 $a$ 和 $b$ 分别计算得

$$b = \frac{n\sum xy - \sum x \sum y}{n\sum x^2 - (\sum x)^2}$$

$$= \frac{30 \times 21\,239.7 - 260.8 \times 2\,392.5}{30 \times 2\,348.1 - 260.8^2}$$

$$= \frac{13\,226.7}{2\,425.16}$$

$$\approx 5.45$$

$$a = \frac{\sum y}{n} - b\frac{\sum x}{n}$$

$$= \frac{2\,392.5}{30} - 5.45 \times \frac{260.8}{30}$$

$$\approx 32.37$$

将 $a$ 和 $b$ 代入所设的回归方程中，则所建立的回归方程为

$$\hat{y} = a + bx = 32.37 + 5.45x$$

这里需要说明的是：通常情况下，当学习时间超过 12.41 小时后，学习成绩就不会再提高了，因为学习时间为 12.41 小时时，学习成绩已经是 100 分了。

因为一元线性回归方程通常是基于样本数据建立的,其具有随机性,所以在一元线性回归方程建立后,需要对方程中的回归系数进行检验,以检验其方程的有效性。其检验方法见相关教材,本书不做详细介绍。

## 7.3.2　一元线性回归方程的拟合优度

回归方程 $\hat{y}=a+bx$ 在一定程度上描述了变量 $x$ 与 $y$ 之间的数量关系,据此可以根据自变量的数值去推断因变量的数值,但是估计或预测的精度如何,则取决于回归直线对观测值的拟合程度。各观测值越是紧密围绕直线,说明直线对观测数据的拟合程度越好,估计或预测的精度就越好;反之则越差。各观测值与回归直线的接近程度称为回归直线对观测数据的拟合优度。

回归直线对各观测值的拟合优度,可以利用判定系数和估计标准误差来测定。

### 1. 判定系数

拟合优度通常用判定系数来衡量。判定系数是对估计的回归方程拟合优度进行判定的一个指标,也称可决系数、决定系数。

为说明判定系数的含义,需要对因变量取值变差予以分析。判定系数是建立在对总离差平方和进行分解的基础上的。

因变量 $y$ 的取值是随机波动的,这种波动称为变差。对一个具体的观测值来说,变差的大小可以用实际观测值 $y_i$ 与其均值 $\bar{y}$ 之差 $(y_i - \bar{y})$ 来表示。$n$ 次观测值的总变差可由这些变差的平方和来表示,称为总平方和,记为 SST,即

$$\text{SST} = \sum (y_i - \bar{y})^2$$

每个观测点的总变差可以分解为

$$y_i - \bar{y} = (y_i - \hat{y}_i) + (\hat{y}_i - \bar{y})$$

可以证明:

$$\sum (y_i - \bar{y})^2 = \sum (y_i - \hat{y}_i)^2 + \sum (\hat{y}_i - \bar{y})^2$$

上式表明,总平方和 SST 可以分解为两部分:一部分是 $\sum (\hat{y}_i - \bar{y})^2$。这一部分是由自变量 $x$ 的变化对因变量 $y$ 的变化的影响,称为回归平方和,记为 SSR。另一部分是 $\sum (y_i - \hat{y}_i)^2$,它是除了 $x$ 对 $y$ 的影响之外的其他因素对 $y$ 变化的影响,称为残差平方和或误差平方和,记为 SSE。用公式表示这三个部分平方和的关系即为

$$\text{SST} = \text{SSR} + \text{SSE}$$

将上式两边同时除以 SST,得到

$$1 = \frac{\text{SSR}}{\text{SST}} + \frac{\text{SSE}}{\text{SST}}$$

从上式中我们可以看出,SSR 在 SST 中的所占比例越大,说明因变量受自变量的影响就越大,因此,可定义这一比例为判定系数。

$$R^2 = \frac{\text{SSR}}{\text{SST}}$$

$R^2$ 为判定系数。判定系数 $R^2$ 是回归模型对样本观测值拟合程度的判定指标,判定系数越大,回归方程对样本观测值的拟合程度越高;判定系数越小,则回归方程对样本观测值的拟合程度越低。

判定系数 $R^2$ 具有如下特征:一是判定系数具有非负性,其值必然大于零;二是判定系数的取值范围为 $0 \leqslant R^2 \leqslant 1$;三是判定系数是样本观测值的函数,它也是一个统计量;四是在一元线性回归方程中,判定系数是相关系数的平方。

### 2. 估计标准误差

判定系数可用于度量回归直线的拟合程度,相关系数也可以起到类似的作用。而残差平方和则可以说明实际观测值与回归估计值之间的差异程度。对于一个变量的诸多观测值,可以用标准差来测度各变量值在其平均数周围的离散程度。与之类似的一个量可以用来测试各实际观测点在回归直线周围的散布状况,这个量就是估计标准误差,也称为估计量的标准差或标准误差。

估计标准误差是说明回归直线代表性大小的统计分析指标,它说明观察值围绕着回归方程变化程度或分散程度。它也是理论值与实际值的平均误差。

概括起来,估计标准误差主要有三个作用。

(1) 说明以回归直线为中心的所有相关点的离散程度。如果估计标准误差的数值大,说明现象之间的离散程度大;相反,如果估计标准误差的数值小,说明现象的离散程度小。

(2) 说明回归方程的代表性大小。如果估计标准误差的数值大,说明回归方程对所有观察值的代表性小,也就是对所有观察值的拟合差;相反,如果估计标准误差的数值小,说明回归方程对所有观察值的代表性大,即拟合好。

(3) 可以对因变量的值进行区间估计。回归分析的目的是建立回归模型,并利用回归模型对因变量的数值进行预测,但在预测时,会产生误差。估计标准误差是度量误差大小的尺度,通过这个尺度,可以对因变量的数值进行区间估计。

估计标准误差通常用 $S_{y.x}$ 表示,其计算公式为

$$S_{y.x} = \sqrt{\frac{\sum (y_i - \hat{y}_i)^2}{n-2}} = \sqrt{\frac{\text{SSE}}{n-2}}$$

从公式中可以看出,估计标准误差是残差平方和 SSE 除以它的自由度 $n-2$ 后的平方根。这个公式比较形象地说明了估计标准误差的概念,但在实际计算时会非常烦琐,如上例,如果按这个公式计算,需要计算出每个自变量观测值的估计值,然后还需要和其实际值进行比较,最后才能计算出估计标准误差。因此我们通过对上述公式进行变换,最终得到下面的公式来求解估计标准误差。

$$S_{y.x} = \sqrt{\frac{\sum y^2 - a \sum y - b \sum xy}{n-2}}$$

利用这个公式,我们就可以用在计算相关系数和建立回归方程时的有关资料来求估计标准误差。将相关数据代入上式,则其估计标准误差为

$$S_{y.x} = \sqrt{\frac{\sum y^2 - a \sum y - b \sum xy}{n-2}}$$

$$= \sqrt{\frac{193\,535.2 - 32.37 \times 2\,392.5 - 5.45 \times 21\,239.7}{30 - 2}}$$

$$\approx 3.45(\text{分})$$

估计标准误差 $S_{yx}$ 与相关系数 $r$ 在数量上也存在着密切的关系。经过推导,估计标准误差 $S_{yx}$ 与相关系数 $r$ 之间的关系可由下列公式表述:

$$r = \sqrt{1 - \frac{S_{yx}^2}{\sigma_y^2}}$$

$$S_{yx} = \sigma_y \sqrt{1 - r^2}$$

这从另一个角度说明了相关分析与回归分析之间的联系。从这两个公式可以看出,$r$ 与 $S_{yx}$ 的变化方向是相反的。$r$ 越大,相关密切程度越高,回归直线的代表性越大;当 $r = \pm 1$ 时,$S_{yx} = 0$,现象间完全相关,各相关点均落在回归直线上,此时对 $x$ 的任何变化,$y$ 总有一个相应的值与之对应。$r$ 越小,$S_{yx}$ 就越大,这时相关密切程度就低,回归直线的代表性就小。$r = 0$ 时,$S_{yx}$ 取得最大值,这时,现象间不存在直线关系。

## 7.3.3　回归分析的预测方法

回归方程概括地描述了现象之间的数量关系,可以反映现象之间的一般规律性,因而我们可以通过所建立的回归方程,用自变量的数值来估计因变量的数值。其估计方法有两种:一种是点估计,一种是区间估计。

### 1. 点估计

点估计就是将给定的自变量 $x_0$ 代入回归方程求出 $y$ 的估计值 $\hat{y}_0$。

例如,我们利用表 7-4 资料所建立起来的学习成绩与学习时间之间的回归方程 $\hat{y} = a + bx = 32.37 + 5.45x$,推断自变量学习时间为 9.2 小时时,学习成绩的估计值为

$$\hat{y} = a + bx = 32.37 + 5.45x = 32.37 + 5.45 \times 9.2 = 82.51(\text{分})$$

### 2. 区间估计

回归分析的区间估计是在一定的概率保证下,给出一个自变量 $x_0$,然后利用回归方程,推断出因变量 $y$ 的估计值 $\hat{y}_0$ 的区间范围的预测方法。

因变量估计值的区间为

$$(\hat{y} - tS_{yx}, \hat{y} + tS_{yx})$$

式中,$t$ 可通过查概率表来求得,其方法与抽样推断概率度的求法一样。

例如,当把握程度为 95.45%、学习时间为 9.2 小时时,估计学习成绩的区间。

当把握程度为 95.45% 时,概率度 $t = 2$,则得到估计的区间下限为

$$\hat{y} - tS_{yx} = 82.51 - 2 \times 3.45 = 75.61(\text{分})$$

区间的上限为

$$\hat{y} + tS_{yx} = 82.51 + 2 \times 3.45 = 89.41(\text{分})$$

即当学习成绩为 9.2 小时,把握程度为 95.45% 时,学习成绩为 75.61 分至 89.41 分。

通过对学习时间和学习成绩的相关及回归分析我们可以看出:学习时间和学习成绩之

间具有线性正相关关系,学习时间越长,学习成绩越好,学习时间每延长 1 小时,学习成绩将平均提高 5.45 分。这说明只要努力学习,学习成绩就会提高,专业能力就会增强,将来参加国家建设的本领就会更加高强。

这里需要指出,一个回归方程只能做一个方向的推算,不能进行相反推算,即只能以自变量 $x$ 数值推算因变量 $y$ 数值,而不能以因变量 $y$ 数值来推算自变量 $x$ 数值。例如,利用年广告投入和月销售额的回归方程,我们只可以利用这个回归方程的自变量广告投入来推断因变量销售额的数值,而不能利用这个回归方程的因变量销售额数值去推算自变量广告投入的数值。而在互为因果关系的变量之间,根据研究需要,可建立 $y$ 对 $x$ 的回归方程和 $x$ 对 $y$ 的回归方程,但此时的两个回归方程是两条不同的回归曲线,具有不同的斜率和意义,各自只能根据给定自变量去推算相应的因变量的数值。

## 7.3.4　相关与回归分析中应注意的问题

相关与回归分析是研究变量之间相互关系的一种科学有效的方法,在自然技术领域中已普遍应用,近年来在社会经济现象的研究和预测中,也被广泛采用。但在进行相关与回归分析时,要注意以下几个问题。

### 1. 进行相关分析要以现象客观存在的相关关系为基础

判断现象之间是否存在相关关系,是进行相关分析首先要解决的问题。但是,由于社会经济现象是错综复杂的,哪些现象之间确实存在直接的依存关系,哪些现象只有间接关系,哪些现象之间根本没有关系,并不是一目了然的。判断现象之间有没有关系、是什么关系、关系是否密切,需要根据经济理论、有关的专业知识和实践经验进行反复研究,获得了准确的定性认识之后才能应用相关方法做进一步的分析。所以,在相关分析中,有无关系和关系密切程度的判断是第一位的,相关分析方法的进一步应用是第二位的,这个位置不能颠倒,否则就可能把关系弄错。如果把没有关系的现象当作有相关关系,运用相关分析去测定它们之间的数量变化关系,就会发生虚假相关的现象,最终导致认识上的错误。

### 2. 回归方程、相关系数和估计标准误差应结合起来应用

回归方程抽象地反映了现象之间数量关系变化的规律,根据回归方程,我们确定了自变量的数值,就可以推算出因变量的数值,但是回归方程不能说明现象之间数量相关关系的密切程度,也不能说明根据回归方程所作出的估计或预测的误差和可靠程度。所以要对现象间数量关系进行系统相关分析,必须在配合回归方程的同时,计算并结合运用相关系数及估计标准误差,只有这样,才有可能系统、全面地认识相关现象数量变动的规律,作出较正确的分析和判断。

### 3. 应用相关分析进行预测要注意其他有关现象所起到的作用

相关分析的预测,是根据历史资料配合的回归方程来进行的,是根据经验公式来进行的。因此,运用时要注意条件的相对稳定,尤其是延伸回归直线进行外推预测,要考虑相关关系是否仍然存在,其密切程度、估计标准误差有无变化,应慎重应用为妥。在预测时,不仅要选用最主要的影响因素,而且要充分考虑其他相关因素的影响。在条件发生变化时,只要相关关系仍然较为显著,回归方程还是可以作为预测的依据的,但要进行一定的修正,以提

高其可靠程度。

**4．注意社会经济现象的复杂性**

社会经济现象之间的数量关系比自然技术现象之间的数量关系更为复杂。社会经济现象之间的数量关系变化不仅受到自然技术因素影响，而且不可避免地受到政治、经济、伦理道德、情理等因素的影响，这诸多因素的影响往往是交互的，所以要充分注意社会经济现象的复杂性。

例如，商品价格与商品销售之间有显著的相关关系，但是销售量的变化，不仅受到价格的影响，还受到政治形势、经济政策、消费心理、产品质量、产品升级换代等许多因素的制约。这些因素都是很难进行定量分析的。

因此，应用相关分析法研究社会经济现象之间数量关系的变化时，不仅要注意它的复杂性，还要注意定性分析和定量分析相结合应用。

**5．注意相关系数的应用条件**

我们这里所介绍的相关系数 $r$，只适用于测定两个变量呈线性相关时的密切程度，而对于多元线性相关的程度和非线性相关的程度，则不能用这里所介绍的相关系数 $r$ 来测量。

**【同步思考 7-3】**

1．在利用回归模型进行预测时，给定的自变量数值大于观察值的最大值，这种预测合适吗？应用时应注意什么问题？

视频 7　经济按照
预期稳步上升

2．如果两个变量的相关系数为 0.90，是否可以说二者之间存在高度的正相关？

3．为什么在回归分析时，需要确定因变量与自变量？

# 7.4　多元线性回归方程及非线性回归方程的建立*

回归的类型有许多，前面所研究的一元线性回归的问题，是反映因变量与一个自变量之间的线性关系问题。但是客观现象之间的联系是复杂的，除了涉及一元线性关系以外，许多现象的变动都涉及多个变量之间的数量关系。例如，某块耕地面积上粮食产量的高低，一方面受施肥量的影响，另一方面受浇水量、温度、管理等诸多因素的影响。由于客观现象具有多方面的相互联系，我们就需要进一步研究和掌握分析这类问题的方法。同时，现象之间除了线性关系以外，还存在大量的非线性关系。本书简单介绍一下回归分析中的多元线性回归方程以及非线性回归方程的建立问题。

## 7.4.1　多元线性回归方程的建立

在统计中，研究一个因变量与多个自变量之间相互关系的理论和方法，称多元回归分析或复回归分析。

多元回归分析可以分为多元线性回归分析和多元非线性回归分析，我们在这里只讨论多元线性回归分析的问题。

多元线性回归方程是用于表达一个因变量与多个自变量之间相互关系及其规律性的一种数学方程。当一个变量 $y$ 值的变动受 $x_1, x_2, x_3, \cdots, x_n$ 等多个因素的影响时，我们可以把 $y$ 作为因变量，$x_1, x_2, x_3, \cdots, x_n$ 作为自变量。如果它们之间存在着直线相关的形式，我们这时可以建立的线性回归方程为

$$\hat{y} = a_0 + a_1 x_1 + a_2 x_2 + a_3 x_3 + \cdots + a_n x_n$$

式中，$\hat{y}$ 为多元回归的估计值，也叫理论值；$a_0, a_1, a_2, a_3, \cdots, a_n$ 分别为 $y$ 对自变量 $x_1$，$x_2, x_3, \cdots, x_n$ 的回归系数。在多元回归方程中，$y$ 对某一自变量的回归系数表示当其他自变量都固定时，该自变量变化一个单位而使 $y$ 平均改变的数值，也通称为偏回归系数。

与研究一元回归时的情形相似，求参数 $a_0, a_1, a_2, a_3, \cdots, a_n$，还是采用最小平方法，即要求 $\sum (y - \hat{y})^2 =$ 最小值。

通过求极值的方法，我们可以求得多元线性回归方程参数的求解方程组。以两个自变量为例，设其直线回归方程为

$$\hat{y} = a_0 + a_1 x_1 + a_2 x_2$$

则其求解参数 $a_0, a_1, a_2$ 的回归方程组为

$$\begin{cases} \sum y = n a_0 + a_1 \sum x_1 + a_2 \sum x_2 \\ \sum x_1 y = a_0 \sum x_1 + a_1 \sum x_1^2 + a_2 \sum x_1 x_2 \\ \sum x_2 y = a_0 \sum x_2 + a_1 \sum x_1 x_2 + a_2 \sum x_2^2 \end{cases}$$

通过以上的方程组，我们就可以求得 $a_0, a_1, a_2$ 了，然后代入直线回归方程中，就可以得到直线回归方程。这里我们就不详细叙述了。

## 7.4.2　常见的非线性回归方程的建立

在实践中，经常会遇到的问题是变量之间的关系是非直线形式的，呈现出某种曲线关系，此时就必须根据其具体的数据情况为变量配合一个适当的曲线回归方程。

本书中我们只介绍两个常见的回归方程的建立方法：一个是指数曲线回归方程的建立方法，一个是抛物线回归方程的建立方法。对于非直线回归方程的建立，通常采用变换法将非直线回归方程直线化，从而将曲线回归问题化为直线回归问题，再按照直线回归方程的建立方法，建立曲线回归方程。

### 1. 指数曲线回归方程的建立

当现象之间呈指数曲线的相关形式时，我们可以为之配合指数曲线回归方程。

指数曲线回归方程为

$$\hat{y} = a b^x$$

式中，$a$ 和 $b$ 是两个待定参数。

以上式两边同取自然对数，即 $\ln \hat{y} = \ln a + x \ln b$

设 $\ln \hat{y} = \hat{y}'$，$\ln a = a'$，$\ln b = b'$，则可将上式化为

$$\hat{y}' = a' + b' x$$

上式为直线回归方程的形式，我们再按直线回归方程的求解参数的方法，来建立回归方程。

参数 $a'$ 和 $b'$ 的求解方程组如下：

$$\begin{cases} \sum y' = na' + b' \sum x \\ \sum xy' = a' \sum x + b' \sum x^2 \end{cases}$$

式中，$y' = \ln y$，代入数据即可求解 $a'$ 和 $b'$ 的数值。由于 $\ln a = a'$，$\ln b = b'$，所以对 $a'$ 和 $b'$ 分别求反对数，即可得到指数曲线方程的参数 $a$ 和 $b$ 的值。

例如，某市对本市某区年龄与脑血管病死亡率的关系进行了调查，调查结果如表 7-5 所示。

表 7-5　年龄与脑血管病死亡率的关系

| 年龄/岁 | 脑血管病死亡率/(1/10 万) | 年龄组中值/岁 |
| --- | --- | --- |
| 0～10 | 0.04 | 5 |
| 10～20 | 0.23 | 15 |
| 20～30 | 0.97 | 25 |
| 30～40 | 5.19 | 35 |
| 40～50 | 29.71 | 45 |
| 50～60 | 145.54 | 55 |
| 60～70 | 629.06 | 65 |

对表 7-5 资料用散点图进行描绘，得到相关图如图 7-6 所示。

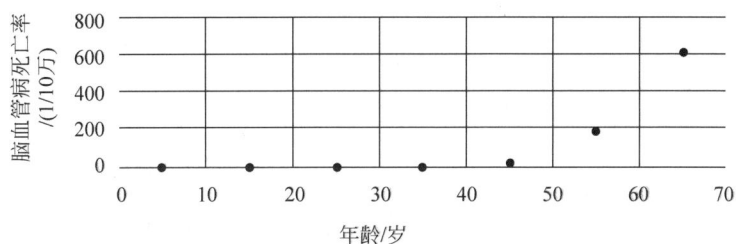

图 7-6　脑血管病死亡率与年龄相关图

从图 7-6 我们可以看到，年龄与脑血管病死亡率呈一种指数曲线相关的形式。

根据指数方程的求解方法，我们得到指数回归方程的参数求解表，如表 7-6 所示。

表 7-6　指数回归方程的参数求解

| 年龄/岁 | 脑血管病死亡率($y$)/<br>(1/10 万) | 年龄组中值<br>($x$)/岁 | $x^2$ | $y' = \ln y$ | $y'^2$ | $xy'$ |
| --- | --- | --- | --- | --- | --- | --- |
| 0～10 | 0.04 | 5 | 25.00 | −3.22 | 10.36 | −16.09 |
| 10～20 | 0.23 | 15 | 225.00 | −1.47 | 2.16 | −22.05 |
| 20～30 | 0.97 | 25 | 625.00 | −0.03 | 0.00 | −0.76 |
| 30～40 | 5.19 | 35 | 1 225.00 | 1.65 | 2.71 | 57.64 |
| 40～50 | 29.71 | 45 | 2 025.00 | 3.39 | 11.50 | 152.62 |
| 50～60 | 145.54 | 55 | 3 025.00 | 4.98 | 24.80 | 273.92 |
| 60～70 | 629.06 | 65 | 4 225.00 | 6.44 | 41.53 | 418.87 |
| 合计 | — | — | 11 375.00 | 11.74 | 93.06 | 864.15 |

根据求解参数的方程组,得到

$$\begin{cases} 11.74 = 7 \times a' + b' \times 245 \\ 864.15 = a' \times 245 + b' \times 11\,375 \end{cases}$$

解方程得到 $b' = 0.161\,8, a' = -3.986\,2$

由于 $\ln a = a', \ln b = b'$,求反自然对数得到

$$a = 0.018\,7, \quad b = -1.821$$

因此,得到的指数曲线方程为

$$\hat{y} = 0.018\,7 \times (-1.821)^x$$

### 2. 抛物线回归方程的建立

当现象呈抛物线相关形式时,我们可以为其配合抛物线回归方程。

抛物线回归方程为

$$\hat{y} = a + bx + cx^2$$

式中,$a, b, c$ 为三个待定参数。

若设抛物线回归方程中的 $x^2 = x_1$,则抛物线回归方程可以转变为下式:

$$\hat{y} = a + bx + cx_1$$

这是二元直线回归方程,根据多元线性回归方程的建立方法,我们就可以得到 $a, b, c$ 三个参数的数值。

### 【同步思考7-4】

1. 举出两个多元相关的例子。

2. 如何判断回归的形式?

## 7.5　Excel 在相关与回归分析中的应用

在相关与回归分析中,我们这里主要介绍一元线性的相关分析和一元线性回归分析。例如,根据 7.1 节中表 7-4(某班 30 名学生的学习时间与学习成绩)数据资料,绘制散点图,并计算学习时间和学习成绩的相关系数,建立以学习成绩为因变量、学习时间为自变量的回归方程。

### 7.5.1　相关分析

相关分析主要是确定现象的相关形式和相关的密切程度,主要是通过绘制相关图和计算相关系数来进行。

### 1. 绘制相关图

(1) 将资料输入一个新的工作簿中,如图 7-7 所示。

(2) 绘制散点图。选择数据源 A1:B31,在"插入"选项卡的"图表"组中选择散点图,如图 7-8 所示。

(3) 单击,得到学习时间与学习成绩的散点图,如图 7-9 所示。

图 7-7　输入实验数据

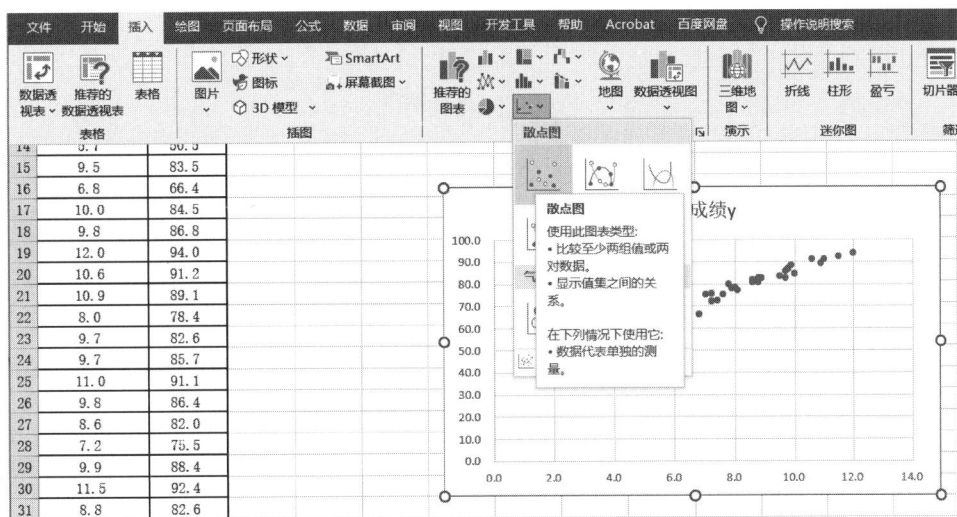

图 7-8　插入散点图

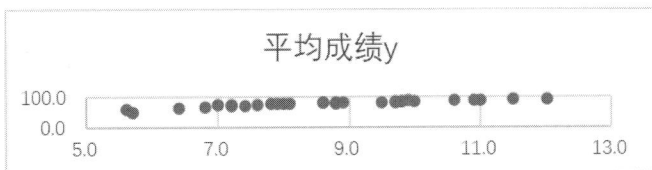

图 7-9　形成初步散点图

（4）在"图表工具"中选择"设计"选项卡，依次单击"添加图表元素"→"图表标题"→"图表上方"，修改散点图的标题为"30 名学生的学习时间与学习成绩散点图"，如图 7-10 所示。

（5）在"图表工具"中选择"设计"选项卡，依次单击"添加图表元素"→"坐标轴标题"→"主要横坐标轴"或"主要次坐标轴"，修改散点图的横、纵坐标标题为"时间（小时）"和"成绩（分）"，如图 7-11 所示。

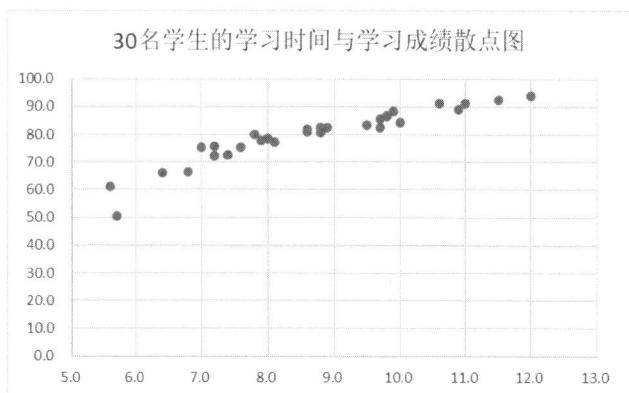

图 7-10　修改散点图标题

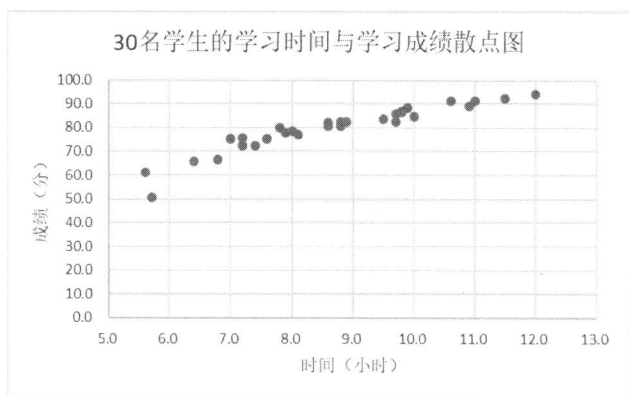

图 7-11　修改散点图横、纵坐标标题

**2. 计算相关系数**

利用 Excel 计算相关系数,有两种方法可以选择:一是利用统计函数"CORREL"进行计算,二是利用"数据分析"进行计算。

1) 利用统计函数"CORREL"进行计算

(1) 在"公式"选项卡的"函数库"组中单击"插入函数"后,在统计函数中选择"CORREL"函数,如图 7-12 所示。单击"确定"。

(2) 在 Array1 中输入"A2:A31",在 Array2 中输入"B2:B31",如图 7-13 所示。单击"确定"后,得到相关系数,如图 7-14 所示。

2) 利用"数据分析"进行计算

(1) 在"数据"选项卡的"分析"组中选择"数据分析"选项,在分析工具中选择"相关系数",如图 7-15 所示。单击"确定"。

(2) 在"输入区域"中输入"＄A＄1:＄B＄31",在"分组方式"中选择"逐列",同时勾选"标志位于第一行",在"输出区域"中输入"＄D＄5",如图 7-16 所示。单击"确定",输出结果如图 7-17 所示。

图 7-12　插入 CORREL 函数

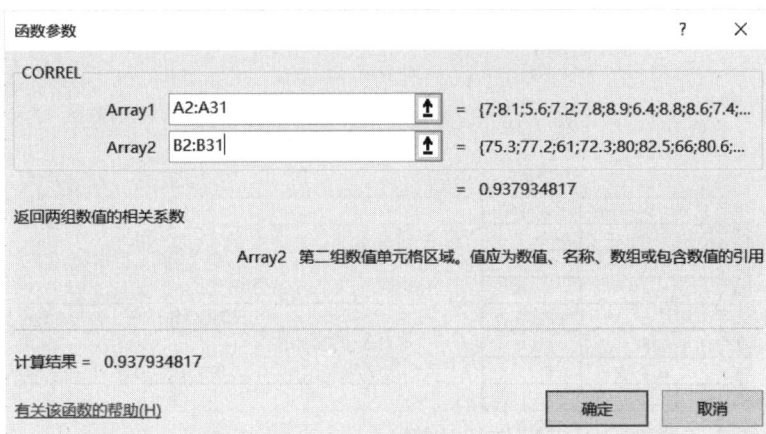

图 7-13　设置 CORREL 函数参数

| | A | B | C | D |
|---|---|---|---|---|
| 1 | 日均学习时间x | 平均成绩y | | |
| 2 | 7.0 | 75.3 | | |
| 3 | 8.1 | 77.2 | | |
| 4 | 5.6 | 61.0 | | |
| 5 | 7.2 | 72.3 | | |
| 6 | 7.8 | 80.0 | | 相关系数 |
| 7 | 8.9 | 82.5 | | 0.937935 |
| 8 | 6.4 | 66.0 | | |
| 9 | 8.8 | 80.6 | | |
| 10 | 8.6 | 80.8 | | |
| 11 | 7.4 | 72.5 | | |
| 12 | 7.6 | 75.4 | | |

图 7-14　相关系数计算结果

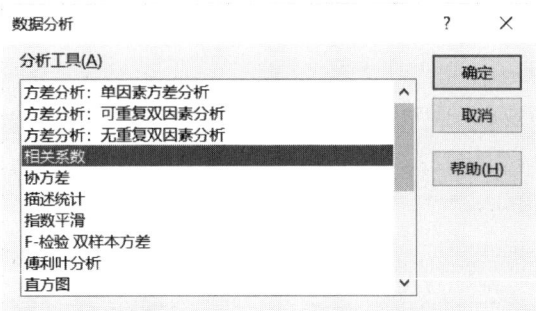

图 7-15　相关系数分析工具

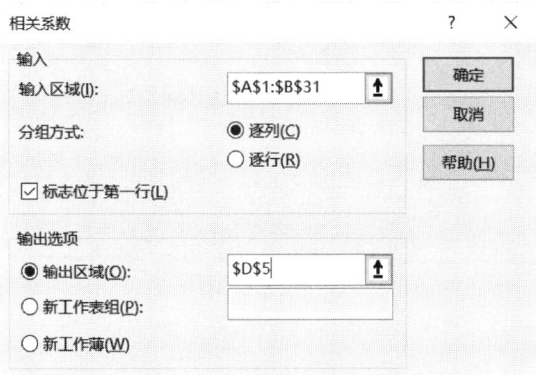

图 7-16　设置相关系数分析工具参数

| | A | B | C | D | E | F |
|---|---|---|---|---|---|---|
| 1 | 日均学习时间x | 平均成绩y | | | | |
| 2 | 7.0 | 75.3 | | | | |
| 3 | 8.1 | 77.2 | | | | |
| 4 | 5.6 | 61.0 | | | | |
| 5 | 7.2 | 72.3 | | | 日均学习时间x | 平均成绩y |
| 6 | 7.8 | 80.0 | | 日均学习时间x | 1 | |
| 7 | 8.9 | 82.5 | | 平均成绩y | 0.937934817 | 1 |
| 8 | 6.4 | 66.0 | | | | |
| 9 | 8.8 | 80.6 | | | | |
| 10 | 8.6 | 80.8 | | | | |
| 11 | 7.4 | 72.5 | | | | |

图 7-17　相关分析计算结果

从相关系数的计算结果上来看,两种方法的结果是一致的。

## 7.5.2　回归分析

(1) 在"数据"选项卡的"分析"组中选择"数据分析"选项,在打开的对话框中选择"回归"选项(图 7-18)。然后单击"确定"。

(2) 在弹出的回归对话框中,在"Y 值输入区域"中输入"＄B＄2:＄B＄31",在"X 值输入区域"中输入"＄A＄2:＄A＄31"。在"输出选项"中选择"新工作表组",如图 7-19所示。

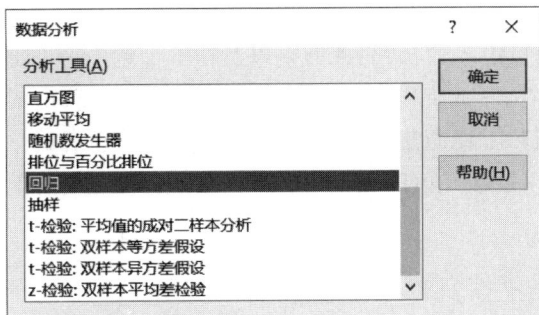

图 7-18 回归分析工具

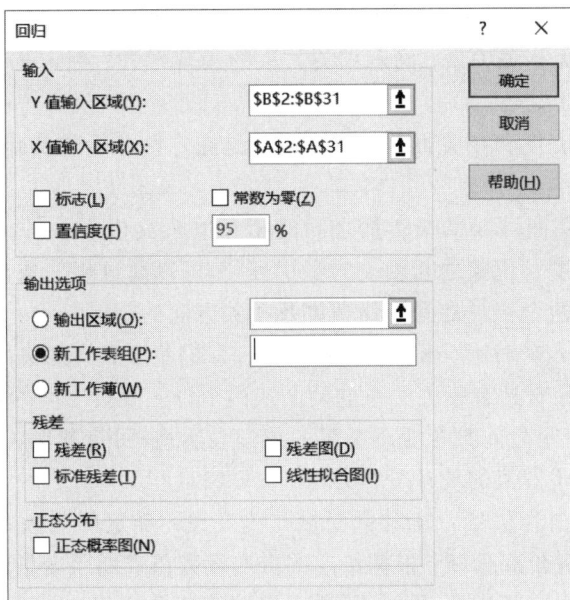

图 7-19 设置回归分析工具的参数

（3）单击"确定"，得到回归分析结果，如图 7-20 所示。

| | A | B | C | D | E | F | G | H | I |
|---|---|---|---|---|---|---|---|---|---|
| 1 | SUMMARY OUTPUT | | | | | | | | |
| 2 | | | | | | | | | |
| 3 | 回归统计 | | | | | | | | |
| 4 | Multiple R | 0.93793 | | | | | | | |
| 5 | R Square | 0.87972 | | | | | | | |
| 6 | Adjusted R Square | 0.87543 | | | | | | | |
| 7 | 标准误差 | 3.42659 | | | | | | | |
| 8 | 观测值 | 30 | | | | | | | |
| 9 | | | | | | | | | |
| 10 | 方差分析 | | | | | | | | |
| 11 | | df | SS | MS | F | Significance F | | | |
| 12 | 回归分析 | 1 | 2404.592 | 2404.592 | 204.7935 | 2.10365E-14 | | | |
| 13 | 残差 | 28 | 328.7632 | 11.74154 | | | | | |
| 14 | 总计 | 29 | 2733.355 | | | | | | |
| 15 | | | | | | | | | |
| 16 | | Coefficien | 标准误差 | t Stat | P-value | Lower 95% | Upper 95% | 下限 95.0% | 上限 95.0% |
| 17 | Intercept | 32.337 | 3.371685 | 9.590753 | 2.4E-10 | 25.43041582 | 39.24358342 | 25.43041582 | 39.2435834 |
| 18 | X Variable 1 | 5.45395 | 0.381112 | 14.31061 | 2.1E-14 | 4.673276145 | 6.234622715 | 4.673276145 | 6.23462272 |

图 7-20 回归分析结果

图 7-20 结果可以分为三个部分：第一部分是回归统计的结果,包括多元相关系数、可决系数 $R^2$、调整之后的可决系数、回归标准差以及样本个数。第二部分是方差分析的结果,包括可解释的离差、残差、总离差和它们的自由度以及由此计算出的 $F$ 统计量和相应的显著水平。第三部分是回归方程的截距和斜率的估计值以及它们的估计标准误差、$t$ 统计量大小、双边拖尾概率值以及估计值的上下界。根据这部分的结果可知回归方程为

$$Y = 32.337 + 5.453\,95X$$

# 本 章 小 结

(1) 相关关系是指现象间存在不完全确定的数量依存关系。对相关现象的分析主要是：确定现象之间有无相关关系；确定相关关系的表现形式；判定相关关系的密切程度和方向。

相关关系的密切程度和相关方程的测定主要是在定性分析的基础上,通过相关表、相关图和相关系数来进行的。

(2) 相关表和相关图可以反映变量之间的相互关系及相关方向,但无法确切地表明变量之间相关的密切程度。现象之间相关的密切程度,可以通过相关系数来测定。相关系数,是描述呈线性相关的两个变量之间密切程度及相关方向的指标。

相关系数通常用 $r$ 来表示。相关系数的计算,有积差法和简捷法两种。

(3) 回归分析就是对具有相关关系的两个或两个以上变量之间的数量变化关系进行测定,建立因变量和自变量之间数量变动关系的数学表达式(回归方程),以便利用自变量的数值去估计或预测因变量数值的统计分析方法。

回归分析的主要内容包括：确定自变量与因变量；确定回归模型的类型及数学表达式；对回归模型进行评价和诊断；根据给定的自变量数值推断因变量的数值。

(4) 本章的重点内容是相关系数的计算；根据简捷公式建立一元线性回归方程；通过判定系数和估计标准误差来判断一元线性回归方程拟合优度；根据一元线性回归方程进行预测,包括点估计和区间估计。

(5) 利用 Excel 的"数据分析"工具,可以快速、准确地进行相关和回归分析,得到相关系数、回归系数、截距、判定系数和估计标准误差等指标。

# 思考与练习

● **知识题**

(1) 什么是相关分析？相关分析的主要内容是什么？

(2) 什么是回归分析？回归分析的主要内容是什么？

(3) 相关分析和回归分析有什么关系？

(4) 什么是估计标准误差？估计标准误差的作用是什么？

(5) 应用相关系数时,要注意哪些问题？

●**实务题**

1.9 家生产同类产品的企业的月产量与单位成本之间的关系如表 7-7 所示。

表 7-7　9 家生产同类产品的企业的月产量与单位成本之间的关系

| 序号 | 月产量/千件 | 单位成本/元 |
|---|---|---|
| 1 | 4.1 | 80 |
| 2 | 6.3 | 72 |
| 3 | 5.4 | 71 |
| 4 | 7.6 | 58 |
| 5 | 3.2 | 86 |
| 6 | 8.5 | 50 |
| 7 | 9.7 | 42 |
| 8 | 6.8 | 63 |
| 9 | 2.1 | 91 |
| 合计 | 53.7 | 613 |

(1) 相关系数为(　　)。

　　A. 0.786 5　　　　B. −0.988 6　　　C. 0.869 3　　　　D. −0.895 8

(2) 回归方程的截距为(　　)。

　　A. 110.489 6　　　B. 98.265 3　　　C. 106.669 6　　　D. 132.356 2

(3) 回归系数与相关系数的符号(　　)。

　　A. 可能一样　　　B. 可能不一样　　C. 一定一样　　　D. 一定不一样

(4) 当产量为 5 千件时,单位成本为(　　)。

　　A. 71.368 7 元　　B. 74.358 0 元　　C. 72.356 8 元　　D. 75.321 8 元

(5) 本题中,以下说法正确的是(　　)。

　　A. 估计标准误差的值是正值　　　　B. 估计标准误差的值是负值

　　C. 回归系数比相关系数小　　　　　D. 回归系数比相关系数大

2. 检查 12 位同学统计学的每天学习时间与学习成绩如表 7-8 所示。

表 7-8　12 位同学统计学的每天学习时间与学习成绩

| 每天学习时间/小时 | 学习成绩/分 |
|---|---|
| 4 | 40 |
| 4.2 | 50 |
| 5 | 60 |
| 5.3 | 65 |
| 5.8 | 72 |
| 5.9 | 75 |
| 6 | 78 |
| 7 | 80 |
| 7.8 | 86 |
| 8 | 90 |
| 10 | 95 |
| 13 | 95 |

其相关系数经过相应的分析得知,每周的学习时间与学习成绩呈一元线性相关,则经过计算可知:

(1) 相关系数为(    )。

    A. 0.844 9        B. 0.845 1        C. 0.853 8        D. 0.792 7

(2) 回归系数为(    )。

    A. 5.75        B. 5.63        C. 7.28        D. 6.37

(3) 回归方程的截距为(    )。

    A. 38.79        B. 34.51        C. 29.67        D. 30.57

(4) 回归方程的估计标准误差为(    )。

    A. 3.25        B. 5.63        C. 7.37        D. 9.52

(5) 如果学习时间为 7.5 小时,那么学习成绩的估计值为(    )。

    A. 75.36 分        B. 77.67 分        C. 78.32 分        D. 79.25 分

3. 某企业在全国各地都有其产品的代理商,为研究其商品的销售额(万元)与其广告费用(千元)之间的关系,该企业随机抽取了 10 家代理商进行调查,经过相关的计算,广告费用($x$)与商品销售额($y$)的有关数据如下:

$$n=10, \sum x = 346.2, \sum y = 422.5, \sum x^2 = 14\ 304.52,$$

$$\sum xy = 16\ 679.09, \sum y^2 = 19\ 687.81$$

要求:

(1) 根据上面的数据,建立 $y$ 倚 $x$ 的一元线性回归方程,并说明其斜率的意义。

(2) 若该地区的广告费用为 50 千元,试推算该地区的商品销售额。

● 实训题

**实训一**

(1) 实训目的:通过本题练习,掌握相关分析与回归分析的基本方法。

(2) 实训资料:为了研究家庭收入和食品支出的关系,随机抽取了 10 个家庭的样本,得到的数据如表 7-9 所示。

表 7-9　家庭收入和食品支出的关系

| 家庭收入/千元 | 20 | 30 | 33 | 40 | 15 | 13 | 26 | 38 | 35 | 43 |
| --- | --- | --- | --- | --- | --- | --- | --- | --- | --- | --- |
| 食品支出/千元 | 7 | 9 | 8 | 11 | 5 | 4 | 8 | 10 | 9 | 10 |

(3) 实训要求:①根据所掌握的知识和表 7-9,判断现象之间是否存在着相关关系;②绘制相关图,并判断现象之间存在的相关形式;③计算相关系数,判断现象的密切程度;④建立食品支出倚家庭收入的回归方程,并说明方程中参数的意义;⑤计算估计标准误差。

**实训二**

(1) 实训目的:通过本题目的练习,掌握相关系数的计算、回归方程的建立及利用回归方程进行预测。

(2) 实训资料:在其他条件不变的情况下,某种商品的需求量 $y$ 与该商品的价格 $x$ 有相关关系,现对一定时期内的价格与需求量进行观察,得到表 7-10 资料。

表 7-10　一定时期内的价格与需求量

| 价格/元 | 10 | 6 | 8 | 8 | 9 | 12 | 11 | 9 | 10 | 10 | 12 | 7 |
|---|---|---|---|---|---|---|---|---|---|---|---|---|
| 需求量/吨 | 60 | 72 | 70 | 72 | 56 | 55 | 57 | 58 | 55 | 53 | 55 | 71 |

（3）实训要求：①计算价格与需求量之间的相关系数；②配合需求量对价格的回归直线方程；③当价格为 9.5 元时，对需求量进行点估计。

———————————————— 即测即练 ————————————————

# 第 8 章

# 时间序列分析

## 【学习目标】

（1）了解时间序列的概念，了解时间序列的种类，掌握时期序列和时点序列的特点，能比较序时平均数与一般平均数的异同，了解根据相对数时间序列和平均数时间序列计算序时平均数的原则，掌握计算方法和应用条件；

（2）熟练掌握增长量、发展速度、增长速度、增长 1% 绝对值的计算公式和应用条件；

（3）熟练掌握平均发展速度和平均增长速度的计算方法，并能根据计算结果分析和说明经济问题，掌握直线趋势分析方法；

（4）掌握使用 Excel 计算各种时间序列指标的方法。

## 【教学引例】我国城乡居民人均可支配收入不断迈上新台阶

人均可支配收入，是指个人收入扣除向政府缴纳的个人所得税、遗产税和赠与税、不动产税、人头税、汽车使用税以及交给政府的非商业性费用等以后的余额。

我国计算的全年全国居民人均可支配收入分为城乡居民人均可支配收入、城镇居民人均可支配收入、农村居民人均可支配收入三种。计算时，还按全国居民五等份收入分组，细分为低收入组、中间偏下收入组、中间收入组、中间偏上收入组、高收入组，并计算其算术平均数和中位数。从城乡居民人均可支配收入指标中，可见我国居民人均可支配收入虽然年增长量和增长幅度不同，但总体始终连年稳步增长。以 2014—2023 年数据为例，见表 8-1。

表 8-1　2014—2023 年全国城乡居民人均可支配收入及增长速度

| 项　　目 | 2014 年 | 2015 年 | 2016 年 | 2017 年 | 2018 年 | 2019 年 | 2020 年 | 2021 年 | 2022 年 | 2023 年 |
|---|---|---|---|---|---|---|---|---|---|---|
| 人均可支配收入/元 | 18 311 | 20 167 | 21 966 | 23 821 | 25 974 | 30 733 | 32 189 | 35 128 | 36 883 | 39 218 |
| 增长速度/% | 8.1 | 8.0 | 7.4 | 6.3 | 7.3 | 5.8 | 2.1 | 8.1 | 2.9 | 6.1 |

资料来源：国家统计局（https://www.stats.gov.cn）2014—2024 年国民经济和社会发展统计公报。

## 8.1　时间序列分析概述

统计对社会经济现象的研究，不仅要从静态上揭示研究对象在具体时间、地点条件下的数量特征和数量关系，还要从动态上反映现象发展变化的规律性。编制时间序列，是进行时间序列分析的基础。

时间序列分析，就是利用发展水平、发展速度、增长速度等动态指标，来分析研究现象的动态发展变化规律。动态，是相对于静态而言的，是指现象相对于时间变化而表现出来的状态。

### 8.1.1　时间序列的概念

时间序列,也称动态序列,它是指将某一统计指标在不同时间上的数值,按时间先后顺序排列起来所形成的统计序列。例如,将我国 2018—2022 年的国内生产总值、发展速度、年末人口、年内平均人口、年内新增人口、人均国内生产总值、年末国家外汇储备等指标按时间先后顺序排列起来,可以形成多种时间序列,如表 8-2 所示。

表 8-2　2018—2022 年我国部分国民经济基本指标发展情况

| 年份 | 国内生产总值/亿元 | 发展速度/% | 年末人口/万人 | 年内平均人口/万人 | 年内新增人口/万人 | 人均国内生产总值/(元/人) | 年末国家外汇储备/亿美元 |
|---|---|---|---|---|---|---|---|
| 2018 | 919 281 | 106.7 | 139 538 | — | 1 523 | 65 880 | 30 727 |
| 2019 | 986 517 | 106.0 | 140 005 | 139 771.5 | 1 465 | 70 463 | 31 079 |
| 2020 | 1 013 567 | 102.2 | 141 178 | 140 591.5 | 1 199 | 71 794 | 32 165 |
| 2021 | 1 149 237 | 108.4 | 141 260 | 141 219.0 | 1 062 | 81 356 | 32 502 |
| 2022 | 1 210 207 | 103.0 | 141 175 | 141 217.5 | 956 | 85 724 | 31 277 |

资料来源:国家统计局《国民经济和社会发展统计公报》。

时间序列的要素如下。

(1) 现象所属的时间。构成时间序列的时间单位可以视研究目的与现象性质而定,可长可短,可以"日"为时间单位,也可以"月""季""年"为时间单位,甚至更长。

(2) 在一定时间、空间内的指标数值。指标数值可以是总量指标、相对指标或平均指标。

时间序列可以使人们更客观、更全面地认识事物发展变化的全过程,进一步掌握事物发展变化的趋势和规律,进行短期和长期预测,为生产管理决策提供依据。比如,在人口普查数据中可以看出,我国近年来新生人口数呈减少态势,这就需要引起国家重视,积极制定有利于促进新生人口增长的政策和措施。

### 8.1.2　时间序列的种类

时间序列可以从不同角度进行分类,通常按在时间序列中指标的表现形式分为绝对数时间序列、相对数时间序列和平均数时间序列三种。其中绝对数时间序列是基本序列,相对数时间序列和平均数时间序列是派生序列。

#### 1. 绝对数时间序列

绝对数时间序列也称总量指标动态序列,它是将一系列在不同时间上的总量指标按时间先后顺序排列起来所形成的序列。总量指标是反映现象在一段时间内达到的规模、水平和工作总量的指标。例如,国内生产总值、年末人口数、年内新增人口数、年末国家外汇储备额、财政收入、粮食种植面积、粮食总产量等,绝对数时间序列可分为时期序列和时点序列两种,而时点序列又可以细分为连续时点序列、间断时点序列(间隔相等和间隔不等的时点序列)两类。

1) 时期序列

时期序列是指在绝对数时间序列中,所列总量指标都是反映社会经济现象在一段时间内发展过程总量的时间序列。例如,各年国内生产总值、第三产业增加值、年内新增人口数等都是时期序列。

时期序列有以下三个特点。

(1) 可加性。因为构成时期序列的每一个指标数值是反映社会经济现象在一段时期内发展过程的总量,所以,各指标数值相加后可反映更长时间社会经济发展过程的总量。例如,一个季度的产值是由 3 个月的产值加总得到的,一年的产值是由 12 个月的产值加总得到的。再比如,月度 GDP、季度 GDP 和年度 GDP 指标所属的时间长短不同,把 1 月、2 月、3 月的 GDP 加总,得到第一季度的 GDP,把一年四个季度的 GDP 加总,则得到年度的 GDP。

(2) 指标值大小与其时间间隔长短直接相关。时期序列中,每一个指标数值所包含的时间长度,称为"时期"。时期可以是日、月、季、年,或者更长时间。具体研究时,时期长短可以根据研究目的确定。如表 8-2 中,时期就是"年"。通常,时期越长,指标数值越大;时期越短,指标数值越小。例如上面所说的季度 GDP 总是大于月度 GDP,年度 GDP 也总是大于季度 GDP;同理,月度新生人口数少于季度新生人口数,季度新生人口数少于年度新生人口数。

(3) 指标值通常需要连续统计。由于时期指标是反映现象在一段时间内的发展过程总量,因而必须在这段时间内把现象发生的数量逐一登记,并进行累计得到指标值。

2) 时点序列

时点序列是指在绝对数时间序列中,所列总量指标是反映社会经济现象在某一时刻(或瞬间)的总量的序列。例如,各年年末人口数、年末国家外汇储备额、年末就业人数、年末某产品的库存量等都是时点序列。

统计分析研究时,通常将"时点"的概念限定为一天。比如,"月末人数"就是指每月最后一天的人数,同样,季末或年末的人数也是如此,并在这一天内不再细分。

时点序列有连续时点序列和非连续时点(间断时点)序列之分。一般在两个时点之间不可能存在别的数值时,就称为连续时点序列。否则,就是非连续时点序列或间断时点序列。表 8-2 中的年末人口、年末国家外汇储备,只反映相关年度的年末人口数、年末国家外汇储备数,而其余每日的人口数、外汇储备数没有列出,所以是间断时点序列。在间断时点序列中,每两相邻时点之间的时距称为"间隔"。表 8-2 中的间隔一样长,都是一年,就称间隔相等的时点序列。假若它们每两时点之间的时距不完全相同,就称为间隔不等的时点序列。

时点序列有以下三个特点。

(1) 不可加性。其主要是指时间序列中各指标值通常不能纵向相加,因为把不同时点的总量指标相加后,无法解释所得数值的时间状态。例如,表 8-2 中我国 2021 年末国家外汇储备额为 32 502 亿美元,2022 年末为 31 277 亿美元。如果把这两个年末数字相加,既不属于 2021 年的也不属于 2022 年的。所以,时点序列中指标值相加后无法准确说明该数值到底是哪个时点上现象的数量,各指标值相加没有实际意义。

(2) 指标值的大小与时间间隔长短没有直接关系。间隔是指相邻的两个时点指标值之间的时间距离。因为时点指标的时间单位是瞬间,所以许多现象时间间隔的长短与指标值的大小没有直接联系。例如,年末的人口数、库存量就不一定比年内各月末的数值大。但如果现象本身存在着长期变化趋势,如呈现长期增长或长期下降趋势,则指标数值的大小与时间间隔的长短就有一定关系了。例如,我国老龄人口变动呈现长期增长趋势。因此,时点间隔越长,指标的数值就越大。

(3) 指标值采用间断统计方式获得。时点指标具有不连续统计的特点,因为时点指标是反映现象在某一时刻状况的数量,只需要在某一时点(例如月末、年末等)进行统计,取得该时点资料,不必连续统计。例如,我国历次的人口普查就是根据联合国的有关建议和国家的有关规定,间隔一定时间进行一次(自 1990 年后我国人口普查都是逢 0 的年份进行,每10 年进行一次)。

### 2. 相对数时间序列

相对数时间序列,是指将一系列在不同时间的相对指标按时间先后顺序排列起来所形成的序列。它可以反映社会经济现象之间相互联系的发展过程。例如,表 8-2 中的各年国内生产总值、人均国内生产总值两个时间序列。此外,各年度男女性别比、文盲率、各年龄段人口占比等都是相对数时间序列,如表 8-3 所示。

表 8-3　我国历年人口普查有关数据

| 年份 | 人口总数/万人 | 男女性别比 | 文盲率/% | 各年龄段人口占比/% | | | |
|---|---|---|---|---|---|---|---|
| | | | | 0～14 岁 | 15～59 岁 | 60 岁＋ | 其中,65 岁＋ |
| 1953 | 58 260 | 107.56 | — | 36.28 | 56.40 | 7.32 | 4.41 |
| 1964 | 69 458 | 105.46 | 33.58 | 40.69 | 53.18 | 6.13 | 3.56 |
| 1982 | 100 818 | 106.30 | 22.81 | 33.59 | 58.79 | 7.62 | 4.91 |
| 1990 | 113 368 | 106.60 | 15.85 | 27.69 | 63.74 | 8.57 | 5.57 |
| 2000 | 126 583 | 106.74 | 6.72 | 22.89 | 66.78 | 10.33 | 6.96 |
| 2010 | 133 972 | 105.20 | 4.08 | 16.60 | 70.14 | 13.26 | 8.87 |
| 2020 | 141 178 | 105.07 | 2.67 | 17.95 | 63.35 | 18.70 | 13.50 |

资料来源:国家统计局历年人口普查数据。

在相对数时间序列中,各个指标数值是不能简单相加的。

### 3. 平均数时间序列

平均数时间序列,是指将一系列在不同时间的平均指标按时间先后顺序排列起来所形成的序列。它可以反映社会经济现象总体各单位某一数量标志值一般水平的发展变化趋势。例如,表 8-2 中的年内平均人口数就是平均数时间序列。此外,如果将各月或各季或各年的平均工资收入等平均指标按时间先后顺序排列起来,所形成的序列就是平均数时间序列。

时间序列中的各项指标,可以采用各种平均指标来列示,所以,称为平均数时间序列。平均数时间序列是研究和分析社会经济现象一般水平变化的重要工具之一。平均指标有静态平均指标与动态平均指标之分。因此,相应的也有静态平均数时间序列和动态平均数时间序列两种。

其中,表 8-4 中的指标是不同地区同一时期的平均工资情况,所以,称静态平均数时间序列。

表 8-4    2023 年某省四个市就业者年平均工资情况                    元

| 类　别 | 新阳 | 北连 | 抚庆 | 丹港 |
|---|---|---|---|---|
| 全　　市 | 78 006 | 67 770 | 81 909 | 48 006 |
| 国有单位 | 95 173 | 72 881 | 92 573 | 58 870 |
| 城镇集体 | 43 502 | 40 092 | 51 098 | 36 492 |
| 其他单位 | 73 256 | 65 020 | 76 733 | 45 885 |

如果表中列示的指标是同一地区不同时期的各期平均数时间序列,就称为动态平均数时间序列,如表 8-5 所示。本章中,所分析研究的平均数时间序列,通常都是动态时间序列平均数。

表 8-5    我国居民历年来人均年收入数据

| 指　标 | 2018 年 | 2019 年 | 2020 年 | 2021 年 | 2022 年 |
|---|---|---|---|---|---|
| 居民人均可支配收入/元 | 28 228 | 30 733 | 32 189 | 35 128 | 36 883 |
| 居民人均纯收入增长率/% | 6.5 | 5.8 | 2.1 | 8.1 | 2.9 |

资料来源:中华人民共和国 2022 年国民经济和社会发展统计公报[EB/OL].(2023-02-28).https://www.gov.cn/xinwen/2023-02/28/content_5743623.htm.

注:2017 年居民人均可支配收入为 26 505 元。

在平均数时间序列中,通常各个指标数值也是不能简单直接相加的。

总之,绝对数时间序列反映了社会经济现象的规模和水平变化,相对数时间序列或平均数时间序列反映了社会经济现象之间相互联系的发展过程。在经济统计分析中,常常把绝对数时间序列(总量指标)、相对数时间序列和平均数时间序列结合起来,以便从多方位对社会经济现象进行全面的分析和评价,如图 8-1 所示。

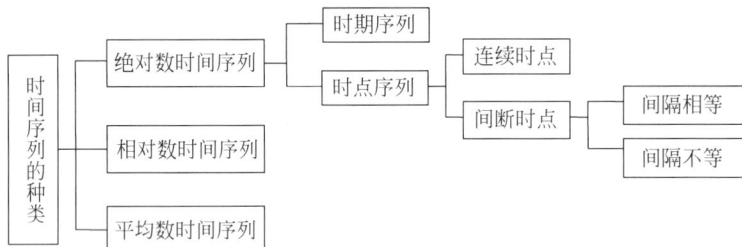

图 8-1    时间序列的种类

## 8.1.3    时间序列的编制原则

编制时间序列的目的是通过各时间上指标数值的对比,研究现象发展变化的过程和规律。因此,保证各项指标具有充分的可比性,是编制时间序列的基本原则。编制时间序列的基本原则如图 8-2 所示。

### 1. 时间长短一致

在时期序列中各个指标值的大小与时期长短有直接关系。一般时期越长,数值越大,反之就小,所以时期序列各指标所属时期长短应该相等。否则时期不同,长短不一,就很难作出判断和比较。但在特殊研究目的下,也可编制时期不等的时间序列。

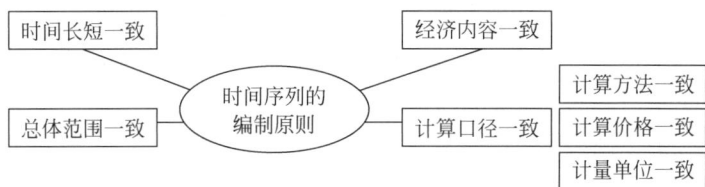

图 8-2　编制时间序列的基本原则

对于时点序列来说,其指标数值的大小与时点间隔的长短无直接关系,所以各指标数值的间隔是否相等可根据实际情况和需要而定。但为了便于比较分析,各指标数值的间隔最好相等。

### 2. 总体范围一致

现象总体范围一致,是要求序列中各时间点的现象所属的空间范围保持一致。无论是时期序列还是时点序列,指标值的大小都与现象总体范围有密切关系,若指标的总体范围不一致,就失去了比较意义,但实际上总体范围有时会发生变化。例如,要研究某一地区的经济发展情况,要注意该地区行政区划是否发生变更,如果发生变更,就要对变更前后的数据资料进行调整,在保证总体范围一致后才能直接比较分析。比如,我们知道重庆市原隶属于四川省,那么对包含重庆市的四川省的财政收入与不包括重庆市的四川省财政收入进行直接对比就没有可比性。

### 3. 经济内容一致

经济内容一致,主要是指同一个指标在不同时间指标的含义、指标的范畴有可能发生变化,这就要求用来比较的时间段内指标的经济含义相同。例如,我国曾把乡镇工业产值划归至农业产值中,又有一个阶段划归至工业产值中。因此,在编制长期的经济活动总量时间序列时,就要对这些变化了的指标加以区别和调整,才能可比。再比如,新中国成立以来,曾先后采用工农业总产值、社会总产值、国民收入和国内生产总值等指标来反映我国经济总量,这些指标都有不同的经济内容。在编制中华人民共和国成立以来的经济活动总量时间序列时,就需要对这些指标加以区别和调整,才具有可比性。

### 4. 计算口径一致

计算口径一致,指的是指标的计算方法、计算价格和计量单位等均要保持一致。

(1) 计算方法一致。采用什么方法计算、按照何种价格或单位进行计量,各个指标数值都要保持前后一致,如国内生产总值的计算有三种方法,即生产法、收入法和支出法,理论上这三种方法的计算结果应该相同,但由于获取资料的渠道不同,通过三种方法计算的国内生产总值往往存在差异,所以,在编制时间序列时,应注意各指标的计算方法是否统一。另外,在研究工业企业劳动生产率时,产量可以通过实物量计算,也可以通过价值量计算;人数可以是全部职工数,也可以是生产工人数。因此,要研究企业劳动生产率,产量用实物量还是价值量,人数是用全部从业人员数还是工人(含学徒工)人数,前后就需要统一。

(2) 计算价格一致。由于价值指标有不变价格、现行价格,而不变价格又有不同时期的不变价格,因此,编制价值指标的时间序列,在同一时间序列中,各指标值的计算价格相同,才具有比较意义。

（3）计量单位一致。由于计量单位有实物单位、价值单位、劳动时间单位，而实物指标度量单位又有自然单位、度量衡单位和标准实物单位等，因此，编制实物量指标时间序列要保证各指标的计量单位相同。如果按实物指标计算，就应采取统一的计量单位，否则就违背了指标数值可比性的原则。

保证时间序列中各个时期（时点）指标数值的可比性，是认识客观事物发展变化的基本原则，但是任何事物的绝对可比性是不存在的，在利用时间序列进行动态分析时，只要满足统计研究的基本要求，就可以视为具有可比性。

### 【同步思考 8-1】

1. 什么是时期序列？什么是时点序列？在表 8-2 所示时间序列中，各栏都是什么序列？

2. 开学初在校生人数、年末国家外汇储备、年财政总收入、月利润总额、固定资产累计投资额、粮食种植面积、粮食总产量、一等品率、纳税率、人均国民收入、各季度流动资金占用额、工人平均劳动生产率等指标，若按时间先后顺序排列起来，形成的时间序列各应该是什么序列？

3. 编制时间序列的原则有哪些？怎样理解其可比性原则？

## 8.2　时间序列的水平分析

在研究社会经济现象的发展趋势和变化规律时，我们常常需要面对两类问题：一类问题是在一个特定的时点或时期，现象的状态和一段时间内平均状态如何，这类问题就是时间序列所研究的发展水平和平均发展水平问题；另一类问题就是在两个特定时间内现象状态变化的快慢，以及一段时间内现象变化平均快慢情况，这类问题就是时间序列所研究的现象发展速度和平均发展速度问题。其中，反映现象的状态和一段时间内平均状态的指标是时间序列分析的基本指标，如发展水平、增长量、平均发展水平、平均增长量等；反映现象状态变化快慢以及一段时间内现象变化平均快慢情况的指标是时间序列分析派生指标，如发展速度、增长速度、增长 1‰ 的绝对值、平均发展速度和平均增长速度等。本节主要介绍时间序列的水平指标。

### 8.2.1　发展水平

发展水平是指时间序列中各具体数值，也称时间序列水平。它具体反映了社会经济现象在不同时期或时点所达到的总量。它可以表现为总量指标，如工资总额、年末人口数等；也可以表现为相对指标或平均指标，如人口出生率、男性人口数所占比重、职工平均工资等。

按发展水平在时间序列中的位置不同，其分为最初水平、最末水平和中间发展水平。

最初水平就是时间序列的第一项指标数值，通常用符号 $a_0$ 表示（初始项通常从 $a_0$ 开始，也有的从 $a_1$ 开始）。最末水平是时间序列中的最后一项指标数值，通常用符号 $a_n$ 表示。除去最初水平和最末水平，时间序列的其余各项发展水平就是中间发展水平，通常用符号 $a_1, a_2, \cdots, a_{n-1}$ 表示。

根据发展水平在动态分析中的作用不同，通常将所研究的那个时期水平称为报告期水平或计算期水平,把用来做比较基础的时期水平称为基期水平。

## 8.2.2　平均发展水平

在对时间序列进行分析时,为了综合说明现象在一段时期内的发展水平,需要计算平均发展水平指标。

平均发展水平指标,也称序时平均数、动态平均数,它是将各不同时间的指标数值差异抽象化,以一个数值来代表现象在这一段时间的一般水平。

序时平均数和算术平均数的共同之处,都是将现象的个别数量差异抽象化,概括地反映现象的一般水平。二者的区别为:①序时平均数平均的是事物在不同时间的数量差异;算术平均数平均的是各单位某一数量标志在同一时间的数量差异。②序时平均数是从动态上说明某一事物在不同时间发展的一般水平;算术平均数是从静态上说明同一事物不同单位在同一时间的一般水平。③序时平均数是根据时间数列计算的;算术平均数是根据变量数列计算的。

计算序时平均数的方法要根据时间序列指标的性质来确定。在前面我们已经知道,由总量指标、相对指标和平均指标三种指标构成的时间序列,计算这三种时间序列序时平均数的方法不同。但由于相对指标和平均指标都是由总量指标派生的,所以根据总量指标时间序列计算序时平均数的方法是最基本的方法。

### 1. 时期序列序时平均数的计算

时期序列中各项指标数值可以相加,所以时期序列的序时平均数可直接用各时期指标数值之和除以时期项数来计算。若以 $a_1, a_2, \cdots, a_n$ 分别代表 $n$ 个时期的发展水平,以 $\bar{a}$ 代表序时平均数,则时期序列序时平均数为

$$\bar{a} = \frac{a_1 + a_2 + \cdots + a_n}{n} = \frac{\sum a}{n}$$

例如,根据表 8-2 所示资料,我国 2018—2022 年国内生产总值为 919 281 亿元、986 517 亿元、1 013 567 亿元、1 149 237 亿元、1 210 207 亿元。则 2018—2022 年我国的平均国内生产总值为

$$\bar{a} = \frac{\sum a}{n} = \frac{919\,281 + 986\,517 + 1\,013\,567 + 1\,149\,237 + 1\,210\,207}{5} = \frac{5\,278\,809}{5}$$
$$= 1\,055\,761.8(亿元)$$

### 2. 时点序列序时平均数的计算

从理论上说,时点指标都是间断统计的,但有时有些时点指标由于考核的需要,每天都登记,对逐日统计的时点指标可以视同时期指标,即可以按照时期指标的计算方法计算其序时平均数。其计算公式为

$$\bar{a} = \frac{a_1 + a_2 + \cdots + a_n}{n} = \frac{\sum a}{n} \quad 或 \quad \bar{a} = \frac{\sum af}{\sum f}$$

例如,某企业 2024 年 1—6 日 A 产品库存量资料如表 8-6 所示。

表 8-6  某企业 2024 年 1 月 1—6 日 A 产品库存量资料  万件

| 日期 | 1 日 | 2 日 | 3 日 | 4 日 | 5 日 | 6 日 |
|---|---|---|---|---|---|---|
| A 产品库存量 | 600 | 800 | 1 050 | 500 | 250 | 1 000 |

$$\bar{a} = \frac{a_1 + a_2 + \cdots + a_n}{n} = \frac{\sum a}{n}$$

$$= \frac{600 + 800 + 1\,050 + 500 + 250 + 1\,000}{6} = \frac{4\,200}{6} = 700(万件)$$

再比如,某企业 2024 年 1 月某种商品库存量资料如表 8-7 所示。

表 8-7  某企业 2024 年 1 月某种商品库存量资料  万件

| 日期 | 1—9 日 | 10—11 日 | 12—19 日 | 20—24 日 | 25—30 日 | 31 日 |
|---|---|---|---|---|---|---|
| 库存量 | 850 | 50 | 1 050 | 500 | 200 | 1 000 |

$$\bar{a} = \frac{\sum af}{\sum f} = \frac{850 \times 9 + 50 \times 2 + 1\,050 \times 8 + 500 \times 5 + 200 \times 6 + 1\,000 \times 1}{9 + 2 + 8 + 5 + 6 + 1}$$

$$= \frac{20\,850}{31} \approx 673(万件)$$

通常,时点指标大多数是间断统计的,如每月末、每季末、半年末、年末统计一次。时点序列有间隔相等和间隔不等两种。

(1) 间隔相等时点序列序时平均数的计算。根据间隔相等的时点序列计算序时平均数,通常假定指标值在两个时点之间均匀变动,先求两时点指标值的平均数,通常假定指标值在两个时点之间均匀变动,先求两时点指标值的平均数,再根据这些平均数进行简单算术平均求得序时平均数。其计算公式为

$$\bar{a} = \frac{\dfrac{a_1 + a_2}{2} + \dfrac{a_2 + a_3}{2} + \cdots + \dfrac{a_{n-1} + a_n}{2}}{n-1} = \frac{\dfrac{a_1}{2} + a_2 + \cdots + a_{n-1} + \dfrac{a_n}{2}}{n-1}$$

例如,在表 8-2 中,我国 2018—2022 年各年末国家外汇储备额分别为(单位:亿美元):30 727、31 079、32 165、32 502、31 277,则我国 2018—2022 年年平均国家外汇储备额为

$$\bar{a} = \frac{\dfrac{a_1}{2} + a_2 + a_3 + \cdots + \dfrac{a_n}{2}}{n-1}$$

$$= \frac{\dfrac{30\,727}{2} + 31\,079 + 32\,165 + 32\,502 + \dfrac{31\,277}{2}}{5-1} = \frac{126\,748}{4} = 31\,687(亿美元)$$

(2) 间隔不等时点序列序时平均数的计算。根据间隔不等的时点序列计算序时平均数,通常假定指标值在两个时点之间的变动是均匀的,先求两时点指标值的平均数,然后以间隔时间长度为权数进行加权平均求得序时平均数。其用公式表示为

$$\bar{a} = \frac{\dfrac{a_1 + a_2}{2} f_1 + \dfrac{a_2 + a_3}{2} f_2 + \cdots + \dfrac{a_{n-1} + a_n}{2} f_{n-1}}{f_1 + f_2 + \cdots + f_{n-1}}$$

式中,$f_i$ 为时点间隔的长度。

例如,某企业 2023 年各月的营业收入额资料如表 8-8 所示,计算 2023 年该企业月平均营业收入额。

表 8-8　某企业 2023 年各月的营业收入额资料　　　　　　　　　　　万元

| 时　间 | 1月1日 | 4月1日 | 9月1日 | 12月1日 | 12月31日 |
|---|---|---|---|---|---|
| 营业收入额 | 360 | 300 | 420 | 440 | 480 |

$$\bar{a} = \frac{\dfrac{a_1 + a_2}{2}f_1 + \dfrac{a_2 + a_3}{2}f_2 + \cdots + \dfrac{a_{n-1} + a_n}{2}f_{n-1}}{f_1 + f_2 + \cdots + f_{n-1}}$$

$$\bar{a} = \frac{\dfrac{360 + 300}{2} \times 3 + \dfrac{300 + 420}{2} \times 5 + \dfrac{420 + 440}{2} \times 3 + \dfrac{440 + 480}{2} \times 1}{3 + 5 + 3 + 1}$$

$$= \frac{4\,540}{12} \approx 378.33$$

### 3. 相对数和平均数序时平均数的计算

相对数和平均数时间序列中各指标数值 $C$,都是根据两个相联系的绝对数时间序列对应数值 $a$ 和 $b$ 相对比而求得的,因此,由相对数和平均数时间序列计算序时平均数,不能直接根据该相对数或平均数序列中各项观察值简单平均计算 $\bar{c}$(即不应当用 $\bar{c} = \sum c / n$ 的公式),而应先分别计算构成该相对数或平均数序列的分子序列和分母序列的序时平均数 $\bar{a}$ 和 $\bar{b}$,然后,再对比求出相对数或平均数时间序列的序时平均数 $\bar{c}$。其用公式表示为

$$\bar{c} = \frac{\bar{a}}{\bar{b}}$$

式中,根据分子序列 $\bar{a}$ 和分母序列 $\bar{b}$ 是时期序列还是时点序列,按正确的计算方法求得。

例如,某企业 2023 年第三季度各月产品产量计划完成情况资料如表 8-9 所示。

表 8-9　某企业 2023 年第三季度各月产品产量计划完成情况资料

| 时　间 | 7月 | 8月 | 9月 |
|---|---|---|---|
| (a) 实际完成数/件 | 62 000 | 71 800 | 82 200 |
| (b) 计划完成数/件 | 62 000 | 71 000 | 80 000 |
| (c) 计划完成情况/% | 100.00 | 101.13 | 102.75 |

该企业第三季度的平均计划完成程度为

$$\bar{a} = \frac{\sum a}{n} = \frac{62\,000 + 71\,800 + 82\,200}{3} = 72\,000 (件)$$

$$\bar{b} = \frac{\sum b}{n} = \frac{62\,000 + 71\,000 + 80\,000}{3} = 71\,000 (件)$$

$$\bar{c} = \frac{\bar{a}}{\bar{b}} = \frac{72\,000}{71\,000} \approx 101.41\%$$

再比如,某企业 2023 年第四季度各月产量和职工人数资料如表 8-10 所示。

表 8-10  某企业 2023 年第四季度各月产量和职工人数资料

| 时  间 | 9 月 | 10 月 | 11 月 | 12 月 |
|---|---|---|---|---|
| （a）月产量/万件 | 960 | 1 100 | 1 160 | 1 130 |
| （b）月末职工人数/人 | 650 | 670 | 690 | 710 |

该企业第四季度月平均劳动生产率为

$$\bar{a} = \frac{\sum a}{n} = \frac{1\,100 + 1\,160 + 1\,130}{3} = 1\,130(\text{万件})$$

$$\bar{b} = \frac{\dfrac{b_1}{2} + b_2 + \cdots + b_{n-1} + \dfrac{b_n}{2}}{n-1} = \frac{\dfrac{650}{2} + 670 + 690 + \dfrac{710}{2}}{4-1} = 680(\text{人})$$

$$\bar{c} = \frac{\bar{a}}{\bar{b}} = \frac{1\,130}{680} \approx 1.661\,8(\text{万件／人}) \text{ 或 } 16\,618(\text{件／人})$$

例如，某商店 2023 年第二季度各月的商品零售额、月末商品库存额及商品流转次数如表 8-11 所示。

表 8-11  某商店 2023 年第二季度各月的商品零售额、月末商品库存额及商品流转次数

| 时  间 | 3 月末 | 4 月末 | 5 月末 | 6 月末 |
|---|---|---|---|---|
| （a）商品零售额/元 | — | 200 | 300 | 420 |
| （b）月末商品库存额/元 | 90 | 110 | 130 | 170 |
| （c）商品流转次数/次 | — | 2 | 2.5 | 2.8 |

该商店第二季度月平均商品流转次数为

$$\bar{a} = \frac{\sum a}{n} = \frac{200 + 300 + 420}{3} \approx 306.67(\text{万元})$$

$$\bar{b} = \frac{\dfrac{b_1}{2} + b_2 + \cdots + b_{n-1} + \dfrac{b_n}{2}}{n-1} = \frac{\dfrac{90}{2} + 110 + 130 + \dfrac{170}{2}}{4-1} \approx 123.33(\text{万元})$$

$$\bar{c} = \frac{\bar{a}}{\bar{b}} = \frac{306.67}{123.33} \approx 2.49(\text{次})$$

从以上计算中可以看出，计算序时平均数时分子、分母的分母是可以互相抵消的，在计算时也可以省略分步计算过程。所以，上例也可以写成

$$\bar{c} = \frac{\bar{a}}{\bar{b}} = \frac{(200 + 300 + 420)/3}{\left(\dfrac{90}{2} + 110 + 130 + \dfrac{170}{2}\right)/(4-1)} \approx 2.49(\text{次})$$

### 8.2.3  增长量

增长量是报告期水平与基期水平之差，反映某一现象在不同时期增减变化的绝对量。增长量可以是正数，代表现象的增加量；也可以是负数，代表现象的减少量。其计算公式为

增长量 ＝ 报告期水平 － 基期水平

由于采用的基期不同,增长量分为累计增长量和逐期增长量两种。累计增长量是报告期水平与某一固定基期水平(常用最初水平)之差,用来反映现象在某一较长时期增减变化的绝对量。逐期增长量是报告期水平与前一时期水平之差,用来反映现象在相邻时期增减变化的绝对量。用符号表示计算公式如下。

累计增长量:$a_1 - a_0, a_2 - a_0, \cdots, a_{n-1} - a_0, a_n - a_0$

逐期增长量:$a_1 - a_0, a_2 - a_1, \cdots, a_{n-1} - a_{n-2}, a_n - a_{n-1}$

从上述公式中,可以看出累计增长量与逐期增长量之间有一定的等式关系,即累计增长量等于各期的逐期增长量之和,用公式表示则为

$$a_n - a_0 = (a_1 - a_0) + (a_2 - a_1) + \cdots + (a_n - a_{n-1})$$

例如,根据表 8-2 所示资料,计算我国各年国内生产总值逐期增长量和累计增长量,如表 8-12 所示。

表 8-12　2018—2022 年我国各年国内生产总值逐期增长量和累计增长量　　　亿元

| 年　　份 | | 2018 | 2019 | 2020 | 2021 | 2022 |
|---|---|---|---|---|---|---|
| 国内生产总值 | | 919 281 | 986 517 | 1 013 567 | 1 149 237 | 1 210 207 |
| 增长量 | 逐期 | — | 67 236 | 27 050 | 135 670 | 60 970 |
| | 累计 | — | 67 236 | 94 286 | 229 956 | 290 926 |

在实际工作中,常常要计算年距增长量,它是报告期水平与上年同期水平之差,其计算公式为

$$年距增长量 = 报告期水平 - 上年同期水平$$

例如,某空调企业 2022 年 7 月的销售额与 2021 年 7 月的销售额之差,2023 年 12 月的销售额与 2022 年 12 月的销售额之差,就是年距增长量,当然,年距增长量也可能是负值。

计算年距增长量可消除季节变动的影响,表明报告期水平与上年同期水平增减变化的绝对数量。

## 8.2.4　平均增长量

平均增长量是时间序列各逐期增长量的平均数,用于描述现象在一段时间内每期平均增加或减少的数量。它可以根据逐期增长量求得,也可以根据累计增长量求得。其计算公式为

$$平均增长量 = 逐期增长量之和 / 逐期增长量项数$$
$$= 累计增长量 / (时间序列项数 - 1)$$

用符号表示则为

$$\bar{a} = \frac{\sum(a_i - a_{i-1})}{n} = \frac{a_n - a_0}{n}$$

式中,$n$ 为逐期增长量项数,也即时间序列项数减 1。

例如,表 8-12 中我国国内生产总值 2018—2022 年平均增长量(平均增加值)为

$$平均增长量 = \frac{67\,236 + 27\,050 + 135\,670 + 60\,970}{4} = \frac{290\,926}{4} = 72\,731.5(亿元)$$

**【同步思考 8-2】**

1. 序时平均数和算术平均数的共同之处是什么？序时平均数和算术平均数有什么不同？

2. 如果要计算 2023 年辽宁省 14 个市城市居民人均可支配收入，这个指标是算术平均数还是序时平均数？如果计算辽宁省 2023 年 1—12 月城市居民人均可支配收入，这个指标是算术平均数还是序时平均数？为什么？

3. 为什么由相对数和平均数时间序列计算其序时平均数时，要先计算出分子序列的序时平均数，再计算出分母序列的序时平均数，然后再用两个序时平均数进行对比？当分子序列是时点序列、分母序列是相对数时间序列时，其计算方法一样吗？

# 8.3 时间序列的速度分析

时间序列的速度分析指标是反映国民经济运行的主要指标，包括发展速度、增长速度、增长 1% 的绝对值、平均发展速度和平均增长速度。这几个指标之间具有密切的联系，其中发展速度是基本的速度分析指标。

## 8.3.1 发展速度

发展速度是两个不同时期发展水平对比所得的动态相对指标，用来反映社会经济现象发展变化的相对程度。该指标说明了报告期水平已发展为（或增加到）基期水平的百分之几或若干倍。其计算公式为

$$发展速度 = \frac{报告期水平}{基期水平}$$

由于采用的基期不同，发展速度分为定基发展速度和环比发展速度两种。定基发展速度也称总发展速度，是报告期水平与某一固定基期水平（常用最初水平）之比，用来反映社会经济现象在某一较长时期内发展的总速度；环比发展速度是报告期水平与前一时期水平之比，用来反映社会经济现象在相邻时期发展的相对程度。其用符号表示如下。

定基发展速度：$\dfrac{a_1}{a_0}, \dfrac{a_2}{a_0}, \cdots, \dfrac{a_n}{a_0}$

环比发展速度：$\dfrac{a_1}{a_0}, \dfrac{a_2}{a_1}, \cdots, \dfrac{a_n}{a_{n-1}}$

例如，根据某企业各年的利税额资料可计算出不同年份的定基发展速度和环比发展速度，如表 8-13 所示。

表 8-13 某企业 2018—2023 年历年利润总额速度计算

| 年　份 | | 2018 | 2019 | 2020 | 2021 | 2022 | 2023 |
|---|---|---|---|---|---|---|---|
| 利税总额/万元 | | 400 | 460 | 500 | 480 | 520 | 600 |
| 增长量/万元 | 逐期 | — | 60 | 40 | −20 | 40 | 80 |
| | 累计 | — | 60 | 100 | 80 | 120 | 200 |
| 发展速度/% | 环比 | — | 115.00 | 108.70 | 96.00 | 108.33 | 115.38 |
| | 定基 | 100 | 115.00 | 125.00 | 120.00 | 130.00 | 150.00 |

从上述计算中,可以看出定基发展速度和环比发展速度之间具有一定的等式关系,即定基发展速度等于相应各期环比发展速度的连乘积,用公式表示为

$$\frac{a_n}{a_0} = \frac{a_1}{a_0} \times \frac{a_2}{a_1} \times \cdots \times \frac{a_n}{a_{n-1}}$$

在实际工作中,常常要计算年距发展速度,它是报告期发展水平与上年同期发展水平之比,表明在消除季节变动影响的情况下,现象本期比上年同期相对发展的程度。其计算公式为

$$年距发展速度 = \frac{报告期发展水平}{上年同期发展水平}$$

例如,某家电企业 2023 年 1 月的销售额为 7 700 万元,2022 年 1 月销售额为 7 000 万元,其年距发展速度为:7 700/7 000＝110％;2023 年 8 月的销售额为 8 200 万元,2022 年 8 月的销售额为 8 040 万元,其年距发展速度为:8 200/8 040≈101.99％。当然,年距发展速度也可能低于 100％。

## 8.3.2　增长速度

增长速度是增长量与基期水平对比所得的动态相对数,用来反映社会经济现象增长变化的相对程度。该指标说明了报告期水平比基期水平增加(或提高)了百分之几或若干倍。其计算公式为

$$增长速度 = \frac{增长量}{基期水平}$$

$$增长速度 = \frac{报告期水平 - 基期水平}{基期水平}$$

$$= 发展速度 - 1(或100\%)$$

由于采用的基期不同,增长速度可以分为定基增长速度和环比增长速度两种。定基增长速度,也称总增长速度,是累计增长量与某一固定基期水平之比,反映社会经济现象在某一较长时期内增长的总速度;环比增长速度是逐期增长量与前一时期水平之比,反映社会经济现象在相邻时期增长的相对程度。其用符号表示为

定基增长速度: $\dfrac{a_1 - a_0}{a_0}, \dfrac{a_2 - a_0}{a_0}, \cdots, \dfrac{a_n - a_0}{a_0}$ 或 $\dfrac{a_1}{a_0} - 1, \dfrac{a_2}{a_0} - 1, \cdots, \dfrac{a_n}{a_0} - 1$

环比增长速度: $\dfrac{a_1 - a_0}{a_0}, \dfrac{a_2 - a_1}{a_1}, \cdots, \dfrac{a_n - a_{n-1}}{a_{n-1}}$ 或 $\dfrac{a_1}{a_0} - 1, \dfrac{a_2}{a_1} - 1, \cdots, \dfrac{a_n}{a_{n-1}} - 1$

例如,根据表 8-13 中资料可计算出 2018—2023 年的定基增长速度和环比增长速度,如表 8-14 所示。

表 8-14　某企业 2018—2023 年历年利润总额速度计算

| 年　　份 | | 2018 | 2019 | 2020 | 2021 | 2022 | 2023 |
| --- | --- | --- | --- | --- | --- | --- | --- |
| 利税总额/万元 | | 400 | 460 | 500 | 480 | 520 | 600 |
| 增长速度 /％ | 环比 | — | 15.00 | 8.70 | −4.00 | 8.33 | 15.38 |
| | 定基 | — | 15.00 | 25.00 | 20.00 | 30.00 | 50.00 |

需要指出的是,发展速度是计算增长速度的基本指标。但从指标的实际意义看,增长速度的重要性远远超过发展速度。通常,发展速度大于1,则增长速度为正值,表示现象增长的程度;反之,则表示现象下降的程度。

值得注意的是:由于增长速度只反映增长部分的相对程度,所以,环比增长速度的连乘积不等于定基增长速度。如果要由环比增长速度求定基增长速度,必须将环比增长速度加1(或100%)再连乘,然后将所得结果再减1(或100%)。

实际工作中,有时也计算年距增长速度,它是年距增长量与上年同期发展水平之比。其计算公式为

$$年距增长速度 = \frac{年距增长量}{上年同期发展水平} = 年距发展速度 - 1(或100\%)$$

### 8.3.3  增长1%的绝对值

运用时间序列进行动态比较时,既要看速度,又要看水平。由于相对数具有抽象化的特点,用百分比表示的发展速度和增长速度把所对比的发展水平掩盖了,要把速度与水平结合起来,必须计算报告期水平比前一期每增减1%所包含的绝对值,它表明环比增长速度所包含的绝对数量,也是相对数与绝对数结合应用的一种形式。其计算公式为

$$增长1\%的绝对值 = 逐期增长量 /(环比增长速度 \times 100)$$
$$= 前期水平 /100$$

某地区2017—2023年生产总值发展变化情况,包括每增长1%的绝对值,总体计算如表8-15所示。

表 8-15  某地区 2017—2023 年生产总值发展变化情况计算

| 年　　份 | | 2017 | 2018 | 2019 | 2020 | 2021 | 2022 | 2023 |
|---|---|---|---|---|---|---|---|---|
| 地区生产总值/万元 | | 78 345.2 | 82 067.5 | 89 468.1 | 97 314.2 | 105 172.3 | 117 390.2 | 136 875.9 |
| 增长量/亿元 | 逐期 | — | 3 722.3 | 11 122.9 | 18 969.6 | 26 827.1 | 39 045.0 | 58 530.7 |
| | 累计 | — | 3 722.3 | 7 400.6 | 7 846.7 | 7 857.5 | 12 217.9 | 19 485.7 |
| 发展速度/% | 环比 | — | 104.8 | 109.0 | 108.8 | 108.1 | 111.6 | 116.6 |
| | 定基 | 100.0 | 104.8 | 114.2 | 124.2 | 134.2 | 149.8 | 174.7 |
| 增长速度/% | 环比 | — | 4.8 | 9.0 | 8.8 | 8.1 | 11.6 | 16.6 |
| | 定基 | — | 4.8 | 14.2 | 24.2 | 34.2 | 49.8 | 74.7 |
| 增长1%的绝对值/万元 | | — | 783.45 | 820.67 | 894.68 | 973.14 | 1 051.72 | 1 173.90 |

【同步思考8-3】

1. 增长1%的水平值表示每增长一个百分点所增加的绝对量,它表明环比增长速度所包含的绝对数量,也是相对数与绝对数结合应用的一种形式。那么,为什么要计算增长1%的绝对值?怎样计算?

2. 什么是年距发展速度?什么是年距增长速度?为什么要计算年距速度?

## 8.3.4 平均发展速度和平均增长速度

平均发展速度和平均增长速度是两个非常重要的速度指标。前者反映了现象在一定时期内逐期发展变化的一般程度；后者反映了现象在一定时期内逐期增长或降低的一般程度。因此，这两个指标被广泛应用，是编制和检查计划的重要依据，可用于一个国家或地区不同发展阶段状况的比较以及同一时期不同国家或地区发展状况的比较。

### 1. 平均发展速度

平均发展速度是一定时期内各期环比发展速度的序时平均数，用以说明现象在一段时间内平均发展变化的程度，可用于编制和检查计划，对比不同时期、不同国家或地区经济发展变化，进行推算和预测等。

平均发展速度通常采用水平法和方程法计算。

（1）水平法。水平法也称几何平均法，应用这一方法的原理或基本思想是从最初水平 $a_0$ 出发，每期按平均发展速度 $\bar{x}$ 发展，经过 $n$ 期后将达到最末水平 $a_n$。这一方法的特点是考察期末水平，中间水平无论如何变化对平均发展速度的计算结果都没有影响，因此称为"水平法"。在实际应用中，如果关心的是现象在最后一期应达到的水平，就应采用几何平均法计算平均发展速度。

如果以 $x_i(i=1,2,\cdots,n)$ 表示各期环比发展速度，以 $\bar{x}$ 代表平均发展速度，根据上述平均发展速度的定义，对若干个环比发展速度求序时平均数，就需要用水平法，则平均发展速度为

$$\bar{x} = \sqrt[n]{x_1 \cdot x_2 \cdot \cdots \cdot x_n} = \sqrt[n]{\prod x} \tag{8-1}$$

式中，$\bar{x}$ 为平均发展速度；$x$ 为各期环比发展速度；$n$ 为环比发展速度的个数；$\prod$ 为连乘符号。

由于环比发展速度连乘积等于总速度 $R$，因此

$$\bar{x} = \sqrt[n]{R} \tag{8-2}$$

又由于总速度 $R$ 等于末期水平$(a_n)$与最初水平$(a_0)$之比，因此

$$\bar{x} = \sqrt[n]{\frac{a_n}{a_0}} \tag{8-3}$$

式(8-2)与式(8-3)中的 $n$，需根据 $a_n$ 与 $a_0$ 的间隔期数确定，它与式(8-1)的环比发展速度的个数相同。

对式(8-1)～式(8-3)的应用，可视掌握资料的情况而定。

根据表 8-13 所示资料，计算某企业 2018—2023 年历年利税额平均发展速度为

$$\bar{x} = \sqrt[n]{\prod x} = \sqrt[5]{1.15 \times 1.087 \times 0.96 \times 1.0833 \times 1.1538} \approx \sqrt[5]{1.5} \approx 108.45\%$$

或

$$\bar{x} = \sqrt[n]{R} = \sqrt[5]{1.5} \approx 108.45\%$$

或

$$\bar{x} = \sqrt[n]{\frac{a_n}{a_0}} = \sqrt[5]{\frac{300}{200}} = \sqrt[5]{1.5} \approx 108.45\%$$

再根据表 8-15 的资料计算平均发展速度为

$$\bar{x} = \sqrt[n]{\prod x} = \sqrt[6]{1.048 \times 1.09 \times 1.088 \times 1.081 \times 1.116 \times 1.166} \approx \sqrt[6]{1.748} \approx 109.76\%$$

或

$$\bar{x} = \sqrt[n]{R} = \sqrt[6]{1.748} \approx 109.76\%$$

或

$$\bar{x} = \sqrt[n]{\frac{a_n}{a_0}} = \sqrt[6]{\frac{136\ 875.9}{78\ 345.2}} \approx \sqrt[6]{1.748} \approx 109.76\%$$

在实际经济工作中只用一种方法计算就可以了,若以上资料都掌握,通常用总速度公式计算最简便。

(2) 方程法。方程法也称累计法,应用这一方法的原理或基本思想是:从最初水平 $a_0$ 出发,按平均发展速度 $\bar{x}$ 发展,计算的各期发展水平的总和,要等于相应各期实际发展水平的总和,所以它也叫累计法,即

$$a_0\bar{x} + a_0\bar{x}^2 + a_0\bar{x}^3 + \cdots + a_0\bar{x}^n = a_1 + a_2 + a_3 + \cdots + a_n$$

即

$$a_0(\bar{x} + \bar{x}^2 + \bar{x}^3 + \cdots + \bar{x}^n) = \sum a$$

于是有

$$\bar{x} + \bar{x}^2 + \bar{x}^3 + \cdots + \bar{x}^n - \frac{\sum a}{a_0} = 0$$

解此高次方程所得 $x$ 的正根,就是平均发展速度。由于该方法计算平均发展速度的特点是考察各期水平的累计总和,因此该方法也称"累计法"。在实际应用中,如果侧重于研究现象在一段时间内各期发展水平的总和,如累计固定资产投资完成额、植树造林面积等,适宜采用方程法计算平均发展速度。

方程法中求解高次方程是比较复杂的,在实际工作中往往利用事先编好的"平均增长速度查对表"来查对应用,这里我们就不做阐述了。

**2. 平均增长速度**

平均增长速度是各期环比增长速度的序时平均数,用以反映现象在一段时间内平均增长变化的程度。

平均增长速度不能根据各期环比增长速度直接计算,而要通过平均发展速度减 1 来求得。平均增长速度的计算公式为

平均增长速度 = 平均发展速度 - 1(或 100%)

如果根据表 8-13 的资料已经求出平均发展速度是 108.45%,那么平均增长速度为

平均增长速度 = 平均发展速度 - 1(或 100%)

$$= 108.45\% - 100\%$$

$$= 8.45\%$$

或者,如果根据表 8-15 的资料已经求出平均发展速度是 109.76%,那么平均增长速度为

平均增长速度 = 平均发展速度 - 1(或 100%)

$$= 109.76\% - 100\%$$

$$= 9.76\%$$

例如,已知某企业 2018—2023 年利税额历年增长速度分别为 8.8%、9.0%、7.8%、8.5%、7.6%、6.1%,要计算该企业 2018—2023 年利税额平均增长速度就不能直接用各期

增长速度,而应该先将各期增长速度加上 100%,变成各期环比发展速度 108.8%、109.0%、107.8%、108.5%、107.6%、106.1%,然后再按平均发展速度计算方法,计算其平均发展速度为

$$\bar{x} = \sqrt[n]{\prod x} = \sqrt[6]{1.088 \times 1.09 \times 1.078 \times 1.085 \times 1.076 \times 1.061} \approx \sqrt[6]{1.583\ 5} \approx 107.96\%$$

则年利润额平均增长速度为

$$107.96\% - 100\% = 7.96\%$$

### 3. 应用速度指标时应该注意的问题

(1) 速度分析应该与水平分析结合应用。时间序列的速度指标是由水平指标对比计算以百分数表示的抽象化指标,它不能反映现象绝对量的差别。在应用速度指标进行分析时,要注意以下几个问题。

一是结合具体研究目的适当选择基期,并注意其所依据的基本指标在整个研究时期的同质性。如果资料中有几年的环比增长速度特别快,而有几年又是负增长,出现显著的差别和不同的发展方向,以及所选择的最初水平和最末水平受特殊因素的影响过高或过低,用这样的资料来计算平均发展速度,就会降低甚至失去指标的代表意义和实际分析意义。

二是联系各个时期的环比发展速度来补充说明平均发展速度。如几何平均法名义上是各个时期环比发展速度的平均数,但实际上只计算最末水平和最初水平两个数字,把中间各个时期的具体变动抽象掉了,所以要补充各期的环比速度加以分析。

三是结合基期水平进行分析。因为发展速度是报告期水平除以基期水平而得到的,从数量关系来看,基期水平低,速度就容易高;基期水平高,速度就容易低。因此,速度高可能掩盖低水平,速度低可能隐藏着高水平。

四是平均速度指标结合其所依据的各个基本指标,如对发展水平、增长量、环比发展速度、定基发展速度等进行分析研究,才能深入了解现象的全面发展、具体过程和特点,从而对研究现象具有比较确切和完整的认识。

(2) 计算平均速度应该选择合适的平均速度计算方法。一是计算平均速度要考虑研究目的和研究对象两个方面。水平法侧重考核最末一年的水平,而方程法(累计法)侧重考核整个期间的发展水平之和。水平法按平均发展速度发展,推算出最末一年的发展水平等于实际的发展水平,而方程法按平均发展速度发展,推算出各期发展水平之和等于实际的发展水平之和。产值、产量、人口增长等,通常用水平法,而新增生产能力、植树造林面积等,通常用方程法。二是几何平均法的应用要与具体的环比速度分析相结合。运用几何平均法要注意各期水平的波动状况,用具体的环比发展速度补充总平均发展速度进行分析,这样才能对现象的发展变化过程得出正确而完整的认识。三是对平均速度指标的分析要充分利用原始时间序列信息。利用原始时间序列信息的可能方法有:利用分段平均发展速度补充说明整个时期的总平均发展速度;利用原始时间序列的发展水平、增长量以及计算平均速度所依据的环比速度、定基速度等指标补充说明平均速度本身。四是用水平法计算平均发展速度时,通常可以用计算器,也可以查平均增长速度查对表。而方程法通常只能利用平均增长速度查对表,否则很难计算出其平均发展速度。

**【同步思考 8-4】**

1. 当已知某地区 2018—2023 年历年地区增加值各期增长速度分别为 3.8％、2.9％、3.8％、5.1％、2.6％、3.2％,这时,要计算出期内平均增长速度,只需将各期增长速度相加后除以 6 就可以了,对吗? 如果不对,应该怎样计算? 为什么?

2. 水平法侧重考核什么水平? 方程法(累计法)侧重考核什么水平? 计算平均速度应该怎样选择合适的平均速度指标计算方法? 应用平均速度指标时应注意哪几个问题?

拓展阅读8　我国 2000—2023 年新生人口数资料

# 8.4　时间序列趋势测定与预测

## 8.4.1　时间序列的构成因素

现象的发展受多种因素的影响,时间序列的形成也是多种影响因素共同作用的结果。在各种影响因素中,有些对现象的发展起着长期的、决定性的作用,促使现象的发展呈现出某种趋势和规律性;有些则对现象的发展起着短期的、非决定性的作用,导致现象的变化呈现某种不规则的波动。在分析时间序列的变动规律时,不可能将每一个影响因素都分别测定出来,但可以对各种因素按性质不同加以概括和分类,划分为若干种时间序列的要素,然后对这几类要素进行分析,以确定它们各自对现象发展变化的影响。影响时间序列的因素大体可分为四种:长期趋势、季节变动、循环变动和不规则变动。

### 1. 长期趋势

长期趋势,也称趋势变动,是指现象在一个相当长的时期内,受某种长期的、决定性因素影响而呈现出的持续上升或持续下降的趋势。例如,改革开放以后,我国的国内生产总值持续上升;随着医疗条件的改善,新生婴儿的死亡率连年降低等。

### 2. 季节变动

季节变动,原本是指受自然因素的影响,在一年内随季节的更替而发生有规律的变动。现在对季节变动的概念进行了扩展,对一年内由于社会、经济、自然因素的影响,形成以一定时期为周期有规则的重复变动,都称为季节变动。例如,学校的寒暑假、进城务工人员外出务工等,使客运部门的客运量在一年中呈现规律性变化等;再比如,"朝九晚五"的上下班制度给市内公共交通带来的规律性高峰等,都可以称为季节变动。

### 3. 循环变动

循环变动是指以若干年为一定周期的有一定规律性的周期波动。循环变动与长期趋势不同,它不是单一方向的持续变动,而是有涨有落的交替波动。循环变动与季节变动不同,季节变动有明显的按月或按季固定周期规律,而循环变动的周期通常在一年以上,周期的长短、波动的大小也不一致。例如,太阳黑子数目变化大约以 11 年为一个周期,资本主义的经济危机大约每隔 10 年爆发一次。

### 4. 不规则变动

不规则变动,也称随机变动,是指现象除受以上三种因素的影响外,由于突发事件或偶然因素影响而引起的无规则的变动。不规则变动一般无法作出规律性的解释。例如,2023 年夏季的淄博烧烤、冬季的哈尔滨旅游给当地经济带来的影响,各种自然灾害、政策变动、突发疫情等都可以称为不规则变动。

时间序列分析的任务,就是要对时间序列中的变动进行测定和分析,从中分析出各种要素的具体作用,揭示经济现象的变动规律和特征,为认识和预测现象的发展变化提供依据。

## 8.4.2　长期趋势的测定

### 1. 长期趋势测定的意义

长期趋势是指现象在相当长的时间内,持续增长或持续下降的趋势。例如我国经济发展和人民生活水平总的趋势是持续增长的,而人口死亡率呈持续下降趋势。

测定和分析长期趋势的主要目的有三个:一是认识现象随时间发展变化的趋势和规律性;二是对现象未来的发展趋势作出预测;三是从时间序列中剔除长期趋势成分,以便分解出其他类型的影响因素。

时间序列的长期趋势可分为线性趋势和非线性趋势。线性趋势的特点是时间序列每期的增减数量大致相同,趋势线的斜率基本保持不变;非线性趋势的特点是时间序列各期的变动随时间而异,趋势线的斜率有明显变动。有规律的非线性趋势,也称曲线趋势。

### 2. 长期趋势测定的方法

测定长期趋势的方法有许多种,这里只介绍最常用的时距扩大法、移动平均法和最小平方法三种。

(1) 时距扩大法。时距扩大法是测定现象长期趋势的一种最简单的方法。它是通过把原时间序列各个时期的数值加以合并,延长研究时期,消除偶然因素影响,使扩大时距后的时间序列能明显地反映现象发展的长期趋势。

例如,根据表 8-16 所示资料,说明时距扩大法修匀时间序列的方法。

表 8-16　某企业 2023 年 A 产品销售量资料　　　　　　　　　　　　　　万吨

| 月　份 | 1 | 2 | 3 | 4 | 5 | 6 | 7 | 8 | 9 | 10 | 11 | 12 |
|---|---|---|---|---|---|---|---|---|---|---|---|---|
| 销售量 | 59 | 63 | 57 | 54 | 60 | 67 | 51 | 72 | 68 | 71 | 57 | 69 |

从表 8-16 中可以看出,销售量有波动,升降交替,长期趋势不明显。为消除各月销售量的波动,把研究的时距从一个月扩大到一个季度,则可整理出表 8-17 所示的一个新时间序列。从修匀后的时间序列看,该企业的 A 产品销售量呈明显上升趋势。

表 8-17　某企业 2023 年 A 产品销售量资料　　　　　　　　　　　　　　万吨

| 季　度 | 一季度 | 二季度 | 三季度 | 四季度 |
|---|---|---|---|---|
| 销售总量 | 179 | 181 | 191 | 197 |
| 平均销售量 | 59.67 | 60.33 | 63.67 | 65.67 |

运用时距扩大法修匀时间序列,要求所扩大的时距相等,以便比较、观察现象的变动趋势。在确定时距时,时距大小要适中。如果时距过小,不能消除现象变动中的偶然因素;如果时距过大,修匀后的时间序列数值太小,则会掩盖现象发展的具体趋势。

(2)移动平均法。移动平均法是时距扩大法的改良。它是在时距扩大的基础上,通过逐项移动,计算得出一个由序时平均数构成的新时间序列,并用新时间序列把现象发展趋势明显地表现出来。通过这种修匀的方法,也可以消除偶然因素对时间序列的影响,使现象发展的长期趋势明显地呈现出来。

设时间序列为 $a_1, a_2, \cdots, a_n$,移动时距为 $k$。如 $k$ 为奇数,则移动平均形成新的时间序列为 $\bar{a}$,其计算公式为

$$\bar{a} = \frac{a_1 + a_2 + \cdots + a_n}{k}$$

若 $k$ 为偶数,则需进行两次移动平均。每一次移动平均的方法与奇数项移动的方法一样,只是得到的时间序列的各个数值与原数列中各数值都错了半格;第二次移动是对第一次移动的结果进行移正,移正后的各个数值与原时间序列的数值正好对齐。

例如,某企业 2023 年各月销售额资料如表 8-18 所示。

表 8-18  某企业 2023 年各月销售额资料                                    万元

| 月份 | 销售额 | 三项移动平均值 | 四项移动平均值 | |
| --- | --- | --- | --- | --- |
| | | | 一次移动 | 二次移动 |
| 1 | 450 | — | — | — |
| 2 | 470 | 460 | | |
| 3 | 460 | 470 | 465.00 | 471.25 |
| 4 | 480 | 480 | 477.50 | 483.75 |
| 5 | 500 | 500 | 490.00 | 496.25 |
| 6 | 520 | 510 | 502.50 | 506.88 |
| 7 | 510 | 515 | 511.25 | 515.63 |
| 8 | 515 | 520 | 520.00 | 522.50 |
| 9 | 535 | 530 | 525.00 | 527.50 |
| 10 | 540 | 535 | 530.00 | 534.38 |
| 11 | 530 | 540 | 538.75 | — |
| 12 | 550 | | — | |

从表 8-18 可以看出,经过移动平均后所得到的序时平均数时间序列的项数比原时间序列少,但对现象长期趋势的表现较清晰。在使用移动平均法时应注意以下几个问题。

首先,移动时距的选择。移动时距越长,现象长期趋势表现得越明显,但数列保留的项数越少;反之亦然。在实际统计研究中,移动时距的选择应根据掌握资料的性质确定。如果掌握的是日资料,通常采用 7 项移动;如果掌握的是月度资料,通常采用 12 项移动;如果掌握的是季度资料,通常采用 4 项移动;如果现象有明显的周期波动,通常采用周期波的长度移动平均。一般来说,奇数项移动平均所形成的新数列,头尾各减少 $\frac{n-1}{2}$ 项;偶数项移动平均所形成的新数列,头尾各减少 $\frac{n}{2}$ 项。

其次,此方法不能直接用于预测。因为移动平均后得到的新时间序列前后项数已不再完整,所以不能直接用于预测。如要进行预测,需对移动后的时间序列进行加工处理。

最后,移动平均法是通过移动平均来平滑时间序列的,但由于平均数易受异常数值的影响,为避免这种情况,可以用各中位数来代表平均数,这就是移动中位数法。某企业 2023 年各月销售额平均法趋势如图 8-3 所示。

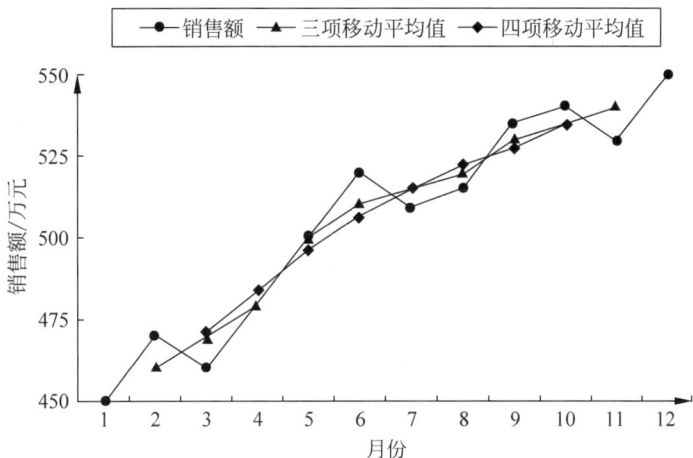

图 8-3　某企业 2023 年各月销售额平均法趋势

（3）最小平方法。最小平方法又称最小二乘法。这是测定现象长期趋势常用的方法。其基本思路是利用数学方法,配合一条较理想的趋势线。这条趋势线必须满足两个条件:一是实际观测值与趋势值的离差平方和为最小值;二是实际观测值与趋势值的离差之和等于 0。此即

$$\sum(y - y_c) = 0$$

$$\sum(y - y_c)^2 = 最小值$$

在最小平方法配合趋势线之前,首先要对趋势线的形状进行判断,其方法是:把原时间序列中的各个数值绘制到直角坐标系中,观察散点图的形状,如呈现直线变动,配合直线;如呈现曲线变动,则配合曲线。有时也可以用近似方法判断:若观察值的一次差(逐期增长量)大体相同,可配合直线;若二次差大体相同,可配合曲线;若各观察值对数的一次差大体相同,可配合指数曲线;若各观察值一次差的环比值大体相同,可配合修正指数曲线;等等。如果对同一时间序列有几种趋势线可供选择,以估计标准误差最小者为宜。

趋势模型有直线趋势模型和曲线趋势模型两种,我们主要阐述直线趋势模型。直线趋势模型的一般形式为

$$y_c = a + bt$$

式中,$y_c$ 为趋势值;$t$ 为时间项次;$a$、$b$ 为待定参数($a$ 是直线的截距,即当 $t=0$ 时 $y_c$ 的数值,$b$ 是直线的斜率,即 $t$ 每变动一个单位,$y_c$ 的平均增加量或减少量)。

用最小二乘法求解参数 $a$、$b$ 的公式与第 7 章介绍的直线回归方程参数的计算公式相同,其计算公式为

$$\begin{cases} b = \dfrac{n\sum ty - \sum t \sum y}{n\sum t^2 - \left(\sum t\right)^2} \\ a = \bar{y} - b\bar{t} \end{cases}$$

例如,根据某品牌电器 2015—2023 年的空调机产量(表 8-19),试预测 2024 年的年产量。

表 8-19　某品牌电器 2015—2023 年的空调机产量

| 年份 | 2015 | 2016 | 2017 | 2018 | 2019 | 2020 | 2021 | 2022 | 2023 |
|---|---|---|---|---|---|---|---|---|---|
| 年产量/千台 | 29 | 32 | 36 | 40 | 43 | 48 | 52 | 56 | 60 |

根据表 8-19 的资料,用最小平方法进行预测。

第一步,根据表 8-19 中的数据计算出有关数据,如表 8-20 所示。

表 8-20　最小平方方法计算

| 年份 | 时间序号($t$) | 产量($y$)/千台 | 产量逐期增长量 | $ty$ | $t^2$ | 趋势值($y_c$) |
|---|---|---|---|---|---|---|
| 2015 | 1 | 29 | — | 29 | 1 | 28.27 |
| 2016 | 2 | 32 | 3 | 64 | 4 | 32.20 |
| 2017 | 3 | 36 | 4 | 108 | 9 | 36.13 |
| 2018 | 4 | 40 | 4 | 160 | 16 | 40.07 |
| 2019 | 5 | 43 | 3 | 215 | 25 | 44.00 |
| 2020 | 6 | 48 | 5 | 288 | 36 | 47.93 |
| 2021 | 7 | 52 | 4 | 364 | 49 | 51.87 |
| 2022 | 8 | 56 | 4 | 448 | 64 | 55.80 |
| 2023 | 9 | 60 | 4 | 540 | 81 | 59.73 |
| 合计 | 45 | 396 | — | 2 216 | 285 | 396.00 |

第二步,由表 8-20 中计算数据可求得参数 $a$ 和参数 $b$ 的具体数值。

已知,$n=9$,$\sum t=45$,$\sum y=396$,$\sum ty=2\,216$,$\sum t^2=285$,那么

$$b = \frac{n\sum ty - \sum t \sum y}{n\sum t^2 - \left(\sum t\right)^2} = \frac{9 \times 2\,216 - 45 \times 396}{9 \times 285 - 45^2} \approx 3.933\,3$$

$$a = \bar{y} - b\bar{t} = \frac{396}{9} - 3.933\,3 \times \frac{45}{9} = 24.333\,5$$

第三步,建立直线趋势方程为

$$y_c = 24.333\,5 + 3.933\,3t$$

第四步,预测 2024 年的产量,即当 $t=10$ 时,$y_c$ 的具体值为

$$y_c = 24.333\,5 + 3.933\,3 \times 10 \approx 63.67(千台)$$

如果将各年的 $t$ 值代入所求方程,可以得到各年空调机产量的趋势值,如表 8-20 最后一栏所示,可以验证实际观测值和趋势值离差之和等于零。

在上例中,从 $t$ 的取值可以看出,直线趋势方程的原点取在时间序列的前一年,即 2014 年。如果把原点移到数列的正中间(2019 年),可以求解 $a$、$b$ 的标准方程式,即令 $\sum t=0$,那么,

$a$、$b$ 的计算公式也可简化为

$$a = \frac{\sum y}{n}$$

$$b = \frac{\sum ty}{\sum t^2}$$

值得注意的是:在利用上述简化计算方法时,如果时间序列是奇数项,$t$ 的取值为…, $-3,-2,-1,0,1,2,3,…$;如是偶数项,$t$ 的取值为…,$-5,-3,-1,1,3,5,…$。

例如,仍用表 8-19 所示资料,简化计算方法如下。

第一步,将计算所用数据列入计算表,如表 8-21 所示。

表 8-21　最小平方简捷法计算(1)

| 年份 | 原时间序号($t$) | 产量($y$)/千台 | 时间序号($t$) | $ty$ | $t^2$ | 趋势值($y_c$) |
|---|---|---|---|---|---|---|
| 2015 | 1 | 29 | $-4$ | $-116$ | 16 | 28.27 |
| 2016 | 2 | 32 | $-3$ | $-96$ | 9 | 32.20 |
| 2017 | 3 | 36 | $-2$ | $-72$ | 4 | 36.13 |
| 2018 | 4 | 40 | $-1$ | $-40$ | 1 | 40.07 |
| 2019 | 5 | 43 | 0 | 0 | 0 | 44.00 |
| 2020 | 6 | 48 | 1 | 48 | 1 | 47.93 |
| 2021 | 7 | 52 | 2 | 104 | 4 | 51.87 |
| 2022 | 8 | 56 | 3 | 168 | 9 | 55.80 |
| 2023 | 9 | 60 | 4 | 240 | 16 | 59.73 |
| 合计 | 45 | 396 | 0 | 236 | 60 | 396.00 |

第二步,根据表 8-21 中的计算数据,直接求解 $a$、$b$。

由表 8-20 所示计算资料可求得

$$a = \frac{\sum y}{n} = \frac{396}{9} = 44$$

$$b = \frac{\sum ty}{\sum t^2} = \frac{236}{60} \approx 3.933\ 3$$

第三步,建立简捷法求得的直线趋势方程为

$$y_c = 44 + 3.933\ 3t$$

第四步,预测 2024 年的产量,即当 $t=5$ 时,$y_c$ 的具体值为

$$y_c = 44 + 3.933\ 3 \times 5 \approx 63.67(千台)$$

从上述计算结果可以看出,用最小平方法的一般方法和简捷法配合直线趋势方程,所预测的结果是相同的。实践中可以根据所掌握的资料任意选择其中一种方法进行计算。

再比如,若表 8-19 所示资料是从 2016 年开始的,数列是偶次项,那么,要以 2019 年 6 月 30 日为原点(即为 0 时),则简化计算方法如下。

第一步,将计算所用数据列入计算表,如表 8-22 所示。

表 8-22　最小平方简捷法计算（2）

| 年份 | 时间序号($t$) | 产量($y$)/千台 | $ty$ | $t^2$ | 趋势值($y_c$) |
|------|------|------|------|------|------|
| 2016 | $-7$ | 32 | $-224$ | 49 | 31.83 |
| 2017 | $-5$ | 36 | $-180$ | 25 | 35.85 |
| 2018 | $-3$ | 40 | $-120$ | 9 | 39.86 |
| 2019 | $-1$ | 43 | $-43$ | 1 | 43.87 |
| 2020 | 1 | 48 | 48 | 1 | 47.88 |
| 2021 | 3 | 52 | 156 | 9 | 51.89 |
| 2022 | 5 | 56 | 280 | 25 | 55.91 |
| 2023 | 7 | 60 | 420 | 49 | 59.92 |
| 合计 | 0 | 367 | 337 | 168 | 367.01 |

第二步，根据表 8-22 中的计算数据，直接求解 $a$、$b$ 值为

$$a = \frac{\sum y}{n} = \frac{367}{8} = 45.875$$

$$b = \frac{\sum ty}{\sum t^2} = \frac{337}{168} \approx 2.006$$

第三步，建立简捷法求得的直线趋势方程为

$$y_c = 45.875 + 2.006t$$

第四步，预测 2024 年的产量，即当 $t=9$ 时，$y_c$ 的具体值为

$$y_c = 45.875 + 2.006 \times 9 \approx 63.93(千台)$$

【同步思考 8-5】

1. 测定长期趋势的方法有哪些？

2. 用移动平均法测定长期趋势时，是否时距越长越好？为什么？

视频 8　中国 10 年来经济发展持续稳定

## 8.5　时间序列的季节变动测定*

在社会经济领域有很多现象的变化呈现季节性规律，其最简单的表现方式就是有"淡季"和"旺季"之别。测定季节变动的目的在于掌握季节变动的周期及规律，以便预测未来，更好地组织生产和销售，提高经济效益和安排好人民生活，以及从原时间序列中剔除季节变动的影响，以便更好地分析其他因素。

### 8.5.1　季节变动的含义

季节变动是指某些社会经济现象由于受自然因素或社会因素的影响，在一年内随着季节的更换而引起的有规律性的变动。例如，毛皮服装、棉衣、羽绒服等商品，冬季是销售旺季，到夏季则销售大量减少，随着气候转寒又回到了销售旺季。而啤酒、冷饮、电风扇等商品的销售量却是夏高冬低。

季节变动中的"季节"一词是广义的,不仅指一年中的四季,而且指任何一种有规律的、按一定周期重复出现的变化。季节变动的原因通常与生产条件、节假日、风俗习惯等因素有关。季节变动往往会给人们的社会经济生活带来某种影响,如影响生产、销售、库存和消费等。

在这种变动中,比如气候(这是外部原因)、节假日、政府有关制度上的原因等是系统原因。这种系统原因的大部分若从长期来考虑,即使在季节和日期方面有若干变动,也是年年都存在的。用时间序列观察季节变动,就可以测定这类系统原因的影响。

## 8.5.2　测定季节变动的基本原理

测定季节变动的基本原理,主要是通过季节指数(或称季节比率)来反映现象在一个年度内各月或季的数量特征。通常,如果分析的是月份数据,就有 12 个季节指数;如果为季度数据,则有 4 个季节指数。其中,各个指数是以全年(月或季)资料的平均数为基础计算的,因而 12 个月(或 4 个季度)指数的平均数应等于 100%,各月(或季)的指数之和应等于 1 200%(或 400%)。季节指数反映了某一月份或季度的数值占全年平均数值的大小。如果现象的发展没有季节变动,则各期的季节指数应等于 100%;如果某一月份或季度有明显的季节变化,则各期的季节指数应大于或小于 100%,根据各季节指数与其平均数(100%)的偏差程度来测定季节变动的程度。

## 8.5.3　测定季节变动的方法

测定季节变动的方法很多,按是否考虑长期趋势的影响分为两种:一是不考虑长期趋势的影响,根据原始时间序列直接去测定季节变动;二是根据剔除长期趋势后的数据测定季节变动。在经济和管理分析中所使用的时间序列,通常要消除季节变动的影响。这种时间序列,就称为"季节调整后"的时间序列。

### 1. 按月(季)平均法

按月(季)平均法是直接根据原始时间序列数据通过简单平均来计算季节指数的一种方法。该方法的基本思想是:计算出各年同月(季)的平均数,以消除随机影响,作为该月(季)的代表值;然后计算出各年总的月(季)平均数,作为全年的代表值;再将同月(季)平均数与总的月(季)平均数进行对比,即为季节指数。按月(季)平均法计算季节指数的具体步骤如下。

(1) 根据各年的月(季)数据计算出同月(季)的平均数,例如,(根据表 8-23 中资料,下同。)(6.0+7.0+8.2+9.0+9.8)÷5=8.0。

(2) 计算出全部数据的总的月(季)平均数,例如,(11.0+12.6+15.0+17.0+18.4)÷5=14.8。

(3) 将各同月(季)平均数与总的月(季)平均数对比,得到季节指数($S$),即季节指数($S$)=同月(季)平均数/总的月(季)平均数×100%,例如,8.0÷14.8≈54.1%。

具体计算如下。

某空调品牌 2019—2023 年各季的销售量资料如表 8-23 所示。根据所给资料用按季平均法计算该品牌空调销售量的季节指数。

**表 8-23　某空调品牌 2019—2023 年各季的销售量资料**　　　　　　　　千台

| 年份 | 第一季度 | 第二季度 | 第三季度 | 第四季度 | 合计 | 各季平均 |
|---|---|---|---|---|---|---|
| 2019 | 6.0 | 24.0 | 11.6 | 2.4 | 44.0 | 11.0 |
| 2020 | 7.0 | 26.4 | 14.0 | 3.0 | 50.4 | 12.6 |
| 2021 | 8.2 | 30.0 | 17.6 | 4.2 | 60.0 | 15.0 |
| 2022 | 9.0 | 35.6 | 18.4 | 5.0 | 68.0 | 17.0 |
| 2023 | 9.8 | 38.0 | 20.4 | 5.4 | 73.6 | 18.4 |
| 同季平均 | 8.0 | 30.8 | 16.4 | 4.0 | — | 14.8 |
| 季节指数/% | 54.1 | 208.1 | 110.8 | 27.0 | — | 400 |

由表 8-23 资料可以看出,各同季平均数与总的季平均数 14.8 相比,分别得到各季度的季节指数。由各季度的季节指数可见,第二季度的销售量比全年平均水平高出 108.1%,是全年的销售高峰;第三季度销售高峰趋缓,只高出季节指数 10.8%,第四季度是销售低谷,季节指数只有 27%;第一季度销售回升,季节指数回升至 54.1%。

各季度的季节指数总和应等于 400%,如果是各月的季节指数,则其总和应等于 1 200%。由于计算过程中小数进位的影响,各季(月)的季节指数总和也可能不等于 400%(或 1 200%),这时应加以调整。

运用按月(季)平均法计算季节指数的基本假定是,原时间序列没有明显的长期趋势和循环变动,因而通过若干年同期数值的平均,不仅可以消除不规则变动,而且当平均的周期与循环周期一致时,循环变动也可以在平均过程中消除。所以,只有当数列的长期趋势和循环变动不明显时,运用该方法才比较合适。

**2. 长期趋势剔除法**

当时间序列存在明显的长期趋势,如果仍按月(季)平均法进行季节变动分析,其分析结果将变得不够准确。如果存在剧烈的上升趋势,年末季节指数明显高于年初的季节指数;如果存在下降趋势,年末的季节指数会明显低于年初季节指数。因此,如果时间序列包含明显的上升(下降)趋势,为了更准确地计算季节指数,就应当首先设法从数列中剔除长期趋势,然后再用平均的方法消除不规则变动,从而较准确地分解出季节变动的成分。数列的长期趋势可用移动平均法或趋势方程拟合法测定。

长期趋势剔除法的核心在于充分考虑较长期时间序列的影响,在计算各月的理论数值时,用当月的趋势值代替年平均值。其具体计算步骤如下。

(1) 利用移动平均法,计算对应各月(或各季)的趋势值。

(2) 将各季(或各月)实际值除以相应的趋势值,得到各季(或各月)的季节变化情况。

(3) 对各年同一季节的情况进行平均,求得同季(或同月)平均数,即得各季(或各月)季末季节比率。

(4) 把各月(或各季)季节指数加总,总和应等于 1 200%(或季度应该等于 400%),否则要进行调整。

例如,某食品厂 2019—2023 年各季度黄桃罐头产量资料如表 8-24 所示,用移动平均长期趋势剔除法计算季节指数,计算过程如表 8-24 所示。

表 8-24　某食品厂 2019—2023 年各季度黄桃罐头产量资料及长期趋势剔除法季节比率计算

| 年份 | 季度 | 销售量($Y_t$)/万吨 | 4 个季度移动平均 | | 季节比率/% |
|---|---|---|---|---|---|
| | | | 移动平均值 | (移正)趋势值($T_t$) | |
| (甲) | (乙) | (1) | (2) | (3) | (4) |
| 2019 | 一季度 | 3.0 | — | — | — |
| | 二季度 | 12.0 | — | — | — |
| | 三季度 | 5.8 | 5.500 | 5.562 5 | 104.27 |
| | 四季度 | 1.2 | 5.625 | 5.775 0 | 20.78 |
| 2020 | 一季度 | 3.5 | 5.925 | 6.075 0 | 57.61 |
| | 二季度 | 13.2 | 6.225 | 6.262 5 | 210.78 |
| | 三季度 | 7.0 | 6.300 | 6.375 0 | 109.80 |
| | 四季度 | 1.5 | 6.450 | 6.675 0 | 22.47 |
| 2021 | 一季度 | 4.1 | 6.900 | 7.125 0 | 57.54 |
| | 二季度 | 15.0 | 7.350 | 7.425 0 | 202.02 |
| | 三季度 | 8.8 | 7.500 | 7.550 0 | 116.56 |
| | 四季度 | 2.1 | 7.600 | 7.950 0 | 26.42 |
| 2022 | 一季度 | 4.5 | 8.300 | 8.350 0 | 53.89 |
| | 二季度 | 17.8 | 8.400 | 8.450 0 | 210.65 |
| | 三季度 | 9.2 | 8.500 | 8.550 0 | 107.60 |
| | 四季度 | 2.5 | 8.600 | 8.750 0 | 28.57 |
| 2023 | 一季度 | 4.9 | 8.900 | 9.025 0 | 54.29 |
| | 二季度 | 19.0 | 9.150 | 9.175 0 | 207.08 |
| | 三季度 | 10.2 | 9.200 | — | — |
| | 四季度 | 2.7 | — | — | — |

需要特别指出的是,用移动平均法计算各季度的趋势值时,为了计算结果不受残留季节的影响,在选择移动平均的周期($N$)时,应该使周期长度与季节变动的实际长度一致。在本例中使用了 4 个季度做移动周期的长度,如果使用的是月度资料,就应该用 12 个月作为移动的周期。由于采用的是偶次项移动,所以还需进行二次移正。

各季的季节指数总和应等于 400%(或月度应该等于 1 200%),如果有误差,应该进行修正和调整。调整系数的计算公式为

$$调整系数 = \frac{400\%(或 1\,200\%)}{季节指数之和}$$

修正后各季(或各月)的季节比率 = 各季(或各月)平均季节比率 × 调整系数

本例中的调整系数为

$$调整系数 = \frac{400\%}{397.58\%} \approx 1.006\,1$$

将调整系数乘以各季的同季平均数,最终就得到各季度的季节指数,具体计算结果如表 8-25 所示。

表 8-25 调整系数及修正后的季节比率计算

| 年　份 | 一季度 | 二季度 | 三季度 | 四季度 | 合计 |
|---|---|---|---|---|---|
| 2019 | — | — | 104.27 | 20.78 | — |
| 2020 | 57.61 | 210.78 | 109.80 | 22.47 | — |
| 2021 | 57.54 | 202.02 | 116.56 | 26.42 | — |
| 2022 | 53.89 | 210.65 | 107.60 | 28.57 | — |
| 2023 | 54.29 | 207.08 | — | — | — |
| 合计 | 223.33 | 830.53 | 438.23 | 98.24 | — |
| 同季平均 | 55.83 | 207.63 | 109.56 | 24.56 | 397.58 |
| 修正后季节指数/% | 56.17 | 208.9 | 110.23 | 24.71 | 400.01 |

利用计算机来计算季节比率将大大缩短计算时间、提高计算效率,能更清晰、便捷、准确地反映季节变动的情况。

## 8.5.4　循环变动的测定

循环变动也是一种周期变化,它通常用来描述经济现象中的一般循环,与季节变动类似,但不同的是循环变动的周期通常在一年以上,变动周期不固定,上下波动幅度差异较大,缺乏规律。利用时间序列的几种变动因素间的相互关系如乘法模型等,可以通过对原始数列的分解来大致测定变动状态。这里只介绍两种常用的测定循环变动方法。

### 1. 对年度资料循环变动的测定

如果时间序列是按年统计的,则影响已经消除,因为年度资料中包含所有季节。此时,短期的不规则变动也趋于消失,可以忽略不计。这样,时间序列只受长期趋势和循环变动两种因素的影响,根据乘法模型,就变成了

$$Y = T \times C, \quad 即 \ C = Y/T$$

把原数列的实际值($Y$)除以长期趋势值($T$)后,得到了循环变动值 $C$,循环变动值 $C$ 乘 $100\%$,称为变动循环系数。

这种方法计算简便、容易理解,是常用的循环变动测定方法,但是它有一定的假设性。此外,当动态数列按月或季的资料表现时,因为含有季节变化,通常不适合采用这种方法。

### 2. 对月度(季度)资料循环变动的测定

在分月或分季资料中,由于存在着季节变动的影响,同时还可能受不规则变动的影响,为了同时消除长期趋势和季节变动,我们可以先把原数列实际值除以长期趋势值和季节变动指数,得到不规则系数 $CI$,通过对 $CI$ 计算加权移动平均值,就可以消除不规则变动 $I$,最后得到的平均数就是循环变动系数 $C$,具体计算步骤如下。

(1) 测定原始数据序列中的长期趋势值 $T$。

(2) 测定原始数据序列中的季节指数 $S$。

(3) 测定时间序列中的"正同值"$TS$,即长期趋势值乘以相应的季节指数。

(4) 计算"循环不规则序列"$CI$,即

$$\frac{Y}{T \times S} = \frac{T \times S \times C \times I}{T \times S} = CI$$

（5）对 CI 序列进行移动平均（可加权），就可以消除不规则的影响，得到循环变动序列 C。

测定循环变动，可以掌握经济波动的一些规律，预测下一个循环变动可能产生的原因、影响和变动趋势，对计划、决策者来说有很重要的意义。需要指出的是，循环变动预测与长期趋势预测不同，其不确定因素太多。因此，循环变动预测在很大程度上要依靠经济分析，把经济分析和统计分析结合起来才能客观准确地把握经济现象的发展规律。

**【同步思考 8-6】**

1. 已知一时间序列有 30 年的数据，采用移动平均法测定原时间序列的长期趋势，若采用五年移动平均，修匀后的时间序列有多少年的数据？

2. 用最小平方法建立趋势线，首先必须满足什么条件？当我们把原时间序列中的各个数值绘制到直角坐标系中，观察散点图的形状，我们可以作出哪几个方面的定性判断？

3. 用最小平方法建立趋势线有一般方法和简捷法两种，对任何一个数列都可以任意运用其中一种方法吗？对偶次项和奇次项在使用简捷法时时间序次的确定有什么不同？为什么？

4. 季节指数反映了某一月份或季度的数值占全年平均数值的大小。如果各期的季节指数等于 100％说明有季节变动的影响吗？季节变动指数应该怎样计算？季节指数高于或低于 100％有什么含义？

5. 反映季节变动时有按月按季平均法，也有长期趋势剔除法，为什么要剔除长期趋势？长期趋势剔除法与按月按季平均法有什么异同？

## 8.6 Excel 在时间序列分析中的应用

在时间序列分析中，主要是计算常用指标，如增长量、发展速度、增长速度，增长 1％绝对值、平均增长量、平均发展速度和平均增长速度等。

根据 8.4 节某企业 2023 年 A 产品销售量资料（表 8-16），计算逐期增长量、累计增长量、环比发展速度、定基发展速度、增长 1％绝对值、平均增长量、平均发展速度和平均增长速度等指标。

（1）在一个新建的工作簿中输入资料，并将各指标输入表格中，如图 8-4 所示。

| | 月份 | 销售量（万吨） | 逐期增长量（万吨） | 累计增长量（万吨） | 环比发展速度（%） | 定基发展速度（%） | 增长1%绝对值 | 平均增长量（万吨） | 平均发展速度（%） | 平均增长速度（%） |
|---|---|---|---|---|---|---|---|---|---|---|
| 2 | 1 | 59 | | | | | | | | |
| 3 | 2 | 63 | | | | | | | | |
| 4 | 3 | 57 | | | | | | | | |
| 5 | 4 | 54 | | | | | | | | |
| 6 | 5 | 60 | | | | | | | | |
| 7 | 6 | 67 | | | | | | | | |
| 8 | 7 | 51 | | | | | | | | |
| 9 | 8 | 72 | | | | | | | | |
| 10 | 9 | 68 | | | | | | | | |
| 11 | 10 | 71 | | | | | | | | |
| 12 | 11 | 57 | | | | | | | | |
| 13 | 12 | 69 | | | | | | | | |

图 8-4 输入各种计算指标

（2）在 C2:G2 区域中，以文本的方式输入"—"。

（3）计算逐期增长量。在 C3 单元格内输入"＝B3－B2"，回车后，得到 2023 年 2 月相对于 2023 年 1 月的逐期增长量。用鼠标拖曳的方式，将 C3 单元格的公式复制到 C4:C13 区域中，松开鼠标后，即得到 2023 年每个月的逐期增长量，如图 8-5 所示。

| | A | B | C |
|---|---|---|---|
| 1 | 月份 | 销售量（万吨） | 逐期增长量（万吨） |
| 2 | 1 | 59 | — |
| 3 | 2 | 63 | 4 |
| 4 | 3 | 57 | -6 |
| 5 | 4 | 54 | -3 |
| 6 | 5 | 60 | 6 |
| 7 | 6 | 67 | 7 |
| 8 | 7 | 51 | -16 |
| 9 | 8 | 72 | 21 |
| 10 | 9 | 68 | -4 |
| 11 | 10 | 71 | 3 |
| 12 | 11 | 57 | -14 |
| 13 | 12 | 69 | 12 |

图 8-5 逐期增长量计算结果

（4）计算累计增长量。在 D3 单元格内输入"＝B3－$B$2"，回车后，得到 2023 年 2 月相对于 2023 年 1 月的累计增长量。用鼠标拖曳的方式，将 D3 单元格的公式复制到 D4:D13 区域中，松开鼠标后，即得到 2023 年每个月的累计增长量，如图 8-6 所示。

| | A | B | C | D | E | F | G | H | I | J |
|---|---|---|---|---|---|---|---|---|---|---|
| 1 | 月份 | 销售量（万吨） | 逐期增长量（万吨） | 累计增长量（万吨） | 环比发展速度（%） | 定基发展速度（%） | 增长1%绝对值（万吨） | 平均增长量（万吨） | 平均发展速度（%） | 平均增长速度（%） |
| 2 | 1 | 59 | — | — | — | — | — | | | |
| 3 | 2 | 63 | 4 | 4 | 106.78 | 106.78 | 0.59 | | | |
| 4 | 3 | 57 | -6 | -2 | 90.48 | 96.61 | 0.63 | | | |
| 5 | 4 | 54 | -3 | -5 | 94.74 | 91.53 | 0.57 | | | |
| 6 | 5 | 60 | 6 | 1 | 111.11 | 101.69 | 0.54 | | | |
| 7 | 6 | 67 | 7 | 8 | 111.67 | 113.56 | 0.6 | | | |
| 8 | 7 | 51 | -16 | -8 | 76.12 | 86.44 | 0.67 | 0.90909091 | 101.433533 | 1.433533028 |
| 9 | 8 | 72 | 21 | 13 | 141.18 | 122.03 | 0.51 | | | |
| 10 | 9 | 68 | -4 | 9 | 94.44 | 115.25 | 0.72 | | | |
| 11 | 10 | 71 | 3 | 12 | 104.41 | 120.34 | 0.68 | | | |
| 12 | 11 | 57 | -14 | -2 | 80.28 | 96.61 | 0.71 | | | |
| 13 | 12 | 69 | 12 | 10 | 121.05 | 116.95 | 0.57 | | | |

图 8-6 时间序列指标的计算结果

（5）计算环比发展速度。在 E3 单元格内输入"＝B3/B2*100"，回车后，得到 2023 年 2 月相对于 2023 年 1 月的环比发展速度。用鼠标拖曳的方式，将 E3 单元格的公式复制到 E4:E13 区域中，松开鼠标后，即得到 2023 年每个月的环比发展速度，如图 8-6 所示。

（6）计算定基发展速度。在 F3 单元格内输入"＝B3/$B$2*100"，回车后，得到 2023 年 2 月相对于 2023 年 1 月的定基发展速度。用鼠标拖曳的方式，将 F3 单元格的公式复制到 F4:F13 区域中，松开鼠标后，即得到 2023 年每个月的定基发展速度，如图 8-6 所示。

（7）计算增长 1% 绝对值。在 G3 单元格内输入"＝B2/100"，回车后，得到 2023 年 2 月相对于 2023 年 1 月的增长 1% 绝对值。用鼠标拖曳的方式，将 G3 单元格的公式复制到 G4:G13 区域中，松开鼠标后，即得到 2023 年每个月的增长 1% 绝对值，如图 8-6 所示。

（8）计算平均增长量。合并单元格后，在 H2 单元格内输入"＝D13/11"，回车后，得到平均增长量，如图 8-6 所示。

（9）计算平均发展速度。在 I2 单元格内输入"＝GEOMEAN(E3:E13)"，单击"确定"后便得到平均发展速度，如图 8-6 所示。

（10）计算平均增长速度。在 J2 单元格内输入"＝I2－100"，回车后，得到平均增长速度，如图 8-6 所示。

# 本 章 小 结

(1) 时间序列是将某一统计指标在不同时间上的数值,按时间先后顺序排列起来所形成的统计序列。编制时间序列的基本原则是保证数据的可比性,具体要求:时间长短一致,总体范围一致,经济内容一致,计算口径一致。其中,计算口径一致包括计算方法、计算价格和计量单位的一致。根据所列指标的表现形式,时间序列有绝对数时间序列、相对数时间序列和平均数时间序列三种。

(2) 时间序列的水平分析指标主要有发展水平、平均发展水平、增长量和平均增长量。不同类型的时间序列计算平均发展水平的方法也不同,尤其是间隔相等和间隔不等的时点序列序时平均数的计算,以及相对数和平均数序时平均数的计算。增长量有逐期增长量和累计增长量之分,平均增长量是观察期内各个逐期增长量的平均数。

(3) 时间序列的速度分析指标有发展速度、增长速度、增长 1% 的绝对值、平均发展速度和平均增长速度。定基发展速度也即发展总速度,它等于相应时期内各环比发展速度的连乘积。增长速度等于发展速度减 1。平均发展速度是环比发展速度的平均数,其计算方法通常采用几何平均法,也可采用方程法。平均增长速度等于平均发展速度减 1 或减 100%。

(4) 测定长期趋势的移动平均法是以中心化移动平均值作为趋势值。对于呈水平趋势的序列,可将移动平均值作为未来一期的预测值。趋势方程拟合法是求以时间为自变量的趋势方程来反映趋势,常用最小二乘法估计其参数。

(5) 测定季节变动主要是通过季节指数来表明现象在各个季节的水平相对于趋势值的波动程度。计算季节指数的常用方法是按月(季)平均法和长期趋势剔除法。前者适用于有水平趋势的序列,后者适用于有增减趋势的序列。

(6) 利用 Excel 的公式、函数可以便捷、准确地计算时间序列中的各种指标,使工作事半功倍。

# 思考与练习

● 知识题

(1) 时间序列有哪几种?编制时间序列的原则是什么?

(2) 什么是时期序列?什么是时点序列?其各有什么特点?

(3) 什么是长期趋势?测定长期趋势有哪几种方法?

(4) 为什么要计算年距发展速度?为什么要计算增长 1% 的绝对值?

(5) 什么是循环变动?对年度资料循环变动如何测定?

● 实务题

1. 某企业 2023 年总产值及职工人数资料如表 8-26 所示。

表 8-26　某企业 2023 年总产值及职工人数资料

| 季　　度 | 第一季度 | 第二季度 | 第三季度 | 第四季度 |
|---|---|---|---|---|
| 产值/万元 | 620.0 | 594.5 | 627.0 | 670.0 |
| 季末人数/人 | 2 040.0 | 2 080.0 | 2 020.0 | 2 100.0 |

又知 2022 年末的职工人数为 1 960 人。

（1）各季度劳动生产率（元/人）为（　　）。

| 季　　度 | 第一季度 | 第二季度 | 第三季度 | 第四季度 |
|---|---|---|---|---|
| A | 3 039.2 | 2 858.2 | 3 104.0 | 3 190.5 |
| B | 3 100.0 | 2 885.9 | 3 058.5 | 3 252.4 |
| C | 3 039.2 | 2 885.9 | 3 058.5 | 3 190.0 |
| D | 3 010.0 | 2 900.0 | 3 043.7 | 3 190.5 |

（2）季平均人数（人）为（　　）。

  A. 2 060    B. 2 056.6    C. 2 042.5    D. 2 040

（3）2023 年平均季劳动生产率（元/人）为（　　）。

  A. 3 074.05   B. 3 074.9    C. 3 053    D. 3 077.8

（4）2023 年劳动生产率（元/人）为（　　）。

  A. 12 212    B. 12 311.2    C. 1 291.6    D. 12 296.2

2. 某企业 2023 年各月库存额资料如表 8-27 所示。

表 8-27　某企业 2023 年各月库存额资料　　　　　　　　　　　　　万元

| 日　　期 | 1月1日 | 3月1日 | 5月1日 | 8月1日 | 11月1日 | 12月31日 |
|---|---|---|---|---|---|---|
| 库存额 | 250 | 270 | 260 | 300 | 290 | 320 |

要求：根据资料计算该企业 2023 年月平均库存额。

3. 已知某工业企业 2023 年各季度的实际产值和产值计划完成程度的资料如表 8-28 所示。

表 8-28　某工业企业 2023 年各季度的实际产值和产值计划完成程度的资料

| 季　　度 | 第一季度 | 第二季度 | 第三季度 | 第四季度 |
|---|---|---|---|---|
| 实际产值/万元 | 420 | 470 | 500 | 510 |
| 产值计划完成程度/% | 102 | 105 | 100 | 101 |

要求：计算 2023 年该企业平均每季产值计划完成程度。

4. 已知某商厦 2024 年第一季度各月份有关商品销售资料如表 8-29 所示。

表 8-29　某商厦 2024 年第一季度各月份有关商品销售资料

| 月　　份 | 1月 | 2月 | 3月 |
|---|---|---|---|
| 商品销售额/万元 | 120 | 143 | 289 |
| 平均库存额/万元 | 60 | 65 | 85 |
| 商品流转次数/次 | 2.0 | 2.2 | 3.4 |

要求：计算第一季度商品月平均流转次数。

● 实训题

**实训一**

（1）实训目的：通过本题练习，掌握增长量、发展速度、增长速度和增长 1% 的绝对值的基本计算方法。

（2）实训资料：某企业 2018—2023 年 A 产品销售收入资料如表 8-30 所示。

表 8-30　某企业 2018—2023 年 A 产品销售收入资料

| 年　份 | | 2018 | 2019 | 2020 | 2021 | 2022 | 2023 |
|---|---|---|---|---|---|---|---|
| 增长量 /万元 | 逐期 | | | | | | |
| | 累计 | | | | | | |
| 销售收入/万元 | | 200 | 300 | 450 | 400 | 440 | 500 |
| 发展速 度/% | 环比 | | | | | | |
| | 定基 | | | | | | |
| 增长速 度/% | 环比 | | | | | | |
| | 定基 | | | | | | |
| 增长 1% 的绝对值 | | | | | | | |

（3）实训要求：试根据上列资料，填写表中空白；计算平均发展水平、平均增长量。

**实训二**

（1）实训目的：通过练习，掌握发展水平、增长量、发展速度、增长速度之间的关系。

（2）实训资料：已知某企业产值 2019 年比 2018 年增长 21%，2020 年比 2019 年增长 20%，2021 年比 2020 年增长 25%，2022 年比 2021 年增长 10%，2023 年比 2022 年增长 30%。

（3）实训要求：根据资料编制 2018—2023 年的环比发展速度、定基发展速度、环比增长速度、定基增长速度时间序列。并计算 2018—2023 年的平均发展速度和平均增长速度，填入表 8-31。

表 8-31　某企业 2018—2023 年产值发展速度及增长速度指标

| 年　份 | 环比发展速度 | 环比增长速度 | 定基发展速度 | 定基增长速度 |
|---|---|---|---|---|
| 2018 | | | | |
| 2019 | | | | |
| 2020 | | | | |
| 2021 | | | | |
| 2022 | | | | |
| 2023 | | | | |

**实训三**

（1）实训目的：通过本题练习，掌握用最小平方法配合直线趋势方程的基本方法。

（2）实训资料：某企业 2018—2023 年 A 产品各年产量资料如表 8-32 所示。

表 8-32　某企业 2018—2023 年 A 产品各年产量资料

| 年　份 | 时间序号($t$) | 产量($y$)/万件 |
|---|---|---|
| 2018 | 1 | 68 |
| 2019 | 2 | 71 |
| 2020 | 3 | 75 |
| 2021 | 4 | 79 |
| 2022 | 5 | 84 |
| 2023 | 6 | 88 |
| 合计 | 21 | 465 |

（3）实训要求：用最小平方法配合直线趋势方程,并预测 2025 年的产品产量。
（提示：统计外推预测期间不能太远。）

**实训四**

（1）实训目的：通过本题练习,掌握用最小平方法配合直线趋势方程的简捷计算方法。

（2）实训资料：某企业 2015—2023 年各年利润额资料如表 8-33 所示。

表 8-33  某企业 2015—2023 年各年利润额资料

| 年　　份 | 利润额/万元 |
|---|---|
| 2015 | 217 |
| 2016 | 230 |
| 2017 | 225 |
| 2018 | 248 |
| 2019 | 242 |
| 2020 | 253 |
| 2021 | 280 |
| 2022 | 309 |
| 2023 | 343 |
| 合计 | 2 347 |

（3）实训要求：用最小平方法、简捷法配合直线趋势方程,并预测 2024 年的利润额。

**实训五**

（1）实训目的：通过本题练习,掌握季节变动的分析方法,学会计算季节指数。

（2）实训资料：某地区 2021—2023 年各季度旅游人数资料如表 8-34 所示。

表 8-34  某地区 2021—2023 年各季度旅游人数资料

| 年　　份 | 旅游人数/万人 | | | | |
|---|---|---|---|---|---|
| | 第一季度 | 第二季度 | 第三季度 | 第四季度 | 合计 |
| 2021 | 32 | 40 | 61 | 28 | 161 |
| 2022 | 41 | 51 | 74 | 36 | 202 |
| 2023 | 57 | 65 | 93 | 57 | 272 |
| 合计 | 130 | 156 | 228 | 121 | 635 |
| 同季平均 | 43.33 | 52 | 76 | 40.33 | 52.915 |

（3）实训要求：根据上述资料测定各季度旅游人数的季节指数。

──────────── 即测即练 ────────────

# 第 9 章

## 统 计 指 数

### 【学习目标】

（1）理解统计指数的含义和作用；

（2）熟练掌握综合指数的编制方法；

（3）掌握平均指数的编制方法；

（4）掌握平均指标指数的编制方法；

（5）熟练掌握利用指数体系进行因素分析的方法；

（6）掌握使用 Excel 计算综合指数的方法。

### 【教学引例】我国 2024 年 3 月 CPI 数据解读

2024 年 3 月，全国居民消费价格同比上涨 0.1％。其中，城市持平，农村上涨 0.1％；食品价格下降 2.7％，非食品价格上涨 0.7％；消费品价格下降 0.4％，服务价格上涨 0.8％。2024 年 1—3 月平均全国居民消费价格与上年同期持平。

2024 年 3 月，全国居民消费价格环比下降 1.0％。其中，城市下降 1.0％，农村下降 0.7％；食品价格下降 3.2％，非食品价格下降 0.5％；消费品价格下降 0.9％，服务价格下降 1.1％。

2024 年 3 月，食品烟酒类价格同比下降 1.4％，影响 CPI 下降约 0.40 个百分点。食品中，蛋类价格下降 8.9％，影响 CPI 下降约 0.06 个百分点；鲜果价格下降 8.5％，影响 CPI 下降约 0.20 个百分点；畜肉类价格下降 4.3％，影响 CPI 下降约 0.14 个百分点，其中，猪肉价格下降 2.4％，影响 CPI 下降约 0.03 个百分点；鲜菜价格下降 1.3％，影响 CPI 下降约 0.03 个百分点；水产品价格上涨 1.2％，影响 CPI 上涨约 0.03 个百分点；粮食价格上涨 0.5％，影响 CPI 上涨约 0.01 个百分点。

其他七大类价格同比六涨一降。其中，其他用品及服务、教育文化娱乐、衣着价格分别上涨 2.7％、1.8％和 1.6％，医疗保健、生活用品及服务、居住价格分别上涨 1.5％、1.0％和 0.2％；交通通信价格下降 1.3％。

资料来源：国家统计局（https://www.stats.gov.cn），2024 年 3 月数据解读。

## 9.1 统计指数的基本问题

### 9.1.1 统计指数的概念

统计学中的"指数"一词有广义和狭义之分。广义的指数是指一切用以表明所研究事物变化方向及其程度的相对数,如发展速度、计划完成相对数、比较相对数等都是广义的指数。狭义的指数是一种特殊的相对数,是用来反映不能直接相加的复杂社会经济现象总体数量变动的相对数。这里所说的复杂现象,指的是不同性质的事物,由于其性质不同,不能直接相加。

例如,某商店销售三种商品,其销售量和销售价格有关资料如表 9-1 所示。

表 9-1　某商店销售的三种商品情况

| 商品名称 | 计量单位 | 销 售 量 | | 销售价格/元 | |
|---|---|---|---|---|---|
| | | 1 月 | 8 月 | 1 月 | 8 月 |
| 矿泉水 | 瓶 | 120 | 1 500 | 2.0 | 2.5 |
| 方便面 | 袋 | 500 | 450 | 3.5 | 3.2 |
| 面包 | 个 | 600 | 520 | 5.5 | 5.8 |

表 9-1 中,每种商品 8 月相对 1 月,销售量和销售价格都有所变化,如果只反映一种商品的销售量和销售价格变化,可以直接通过时间序列的分析方法计算,但如果要反映三种商品的综合变化,那就需要用一种特殊的方法来解决,这就是狭义的指数方法。本章重点介绍如何利用狭义指数对复杂现象的变动进行统计分析。

## 9.1.2　统计指数的作用

### 1. 分析复杂社会经济现象总体变动的方向和程度

通过统计指数的方法,可以将复杂的现象综合,使不能直接相加的现象变成可以相加的现象,并通过对比,分析复杂社会经济现象总体的变动方向和程度。例如,要了解全国居民生活消费品价格水平的总变动,由于不同的消费品使用价值不同,计量单位不同,就不能把所有消费品的单价直接进行加总并对比,而单件消费品价格的变化又不能反映整体消费品价格的变化,因此,必须找到某种能综合反映整体消费品价格变化的统计方法,这种方法就是指数的方法。

### 2. 对复杂经济现象总体变动进行因素分析

许多现象在发展变化中,会受到许多相关因素的影响。分析每个因素的影响方向和程度,则可以通过指数体系来进行。

例如,总成本的变动主要受两个因素的影响:一是单位成本变动,二是产量变动。如果总成本发生了变化,那么受单位成本变化的影响有多大,受产量变化的影响又有多大呢?对这样的问题,可以利用指标体系来进行因素分析。

### 3. 研究事物的长期变动趋势

在由连续编制的动态指数形成的指数数列中,可以发现事物的发展变化过程、规律和趋势,从而为我们更深入了解和掌握事物发展的本质提供依据。例如,把历年的居民消费价格指数加以排列,就可以清楚地表明居民消费品价格指数的长期变化过程、所呈现的规律和可能的发展趋势;把不同时期的股价指数(stock price index,SPI)进行排列,可以发现股票价格的走势。

## 9.1.3 统计指数的种类

从不同的角度,统计指数有不同的分类方法。

### 1. 按其所考察的范围不同,分为个体指数和总指数

(1)个体指数。个体指数是反映个别事物或单一现象总体数量变动的相对数。例如,某种商品的基期单价为 100 元,报告期的单价为 110 元,则其个体指数为 110%(110÷100×100%)。个体指数通常用 $k$ 表示。

(2)总指数。总指数是反映多种事物或复杂现象总体数量综合变动的相对数。例如,反映甲、乙、丙三种商品综合变动的物价指数,反映 A、B、C 三种产品产量综合变动的产量指数等。总指数通常用 $\bar{k}$ 表示。总指数是指数分析的主要内容,主要是用来分析复杂现象总体变动情况的方法。

所谓复杂现象,是指那些不能直接加总和对比的现象。如想了解一个商店里的衣服、帽子、鞋三种商品的销售量 2023 年相比 2022 年的综合变动情况,此时,由于衣服、帽子、鞋是三种不同的商品,其数量是不能直接相加总的,因此无法将两个时期的数量直接进行对比。此时,衣服、帽子、鞋就是一个复杂现象。若想反映它们的综合变动,只有通过编制总指数的方法来分析。

总指数通常分为综合指数和平均指数。

### 2. 按指数化指标性质不同,分为数量指标指数和质量指标指数

所谓指数化指标,也称为指数化因素,就是反映数量变化或对比关系的指标。例如,在居民消费价格指数中,"价格"就是指数化指标,在股票成交量指数中,"成交量"就是指数化指标。由于指标的性质不外乎数量指标和质量指标两种,因此按指数化指标的性质不同,统计指数可以分为数量指标指数和质量指标指数。

(1)数量指标指数。数量指标指数,是反映数量指标变动的指数,如反映产品的产量指数、商品的销量指数、能源消耗量指数等。数量指标通常用字母 $q$ 表示。数量指标个体指数用 $k_q$ 表示,数量指标总指数通常用 $\bar{k}_q$ 表示。

(2)质量指标指数。质量指标指数是反映质量指标变动的指数,如反映产品的出厂价格指数、商品的销售价格指数、股票价格指数、单位成本指数等。质量指标通常用字母 $p$ 表示。质量指标个体指数用 $k_p$ 表示,质量指标总指数通常用 $\bar{k}_p$ 表示。

统计指数的种类如图 9-1 所示。

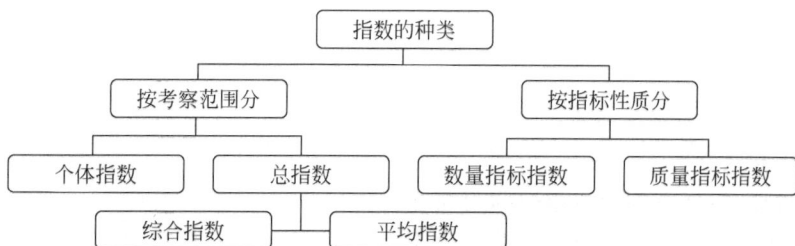

图 9-1 统计指数的种类

### 9.1.4 统计指数的性质

统计指数具有以下性质。

**1. 综合性**

统计指数是综合反映由多事物或多项目组成的复杂现象总体某一方面数量的总变动方向和程度的相对数,是对多事物或多项目数量变动综合反映的结果。

**2. 平均性**

统计指数所反映的综合变动实际上是多事物或多项目某一数量的平均变动,是各事物或各项目某一数量变动的平均结果。

**3. 相对性**

所谓相对性有两层含义:第一层含义是统计指数都用相对数或比率来表示,属于相对数的范畴。第二层含义是在编制总指数时,要在假定其他指标或因素不变的情况下,来反映指数化指标的变动情况,其结果具有相对准确性。

**4. 代表性**

在编制总指数时,有时由于所涉及的事物或项目太多,难以一一加以考虑,只能选择部分有代表性的事物或项目作为编制指数的依据。

**【同步思考 9-1】**

1. 发展速度指标是不是指数?如果是指数,为什么还要学习指数这部分内容呢?

2. 要分析劳动生产率的变化,那么,劳动生产率指数是数量指标指数还是质量指标指数呢?

3. 试列举三个数量指标指数和三个质量指标指数。

## 9.2 综 合 指 数

指数分为个体指数和总指数,总指数是我们本章介绍的主要内容。总指数有两种形式:一种是综合指数,一种是平均指数。综合指数是总指数的基本形式,而平均指数通常是作为综合指数变形来应用的。

### 9.2.1 综合指数的概念及特点

**1. 综合指数的概念**

综合指数是由两个总量指标对比而形成的指数。凡是一个总量指标可以分解为两个或两个以上的因素指标时,将其中一个或一个以上的因素指标固定下来,仅观察其中一个因素指标的变动程度,这样编制的总指数称为综合指数。

例如,销售收入这个总量指标为单位商品价格和销售量的乘积,即可以分解为两个要素:一个是单位商品价格,一个是销售量。这时,我们如果想分析销售量的综合变动,首先,需要将销售量乘以商品的价格,变成价值指标,然后,将单位商品价格这个指标的时期加以固定,这样就可以单独观察销售量的综合变动,而这样计算的总指数叫综合指数。

**2．综合指数的特点**

(1) 先综合、后对比。综合指数的编制首先要解决总体中各个个体由于使用价值、经济用途、计量单位等不同而不能直接简单地相加和对比的问题。解决的办法是引入一个媒介因素,使不能直接相加和对比的现象转变为能够相加和对比的现象。引入的这个因素叫同度量因素。同度量因素就是在编制综合指数时,将不能直接相加和对比的指标过渡为可以相加和对比的因素。

例如,在研究三种不同产品的产量综合变动时,因为三种产品的性质不同,所以不能直接将三种不同产品的产量相加,也就无法对比。此时,我们可以引进一个同度量因素单位成本,将产量乘以单位成本,得到总成本,三种产品的总成本指标是可以相加的,相加后,我们再对其进行对比。这里的单位成本就是同度量因素。

关于同度量因素需要说明以下几点。

一是在决定总量指标的各因素中,指数化指标与同度量因素的区分是相对的,实际上它们互为同度量因素。例如在商品销售收入的因素分析中,如果分析商品价格的变动,则以销售量为同度量因素;如果分析商品销售量的变动,则可以用商品价格作为同度量因素。

二是在编制综合指数时,同度量因素的时间或空间必须加以固定,即分子、分母总量指标中的同度量因素的时期是相同的,只有这样,才能反映指数化因素的变化情况。

三是同度量因素在起到同度量作用的同时,也起到一定的加权作用。同度量因素数值大的,其对应的指数化指标的数值对总指数的影响就大;反之,对总指数的影响就小。

(2) 固定同度量因素的时期。综合指数要对指数化指标进行分析,引进同度量因素的目的是使不能相加和对比的现象转为能相加和对比的现象。引进同度量因素后,原先不能直接相加和对比的指标变成了价值指标,就可以相加和对比了,但在对比时,需要将同度量因素的时期加以固定,以单独分析指数化指标的变动情况。

如上例在研究三种产品产量的综合变动时,我们引进单位成本这个同度量因素,将产量指标变成了总成本指标,然后再对总成本进行对比。但在对比前,需要将同度量因素单位成本的时期加以固定,使其不变,这样才能反映产量的综合变动。

## 9.2.2 综合指数的编制

综合指数有两种具体形式:一种是数量指标综合指数,一种是质量指标综合指数。在编制综合指数时,需要就两种指数分别进行编制。

为了便于分析和计算,这里我们设数量指标为 $q$,质量指标为 $p$,报告期的脚标为 1,基期的脚标为 0。报告期的数量指标为 $q_1$,质量指标为 $p_1$;基期的数量指标为 $q_0$,质量指标为 $p_0$。数量指标综合指数我们通常用 $\bar{k}_q$ 表示,质量指标综合指数通常用 $\bar{k}_p$ 表示。

**1．数量指标综合指数的编制**

前面已经探讨数量指标指数是反映数量指标变动的指数,如反映多种产品的产量变动、多种商品的销量变动等。

例如,某商店销售的三种商品情况如表 9-2 所示。

表 9-2  某商店销售的三种商品情况

| 商品名称 | 计量单位 | 销售量 $q$ | | 销售单价 $p$/元 | |
|---|---|---|---|---|---|
| | | 1 月 $q_0$ | 8 月 $q_1$ | 1 月 $p_0$ | 8 月 $p_1$ |
| 矿泉水 | 瓶 | 120 | 1 500 | 2.0 | 2.5 |
| 方便面 | 袋 | 500 | 450 | 3.5 | 3.2 |
| 面包 | 个 | 600 | 520 | 5.5 | 5.8 |

要求分析三种商品销售量的综合变动情况。

由于三种商品的不同性质,其销售量不能直接相加和对比,所以根据综合指数的编制原理,要分析三种商品销售量的综合变动,需要引入同度量因素。根据需要,这里我们可以引入的同度量因素为价格。将其销售量相乘,则得到销售收入这个价值指标,然后对价值指标进行对比,则有下式:

$$\bar{k}_q = \frac{\sum q_1 p}{\sum q_0 p}$$

为了单纯反映销售量的变化,需要将上式的销售价格固定在某一个时期。价格固定的时期通常有两种:一种是基期,一种是报告期。

1)以基期的销售价格为同度量因素的公式

$$\bar{k}_q = \frac{\sum q_1 p_0}{\sum q_0 p_0}$$

以基期的销售价格作为同度量因素的公式,我们称之为拉氏公式。这一公式是德国学者艾蒂安·拉斯贝尔斯(Étienne Laspeyres)提出的,所以称为拉氏指数。

如上例,根据需要,我们在表格中计算相关数据,如表 9-3 所示。

表 9-3  综合指数计算

| 商品名称 | 计量单位 | 销售量 $q$ | | 销售单价 $p$/元 | | 销售额/元 | | | |
|---|---|---|---|---|---|---|---|---|---|
| | | 1 月 $q_0$ | 8 月 $q_1$ | 1 月 $p_0$ | 8 月 $p_1$ | 1 月 $q_0 p_0$ | 8 月 $q_1 p_1$ | 假定 $q_1 p_0$ | 假定 $q_0 p_1$ |
| 矿泉水 | 瓶 | 120 | 1 500 | 2.0 | 2.5 | 240 | 3 750 | 3 000 | 300 |
| 方便面 | 袋 | 500 | 450 | 3.5 | 3.2 | 1 750 | 1 440 | 1 575 | 1 600 |
| 面包 | 个 | 600 | 520 | 5.5 | 5.8 | 3 300 | 3 016 | 2 860 | 3 480 |
| 合计 | — | — | — | — | — | 5 290 | 8 206 | 7 435 | 5 380 |

┗━━━━━━ 已 知 资 料 ━━━━━━┛  ┗━━━━━━ 计 算 栏 ━━━━━━┛

根据表 9-3 的计算,我们可以得到以基期 1 月份销售价格为同度量因素的销售量综合指数:

$$\bar{k}_q = \frac{\sum q_1 p_0}{\sum q_0 p_0} = \frac{7\ 435}{5\ 290} \approx 1.405\ 5 \text{ 或 } 140.55\%$$

这表明,三种商品的销售量综合上升了 40.55%。

除了计算销售量综合指数,以反映现象的相对变化以外,还要计算绝对数,即用综合指数的分子减去分母,以反映由于销售量综合增长 40.55% 而使销售额增长的数量。

$$\sum q_1 p_0 - \sum q_0 p_0 = 7\,435 - 5\,290 = 2\,145(\text{元})$$

2) 以报告期的销售价格作为同度量因素的公式

$$\bar{k}_q = \frac{\sum q_1 p_1}{\sum q_0 p_1}$$

以报告期的销售价格作为同度量因素的公式,我们称之为派氏公式。这一公式是德国学者赫尔曼·派许(Hermann Paasche)提出的,所以称为派氏指数。

将表 9-3 资料代入公式则有

$$\bar{k}_q = \frac{\sum q_1 p_1}{\sum q_0 p_1} = \frac{8\,206}{5\,380} \approx 1.525\,3 \text{ 或 } 152.53\%$$

$$\sum q_1 p_1 - \sum q_0 p_1 = 8\,206 - 5\,380 = 2\,826(\text{元})$$

它表明,三种商品的销售量增长了 52.53%,并使销售额增加了 2\,826 元。

从以上计算中可以看出用基期价格作为同度量因素和用报告期价格作为同度量因素结果是不同的。从经济意义上看,编制数量指标指数时,一般用基期的质量指标作为同度量因素。

**2. 质量指标综合指数的编制**

我们仍以编制数量指标综合指数的例子来介绍质量指标综合指数的编制方法。

由于三种商品的不同性质,销售价格不能直接相加和对比,所以根据综合指数的编制原理,要分析三种商品销售价格的综合变动,需要引入同度量因素。根据需要,这里我们可以引入的同度量因素为销售量。将其与销售价格相乘,则得到销售额这个价值指标,然后对销售额指标进行对比,则有下式:

$$\bar{k}_p = \frac{\sum q p_1}{\sum q p_0}$$

为了单纯反映价格的变化,需要将上式的销售量固定在某一个时期。销售量固定的时期通常有两种:一种是基期,一种是报告期。

1) 以基期的销售量作为同度量因素的公式

$$\bar{k}_p = \frac{\sum q_0 p_1}{\sum q_0 p_0}$$

以基期销售量作为同度量因素的公式,我们称之为拉氏公式。

把上例中的数据代入公式中,得到

$$\bar{k}_p = \frac{\sum q_0 p_1}{\sum q_0 p_0} = \frac{5\,380}{5\,290} \approx 1.017 \text{ 或 } 101.7\%$$

$$\sum q_0 p_1 - \sum q_0 p_0 = 5\,380 - 5\,290 = 90(\text{元})$$

上述计算结果表明,三种商品的销售价格综合上涨了 1.7%,并使销售额增加了 90 元。

2）以报告期的销售量作为同度量因素的公式

$$\bar{k}_p = \frac{\sum q_1 p_1}{\sum q_1 p_0}$$

以报告期的销售量作为同度量因素的公式，我们称之为派氏公式。

把上例中的数据代入公式中，得到

$$\bar{k}_p = \frac{\sum q_1 p_1}{\sum q_1 p_0} = \frac{8\ 206}{7\ 435} \approx 1.103\ 7\ 或\ 110.37\%$$

$$\sum q_1 p_1 - \sum q_1 p_0 = 8\ 206 - 7\ 435 = 771(元)$$

上述计算结果表明，三种商品的销售价格综合上涨了 10.37%，并使销售额增加了 771 元。

从以上计算中可以看出用基期销售量作为同度量因素和用报告期销售量作为同度量因素结果是不同的。从经济意义上看，编制质量指标指数时，一般用报告期的数量指标作为同度量因素。

### 3. 综合指数计算例子

某工业企业生产三种产品的产量及单位成本资料如表 9-4 所示。根据表 9-4 中资料，可以分析该企业三种产品的产量综合指数，同时，也可以计算三种产品的单位成本综合指数。

**表 9-4　综合指数计算表**

| 产品名称 | 计量单位 | 产量 $q$/万 | | 单位成本 $p$/元 | | 总成本 $qp$/万元 | | |
|---|---|---|---|---|---|---|---|---|
| | | 1 月 $q_0$ | 2 月 $q_1$ | 1 月 $p_0$ | 2 月 $p_1$ | $q_0 p_0$ | $q_1 p_1$ | $q_1 p_0$ |
| 甲 | 件 | 5.00 | 5.50 | 108.00 | 110.00 | 540.00 | 605.00 | 594.00 |
| 乙 | 条 | 3.20 | 2.80 | 80.00 | 82.00 | 256.00 | 229.60 | 224.00 |
| 丙 | 双 | 2.10 | 2.00 | 1.20 | 1.30 | 2.52 | 2.60 | 2.40 |
| 合计 | — | | | | — | 798.52 | 837.20 | 820.40 |

└──────── 已 知 资 料 ────────┘└──── 计 算 栏 ────┘

根据综合指数编制的一般原则，计算出相关指标，如表 9-4 所示。

三种产品的产量综合指数：

$$\bar{k}_q = \frac{\sum q_1 p_0}{\sum q_0 p_0} = \frac{820.40}{798.52} \approx 1.027\ 4\ 或\ 102.74\%$$

$$\sum q_1 p_0 - \sum q_0 p_0 = 820.40 - 798.52 = 21.88(万元)$$

三种产品的价格综合指数：

$$\bar{k}_p = \frac{\sum q_1 p_1}{\sum q_1 p_0} = \frac{837.20}{820.40} \approx 1.020\ 5\ 或\ 102.05\%$$

$$\sum q_1 p_1 - \sum q_1 p_0 = 837.20 - 820.40 = 16.80(万元)$$

计算结果表明：三种产品的产量综合上涨了 2.74%，并由此而使总成本上升了 21.88 万元；三种产品的单位成本上涨了 2.05%，并由此而使总成本上升了 16.80 万元。

## 9.2.3　综合指数运用时应注意的问题

### 1. 拉氏指数与派氏指数的比较

除非每种商品销售量都按同一比例上升或下降,否则两种方法计算出来的结果是不一致的,通常情况下,拉氏指数会大于派氏指数。这是因为,价格上升幅度大的商品,人们购买量相对下降,而价格上升幅度小的商品,人们的购买量相应上升,所以在物价上涨时,派氏指数中价格上升幅度大的商品的权数与基期权数比要低,价格上升的幅度小的商品的权数与基期权数比要高,这样就使上升幅度大的价格在总指数形成中的影响不如拉氏指数大,而上升幅度小的价格在总指数形成中的影响大于拉氏指数,从而导致拉氏指数大于派氏指数;反过来看,当一般物价下跌时,人们倾向于购买价格下跌较多的商品,从而导致派氏指数中下降幅度大的价格具有较大的权数,其结果还是派氏指数小于拉氏指数的数值。研究结果表明,当销售量的变动率($q_1/q_0$)与价格的变动率($p_1/p_0$)之间的相关程度比较小时,拉氏指数和派氏指数计算结果相差就很小。

### 2. 综合指数编制的一般原则

在实际工作中,考虑到指数编制的实际意义以及进行因素分析的需要,通常在编制综合指数时,确定了一个一般原则:编制数量指标综合指数时,以基期的质量指标做同度量因素,即拉氏指数;编制质量指标综合指数时,以报告期的数量指标做同度量因素,即派氏指数。

### 【同步思考 9-2】

1. 什么是广义指数?什么是狭义指数?试举出三个狭义指数的例子。

2. 编制综合指数时,其一般原则是什么?为什么这样规定呢?

拓展阅读 9　指数的产生与发展简史

# 9.3　平　均　指　数

除了综合指数以外,总指数的另一种形式是平均指数。

## 9.3.1　平均指数的概念和特点

### 1. 平均指数的概念

平均指数是从个体指数出发,并以价值量指标为权数,通过加权平均计算来测定复杂现象的变动程度,是个体指数的加权平均数。

平均指数是总指数的一种,并非对平均指标进行分析的指数,而仅仅是平均指标的形式。在统计中,通常是将其作为综合指数变形来应用的。由于实际工作中,个体指数比较容易得到,所以平均指数的应用十分广泛。

平均指数有两种具体形式:一是加权算术平均指数,一是加权调和平均指数。

#### 2. 平均指数的特点

平均指数编制的基本方法是"先对比,后平均"。所谓"先对比",是指先通过对比计算个体指数;所谓"后平均",则是对个体指数赋予适当的权数,加以平均得到总指数。

平均指数和综合指数比较,有三个不同特点:①综合指数是"先综合,后对比",平均指数是"先对比,后平均"。②综合指数主要用全面资料编制,平均指数既可以用全面资料编制,也可以用非全面资料编制。③综合指数一般采用实际资料做权数编制,平均指数在编制时,除了用实际资料做权数外,还可以用估算的资料做权数。

综合指数和平均指数的联系:在一定的条件下,可以相互转换。由于这种关系的存在,当掌握的资料不能直接使用综合指数形式计算时,可以把它转换成平均指数的形式计算。在这种情况下,平均指数和对应的综合指数计算结果是一致的,也有着完全相同的经济意义。

### 9.3.2 平均指数的编制

#### 1. 加权算术平均指数

加权算术平均指数是以个体指数为变量、以基期的价值指标为权数计算的加权算术平均数形式的指数。

根据综合指数编制的一般原则,编制数量指标综合指数时,需要以基期的质量指标作为同度量因素,即采用如下形式来计算数量指标综合指数。

$$\bar{k}_q = \frac{\sum q_1 p_0}{\sum q_0 p_0}$$

因为数量指标的个体指数 $k_q = \dfrac{q_1}{q_0}$,所以 $q_1 = k_q \times q_0$,将其代入数量指标综合指数的编制公式中,则有

$$\bar{k}_q = \frac{\sum k_q q_0 p_0}{\sum q_0 p_0}$$

上式即为以个体指数 $k_q$ 为变量、以基期的 $q_0 p_0$ 为权数的加权算术平均数,因此,我们称之为加权算术平均指数。由此我们可以看到,通常在计算数量指标总指数时,可以采用加权算术平均指数,或者说,数量指标综合指数可以变形为加权算术平均指数。

例如,某商店销售的四种商品的数量及基期的销售额资料如表 9-5 所示,试计算四种商品的销售量综合变动情况。

表 9-5　加权算术平均指数计算表

| 商品 | 计算单位 | 商品的销售量 $q$ | | 基期销售额 $(q_0 p_0)$/元 | $k_q = q_1/q_0$ | $k_q q_0 p_0$ |
| | | 基期 $(q_0)$ | 报告期 $(q_1)$ | | | |
|---|---|---|---|---|---|---|
| 甲 | 件 | 220 | 275 | 35 000 | 1.25 | 43 750 |
| 乙 | 条 | 125 | 130 | 43 000 | 1.04 | 44 720 |
| 丙 | 双 | 260 | 260 | 32 500 | 1.00 | 32 500 |
| 丁 | 米 | 50 | 100 | 8 000 | 2.00 | 16 000 |
| 合计 | — | — | — | 118 500 | — | 136 970 |

已知资料 ———————————————— 计算栏 ————

表 9-5 中,前五栏为资料栏,后两栏为计算分析栏。

经过表 9-5 的计算,我们可以得到四种商品的销量综合变动指数为

$$\bar{k}_q = \frac{\sum k_q q_0 p_0}{\sum q_0 p_0} = \frac{136\ 970}{118\ 500} \approx 1.155\ 9\ \text{或}\ 115.59\%$$

由于四种商品的销售量增长了 15.59%,从而销售额增加的绝对额是

$$\sum k_q q_0 p_0 - \sum q_0 p_0 = 136\ 970 - 118\ 500 = 18\ 470(\text{元})$$

**2. 加权调和平均指数**

加权调和平均指数是以个体指数为变量,以报告期的价值指标为权数计算的加权调和平均数形式的指数。

根据综合指数编制的一般原则,编制质量指标综合指数时,需要以报告期的数量指标做同度量因素,即采用如下形式来计算质量指标综合指数:

$$\bar{k}_p = \frac{\sum q_1 p_1}{\sum q_1 p_0}$$

因为质量指标的个体指数 $k_p = \dfrac{p_1}{p_0}$,所以 $p_0 = \dfrac{p_1}{k_p}$,将其代入质量指标综合指数的编制公式中,则有

$$\bar{k}_p = \frac{\sum q_1 p_1}{\sum \dfrac{q_1 p_1}{k_p}}$$

上式即为以个体指数 $k_p$ 为变量,以报告期的 $q_1 p_1$ 为权数的加权调和平均数,因此我们称之为加权调和平均指数。由此我们可以看到,通常在计算质量指标总指数时,可以采用加权调和平均指数,或者说,质量指标综合指数可以变形为加权调和平均指数。

例如,某企业生产的三种产品单位成本及报告期销售额资料如表 9-6 所示。

表 9-6　加权调和平均指数计算表

| 产品名称 | 计量单位 | 单位成本 $p$/元 | | $q_1 p_1$ | $k_p = p_1/p_0$ | $q_1 p_1/k_p$ |
| --- | --- | --- | --- | --- | --- | --- |
| | | 1 月 $p_0$ | 2 月 $p_1$ | | | |
| 甲 | 件 | 1 000 | 1 050 | 577 500 | 1.05 | 550 000 |
| 乙 | 台 | 5 000 | 4 950 | 108 900 | 0.99 | 110 000 |
| 丙 | 只 | 120 | 120 | 300 000 | 1.00 | 300 000 |
| 合计 | — | — | — | 986 400 | — | 960 000 |

├────── 已 知 资 料 ──────┤　├── 计 算 栏 ──┤

表 9-6 中,前五栏为资料栏,后两栏为计算分析栏。

经过表 9-6 的计算,我们可以得到三种产品的单位成本综合变动指数为

$$\bar{k}_p = \frac{\sum q_1 p_1}{\sum \dfrac{q_1 p_1}{k_p}} = \frac{986\ 400}{960\ 000} = 1.027\ 5\ \text{或}\ 102.75\%$$

其计算结果和综合指数的计算结果是一致的。

由于三种产品的单位成本上升了 2.75%,从而总成本上升的绝对额是

$$\sum q_1 p_1 - \sum \frac{q_1 p_1}{k_p} = 986\,400 - 960\,000 = 26\,400(元)$$

## 【同步思考 9-3】

1. 在编制综合指数时,为什么要引入同度量因素?如何引入同度量因素?引入同度量因素后,为什么还要将同度量因素的时期加以固定?同度量因素的时期通常如何来确定?

视频 9    2021 年 7 月物价指数变动情况

2. 平均指数与综合指数有什么不同?在什么条件下应用加权算术平均指数?在什么条件下应用加权调和平均指数?

# 9.4    指数体系及因素分析

## 9.4.1    指数体系

### 1. 指数体系的概念

现象之间是相互联系、相互制约的,一种现象发生一定量的变化,会影响到其他现象发生一定量的变化。例如,销售额的变化受销售量和产品价格变化的影响;总成本的变动受单位成本和产量变化的影响;消费税税额的变动受产量、价格及消费税税率的影响。这种关系可以用公式表示。

产品销售额 = 产品销售量 × 产品单价

产品总成本 = 产品产量 × 单位成本

消费税税额 = 产量 × 价格 × 消费税税率

现象的这种关系,不仅表现在静态上,同样保持在动态上。上面三个等式表现在动态上的关系,见下面三个等式。

产品销售额指数 = 产品销售量指数 × 产品单价指数

产品总成本指数 = 产品产量指数 × 单位成本指数

消费税税额指数 = 产量指数 × 价格指数 × 消费税税率指数

上面的等式,就是指数体系。由此可见,所谓统计指数体系,是由三个或三个以上在内容上具有一定联系,在形式上具有一定对等关系的指数所构成的整体。

现象之间的这种关系,不仅体现在相对量上,也体现在绝对量上。如上例,销售额增减的绝对额,是商品销售量变动而影响的绝对额和销售价格变动影响的绝对额之和。产品总成本增减的绝对额等于产量变动影响的绝对额和单位成本变动影响的绝对额之和。

### 2. 指数体系的作用

(1) 利用指数体系,可以进行因素分析。利用指数体系,可以分析复杂现象总体数量变动中,各个因素变动影响的程度和方向。

例如,产品销售额指数 = 产品销售量指数 × 产品单价指数,在这个指数体系中,产品销售额的变动受销售量变化和价格变化的共同影响,那么,销售量变化对销售额的变化影响有

多大呢？价格的变化对销售额的影响又有多大呢？我们就可以通过指数体系来进行因素分析。

当然，我们在进行分析时，不仅可以进行现象在相对量，即指数上的分析，还可以进行绝对量的分析，即分析各个因素的变化对总的变化影响的绝对额有多大。

（2）利用指数体系中各指数之间的关系，可以进行互相推算。例如，我们掌握了销售额变动的情况，同时也掌握了销售单价变化的情况，我们就可以根据指数体系，推断出销售量变化的情况。例如，产品销售量指数＝产品销售额指数/产品单价指数。

**3. 构建指数体系的一般原则**

统计指数体系是进行因素分析的基本依据，因此，在构建指数体系时，要遵循以下几个基本原则。

（1）统计指数体系中的各个指数必须保持对等关系，以便从相对数和绝对数两个方面进行因素分析。一般地，相对数之间的关系是乘除关系，而绝对数之间的关系是加减关系。

（2）利用指数体系进行因素分析时，必须分清各个因素的性质，即确定哪个因素是数量指标、哪个因素是质量指标，然后根据指数编制的一般原则，确定各因素指数的编制方法。

（3）指数体系之间，总体指数与因素指数之间，必须具有实质的关系，有内在的联系，不能牵强附会。

## 9.4.2　因素分析

**1. 因素分析的概念**

所谓因素分析，就是利用统计指数体系中各个指数之间的数量关系，对现象总体变动的各个影响因素进行分解，分析各因素变动对现象总体变动的影响程度和影响数额。

例如，产品销售额指数＝产品销售量指数×产品单价指数，在销售额的变动中，分析受销售量变动的影响程度和销售价格的影响程度，这样的分析就是因素分析。

**2. 因素分析的种类**

因素分析从不同的角度，可以分成不同的种类。

（1）按分析对象的范围大小不同，因素分析可分为简单现象因素分析和复杂现象因素分析。简单现象因素分析的基础是个体指数及其指数体系，如某种产品产量变动中，投入的劳动量及劳动生产率对产品产量影响分析。复杂现象因素分析的基础是总指数及其指数体系，如多种商品销售额变动中，价格变动与销售量变动对销售额的影响分析。

（2）按分析指标的表现形式不同，因素分析可分为总量指标变动的因素分析和相对指标、平均指标变动的因素分析。总量指标变动的因素分析可分解为数量指标指数和质量指标指数的分析，如对销售额变动的分析、对产值变动的分析等。相对指标、平均指标变动的因素分析，是对平均指标的变动或相对指标的变动进行的分析。例如对总平均工资的变动进行的因素分析，对单位成本的变动进行的因素分析，对劳动生产率的变动进行的因素分析等。

（3）按影响因素的多少，因素分析可分为两因素分析和多因素分析。两因素分析在三个指数所构成的指数体系中，有两个因素指数，通过对两个因素指数进行分析，得到总量指标变动的原因。多因素分析是构成指数体系的指数有四个或四个以上,因素指数在三个以上,通过三个或三个以上因素指数的变化,对总量指标的变化进行的因素分析。因素分析的种类如图 9-2 所示。

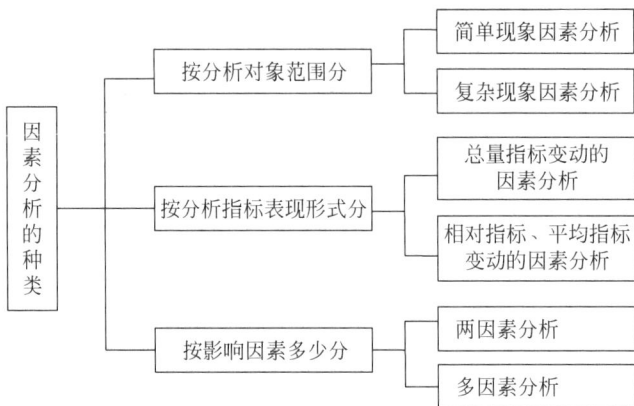

图 9-2　因素分析的种类

### 3.因素分析的步骤

因素分析主要包括以下几个步骤。

(1)确定指数体系。从研究的任务与目的出发,依据有关科学理论确定分析的对象和影响因素,并根据其各指标的内在联系,确定关系式,同时确定指数体系。

例如,对于销售收入的分析,我们可以根据现象的内在联系,确定如下的关系式:

产品销售收入 = 产品销售量 × 产品单价

由此而形成的指数体系为

产品销售收入指数 = 产品销售量指数 × 产品单价指数

(2)计算各因素指数。根据构建指数体系的要求,选用合适的指数形式,计算反映现象总体变动和各影响因素变动的指数。

如在分析数量指数变动的影响时,通常采用拉氏公式来编制,分析质量指数变动的影响时,通常采用派氏指数编制公式。

(3)进行因素分析。从相对数和绝对数两个方面对各影响因素进行综合分析和验证。

## 9.4.3　总量指标的因素分析

总量指标的因素分析通常可以分为两因素分析和多因素分析,同时又包括简单现象分析和复杂现象分析。这里我们只介绍复杂现象的因素分析。

### 1.两因素分析

总量指标的两因素分析,其影响因素有两个。以销售收入、销售量及销售价格三个指标之间的关系为例,则可以构成如下的指数体系:

销售收入指数 = 销售量指数 × 销售价格指数

根据综合指数编制的一般原则,我们可以将上面的指数体系写成如下的形式:

$$\frac{\sum q_1 p_1}{\sum q_0 p_0} = \frac{\sum q_1 p_0}{\sum q_0 p_0} \times \frac{\sum q_1 p_1}{\sum q_1 p_0}$$

在总量指标的因素分析中,不仅可以通过以上的指数(相对数)形式进行因素分析,还可以通过各种因素的相对变化情况,结合绝对数进行因素分析。将相对数和绝对数结合起来进行因素分析,可以更全面地认识总量指标的变动原因。在绝对量上,可以通过下面的关系式来进行分析。

$$\sum p_1 q_1 - \sum p_0 q_0 = \left(\sum q_1 p_0 - \sum q_0 p_0\right) + \left(\sum q_1 p_1 - \sum q_1 p_0\right)$$

例如,某企业三种商品的产量及单位成本情况如表 9-7 所示,根据表 9-7 资料,可以对该企业总成本的变动进行因素分析。

表 9-7　某企业三种商品的产量及单位成本情况

| 商品名称 | 计量单位 | 产量 $q$ | | 单位成本 $p$/千元 | | $q_0 p_0$ | $q_1 p_1$ | $q_1 p_0$ |
| --- | --- | --- | --- | --- | --- | --- | --- | --- |
| | | 基期 $q_0$ | 报告期 $q_1$ | 基期 $p_0$ | 报告期 $p_1$ | | | |
| 甲 | 件 | 500 | 600 | 30 | 32 | 15 000 | 19 200 | 18 000 |
| 乙 | 千克 | 550 | 580 | 40 | 36 | 22 000 | 20 880 | 23 200 |
| 丙 | 米 | 200 | 180 | 60 | 70 | 12 000 | 12 600 | 10 800 |
| 合计 | — | — | — | — | — | 49 000 | 52 680 | 52 000 |

├──────── 已 知 资 料 ────────┤ ├──── 计 算 栏 ────┤

表 9-7 中,前六栏为资料栏,后三栏为计算分析栏。

根据表 9-7 资料,计算出总成本指数为

$$\bar{k}_{qp} = \frac{\sum q_1 p_1}{\sum q_0 p_0} = \frac{52\ 680}{49\ 000} \approx 107.51\%$$

由于总成本增加了 7.51%,从而总成本增加

$$\sum q_1 p_1 - \sum q_0 p_0 = 52\ 680 - 49\ 000 = 3\ 680(\text{千元})$$

产量综合指数为

$$\bar{k}_q = \frac{\sum q_1 p_0}{\sum q_0 p_0} = \frac{52\ 000}{49\ 000} \approx 106.12\%$$

由于产量增长 6.12%,总成本增加了

$$\sum q_1 p_0 - \sum q_0 p_0 = 52\ 000 - 49\ 000 = 3\ 000(\text{千元})$$

单位成本综合指数为

$$\bar{k}_p = \frac{\sum q_1 p_1}{\sum q_1 p_0} = \frac{52\ 680}{52\ 000} \approx 101.31\%$$

由于单位成本增加了 1.31%,从而总成本增加了

$$\sum q_1 p_1 - \sum q_1 p_0 = 52\ 680 - 52\ 000 = 680(\text{千元})$$

通过以上的计算,我们可以形成两个指数体系,即

相对数指数体系为

$$\frac{\sum q_1 p_1}{\sum q_0 p_0} = \frac{\sum q_1 p_0}{\sum q_0 p_0} \times \frac{\sum q_1 p_1}{\sum q_1 p_0}$$

$$107.51\% = 106.12\% \times 101.31\%$$

绝对数指数体系为

$$\sum q_1 p_1 - \sum q_0 p_0 = \left( \sum q_1 p_0 - \sum q_0 p_0 \right) + \left( \sum q_1 p_1 - \sum q_1 p_0 \right)$$

$$3\ 680\ 千元 = 3\ 000\ 千元 + 680\ 千元$$

从计算结果上来看,总成本上升了 7.51%,是由于产量增长了 6.12% 和单位成本增长了 1.31% 两个因素影响的。总成本增长了 3 680 000 元,是由于产量增长使之增长了 3 000 000 元和单位成本的增长使之增长了 680 000 元两个因素共同影响的。

**2. 多因素分析**

总量指标的多因素分析中影响总量指标的因素为三个或三个以上。这里,我们以三因素的指数体系为例来介绍多因素分析。

多因素分析的因素分析方法与两因素分析的方法基本一致,首先需要根据事物之间的内在关系来构建指数体系,然后确定指数中各因素指数的编制方法,最后对总量指标从相对数和绝对数两个方面进行因素分析。

在进行多因素分析时,最关键的是如何确定各因素指数的编制方法。首先,要将各因素按照数量指标在前、质量指标在后的原则排列。因为多因素分析中,有三个或三个以上的因素,所以其中有两个或两个以上的因素指标具有相同的性质,即同为数量指标或同为质量指标。此时,需要按现象之间的内在联系,即相邻的两个因素指标相乘有一定的意义来确定因素指标的先后顺序。其次,当分析因素指标时,需要将该因素指标以前的因素固定在报告期,而将该因素指标以后的因素固定在基期。例如,

消费税税额指数 = 产量指数 × 价格指数 × 消费税税率指数

上式中,我们首先将产量这一数量指标放在第一位,然后是价格,最后是消费税税率,这样排序是因为产量是数量指标,而在价格和消费税税率这两个质量指标的排序上,根据现象之间的内在联系,产量乘以价格等于销售收入,价格乘以消费税税率等于单位产品的消费税税额,而产量乘以消费税税率却没有实际的意义,所以将价格因素排在第二位,而将消费税税率排在第三位。

再如,原材料费用指数 = 产量指数 × 单位产品原材料消耗量指标指数 × 单位原材料价格指数

在这个指数体系中,影响因素为产量、单位产品原材料消耗量和单位原材料价格,其中产量为数量指标,而后两者皆为质量指标,但由于单位产品原材料消耗量与产量相乘等于原材料消费总量,是有一定意义的,而单位产品原材料消耗量与单位原材料价格相乘是没有意义的,所以其排序为产量、单位产品原材料消耗量、单位原材料价格。

如果设产量为 $q$,单位产品原材料消耗量为 $p$,单位原材料价格为 $m$,则根据多因素指标体系的构建原则,我们可以得到相应的指数体系。

相对数指数体系:

$$\frac{\sum q_1 p_1 m_1}{\sum q_0 p_0 m_0} = \frac{\sum q_1 p_0 m_0}{\sum q_0 p_0 m_0} \times \frac{\sum q_1 p_1 m_0}{\sum q_1 p_0 m_0} \times \frac{\sum q_1 p_1 m_1}{\sum q_1 p_1 m_0}$$

绝对数指数体系：

$$\sum q_1 p_1 m_1 - \sum q_0 p_0 m_0$$
$$= \left( \sum q_1 p_0 m_0 - \sum q_0 p_0 m_0 \right) + \left( \sum q_1 p_1 m_0 - \sum q_1 p_0 m_0 \right) +$$
$$\left( \sum q_1 p_1 m_1 - \sum q_1 p_1 m_0 \right)$$

例如，某企业生产的三种产品的产量等资料如表 9-8 所示。

表 9-8　三种产品生产消耗资料

| 品名 | 计量单位 | 产量($q$) | | 单位产品原材料消耗量($p$) | | 单位原材料价格($m$)/元 | |
|---|---|---|---|---|---|---|---|
| | | 基期 $q_0$ | 报告期 $q_1$ | 基期 $p_0$ | 报告期 $p_1$ | 基期 $m_0$ | 报告期 $m_1$ |
| 甲 | 千克 | 600 | 800 | 0.5 | 0.4 | 20 | 21 |
| 乙 | 米 | 400 | 400 | 1 | 0.9 | 15 | 14 |
| 丙 | 米 | 800 | 1 000 | 2.2 | 2.3 | 30 | 28 |

根据上述资料，计算指数分析需要的有关指标如表 9-9 所示。

表 9-9　原材料费用因素分析计算表

| 品名 | $q_0 p_0 m_0$ | $q_1 p_1 m_1$ | $q_1 p_0 m_0$ | $q_1 p_1 m_0$ |
|---|---|---|---|---|
| 甲 | 6 000 | 6 720 | 8 000 | 6 400 |
| 乙 | 6 000 | 5 040 | 6 000 | 5 400 |
| 丙 | 52 800 | 64 400 | 66 000 | 69 000 |
| 合计 | 64 800 | 76 160 | 80 000 | 80 800 |

原材料费用总额指数：

$$\bar{k}_{qpm} = \frac{\sum q_1 p_1 m_1}{\sum q_0 p_0 m_0} = \frac{76\ 160}{64\ 800} \approx 117.53\%$$

原材料费用增长的绝对额为

$$76\ 160 - 64\ 800 = 11\ 360 (元)$$

三种产品的产量总指数：

$$\bar{k}_q = \frac{\sum q_1 p_0 m_0}{\sum q_0 p_0 m_0} = \frac{80\ 000}{64\ 800} \approx 123.46\%$$

由于三种产品产量的增长，原材料费用增长额为

$$80\ 000 - 64\ 800 = 15\ 200 (元)$$

三种产品的原材料单耗总指数为

$$\bar{k}_p = \frac{\sum q_1 p_1 m_0}{\sum q_1 p_0 m_0} = \frac{80\ 800}{80\ 000} = 101\%$$

由于三种产品原材料单耗的增长，原材料费用增长额为

$$80\ 800 - 80\ 000 = 800 (元)$$

三种产品的原材料单价总指数为

$$\bar{k}_m = \frac{\sum q_1 p_1 m_1}{\sum q_1 p_1 m_0} = \frac{76\,160}{80\,800} \approx 94.26\%$$

由于三种产品原材料单价的下降,原材料费用增长额为

$$76\,160 - 80\,800 = -4\,640(元)$$

根据上述计算,得到指数体系,即

相对数指数体系:

$$\frac{\sum q_1 p_1 m_1}{\sum q_0 p_0 m_0} = \frac{\sum q_1 p_0 m_0}{\sum q_0 p_0 m_0} \times \frac{\sum q_1 p_1 m_0}{\sum q_1 p_0 m_0} \times \frac{\sum q_1 p_1 m_1}{\sum q_1 p_1 m_0}$$

$$117.53\% = 123.46\% \times 101\% \times 94.26\%$$

绝对数指数体系:

$$\sum q_1 p_1 m_1 - \sum q_0 p_0 m_0$$
$$= \left( \sum q_1 p_0 m_0 - \sum q_0 p_0 m_0 \right) + \left( \sum q_1 p_1 m_0 - \sum q_1 p_0 m_0 \right) +$$
$$\left( \sum q_1 p_1 m_1 - \sum q_1 p_1 m_0 \right)$$

$$11\,360 = 15\,200 + 800 - 4\,640$$

根据计算结果可知:三种产品的原材料消耗总额增长了 17.53%,是由三种产品的产量增长了 23.46%、单位产品消耗量增长了 1% 以及单位原材料价格降低了 5.74% 三个因素共同影响的;从绝对数上看,三种产品原材料消耗总额增长了 11 360 元,是由于产量的增长使其增长了 15 200 元,单位产品消耗量增加使其增长了 800 元,以及由于单位原材料价格下降使其降低了 4 640 元三个因素共同影响的。

## 9.4.4 平均指标因素分析

综合指数和平均指数都是对复杂现象的总量指标的变动进行分析,但在实际工作中,我们还会经常遇到对平均指标变动进行分析的问题。对平均指标又如何进行分析呢?这需要借助平均指标指数来进行。

### 1. 平均指标指数的含义

平均指标是反映变量分布特征的重要指标,也是衡量现象发展水平的重要依据之一,因此,我们经常要对一些重要现象的平均指标进行动态考察和研究,以便及时了解和掌握其变动方向和程度,这就需要计算平均指标的动态相对数,即平均指标指数。平均指标指数就是两个不同时期的同一平均指标的数值对比形成的指数。

计算平均指标指数并不仅仅是为了掌握平均指标本身数值的变动程度,也是为了了解平均指标的数值为什么会发生这样或那样的变化。

加权算术平均数的计算公式如下:

$$\bar{x} = \frac{\sum xf}{\sum f}$$

从这个公式中,我们可以看到,算术平均数的大小受两个因素的影响:一是变量本身,

二是权数(准确地说是频率)。所以平均指标指数因素分析是要观测两个因素的变动对总平均数变动的影响方向和影响程度,这里不仅要分析总平均指标是如何变动的,还要研究各个因素对总平均指标的影响方向和影响程度。

在对平均指标变动进行分析时,通常需要运用三个指数:一个叫可变构成指数,一个叫固定构成指数,还有一个叫结构影响指数。

### 2. 平均指标指数的编制

(1)可变构成指数。可变构成指数是分析一个平均指标在两个不同时期中的数值变化的指数,其计算公式为

$$\bar{k}_{可变} = \frac{\bar{x}_1}{\bar{x}_0}$$

式中,$\bar{k}_{可变}$ 表示可变构成指数;$\bar{x}_1$ 表示报告期平均指标;$\bar{x}_0$ 表示基期的平均指标。其中,

$$\bar{x}_0 = \frac{\sum x_0 f_0}{\sum f_0}; \quad \bar{x}_1 = \frac{\sum x_1 f_1}{\sum f_1}$$

可变构成指数反映的是报告期平均指标与基期平均指标进行对比后的发展变化程度。

(2)固定构成指数。固定构成指数是反映标志值本身变动对总平均数变化影响程度的指数。其计算公式为

$$\bar{k}_{固定} = \frac{\bar{x}_1}{\bar{x}_n}$$

式中,$\bar{k}_{固定}$ 表示固定构成指数;$\bar{x}_n$ 表示假定的平均值,$\bar{x}_n = \frac{\sum x_0 f_1}{\sum f_1}$。

(3)结构影响指数。结构影响指数是分析平均指标的构成因素中,结构变化对总平均数影响程度的指数。其计算公式为

$$\bar{k}_{结构} = \frac{\bar{x}_n}{\bar{x}_0}$$

式中,$\bar{k}_{结构}$ 表示结构影响指数。

### 3. 利用平均指标指数进行因素分析

从平均指标指数的三个指数上来看,不难发现,三个指数可以构成如下平均指标指数体系。

从相对数上看,则是

$$\bar{k}_{可变} = \bar{k}_{固定} \times \bar{k}_{结构}$$

$$\frac{\bar{x}_1}{\bar{x}_0} = \frac{\bar{x}_1}{\bar{x}_n} \times \frac{\bar{x}_n}{\bar{x}_0}$$

从绝对数上看,则是

$$\bar{x}_1 - \bar{x}_0 = (\bar{x}_1 - \bar{x}_n) + (\bar{x}_n - \bar{x}_0)$$

例如,某企业三类职工的人数及平均工资资料如表 9-10 所示。

表 9-10 某企业职工人数及平均工资资料

| 组别 | 人数 | | 月平均工资/元 | | 工资总额/元 | | |
|---|---|---|---|---|---|---|---|
| | 基期 | 报告期 | 基期 | 报告期 | 基期 | 报告期 | 假定的 |
| | $f_0$ | $f_1$ | $x_0$ | $x_1$ | $x_0 f_0$ | $x_1 f_1$ | $x_0 f_1$ |
| 普通工人 | 100 | 90 | 5 000 | 5 500 | 500 000 | 495 000 | 450 000 |
| 技术工人 | 70 | 66 | 8 000 | 8 500 | 560 000 | 561 000 | 528 000 |
| 管理人员 | 30 | 74 | 6 000 | 7 000 | 180 000 | 518 000 | 444 000 |
| 合计 | 200 | 230 | — | — | 1 240 000 | 1 574 000 | 1 422 000 |

├──────────── 已 知 资 料 ────────────┤├──── 计 算 栏 ────┤

根据表 9-10,我们可以计算出各个平均指标指数。

第一步,计算平均指标。

$$\bar{x}_0 = \frac{\sum x_0 f_0}{\sum f_0} = \frac{1\,240\,000}{200} = 6\,200.00(元)$$

$$\bar{x}_1 = \frac{\sum x_1 f_1}{\sum f_1} = \frac{1\,574\,000}{230} \approx 6\,843.48(元)$$

$$\bar{x}_n = \frac{\sum x_0 f_1}{\sum f_1} = \frac{1\,422\,000}{230} \approx 6\,182.61(元)$$

第二步,计算可变构成指数。

$$\bar{k}_{可变} = \frac{\bar{x}_1}{\bar{x}_0} = \frac{6\,843.48}{6\,200} \approx 110.38\%$$

$$\bar{x}_1 - \bar{x}_0 = 6\,843.48 - 6\,200 = 643.48(元)$$

第三步,进行因素分析。

$$\bar{k}_{固定} = \frac{\bar{x}_1}{\bar{x}_n} = \frac{6\,843.48}{6\,182.61} \approx 110.69\%$$

$$\bar{x}_1 - \bar{x}_n = 6\,843.48 - 6\,182.61 = 660.87(元)$$

$$\bar{k}_{结构} = \frac{\bar{x}_n}{\bar{x}_0} = \frac{6\,182.61}{6\,200} \approx 99.72\%$$

$$\bar{x}_n - \bar{x}_0 = 6\,182.61 - 6\,200.00 = -17.39(元)$$

第四步,构建指数体系。

相对数指数体系:

$$\frac{\bar{x}_1}{\bar{x}_0} = \frac{\bar{x}_1}{\bar{x}_n} \times \frac{\bar{x}_n}{\bar{x}_0}$$

$$110.38\% = 110.69\% \times 99.72\%$$

绝对数指数体系:

$$\bar{x}_1 - \bar{x}_0 = (\bar{x}_1 - \bar{x}_n) + (\bar{x}_n - \bar{x}_0)$$

$$643.48\ 元 = 660.87\ 元 - 17.39\ 元$$

以上计算结果表明,该企业职工总平均工资增长了 10.38%,平均工资增长了 643.48 元。其原因有两个:一是各组平均工资增长 10.69%,使职工总平均工资增长了 660.87 元;二是职工结构的变化使企业职工平均工资降低了 0.28%,平均工资减少了 17.39 元。

此外,对平均指标的绝对数进行分析,不仅可以分析平均指标本身的绝对变化,而且可以对总量指标进行分析。

分析公式为

$$(\bar{x}_1 - \bar{x}_0) \sum f_1 = (\bar{x}_1 - \bar{x}_n) \sum f_1 + (\bar{x}_n - \bar{x}_0) \sum f_1$$

如上例:

$$643.48 \times 230 = 660.87 \times 230 + (-17.39) \times 230$$

即

$$148\ 000.40\ 元 = 152\ 000.1\ 元 - 3\ 999.7\ 元$$

上式说明,该企业职工的工资总额增长了 148 000.40 元,是各组平均工资增长了,使工资总额增长了 152 000.1 元,以及职工结构的变化使工资总额减少了 3 999.7 元两个因素共同影响的。

### 【同步思考 9-4】

1. 如果要进行指数的因素分析,我们首先要做什么? 指数体系和因素分析有什么关系?
2. 利用指数体系,是否可以对总成本及单位成本进行因素分析?

# 9.5 几种常用的经济指数 *

指数是一种最古老、最重要、应用最广泛的统计方法。指数与人们的经济生活息息相关。衡量经济发展程度要用国内生产总值指数;反映人民生活质量变化要使用生活质量指数;反映物价变化要使用物价指数;反映证券市场股票价格水平变化要用到股价指数等。这里我们主要简介居民消费价格指数、生产者物价指数(producer price index,PPI)、股价指数和国民幸福指数(gross national happiness,GNH)。

## 9.5.1 居民消费价格指数

### 1. 居民消费价格指数的含义及作用

居民消费价格指数是反映与居民生活有关的商品及劳务价格变动的指标,通常用于观察通货膨胀的水平。如果 CPI 升幅过大,表明通胀已经成为经济不稳定因素,一般说来,当 CPI>3% 增幅时称为通货膨胀;而当 CPI>5% 增幅时,称为严重的通货膨胀。虽然 CPI 是一个滞后性的数据,但它往往是市场经济活动和政府货币政策的一个重要参考指标。CPI 稳定、就业充分以及国内生产总值增长往往是最重要的社会经济目标。

我国的 CPI 计算统一执行国家统计局规定的"八大类"指数体系,即指数的构成包括食品、烟酒及用品、衣着、家庭设备及维修服务、医疗保健及个人用品、交通和通信、娱乐教育文化用品及服务、居住等八大类,具体又包括 262 个基本分类的商品与服务。基本分类是将一些功能、性质、结构相同或相近的产品集合起来,也是指数计算和权数设置的最小分类。

**2.我国现行的居民消费价格指数的编制方法**

（1）选择代表规格品。全社会零售商品的种类有上百万，要编制包括全部商品的零售价格指数显然是不可能的。因此在编制价格指数时，只选择部分具有代表性的商品。对商品进行科学分类，在此基础上分别选择能代表各类别的代表规格品。选择的各类代表规格品通常是那些成交量比重较大、市场供应稳定、能代表该类商品价格变动趋势的商品。我国目前编制的零售商品价格指数中，消费支出分为食品烟酒类、衣着类、居住类、生活用品及服务类、交通通信类、教育文化娱乐类、医疗保健类、其他用品及服务类八大类。大类下分小类，小类下又分若干细类，每细类中选择若干种有代表性的商品。

（2）选择典型地区。全国零售价格总指数反映全社会零售商品价格的总体变动水平，但我国幅员辽阔，要包括所有地区是不可能的，一般只选择部分具有代表性的地区编制价格指数。典型地区的选择既要考虑其代表性，也要注重类型上的多样性以及地区分布上的合理性及稳定性。

CPI 价格调查在我国 31 个省（区、市）中抽取 500 个市县开展，在这些市县采用抽样调查方法抽选确定价格调查网点。截至 2023 年 10 月，我国有 10 万个价格调查网点，包括商场（店）、超市、农贸市场、服务网点和互联网电商等。[①] 由于人口和市场建设等方面的差距，500 个调查市县各自抽选的价格调查网点在数量上有差别，大中城市要明显多一些，小城市和县相对少一些。

（3）确定商品价格。通过手持数据采集器，采用定人、定点、定时的方法直接调查。在保证价格准确的前提下，经国家统计局审定，各地可利用被调查单位的电子数据进行辅助采价，也可从互联网采集特定商品和服务价格。为准确反映当月的价格变动情况，对于与居民生活密切相关、价格变动比较频繁的商品，每 5 天调查一次价格；一般性商品（服务）每月调查 2 次价格；部分服务项目每月调查 3 次价格；由国家或地方统一定价的商品（服务）或价格相对稳定的商品（服务），每月调查一次价格。对所选择的代表性商品，通常使用该商品在一定时期内的综合平均价。根据各代表商品基期和报告期的平均价，计算每种商品的个体价格指数，以此作为计算类指数的基础。

（4）确定权数。我国目前的零售价格总指数采用加权算术平均形式计算，其权数是把上年商品零售额资料根据当年住户调查资料予以调整确定。其权数即某种商品零售额占所属细类商品零售额的比重，或者某小类商品零售额占所属中类商品零售额的比重。分层计算权数，先确定各大类权数，然后分别确定中类、小类、细类、各代表商品权数。权数均以百分比表示，各权数之和等于 100%。为便于计算，权数一律取整数。

（5）计算物价指数。具体计算过程是先计算各代表规格品个体价格指数，然后分层逐级计算细类、小类、中类、大类和全部商品总指数。其中，

个体价格指数为

$$K_p = \frac{P_1}{P_0}$$

类价格指数或价格总指数为

$$\overline{K}_p = \frac{\sum K p_0 q_0}{\sum p_0 q_0} \quad \left( 也可以报告期销售量为同度量因素，即 \ \overline{K}_p = \frac{\sum K p_0 q_1}{\sum p_0 q_1} \right)$$

① 十四、价格统计(13)[EB/OL]. (2023-10-09). https://www.stats.gov.cn/hd/cjwtjd/202302/t20230207_1902269.html.

或
$$\overline{K}_p = \frac{\sum K_p W}{\sum W}$$

我国 CPI 编制工作流程如图 9-3 所示。

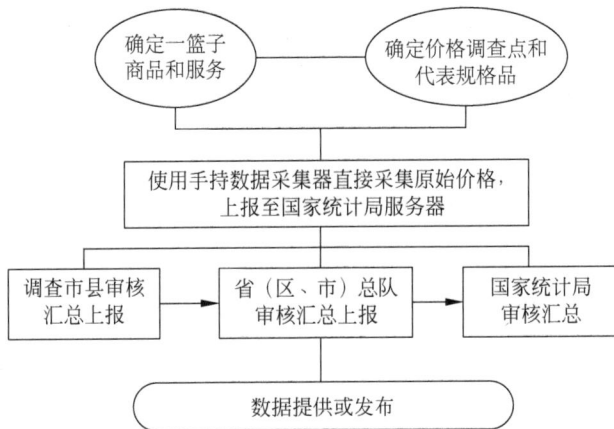

图 9-3 我国 CPI 编制工作流程

现以某地区部分资料说明居民消费价格指数的编制和计算过程,如表 9-11 所示。

表 9-11 居民消费价格指数的编制和计算过程

| 商品类别及名称 | 计量单位 | 平均单价/元 | | 个体指数 K (100%) | 权数 W (100%) | K×W |
|---|---|---|---|---|---|---|
| | | $p_0$ | $p_1$ | | | |
| 总指数 | | | | 115.1 | 100 | 11 510.0 |
| 一、食品烟酒类 | | | | 117.5 | 51 | 5 992.5 |
| 1. 粮食 | | | | 105.3 | 35 | 3 685.5 |
| 2. 副食品 | | | | 125.4 | 45 | 5 643 |
| 猪肉 | 公斤 | 9.48 | 11.93 | 125.8 | 85 | 10 693.0 |
| 牛肉 | 公斤 | 11.04 | 12.76 | 115.6 | 3 | 346.8 |
| 羊肉 | 公斤 | 9.48 | 11.2 | 118.1 | 2 | 236.2 |
| 鸡蛋 | 公斤 | 8.52 | 10.76 | 126.3 | 10 | 1 263.0 |
| 3. 烟酒茶 | | | | 126.0 | 11 | 1 386.0 |
| 4. 其他 | | | | 114.8 | 9 | 1 033.2 |
| 二、衣着类 | | | | 115.2 | 20 | 2 304.0 |
| 三、居住类 | | | | 109.5 | 11 | 1 204.5 |
| 四、生活用品及服务类 | | | | 110.4 | 5 | 552.0 |
| 五、交通通信类 | | | | 106.4 | 2 | 212.8 |
| 六、教育文化娱乐类 | | | | 116.4 | 6 | 698.4 |
| 七、医疗保健类 | | | | 114.5 | 2 | 229.0 |
| 八、其他用品及服务类 | | | | 105.6 | 3 | 316.8 |

根据表 9-11 资料,计算过程如下。

第一步,计算各代表规格品的价格指数,如:

$$猪肉价格指数 = \frac{p_1}{p_0} = \frac{11.93}{9.48} \approx 125.84\%$$

$$牛肉价格指数 = \frac{p_1}{p_0} = \frac{12.76}{11.04} \approx 115.6\%$$

$$羊肉价格指数 = \frac{p_1}{p_0} = \frac{11.20}{9.48} \approx 118.1\%$$

$$鸡蛋价格指数 = \frac{p_1}{p_0} = \frac{10.76}{8.52} \approx 126.3\%$$

第二步,计算副食品类价格指数。

$$\bar{K}_p = \frac{\sum K_p W}{\sum W}$$

$$= \frac{125.8 \times 85 + 115.6 \times 3 + 118.1 \times 2 + 126.3 \times 10}{100}$$

$$\approx 125.4\%$$

第三步,用同样的方法计算其他各中类、大类的商品价格指数。

第四步,根据各大类商品价格指数及相应的权数计算全部商品的价格总指数。

$$\bar{K}_p = \frac{\sum K_p W}{\sum W}$$

$$= \frac{117.5 \times 51 + 115.2 \times 20 + \cdots + 105.6 \times 3}{100}$$

$$= 115.1\%$$

一般来说,CPI 的高低直接影响国家的宏观经济调控措施的出台与力度,如央行是否调息、是否调整存款准备金率等。同时,CPI 的高低也间接影响资本市场(如股票市场、期货市场、金融市场)的变化。因此,CPI 的稳定,对国家的经济发展和社会的稳定具有积极的意义。我国对物价的稳定非常重视,每当 CPI 波动较大时,就会采取相应的财政、货币等调节政策,保证 CPI 的稳定。我国 2014—2023 年的 CPI 情况如表 9-12 所示。

表 9-12　我国 2014—2023 年的 CPI 情况

| 年份 | 2014 | 2015 | 2016 | 2017 | 2018 | 2019 | 2020 | 2021 | 2022 | 2023 |
| --- | --- | --- | --- | --- | --- | --- | --- | --- | --- | --- |
| CPI/% | 102.0 | 101.6 | 102.1 | 101.8 | 101.9 | 102.9 | 102.5 | 100.09 | 102 | 102.2 |

资料来源:国家统计局.中国统计年鉴 2023[M].北京:中国统计出版社,2023.

从表 9-12 可以看出,我国的 CPI 10 年来基本稳定在 $100\% \sim 103\%$,没有超过 $103\%$,说明我国没有通货膨胀的发生,经济发展运行情况良好,人民生活基本稳定。

## 9.5.2　生产者物价指数

生产者物价指数与 CPI 不同,生产者物价指数主要目的是衡量企业购买物品和劳务的总费用。由于企业最终要把它们的费用以更高的消费价格形式转移给消费者,所以,通常认为生产者物价指数的变动对预测消费物价指数的变动是有用的。

PPI 是衡量工业企业产品出厂价格变动趋势和变动程度的指数,是反映某一时期生产领域价格变动情况的重要经济指标,也是制定有关经济政策和国民经济核算的重要依据。2023 年 1 月国家统计局发布的我国现行 PPI 调查目录中,包含 41 个工业行业大类、207 个工业行业中类、666 个工业行业小类、1 638 个基本分类、2 万多种代表产品。

根据价格传导规律,PPI 对 CPI 有一定的影响。PPI 反映生产环节价格水平,CPI 反映消费环节的价格水平。整体价格水平的波动一般首先出现在生产领域,然后通过产业链向下游产业扩散,最后波及消费品。产业链可以分为两条:一条是以工业品为原材料的生产,存在原材料→生产资料→生活资料的传导;另一条是以农产品为原料的生产,存在农业生产资料→农产品→食品的传导。

由于 CPI 不仅包括消费品价格,还包括服务价格,CPI 与 PPI 在统计口径上并非严格的对应关系,因此 CPI 与 PPI 的变化出现不一致的情况是可能的。CPI 与 PPI 持续处于背离状态,这不符合价格传导规律。价格传导出现断裂的主要原因在于工业品市场处于买方市场以及政府对公共产品价格的人为控制。

在不同市场条件下,工业品价格向最终消费价格传导有两种可能情形:一是在卖方市场条件下,成本上涨引起的工业品价格(如电力、水、煤炭等能源、原材料价格)上涨最终会顺利传导到消费品价格上;二是在买方市场条件下,由于供大于求,工业品价格很难传递到消费品价格上,企业需要通过压缩利润对上涨的成本予以消化,其结果表现为中下游产品价格稳定,甚至可能继续走低,企业盈利减少。部分难以消化成本上涨的企业,可能会面临破产。可以顺利完成传导的工业品价格(主要是电力、煤炭、水等能源原材料价格),目前主要属于政府调价范围。在上游产品价格(PPI)持续走高的情况下,企业如果无法顺利把上游成本转嫁出去,无法提高消费品价格(CPI),最终只能导致企业利润减少。

PPI 通常作为观察通货膨胀水平的重要指标。由于食品价格因季节变化上涨,而能源价格也经常出现意外波动,为了能更清晰地反映出整体商品的价格变化情况,一般将食品和能源价格的变化剔除,从而形成"核心生产者物价指数",进一步观察通货膨胀率变化趋势。

PPI 能够反映生产者获得原材料的价格波动情况,推算预期 CPI,从而估计通胀风险。

### 9.5.3　股价指数

股价指数是运用统计学中的指数方法编制而成的,反映股市总体价格或某类股价变动和走势的指标。它是影响投资人决策行为的重要因素,而且股票价格的波动和走向也是反映经济景气状况的敏感指标。股票价格指数的编制方法有多种,综合指数公式是其中的一种重要方法。中国内地的上证指数、美国标准普尔指数、中国香港恒生指数等,都是采用综合指数公式编制的。其计算公式为

$$\bar{k}_p = \frac{\sum q_0 p_1}{\sum q_0 p_0}$$

上式是以基期的股票发行量(或流通量)为同度量因素的拉氏综合指数。式中 $q_0$ 代表基期股票发行量(或流通量)。

不同股价指数的样本范围和基期日期的选定都不同。例如美国标准普尔指数,样本范围包括 500 种股票(其中工业股票 400 种、公用事业股票 40 种、金融业股票 40 种、运输业股票 20 种),选择 1941—1943 年为基期。中国香港恒生指数选择了 33 种具有代表性的股票(成分股)为指数计算对象(其中金融业 4 种、公用事业 6 种、地产业 9 种、其他行业 14 种),选择 1964 年 7 月 31 日为基期。而中国内地的上海证券交易所股票价格指数包括全部上市股票,基期为 1990 年 12 月 19 日。[①] 股票的基期指数定为 100,股票价格的变动幅度是以"点"数来表示的,每上升或下降一个单位称为"1 点"。例如,2017 年 1 月 20 日,上证股票价格指数为 3 123.14 点,表明股票价格报告期比基期上升 3 023.14 点。

需要指出的是,按照编制股价指数时纳入指数计算范围的股票样本数量,可以将股价指数划分为全部上市股票价格指数和成分股指数。前者是指将指数所反映出的价格走势涉及的全部股票都纳入指数计算范围,如上海证券交易所发布的上海证券交易所综合指数就是把全部上市股票的价格变化都纳入计算范围,上海证券交易所工业股价格指数、商业股价格指数等则分别把全部的工业类上市股票和商业类上市股票纳入各自的指数计算范围。成分股指数,是指从指数所涵盖的全部股票中选取一部分较有代表性的股票作为指数样本,称为指数的成分股,计算时只把所选取的成分股纳入指数计算范围。例如,深圳证券交易所成分股指数,就是从深圳证券交易所全部上市股票中选取 40 种,计算得出的一个综合性成分股指数。这个指数可以近似地反映出全部上市股票的价格走势。深圳证券交易所发布的工业股成分指数,是从深圳证券交易所上市的工业股中选取 20 家成分股为代表计算得出的。

在编制成分指数时,为了保证所选样本具有充分的代表性,国际上惯用的做法是,综合考虑样本股的市价总值及成交量在全部上市股票中所占的比重,并要充分考虑所选样本股公司的行业代表性。指数公布后,还要根据市场变化状况定期或不定期地更换样本股。

股价指数的计算方法有算术平均法和加权平均法两种。

算术平均法是将组成指数的每只股票价格进行简单平均,计算得出一个平均值。例如,如果所计算的股票指数包括 3 只股票,其价格分别为 15 元、25 元、35 元,则其股价算术平均值为

$$\bar{x} = \frac{\sum xf}{\sum f} = \frac{15 + 25 + 35}{3} = 25(元)$$

加权平均法,就是在计算股价平均值时,不仅考虑每只股票的价格,还要根据每只股票对市场影响的大小,对平均值进行调整。实践中,一般是以股票的发行数量或成交量作为市场影响参考因素纳入指数计算,称为权数。例如,上例中 3 只股票的发行数量分别为 1 亿股、2 亿股、3 亿股,以此为权数进行加权计算,则价格加权平均值为

$$\bar{x} = \frac{\sum xf}{\sum f} = \frac{15 \times 1 + 25 \times 2 + 35 \times 3}{1 + 2 + 3} \approx 28.33(元)$$

---

① 标准普尔股价指数[EB/OL]. (2022-06-05). https://baike. baidu. com/item/%E6%A0%87%E5%87%86%E6%99%AE%E5%B0%94%E8%82%A1%E4%BB%B7%E6%8C%87%E6%95%B0/6861254? fr=aladdin.

### 9.5.4　国民幸福指数

国民幸福指数是在 20 世纪 70 年代由南亚的不丹王国的国王提出的,他认为"政策应该关注幸福,并应以实现幸福为目标",人生"基本的问题是如何在物质生活(包括科学技术的种种好处)和精神生活之间保持平衡"。在这种执政理念的指导下,不丹创造性地提出了由政府善治、经济增长、文化发展和环境保护四级组成的"国民幸福指数"指标。

对于幸福感的测量,西方心理学家、社会学家和经济学家等已经探索了几十年,具有了一定的知识和经验积累。但即便如此,尚没有任何一种幸福感测量工具能够得到普遍认同,许多量表仍处在不断改进之中。中国与西方的社会、文化背景以及人们的社会心理都存在差异,从而对于幸福的理解不完全相同,感受幸福的方式也有差异。因此,我国目前还没研制出一套既体现国际水平又符合中国国情的幸福感测量工具,并获得可以作为发展规划和社会政策参考的幸福指数。但通常认为,国民幸福指数的计算可以用如下方法。

方法一:国民幸福指数＝收入的递增/(基尼系数×失业率×通货膨胀)。

这个公式中的基尼系数是反映收入分配公平性、测量社会收入分配不平等的指标。

方法二:国民幸福指数＝生产总值指数×$a\%$＋社会健康指数×$b\%$＋社会福利指数×$c\%$＋社会文明指数×$d\%$＋生态环境指数×$e\%$。

其中 $a,b,c,d,e$ 分别表示生产总值指数、社会健康指数、社会福利指数、社会文明指数和生态环境指数的权重,具体权重的大小取决于各级政府所要实现的经济和社会目标。

**【同步思考 9-5】**

1. 什么是物价指数? 什么是生产者物价指数? 我国的物价指数是怎样编制出来的?
2. 近期食品价格下降了许多,因此我国的居民消费价格指数下降了,这种说法正确吗?

## 9.6　Excel 在统计指数中的应用

指数分析主要包括综合指数的编制、平均指数的编制和利用指数体系进行因素分析的内容。其方法基本一致,所以这里只介绍利用指数体系进行因素分析的内容。以 9.2 节中表 9-4 的数据为例,利用 Excel 的计算功能,对该工业企业生产的三种产品的总成本进行因素分析。

(1) 在一个新建的工作簿中输入数据资料,如图 9-4 所示。

| 产品名称 | 计量单位 | 产量q(万) | | 单位成本p(元) | |
|---|---|---|---|---|---|
| | | 1月份 q0 | 2月份 q1 | 1月份 p0 | 2月份 p1 |
| 甲 | 件 | 5 | 5.5 | 108 | 110 |
| 乙 | 条 | 3.2 | 2.8 | 80 | 82 |
| 丙 | 双 | 2.1 | 2 | 1.2 | 1.3 |
| 合计 | | | | — | |

图 9-4　输入数据资料

(2) 按利用指数体系进行因素分析的需要绘制统计分析表,如图 9-5 所示。

| | | 产量q（万） | | 单位成本p（元） | | 总成本qp（万元） | | |
|---|---|---|---|---|---|---|---|---|
| 产品名称 | 计量单位 | 1月份 q0 | 2月份 q1 | 1月份 p0 | 2月份 p1 | 基期 q0p0 | 报告期 q1p1 | 假定 q1p0 |
| 甲 | 件 | 5 | 5.5 | 108 | 110 | | | |
| 乙 | 条 | 3.2 | 2.8 | 80 | 82 | | | |
| 丙 | 双 | 2.1 | 2 | 1.2 | 1.3 | | | |
| 合 计 | | | | —— | | | | |

图 9-5　统计分析表

（3）计算利用指数体系进行因素分析所需要的各价值指标数值。在 G3 单元格中输入"＝C3 * E3"，如图 9-6 所示。回车后，得到甲产品的基期成本，用鼠标拖曳的方式，将 G3 单元格的公式复制到 G4：G5 区域中，松开鼠标后，得到乙、丙两种产品的基期成本，如图 9-7 所示。在 G6 单元格中输入"＝SUM(G3:G5)"，回车后，则在 G6 单元格内得到三种产品的基期成本合计值，如图 9-8 所示。

| | | 产量q（万） | | 单位成本p（元） | | 总成本qp（万元） | | |
|---|---|---|---|---|---|---|---|---|
| 产品名称 | 计量单位 | 1月份 q0 | 2月份 q1 | 1月份 p0 | 2月份 p1 | 基期 q0p0 | 报告期 q1p1 | 假定 q1p0 |
| 甲 | 件 | 5 | 5.5 | 108 | 110 | =C3*E3 | | |
| 乙 | 条 | 3.2 | 2.8 | 80 | 82 | | | |
| 丙 | 双 | 2.1 | 2 | 1.2 | 1.3 | | | |
| 合 计 | | | | —— | | | | |

图 9-6　计算甲产品的基期成本

| | | 产量q（万） | | 单位成本p（元） | | 总成本qp（万元） | | |
|---|---|---|---|---|---|---|---|---|
| 产品名称 | 计量单位 | 1月份 q0 | 2月份 q1 | 1月份 p0 | 2月份 p1 | 基期 q0p0 | 报告期 q1p1 | 假定 q1p0 |
| 甲 | 件 | 5 | 5.5 | 108 | 110 | 540 | | |
| 乙 | 条 | 3.2 | 2.8 | 80 | 82 | 256 | | |
| 丙 | 双 | 2.1 | 2 | 1.2 | 1.3 | 2.52 | | |
| 合 计 | | | | —— | | | | |

图 9-7　三种产品的基期成本

| | | 产量q（万） | | 单位成本p（元） | | 总成本qp（万元） | | |
|---|---|---|---|---|---|---|---|---|
| 产品名称 | 计量单位 | 1月份 q0 | 2月份 q1 | 1月份 p0 | 2月份 p1 | 基期 q0p0 | 报告期 q1p1 | 假定 q1p0 |
| 甲 | 件 | 5 | 5.5 | 108 | 110 | 540 | | |
| 乙 | 条 | 3.2 | 2.8 | 80 | 82 | 256 | | |
| 丙 | 双 | 2.1 | 2 | 1.2 | 1.3 | 2.52 | | |
| 合 计 | | | | —— | | 798.52 | | |

图 9-8　三种产品的基期成本合计值

（4）在 H3 单元格中输入"＝D3 * F3"，按照（3）的方法，求得三种产品的报告期成本及其合计值，如图 9-9 所示。

（5）在 I3 单元格中输入"＝D3 * E3"，按照（3）的方法，求得三种产品的以基期成本计算的报告期假定成本及其合计值，如图 9-10 所示。

（6）计算总成本、产量、价格综合指数，并计算其变化对成本的影响。在相应的单元格中输入各指数名称及影响的绝对额，如图 9-11 所示。

| | A | B | C | D | E | F | G | H | I |
|---|---|---|---|---|---|---|---|---|---|
| 1 | 产品名称 | 计量单位 | 产量q（万） | | 单位成本p（元） | | 总成本qp（万元） | | |
| 2 | | | 1月份 q0 | 2月份 q1 | 1月份 p0 | 2月份 p1 | 基期 q0p0 | 报告期 q1p1 | 假定 q1p0 |
| 3 | 甲 | 件 | 5 | 5.5 | 108 | 110 | 540 | 605 | |
| 4 | 乙 | 条 | 3.2 | 2.8 | 80 | 82 | 256 | 229.6 | |
| 5 | 丙 | 双 | 2.1 | 2 | 1.2 | 1.3 | 2.52 | 2.6 | |
| 6 | 合　计 | | | | —— | | 798.52 | 837.2 | |

图 9-9　三种产品的报告期成本及其合计值

| | A | B | C | D | E | F | G | H | I |
|---|---|---|---|---|---|---|---|---|---|
| 1 | 产品名称 | 计量单位 | 产量q（万） | | 单位成本p（元） | | 总成本qp（万元） | | |
| 2 | | | 1月份 q0 | 2月份 q1 | 1月份 p0 | 2月份 p1 | 基期 q0p0 | 报告期 q1p1 | 假定 q1p0 |
| 3 | 甲 | 件 | 5 | 5.5 | 108 | 110 | 540 | 605 | 594 |
| 4 | 乙 | 条 | 3.2 | 2.8 | 80 | 82 | 256 | 229.6 | 224 |
| 5 | 丙 | 双 | 2.1 | 2 | 1.2 | 1.3 | 2.52 | 2.6 | 2.4 |
| 6 | 合　计 | | | | —— | | 798.52 | 837.2 | 820.4 |

图 9-10　三种产品的报告期假定成本及其合计值

| | A | B | C | D | E | F | G | H | I |
|---|---|---|---|---|---|---|---|---|---|
| 1 | 产品名称 | 计量单位 | 产量q（万） | | 单位成本p（元） | | 总成本qp（万元） | | |
| 2 | | | 1月份 q0 | 2月份 q1 | 1月份 p0 | 2月份 p1 | 基期 q0p0 | 报告期 q1p1 | 假定 q1p0 |
| 3 | 甲 | 件 | 5 | 5.5 | 108 | 110 | 540 | 605 | 594 |
| 4 | 乙 | 条 | 3.2 | 2.8 | 80 | 82 | 256 | 229.6 | 224 |
| 5 | 丙 | 双 | 2.1 | 2 | 1.2 | 1.3 | 2.52 | 2.6 | 2.4 |
| 6 | 合　计 | | | | —— | | 798.52 | 837.2 | 820.4 |
| 7 | | | | | | | | | |
| 8 | | | 总成本指数 | 产量综合指数 | 价格综合指数 | | | | |
| 9 | | | | | | | | | |
| 10 | | | 绝对值 | 绝对值 | 绝对值 | | | | |
| 11 | | | | | | | | | |

图 9-11　输入各种指数名称

（7）计算各综合指数。在 C9 单元格中输入"＝H6/G6＊100"，回车后，得到总成本指数。在 D9 单元格中输入"＝I6/G6＊100"，回车后，得到产量综合指数。在 E9 单元格中输入"＝H6/I6＊100"，回车后，得到价格综合指数，如图 9-12 所示。

| | A | B | C | D | E | F | G | H | I |
|---|---|---|---|---|---|---|---|---|---|
| 1 | 产品名称 | 计量单位 | 产量q（万） | | 单位成本p（元） | | 总成本qp（万元） | | |
| 2 | | | 1月份 q0 | 2月份 q1 | 1月份 p0 | 2月份 p1 | 基期 q0p0 | 报告期 q1p1 | 假定 q1p0 |
| 3 | 甲 | 件 | 5 | 5.5 | 108 | 110 | 540 | 605 | 594 |
| 4 | 乙 | 条 | 3.2 | 2.8 | 80 | 82 | 256 | 229.6 | 224 |
| 5 | 丙 | 双 | 2.1 | 2 | 1.2 | 1.3 | 2.52 | 2.6 | 2.4 |
| 6 | 合　计 | | | | —— | | 798.52 | 837.2 | 820.4 |
| 7 | | | | | | | | | |
| 8 | | | 总成本指数 | 产量综合指数 | 价格综合指数 | | | | |
| 9 | | | 104.8439613 | 102.7400691 | 102.0477816 | | | | |
| 10 | | | 绝对值 | 绝对值 | 绝对值 | | | | |

图 9-12　计算各种综合指数

（8）计算各因素影响总成本变化的绝对额。在 C11 单元格中输入"＝H6－G6"，回车后，得到报告期成本比基期成本增减的绝对额。在 D11 单元格中输入"＝I6－G6"，回车后，得到由于产量的变化而使成本增减的绝对额。在 E11 单元格中输入"＝H6－I6"，回车后，得到由于价格的变化而影响成本变化的绝对额，如图 9-13 所示。

图 9-13  计算各种因素变化绝对数

从计算的结果可以清晰地看出相对数指数体系中的平衡关系和绝对数指数体系中的平衡关系。

# 本 章 小 结

（1）统计学中的"指数"一词有广义和狭义之分。广义的指数是指一切用以表明所研究事物变化方向及其程度的相对数。狭义的指数是一种特殊的相对数，是用来反映不能直接相加的复杂社会经济现象总体数量变动的相对数。

（2）指数可以分为：个体指数和总指数；数量指标指数和质量指标指数。

总指数有两种形式：一种是综合指数，一种是平均指数。综合指数是总指数的基本形式，而平均指数通常是作为综合指数变形来应用的。

综合指数在编制上，可以分为数量指标综合指数和质量指标综合指数。数量指标综合指数的编制一般采用基期的质量指标作为同度量因素；而质量指标综合指数的编制一般采用报告期的数量指标作为同度量因素。

同度量因素是指在编制综合指数时，将不能直接相加和对比的指标过渡为可以相加和对比的因素。同度量因素具有同度量和加权的作用。

作为综合指数变形的平均指数分为算术平均指数和调和平均指数。通常来说，算术平均指数是作为数量指标综合指数变形来应用的，而调和平均指数是作为质量指标综合指数变形来应用的。

（3）指数体系是由三个或三个以上在内容上具有一定联系，在形式上具有一定对等关系的指数所构成的整体。

指数体系的一个很重要的作用就是进行因素分析。因素分析可分为对总量指标的变化进行因素分析和对平均指标的变化进行因素分析。

对总量指标进行因素分析，可以利用综合指数进行。总量指标的因素分析可从两个方面进行：一是分析总价值量指标的相对量和绝对量的变化程度，二是分析各个因素的变化对总价值量指标的影响方向和程度。

对平均指标的因素分析，可以利用平均指标指数体系进行。平均指标指数体系分为可变构成指数、固定构成指数和结构影响指数。可变构成指数是对总平均指标变化进行分析的指数；固定构成指数是对影响平均指标变化的标志值因素进行分析的指数，分析其对总平均指标的影响方向和程度;结构影响指数是对影响平均指数变化的结构因素进行分析的指数,分析其对总平均指标的影响方向和程度。

(4)本章的重点内容是综合指数和平均指数的编制;利用指数体系进行因素分析。

(5)利用 Excel 计算综合指数、平均指数,不仅便捷、准确,而且可以监督计算过程。

# 思考与练习

● **知识题**

(1)什么是狭义的统计指数?它的作用有哪些?

(2)什么是指数体系?指数体系有什么作用?

(3)什么是同度量因素?同度量因素有什么作用?

(4)什么是数量指标指数?什么是质量指标指数?编制这两种指数有什么异同?

(5)什么是平均指数?平均指数的特点是什么?

● **实务题**

1. 某市场上四种副食品的销售资料如表 9-13 所示。

表 9-13 某市场上四种副食品的销售资料

| 品种 | 销售量/千克 | | 销售价格/(元/千克) | |
|------|------|------|------|------|
| | 基期 | 报告期 | 基期 | 报告期 |
| 白菜 | 550 | 560 | 1 | 1.2 |
| 猪肉 | 224 | 250 | 24 | 26.0 |
| 鸡蛋 | 40 | 42 | 8 | 7.5 |
| 带鱼 | 20 | 18 | 30 | 32.0 |

根据以上资料,计算得到

(1)四种产品的销量综合指数为( )。

    A. 117.77%     B. 108.62%     C. 108.43%     D. 92.22%

(2)四种产品的价格综合指数为( )。

    A. 117.77%     B. 108.62%     C. 108.43%     D. 92.22%

(3)四种产品的销售额指数为( )。

    A. 117.77%     B. 108.62%     C. 108.43%     D. 92.22%

2. 某企业三种主要产品的有关资料如表 9-14 所示。

表 9-14 某企业三种主要产品的有关资料

| 品名 | 计量单位 | 销售量增长/% | 销售额/百元 | |
|------|------|------|------|------|
| | | | 基期 | 报告期 |
| 甲 | 米 | 12 | 1 000 | 1 200 |
| 乙 | 件 | 10 | 600 | 700 |
| 丙 | 双 | 15 | 1 500 | 2 000 |

根据以上资料,计算得到

(1) 三种主要产品的销售量总指数为( )。

  A. 100.35%   B. 108.42%   C. 113.06%   D. 115.38%

(2) 由于销售量的增长,销售额增长了( )。

  A. 320 百元   B. 405 百元   C. 460 百元   D. 478 百元

3. 某商店向农民收购农产品的有关资料如表 9-15 所示。

表 9-15　某商店向农民收购农产品的有关资料

| 品名 | 2023 年收购价格/2022 年收购价格/% | 实际收购额/万元 | |
| --- | --- | --- | --- |
| | | 2022 年 | 2023 年 |
| 甲 | 105 | 1 368 | 1 200 |
| 乙 | 102 | 920 | 800 |
| 丙 | 125 | 416 | 320 |
| 丁 | 117 | 140 | 80 |

根据上面的资料,计算得到

(1) 收购价格总指数为( )。

  A. 103.28%   B. 106.59%   C. 108.24%   D. 110.35%

(2) 由于收购价格的变化,2023 年比 2022 年增加的收购额为( )。

  A. 148.45 万元  B. 15.26 万元  C. 166.37 万元  D. 167.25 万元

●实训题

实训一

(1) 实训目的:通过本题练习,掌握利用指数体系对总量指标的变化进行因素分析的方法。

(2) 实训资料:某企业生产三种不同的产品,有关的销售量、价格资料如表 9-16 所示。

表 9-16　三种不同的产品有关的销售量、价格资料

| 产品种类 | 计量单位 | 基 期 | | 报 告 期 | |
| --- | --- | --- | --- | --- | --- |
| | | 销售量 | 价格/元 | 销售量 | 价格/元 |
| 甲 | 件 | 500 | 88 | 540 | 85 |
| 乙 | 台 | 40 | 750 | 45 | 800 |
| 丙 | 只 | 1 000 | 350 | 1 200 | 350 |

(3) 实训要求:请根据所掌握的统计分析方法,对企业销售额的变动进行因素分析。

实训二

(1) 实训目的:通过本题练习,掌握利用指数体系对平均指标的变动进行因素分析的方法。

(2) 实训资料:某企业所属两个分厂生产的同种产品的有关资料如表 9-17 所示。

表 9-17　某企业所属两个分厂生产的同种产品的有关资料

| 企业各厂 | 单位成本/(元/件) | | 产量/件 | |
|---|---|---|---|---|
| | 基期 | 报告期 | 基期 | 报告期 |
| 甲分厂 | 10 | 9 | 300 | 1 300 |
| 乙分厂 | 12 | 12.2 | 700 | 700 |
| 总　厂 | — | — | 1 000 | 2 000 |

（3）实训要求：根据所学知识,对企业的单位成本变化情况从相对数和绝对数上进行分析,并说明产生变化的原因。

**实训三**

（1）实训目的：通过本题练习,掌握利用指数体系对经济现象进行因素分析的方法。

（2）实训资料：某企业三个车间的职工人数及劳动生产率相关资料如表 9-18 所示。

表 9-18　某企业三个车间的职工人数及劳动生产率相关资料

| 车间 | 职工人数/人 | | 劳动生产率/(万元/人/年) | |
|---|---|---|---|---|
| | 基期 | 报告期 | 基期 | 报告期 |
| 甲 | 200 | 190 | 30 | 33 |
| 乙 | 180 | 200 | 40 | 45 |
| 丙 | 120 | 150 | 45 | 50 |

（3）实训要求：

① 利用统计指数体系分析该企业平均劳动生产率变动的原因；

② 利用统计指数体系分析该企业总产值变动的原因。

（提示：总产值＝劳动生产率×职工人数）

———————　即测即练　———————

# 参 考 文 献

［1］ 曾五一,肖红叶.统计学导论［M］.4 版.北京：科学出版社,2023.

［2］ 刘晓利,郭姝宇.统计学原理［M］.3 版.北京：北京大学出版社,2020.

［3］ 张东光.统计学［M］.2 版.北京：科学出版社,2023.

［4］ 贾俊平,何晓群,金勇进.统计学［M］.7 版.北京：中国人民大学出版社,2018.

［5］ 罗洪群.新编统计学［M］.3 版.北京：清华大学出版社,2018.

［6］ 李金昌,苏为华.统计学［M］.5 版.北京：机械工业出版社,2019.

［7］ 向荣美,王青华.统计学［M］.3 版.成都：西南财经大学出版社,2017.

［8］ 李金林,马宝龙.管理统计学应用与实践［M］.北京：清华大学出版社,2014.

［9］ 田海霞,景刚.统计学——原理与 EXCEL 应用［M］.北京：机械工业出版社,2016.

［10］ 朱胜.统计学原理［M］.北京：中国统计出版社,2015.

［11］ 宫春子.统计学原理［M］.3 版.北京：机械工业出版社,2020.

［12］ 李洁明,祁新娥.统计学原理［M］.7 版.上海：复旦大学出版社,2017.

［13］ 刘春英,许晓娟.应用统计［M］.2 版.北京：中国金融出版社,2016.

［14］ 陈嗣成.新编统计学原理［M］.3 版.北京：首都经济贸易大学出版社,2016.

［15］ 刘玉玫,李庆东.统计学原理［M］.大连：东北财经大学出版社,2019.

［16］ 金勇进.抽样技术［M］.5 版.北京：中国人民大学出版社,2021.

［17］ 李金昌.应用抽样技术［M］.3 版.北京：科学出版社,2023.

# 标准正态分布概率表

| $t$ | $F(t)$ | $t$ | $F(t)$ | $t$ | $F(t)$ | $t$ | $F(t)$ |
|------|---------|------|---------|------|---------|------|---------|
| 0.00 | 0.000 0 | 0.32 | 0.251 0 | 0.64 | 0.477 8 | 0.96 | 0.662 9 |
| 0.01 | 0.008 0 | 0.33 | 0.258 6 | 0.65 | 0.484 3 | 0.97 | 0.668 0 |
| 0.02 | 0.016 0 | 0.34 | 0.266 1 | 0.66 | 0.490 7 | 0.98 | 0.672 9 |
| 0.03 | 0.023 9 | 0.35 | 0.273 7 | 0.67 | 0.497 1 | 0.99 | 0.677 8 |
| 0.04 | 0.031 9 | 0.36 | 0.281 2 | 0.68 | 0.503 5 | 1.00 | 0.682 7 |
| 0.05 | 0.039 9 | 0.37 | 0.288 6 | 0.69 | 0.509 8 | 1.01 | 0.687 5 |
| 0.06 | 0.047 8 | 0.38 | 0.296 1 | 0.70 | 0.516 1 | 1.02 | 0.692 3 |
| 0.07 | 0.558 0 | 0.39 | 0.303 5 | 0.71 | 0.522 3 | 1.03 | 0.697 0 |
| 0.08 | 0.063 8 | 0.40 | 0.310 8 | 0.72 | 0.528 5 | 1.04 | 0.701 7 |
| 0.09 | 0.717 0 | 0.41 | 0.318 2 | 0.73 | 0.534 6 | 1.05 | 0.706 3 |
| 0.10 | 0.797 0 | 0.42 | 0.325 5 | 0.74 | 0.540 7 | 1.06 | 0.710 9 |
| 0.11 | 0.087 6 | 0.43 | 0.332 8 | 0.75 | 0.546 7 | 1.07 | 0.715 4 |
| 0.12 | 0.096 0 | 0.44 | 0.340 1 | 0.76 | 0.552 7 | 1.08 | 0.719 9 |
| 0.13 | 0.103 4 | 0.45 | 0.347 3 | 0.77 | 0.558 7 | 1.09 | 0.724 3 |
| 0.14 | 0.111 3 | 0.46 | 0.354 5 | 0.78 | 0.564 6 | 1.10 | 0.728 7 |
| 0.15 | 0.118 2 | 0.47 | 0.361 6 | 0.79 | 0.570 5 | 1.11 | 0.733 0 |
| 0.16 | 0.127 1 | 0.48 | 0.368 8 | 0.80 | 0.576 3 | 1.12 | 0.737 3 |
| 0.17 | 0.135 0 | 0.49 | 0.375 9 | 0.81 | 0.582 1 | 1.13 | 0.741 5 |
| 0.18 | 0.142 8 | 0.50 | 0.382 9 | 0.82 | 0.587 8 | 1.14 | 0.745 7 |
| 0.19 | 0.150 7 | 0.51 | 0.389 9 | 0.83 | 0.593 5 | 1.15 | 0.749 9 |
| 0.20 | 0.158 5 | 0.52 | 0.399 6 | 0.84 | 0.599 1 | 1.16 | 0.754 0 |
| 0.21 | 0.166 3 | 0.53 | 0.403 9 | 0.85 | 0.604 7 | 1.17 | 0.758 0 |
| 0.22 | 0.174 1 | 0.54 | 0.410 8 | 0.86 | 0.610 2 | 1.18 | 0.766 0 |
| 0.23 | 0.181 9 | 0.55 | 0.417 7 | 0.87 | 0.615 7 | 1.19 | 0.768 0 |
| 0.24 | 0.189 7 | 0.56 | 0.421 5 | 0.88 | 0.621 1 | 1.20 | 0.769 9 |
| 0.25 | 0.119 7 | 0.57 | 0.431 3 | 0.89 | 0.626 5 | 1.21 | 0.773 7 |
| 0.26 | 0.205 1 | 0.58 | 0.438 1 | 0.90 | 0.631 9 | 1.22 | 0.777 5 |
| 0.27 | 0.212 8 | 0.59 | 0.444 8 | 0.91 | 0.637 2 | 1.23 | 0.781 3 |
| 0.28 | 0.220 5 | 0.60 | 0.451 5 | 0.92 | 0.642 4 | 1.24 | 0.785 0 |
| 0.29 | 0.228 2 | 0.61 | 0.458 1 | 0.93 | 0.647 6 | 1.25 | 0.788 7 |
| 0.30 | 0.235 8 | 0.62 | 0.464 7 | 0.94 | 0.652 8 | 1.26 | 0.792 3 |
| 0.31 | 0.233 4 | 0.63 | 0.471 3 | 0.95 | 0.657 9 | 1.27 | 0.795 9 |

| $t$ | $F(t)$ | $t$ | $F(t)$ | $t$ | $F(t)$ | $t$ | $F(t)$ |
|------|---------|------|---------|------|---------|------|---------|
| 1.28 | 0.799 5 | 1.61 | 0.892 6 | 1.94 | 0.947 6 | | |
| 1.29 | 0.803 0 | 1.62 | 0.894 8 | 1.95 | 0.948 8 | 2.54 | 0.988 9 |
| 1.30 | 0.806 4 | 1.63 | 0.896 9 | 1.96 | 0.950 0 | 2.56 | 0.989 5 |
| 1.31 | 0.809 8 | 1.64 | 0.899 0 | 1.97 | 0.951 2 | 2.58 | 0.990 1 |
| 1.32 | 0.813 2 | 1.65 | 0.901 1 | 1.98 | 0.952 3 | 2.60 | 0.990 7 |
| 1.33 | 0.816 5 | 1.66 | 0.903 1 | 1.99 | 0.953 4 | 2.62 | 0.991 2 |
| 1.34 | 0.819 8 | 1.67 | 0.905 1 | 2.00 | 0.954 5 | 2.64 | 0.991 7 |
| 1.35 | 0.823 0 | 1.68 | 0.907 0 | 2.02 | 0.956 6 | 2.66 | 0.992 2 |
| 1.36 | 0.826 2 | 1.69 | 0.909 0 | 2.04 | 0.958 7 | 2.68 | 0.992 6 |
| 1.37 | 0.829 3 | 1.70 | 0.910 9 | 2.06 | 0.960 6 | 2.70 | 0.993 1 |
| 1.38 | 0.832 4 | 1.71 | 0.912 7 | 2.08 | 0.962 5 | 2.72 | 0.993 5 |
| 1.39 | 0.835 5 | 1.72 | 0.914 6 | 2.10 | 0.964 3 | 2.74 | 0.993 9 |
| 1.40 | 0.838 5 | 1.73 | 0.916 4 | 2.12 | 0.966 0 | 2.76 | 0.994 2 |
| 1.41 | 0.841 5 | 1.74 | 0.918 1 | 2.14 | 0.967 6 | 2.78 | 0.994 6 |
| 1.42 | 0.844 4 | 1.75 | 0.919 9 | 2.16 | 0.969 2 | 2.80 | 0.994 9 |
| 1.43 | 0.847 3 | 1.76 | 0.922 6 | 2.18 | 0.954 5 | 2.82 | 0.995 2 |
| 1.44 | 0.850 1 | 1.77 | 0.923 3 | 2.20 | 0.972 2 | 2.84 | 0.995 5 |
| 1.45 | 0.852 9 | 1.78 | 0.924 9 | 2.22 | 0.973 6 | 2.86 | 0.995 8 |
| 1.46 | 0.855 7 | 1.79 | 0.926 5 | 2.24 | 0.974 9 | 2.88 | 0.996 0 |
| 1.47 | 0.858 4 | 1.80 | 0.928 1 | 2.26 | 0.974 2 | 2.90 | 0.996 2 |
| 1.48 | 0.861 1 | 1.81 | 0.929 7 | 2.28 | 0.977 4 | 2.92 | 0.996 5 |
| 1.49 | 0.863 8 | 1.82 | 0.931 2 | 2.30 | 0.978 6 | 2.94 | 0.996 7 |
| 1.50 | 0.866 4 | 1.83 | 0.932 8 | 2.32 | 0.979 7 | 2.96 | 0.996 9 |
| 1.51 | 0.869 0 | 1.84 | 0.943 2 | 2.34 | 0.980 7 | 2.98 | 0.997 1 |
| 1.52 | 0.871 5 | 1.85 | 0.935 7 | 2.36 | 0.981 7 | 3.00 | 0.997 3 |
| 1.53 | 0.874 0 | 1.86 | 0.937 1 | 2.38 | 0.982 7 | 3.20 | 0.999 3 |
| 1.54 | 0.876 4 | 1.87 | 0.938 5 | 2.40 | 0.983 6 | 3.40 | 0.999 6 |
| 1.55 | 0.878 9 | 1.88 | 0.939 9 | 2.42 | 0.984 5 | 3.60 | 0.999 7 |
| 1.56 | 0.881 2 | 1.89 | 0.941 2 | 2.44 | 0.985 3 | 3.80 | 0.999 8 |
| 1.57 | 0.883 6 | 1.90 | 0.942 6 | 2.46 | 0.986 1 | 4.00 | 0.999 9 |
| 1.58 | 0.885 9 | 1.91 | 0.943 9 | 2.48 | 0.986 9 | 4.50 | 0.999 99 |
| 1.59 | 0.888 2 | 1.92 | 0.945 1 | 2.50 | 0.987 6 | 5.00 | 0.999 99 |
| 1.60 | 0.890 4 | 1.93 | 0.946 4 | 2.52 | 0.988 3 | | |

# 附录 B

## t 分布表

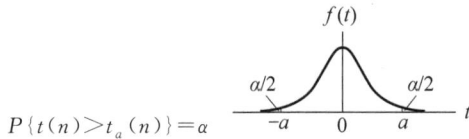

$$P\{t(n) > t_a(n)\} = \alpha$$

| n | $\alpha = 0.25$ | 0.1 | 0.05 | 0.025 | 0.01 | 0.005 |
|---|---|---|---|---|---|---|
| 1 | 1.000 00 | 3.077 68 | 6.313 75 | 12.706 20 | 31.820 52 | 63.656 74 |
| 2 | 0.816 50 | 1.885 62 | 2.919 99 | 4.302 65 | 6.964 56 | 9.924 84 |
| 3 | 0.764 89 | 1.637 74 | 2.353 36 | 3.182 45 | 4.540 70 | 5.840 91 |
| 4 | 0.740 70 | 1.533 21 | 2.131 85 | 2.776 45 | 3.746 95 | 4.604 09 |
| 5 | 0.726 69 | 1.475 88 | 2.015 05 | 2.570 58 | 3.364 93 | 4.032 14 |
| 6 | 0.717 56 | 1.439 76 | 1.943 18 | 2.446 91 | 3.142 67 | 3.707 43 |
| 7 | 0.711 14 | 1.414 92 | 1.894 58 | 2.364 62 | 2.997 95 | 3.499 48 |
| 8 | 0.706 39 | 1.396 82 | 1.859 55 | 2.306 00 | 2.896 46 | 3.355 39 |
| 9 | 0.702 72 | 1.383 03 | 1.833 11 | 2.262 16 | 2.821 44 | 3.249 84 |
| 10 | 0.699 81 | 1.372 18 | 1.812 46 | 2.228 14 | 2.763 77 | 3.169 27 |
| 11 | 0.697 45 | 1.363 43 | 1.795 88 | 2.200 99 | 2.718 08 | 3.105 81 |
| 12 | 0.695 48 | 1.356 22 | 1.782 29 | 2.178 81 | 2.681 00 | 3.054 54 |
| 13 | 0.693 83 | 1.350 17 | 1.770 93 | 2.160 37 | 2.650 31 | 3.012 28 |
| 14 | 0.692 42 | 1.345 03 | 1.761 31 | 2.144 79 | 2.624 49 | 2.976 84 |
| 15 | 0.691 20 | 1.340 61 | 1.753 05 | 2.131 45 | 2.602 48 | 2.946 71 |
| 16 | 0.690 13 | 1.336 76 | 1.745 88 | 2.119 91 | 2.583 49 | 2.920 78 |
| 17 | 0.689 20 | 1.333 38 | 1.739 61 | 2.109 82 | 2.566 93 | 2.898 23 |
| 18 | 0.688 36 | 1.330 39 | 1.734 06 | 2.100 92 | 2.552 38 | 2.878 44 |
| 19 | 0.687 62 | 1.327 73 | 1.729 13 | 2.093 02 | 2.539 48 | 2.860 93 |
| 20 | 0.686 95 | 1.325 34 | 1.724 72 | 2.085 96 | 2.527 98 | 2.845 34 |
| 21 | 0.686 35 | 1.323 19 | 1.720 74 | 2.079 61 | 2.517 65 | 2.831 36 |
| 22 | 0.685 81 | 1.321 24 | 1.717 14 | 2.073 87 | 2.508 32 | 2.818 76 |
| 23 | 0.685 31 | 1.319 46 | 1.713 87 | 2.068 66 | 2.499 87 | 2.807 34 |
| 24 | 0.684 85 | 1.317 84 | 1.710 88 | 2.063 90 | 2.492 16 | 2.796 94 |
| 25 | 0.684 43 | 1.316 35 | 1.708 14 | 2.059 54 | 2.485 11 | 2.787 44 |
| 26 | 0.684 04 | 1.314 97 | 1.705 62 | 2.055 53 | 2.478 63 | 2.778 71 |
| 27 | 0.683 68 | 1.313 70 | 1.703 29 | 2.051 83 | 2.472 66 | 2.770 68 |
| 28 | 0.683 35 | 1.312 53 | 1.701 13 | 2.048 41 | 2.467 14 | 2.763 26 |
| 29 | 0.683 04 | 1.311 43 | 1.699 13 | 2.045 23 | 2.462 02 | 2.756 39 |
| 30 | 0.682 76 | 1.310 42 | 1.697 26 | 2.042 27 | 2.457 26 | 2.750 00 |
| 31 | 0.682 49 | 1.309 46 | 1.695 52 | 2.039 51 | 2.452 82 | 2.744 04 |

| $n$ | $\alpha=0.25$ | 0.1 | 0.05 | 0.025 | 0.01 | 0.005 |
|---|---|---|---|---|---|---|
| 32 | 0.682 23 | 1.308 57 | 1.693 89 | 2.036 93 | 2.448 68 | 2.738 48 |
| 33 | 0.682 00 | 1.307 74 | 1.692 36 | 2.034 52 | 2.444 79 | 2.733 28 |
| 34 | 0.681 77 | 1.306 95 | 1.690 92 | 2.032 24 | 2.441 15 | 2.728 39 |
| 35 | 0.681 56 | 1.306 21 | 1.689 57 | 2.030 11 | 2.437 72 | 2.723 81 |
| 36 | 0.681 37 | 1.305 51 | 1.688 30 | 2.028 09 | 2.434 49 | 2.719 48 |
| 37 | 0.681 18 | 1.304 85 | 1.687 09 | 2.026 19 | 2.431 45 | 2.715 41 |
| 38 | 0.681 00 | 1.304 23 | 1.685 95 | 2.024 39 | 2.428 57 | 2.711 56 |
| 39 | 0.680 83 | 1.303 64 | 1.684 88 | 2.022 69 | 2.425 84 | 2.707 91 |
| 40 | 0.680 67 | 1.303 08 | 1.683 85 | 2.021 08 | 2.423 26 | 2.704 46 |
| 41 | 0.680 52 | 1.302 54 | 1.682 88 | 2.019 54 | 2.420 80 | 2.701 18 |
| 42 | 0.680 38 | 1.302 04 | 1.681 95 | 2.018 08 | 2.418 47 | 2.698 07 |
| 43 | 0.680 24 | 1.301 55 | 1.681 07 | 2.016 69 | 2.416 25 | 2.695 10 |
| 44 | 0.680 11 | 1.301 09 | 1.680 23 | 2.015 37 | 2.414 13 | 2.692 28 |
| 45 | 0.679 98 | 1.300 65 | 1.679 43 | 2.014 10 | 2.412 12 | 2.689 59 |
| 46 | 0.679 86 | 1.300 23 | 1.678 66 | 2.012 90 | 2.410 19 | 2.687 01 |
| 47 | 0.679 75 | 1.299 82 | 1.677 93 | 2.011 74 | 2.408 35 | 2.684 56 |
| 48 | 0.679 64 | 1.299 44 | 1.677 22 | 2.010 63 | 2.406 58 | 2.682 20 |
| 49 | 0.679 53 | 1.299 07 | 1.676 55 | 2.009 58 | 2.404 89 | 2.679 95 |
| 50 | 0.679 43 | 1.298 71 | 1.675 91 | 2.008 56 | 2.403 27 | 2.677 79 |
| 51 | 0.679 33 | 1.298 37 | 1.675 28 | 2.007 58 | 2.401 72 | 2.675 72 |
| 52 | 0.679 24 | 1.298 05 | 1.674 69 | 2.006 65 | 2.400 22 | 2.673 73 |
| 53 | 0.679 15 | 1.297 73 | 1.674 12 | 2.005 75 | 2.398 79 | 2.671 82 |
| 54 | 0.679 06 | 1.297 43 | 1.673 56 | 2.004 88 | 2.397 41 | 2.669 98 |
| 55 | 0.678 98 | 1.297 13 | 1.673 03 | 2.004 04 | 2.396 08 | 2.668 22 |
| 56 | 0.678 90 | 1.296 85 | 1.672 52 | 2.003 24 | 2.394 80 | 2.666 51 |
| 57 | 0.678 82 | 1.296 58 | 1.672 03 | 2.002 47 | 2.393 57 | 2.664 87 |
| 58 | 0.678 74 | 1.296 32 | 1.671 55 | 2.001 72 | 2.392 38 | 2.663 29 |
| 59 | 0.678 67 | 1.296 07 | 1.671 09 | 2.001 00 | 2.391 23 | 2.661 76 |
| 60 | 0.678 60 | 1.295 82 | 1.670 65 | 2.000 30 | 2.390 12 | 2.660 28 |
| 61 | 0.678 53 | 1.295 58 | 1.670 22 | 1.999 62 | 2.389 05 | 2.658 86 |
| 62 | 0.678 47 | 1.295 36 | 1.669 80 | 1.998 97 | 2.388 01 | 2.657 48 |
| 63 | 0.678 40 | 1.295 13 | 1.669 40 | 1.998 34 | 2.387 01 | 2.656 15 |
| 64 | 0.678 34 | 1.294 92 | 1.669 01 | 1.997 73 | 2.386 04 | 2.654 85 |
| 65 | 0.678 28 | 1.294 71 | 1.668 64 | 1.997 14 | 2.385 10 | 2.653 60 |
| 66 | 0.678 23 | 1.294 51 | 1.668 27 | 1.996 56 | 2.384 19 | 2.652 39 |
| 67 | 0.678 17 | 1.294 32 | 1.667 92 | 1.996 01 | 2.383 30 | 2.651 22 |
| 68 | 0.678 11 | 1.294 13 | 1.667 57 | 1.995 47 | 2.382 45 | 2.650 08 |
| 69 | 0.678 06 | 1.293 94 | 1.667 24 | 1.994 95 | 2.381 61 | 2.648 98 |
| 70 | 0.678 01 | 1.293 76 | 1.666 91 | 1.994 44 | 2.380 81 | 2.647 90 |
| 71 | 0.677 96 | 1.293 59 | 1.666 60 | 1.993 94 | 2.380 02 | 2.646 86 |
| 72 | 0.677 91 | 1.293 42 | 1.666 29 | 1.993 46 | 2.379 26 | 2.645 85 |
| 73 | 0.677 87 | 1.293 26 | 1.666 00 | 1.993 00 | 2.378 52 | 2.644 87 |
| 74 | 0.677 82 | 1.293 10 | 1.665 71 | 1.992 54 | 2.377 80 | 2.643 91 |
| 75 | 0.677 78 | 1.292 94 | 1.665 43 | 1.992 10 | 2.377 10 | 2.642 98 |

# 附录 C

# Excel 统计函数

| 函　　数 | 说　　明 |
|---|---|
| AVEDEV 函数 | 返回数据点与它们的平均值的绝对偏差平均值 |
| AVERAGE 函数 | 返回其参数的平均值 |
| AVERAGEA 函数 | 返回其参数的平均值,包括数字、文本和逻辑值 |
| AVERAGEIF 函数 | 返回区域内满足给定条件的所有单元格的平均值(算术平均值) |
| AVERAGEIFS 函数 | 返回满足多个条件的所有单元格的平均值(算术平均值) |
| BETA. DIST 函数 | 返回 Beta 累积分布函数 |
| BETA. INV 函数 | 返回指定 Beta 分布的累积分布函数的反函数 |
| BINOM. DIST 函数 | 返回二项式分布的概率值 |
| BINOM. INV 函数 | 返回使累积二项式分布小于或等于临界值的最小值 |
| CHISQ. DIST 函数 | 返回累积 Beta 概率密度函数 |
| CHISQ. DIST. RT 函数 | 返回 $\chi^2$ 分布的单尾概率 |
| CHISQ. INV 函数 | 返回累积 Beta 概率密度函数 |
| CHISQ. INV. RT 函数 | 返回 $\chi^2$ 分布的单尾概率的反函数 |
| CHISQ. TEST 函数 | 返回独立性检验值 |
| CONFIDENCE. NORM 函数 | 返回总体平均值的置信区间 |
| CONFIDENCE. T 函数 | 返回总体平均值的置信区间(使用学生的 $t$ 分布) |
| CORREL 函数 | 返回两个数据集之间的相关系数 |
| COUNT 函数 | 计算参数列表中数字的个数 |
| COUNTA 函数 | 计算参数列表中值的个数 |
| COUNTBLANK 函数 | 计算区域内空白单元格的数量 |
| COUNTIF 函数 | 计算区域内符合给定条件的单元格的数量 |
| COUNTIFS 函数 | 计算区域内符合多个条件的单元格的数量 |
| COVARIANCE. P 函数 | 返回协方差(成对偏差乘积的平均值) |
| COVARIANCE. S 函数 | 返回样本协方差,即两个数据集中每对数据点的偏差乘积的平均值 |
| DEVSQ 函数 | 返回偏差的平方和 |
| EXPON. DIST 函数 | 返回指数分布 |
| F. DIST 函数 | 返回 $F$ 概率分布 |
| F. DIST. RT 函数 | 返回 $F$ 概率分布 |
| F. INV 函数 | 返回 $F$ 概率分布的反函数 |
| F. INV. RT 函数 | 返回 $F$ 概率分布的反函数 |
| F. TEST 函数 | 返回 $F$ 检验的结果 |
| FISHER 函数 | 返回 Fisher 变换值 |
| FISHERINV 函数 | 返回 Fisher 变换的反函数 |
| FORECAST 函数 | 返回沿线性趋势的值 |

续表

| 函　　　数 | 说　　　明 |
|---|---|
| FREQUENCY 函数 | 以垂直数组的形式返回频率分布 |
| GAMMA. DIST 函数 | 返回 $\gamma$ 分布 |
| GAMMA. INV 函数 | 返回 $\gamma$ 累积分布函数的反函数 |
| GAMMALN 函数 | 返回 $\gamma$ 函数的自然对数，$\Gamma(x)$ |
| GAMMALN. PRECISE 函数 | 返回 $\gamma$ 函数的自然对数，$\Gamma(x)$ |
| GEOMEAN 函数 | 返回几何平均值 |
| GROWTH 函数 | 返回沿指数趋势的值 |
| HARMEAN 函数 | 返回调和平均值 |
| HYPGEOM. DIST 函数 | 返回超几何分布 |
| INTERCEPT 函数 | 返回线性回归线的截距 |
| KURT 函数 | 返回数据集的峰值 |
| LARGE 函数 | 返回数据集中第 $k$ 个最大值 |
| LINEST 函数 | 返回线性趋势的参数 |
| LOGEST 函数 | 返回指数趋势的参数 |
| LOGNORM. DIST 函数 | 返回对数累积分布函数 |
| LOGNORM. INV 函数 | 返回对数累积分布的反函数 |
| MAX 函数 | 返回参数列表中的最大值 |
| MAXA 函数 | 返回参数列表中的最大值，包括数字、文本和逻辑值 |
| MEDIAN 函数 | 返回给定数值集合的中值 |
| MIN 函数 | 返回参数列表中的最小值 |
| MINA 函数 | 返回参数列表中的最小值，包括数字、文本和逻辑值 |
| MODE. MULT 函数 | 返回一组数据或数据区域中出现频率最高或重复出现的数值的垂直数组 |
| MODE. SNGL 函数 | 返回在数据集内出现次数最多的值 |
| NEGBINOM. DIST 函数 | 返回负二项式分布 |
| NORM. DIST 函数 | 返回正态累积分布 |
| NORM. INV 函数 | 返回标准正态累积分布的反函数 |
| NORM. S. DIST 函数 | 返回标准正态累积分布 |
| NORM. S. INV 函数 | 返回标准正态累积分布函数的反函数 |
| PEARSON 函数 | 返回 Pearson 乘积矩相关系数 |
| PERCENTILE. EXC 函数 | 返回区域中数值的第 $k$ 个百分点的值，其中 $k$ 为 0～1 的值，不包含 0 和 1 |
| PERCENTILE. INC 函数 | 返回区域中数值的第 $k$ 个百分点的值 |
| PERCENTRANK. EXC 函数 | 将某个数值在数据集中的排位作为数据集的百分点值返回，此处的百分点值的范围为 0～1（不含 0 和 1） |
| PERCENTRANK. INC 函数 | 返回数据集中值的百分比排位 |
| PERMUT 函数 | 返回给定数目对象的排列数 |
| POISSON. DIST 函数 | 返回泊松分布 |
| PROB 函数 | 返回区域中的数值落在指定区间内的概率 |
| QUARTILE. EXC 函数 | 基于百分点值返回数据集的四分位，此处的百分点值的范围为 0～1（不含 0 和 1） |
| QUARTILE. INC 函数 | 返回一组数据的四分位点 |

续表

| 函　　数 | 说　　明 |
|---|---|
| RANK. AVG 函数 | 返回一列数字的数字排位 |
| RANK. EQ 函数 | 返回一列数字的数字排位 |
| RSQ 函数 | 返回 Pearson 乘积矩相关系数的平方 |
| SKEW 函数 | 返回分布的不对称度 |
| SLOPE 函数 | 返回线性回归线的斜率 |
| SMALL 函数 | 返回数据集中的第 $k$ 个最小值 |
| STANDARDIZE 函数 | 返回正态化数值 |
| STDEV. P 函数 | 基于整个样本总体计算标准偏差 |
| STDEV. S 函数 | 基于样本估算标准偏差 |
| STDEVA 函数 | 基于样本(包括数字、文本和逻辑值)估算标准偏差 |
| STDEVPA 函数 | 基于总体(包括数字、文本和逻辑值)计算标准偏差 |
| STEYX 函数 | 返回通过线性回归法预测每个 $x$ 的 $y$ 值时所产生的标准误差 |
| T. DIST 函数 | 返回学生的 $t$ 分布的百分点(概率) |
| T. DIST. 2T 函数 | 返回学生的 $t$ 分布的百分点(概率) |
| T. DIST. RT 函数 | 返回学生的 $t$ 分布 |
| T. INV 函数 | 返回作为概率和自由度函数的学生 $t$ 分布的 $t$ 值 |
| T. INV. 2T 函数 | 返回学生的 $t$ 分布的反函数 |
| TREND 函数 | 返回沿线性趋势的值 |
| TRIMMEAN 函数 | 返回数据集的内部平均值 |
| T. TEST 函数 | 返回与学生的 $t$ 检验相关的概率 |
| VAR. P 函数 | 计算基于样本总体的方差 |
| VAR. S 函数 | 基于样本估算方差 |
| VARA 函数 | 基于样本(包括数字、文本和逻辑值)估算方差 |
| VARPA 函数 | 计算基于总体(包括数字、文本和逻辑值)的标准偏差 |
| WEIBULL. DIST 函数 | 返回 Weibull 分布 |
| Z. TEST 函数 | 返回 $z$ 检验的单尾概率值 |

# 教师服务

感谢您选用清华大学出版社的教材！为了更好地服务教学，我们为授课教师提供本书的教学辅助资源，以及本学科重点教材信息。请您扫码获取。

**》教辅获取**

本书教辅资源，授课教师扫码获取

**》样书赠送**

**统计学类**重点教材，教师扫码获取样书

清华大学出版社

E-mail: tupfuwu@163.com

电话：010-83470332 / 83470142

地址：北京市海淀区双清路学研大厦 B 座 509

网址：https://www.tup.com.cn/

传真：8610-83470107

邮编：100084